DIREITO DA INFRAESTRUTURA

ESTUDOS DE TEMAS RELEVANTES

MARÇAL JUSTEN FILHO

MARCO AURÉLIO DE BARCELOS SILVA

Coordenadores

DIREITO DA INFRAESTRUTURA

ESTUDOS DE TEMAS RELEVANTES

- Arbitragem
- Concessões
- Contratos
- Desinvestimento estatal
- Mobilidade urbana
- Obras públicas
- PMI
- Regulação
- Transformação digital

2ª reimpressão

Belo Horizonte

FÓRUM

CONHECIMENTO JURÍDICO

2021

© 2019 Editora Fórum Ltda.
2019 1ª Reimpressão
2021 2ª Reimpressão

É proibida a reprodução total ou parcial desta obra, por qualquer meio eletrônico,
inclusive por processos xerográficos, sem autorização expressa do Editor.

Conselho Editorial

Adilson Abreu Dallari
Alécia Paolucci Nogueira Bicalho
Alexandre Coutinho Pagliarini
André Ramos Tavares
Carlos Ayres Britto
Carlos Mário da Silva Velloso
Cármen Lúcia Antunes Rocha
Cesar Augusto Guimarães Pereira
Clovis Beznos
Cristiana Fortini
Dinorá Adelaide Musetti Grotti
Diogo de Figueiredo Moreira Neto (*in memoriam*)
Egon Bockmann Moreira
Emerson Gabardo
Fabrício Motta
Fernando Rossi
Flávio Henrique Unes Pereira

Floriano de Azevedo Marques Neto
Gustavo Justino de Oliveira
Inês Virgínia Prado Soares
Jorge Ulisses Jacoby Fernandes
Juarez Freitas
Luciano Ferraz
Lúcio Delfino
Marcia Carla Pereira Ribeiro
Márcio Cammarosano
Marcos Ehrhardt Jr.
Maria Sylvia Zanella Di Pietro
Ney José de Freitas
Oswaldo Othon de Pontes Saraiva Filho
Paulo Modesto
Romeu Felipe Bacellar Filho
Sérgio Guerra
Walber de Moura Agra

FÓRUM
CONHECIMENTO JURÍDICO

Luís Cláudio Rodrigues Ferreira
Presidente e Editor

Coordenação editorial: Leonardo Eustáquio Siqueira Araújo
Aline Sobreira de Oliveira

Av. Afonso Pena, 2770 – 15º andar – Savassi – CEP 30130-012
Belo Horizonte – Minas Gerais – Tel.: (31) 2121.4900 / 2121.4949
www.editoraforum.com.br – editoraforum@editoraforum.com.br

Técnica. Empenho. Zelo. Esses foram alguns dos cuidados aplicados na edição desta
obra. No entanto, podem ocorrer erros de impressão, digitação ou mesmo restar
alguma dúvida conceitual. Caso se constate algo assim, solicitamos a gentileza
de nos comunicar através do *e-mail* editorial@editoraforum.com.br para que
possamos esclarecer, no que couber. A sua contribuição é muito importante para
mantermos a excelência editorial. A Editora Fórum agradece a sua contribuição.

Dados Internacionais de Catalogação na Publicação (CIP) de acordo com a AACR2

D598	Direito da Infraestrutura: estudos de temas relevantes / Marçal Justen Filho, Marco Aurélio de Barcelos Silva (Coord.). 2. Reimpressão. – Belo Horizonte : Fórum, 2019.
	417p.; 14,5 cm x 21,5 cm ISBN: 978-85-450-0672-5
	1. Direito Administrativo. 2. Direito da Infraestrutura. I. Justen Filho, Marçal. II. Silva, Marco Aurélio de Barcelos. III. Título.

CDD 341.3
CDU 342.9

Elaborado por Daniela Lopes Duarte - CRB-6/3500

Informação bibliográfica deste livro, conforme a NBR 6023:2018 da Associação Brasileira
de Normas Técnicas (ABNT):

JUSTEN FILHO, Marçal; SILVA, Marco Aurélio de Barcelos (Coord.). *Direito da Infraestrutura*: estudos de temas relevantes. 2. Reimpr. Belo Horizonte: Fórum, 2019. 417p.
ISBN 978-85-450-0672-5.

SUMÁRIO

CONSENSUALIDADE NA EXECUÇÃO DOS CONTRATOS DE CONCESSÕES RODOVIÁRIAS
ALINE LÍCIA KLEIN 17

1	Introdução 17
2	A incompletude contratual 18
3	As alterações contratuais 20
4	Limites dos acordos nos contratos de concessão 22
5	As revisões quinquenais nos contratos de concessão de rodovias federais 27
6	A celebração de acordos que envolvem terceiros 28
7	A possibilidade de ampla participação no processo de revisão 29
8	O reforço da consensualidade pela LINDB 30
9	Conclusão 30
	Referências 31

INFRAESTRUTURA E TRANSFORMAÇÃO DIGITAL
ANDRÉ GUSKOW CARDOSO 33

1	Considerações iniciais 33
2	A infraestrutura digital 33
2.1	Infraestrutura física 34
2.2	Infraestrutura digital 34
3	Transformação digital: a evolução em curso 34
3.1	A evolução tecnológica: principais aspectos 35
3.2	Alguns exemplos de tecnologias inerentes à transformação digital 35
3.2.1	*Big Data*: coleta e processamento de grandes volumes de dados 36
3.2.2	Inteligência artificial (AI) 36
3.2.3	Tecnologias baseadas em *blockchain* 37
3.2.4	Internet das coisas (IoT) 37
3.2.5	Segurança cibernética (*cibersecurity*) 38
3.3	Relevância do tema 38
3.4	Desenvolvimento da infraestrutura digital como premissa para a transformação digital 39
4	O papel do Estado 39
4.1	Relevância da atuação estatal para a transformação digital 40
4.1.1	Desenvolvimento das infraestruturas necessárias 40
4.1.2	Aspectos regulatórios 41

4.2	Alguns exemplos de outros países	42
4.3	A posição da OCDE (OECD)	43
4.4	A situação no Brasil	44
4.5	A importância da transformação digital para a atuação e funcionamento do Estado	45
5	Considerações conclusivas	45
	Referências	46

INTERFERÊNCIA RECÍPROCA ENTRE OS SETORES AEROPORTUÁRIO E AEROVIÁRIO E SEUS IMPACTOS CONCORRENCIAIS

CARLOS DA COSTA E SILVA FILHO 47

	Introdução	47
1	Contextualizando	48
1.1	O cenário legislativo atual	48
1.2	Visão do mercado aeroportuário brasileiro	49
2	O sistema aeronáutico	50
2.1	A relação entre a infraestrutura aeroportuária e a atividade de transporte aéreo regular de passageiros e carga	50
2.2	Regulação econômica da atividade aeroportuária	53
3	Interface entre aeroportos e empresas aéreas	55
3.1	Alocação de *slots*	55
3.2	Integração vertical	58
3.3	Inovações da 5ª Rodada de Concessões (2018/2019)	59
	Conclusão	61
	Referências	61

ARBITRAGEM E FUNÇÃO ADMINISTRATIVA

CESAR PEREIRA 63

1	Introdução	63
2	Objeto do estudo	64
3	O desenvolvimento da jurisprudência	64
4	O cabimento da arbitragem em face de atos de autoridade	66
5	Distinções necessárias: arbitrabilidade, escopo da convenção e sindicabilidade	68
5.1	Arbitrabilidade	68
5.2	Escopo da convenção de arbitragem	69
5.3	Representação gráfica	70
6	Sindicabilidade	71
7	Função administrativa e arbitragem	71
7.1	Arbitragem e regulação	72
7.2	Arbitragem e normas de ordem pública	73

8	Arbitragem, Administração Pública e Poder Judiciário	74
8.1	Descabimento da autotutela (Súmula STF nº 473)	74
8.2	Arbitragem e processo administrativo	76
8.3	Escolha da instituição pela Administração Pública	77
9	Arbitragem e controle externo	82
9.1	Limites da atuação do controle externo	82
9.2	A resistência inicial	84
9.3	Controle externo e o princípio da competência-competência	84
9.4	Evolução da orientação: controle da conduta prévia e posterior à arbitragem	85
9.5	O controle externo e a Lei da Segurança para a Inovação Pública (Lei nº 13.655)	85
9.6	Preservação do agente público honesto e o art. 40 da Lei nº 13.140	86
	Referências	87

O MODELO FIDIC *SILVER BOOK*© DE CONTRATO EPC/*TURN KEY*

DANIEL SIQUEIRA BORDA, FELIPE HENRIQUE BRAZ 89

1	Obras de infraestrutura e os contratos de EPC	89
2	Linhas gerais sobre o contrato de EPC	91
2.1	Natureza jurídica	91
2.2	Características	92
3	FIDIC *Silver Book*©: condições contratuais para projetos de EPC e *Turn key*	93
3.1	Sobre a FIDIC®	93
3.2	Sobre o *Silver Book*© (*Conditions of Contract for EPC/Turn key Projects*) e algumas de suas regras contratuais mais relevantes	94
3.2.1	Disposições gerais ("*1 General Provisions*")	94
3.2.2	A contratante ("*2 The Employer*")	95
3.2.3	A "empreiteira" ("*4 The Contractor*")	96
3.2.4	Design ("*5 Design*")	98
3.2.5	Plantas, materiais e mão de obra ("*7 Plants, Materials and Workmanship*")	99
3.2.6	Início, atrasos e suspensão ("*8 Commencement, Delays and Suspension*")	100
3.2.7	Alterações contratuais ("*13 Variations and Adjustments*")	100
3.2.8	Preço contratual e pagamento ("*14 Contract Price and Payment*")	101
3.2.9	Hipóteses de extinção e suspensão contratual ("*15. Termination by Employer*" e "*16 Suspension and Termination by Contractor*")	101
3.2.10	Eventos extraordinários ("*18 Exceptional Events*")	102
3.2.11	Seguros ("*19 Insurance*")	102
3.2.12	Disputas e arbitragem ("*21 Dispute and Arbitration*")	103
4	Considerações finais	104
	Referências	105

MARCO JURÍDICO DO SANEAMENTO BÁSICO. GESTÃO INTEGRADA E REGULAÇÃO PELA ANA

FERNÃO JUSTEN DE OLIVEIRA..107

1	O regime jurídico do saneamento básico	107
1.1	Lei Nacional de Saneamento Básico nº 11.445, de 2007	109
1.2	Lei da Agência Nacional de Águas nº 9.984, de 2000	110
1.3	Medida Provisória nº 868, de 2018	110
1.4	Medida Provisória nº 870, de 2019	111
2	A prestação do serviço público de saneamento básico	111
2.1	Princípios fundamentais	112
2.2	Titularidade	112
2.3	Planejamento	114
2.4	Gestão associada	115
2.5	Prestação regionalizada	117
2.6	Custeio	118
3	A regulação da prestação do serviço público de saneamento básico	119
3.1	Mecanismo de regulação universal pela ANA	119
3.2	Parâmetros das normas de referência nacionais	120
3.3	Independência potencial	122
4	Conclusão	123
	Referências	123

A NATUREZA JURÍDICA E O MODELO REGULATÓRIO DO SERVIÇO DE PRATICAGEM NO BRASIL – POSSIBILIDADE E LIMITES DA ATUAÇÃO DO ESTADO NA REGULAÇÃO ECONÔMICA DA ATIVIDADE

GUILHERME A. VEZARO EIRAS..127

1	Introdução	127
2	O que é serviço de praticagem	128
3	A praticagem como uma das atividades reguladas mais antigas do Brasil	129
4	A essencialidade da praticagem para o funcionamento seguro dos portos brasileiros	130
5	A natureza jurídica do serviço de praticagem no Brasil	132
6	O regime de liberdade de preços e livre negociação	133
7	As situações que ensejam a regulação econômica da atividade	134
8	A pretensão de fixar preços máximos para o serviço de praticagem	135
9	A (in)existência de abuso de posição dominante ou falhas de mercado	137
10	Conclusão	139
	Referências	140

SUBCONTRATAÇÃO DE OBRAS PÚBLICAS E CLÁUSULAS "BACK-TO-BACK" NO DIREITO BRASILEIRO
GUILHERME FREDHERICO DIAS REISDORFER, LUÍSA QUINTÃO 143

1	Introdução	143
2	A subcontratação como realidade inafastável nos contratos públicos	144
3	As relações das partes contratantes no "contrato principal" e nos subcontratos	144
4	O regime *"back-to-back"*	146
5	Hipóteses mais comuns de previsão de regime *"back-to-back"*	146
6	Vantagens e desvantagens	148
7	Questões operacionais e situações práticas	149
8	Direito brasileiro – viabilidade, cautelas e recomendações	152
	Referências	156

ALIENAÇÃO DE ATIVOS DAS EMPRESAS ESTATAIS NOS SETORES DE INFRAESTRUTURA
JULIANE ERTHAL DE CARVALHO, MAYARA GASPAROTO TONIN 157

1	Introdução	157
2	O fenômeno da estatização no Brasil	160
3	As privatizações no Brasil	162
4	A eficiência na atuação das empresas estatais	163
4.1	O princípio constitucional da eficiência	164
4.2	Ausência de conclusão acerca do melhor desempenho das empresas privadas	165
4.3	O dever de eficiência das empresas estatais	166
5	Alienação de ativos das empresas estatais e eficiência	168
6	A elaboração de estudo prévio à alienação de ativos das empresas estatais	171
7	Conclusão	173
	Referências	174

ESTRUTURAÇÃO DE PROJETOS DE INFRAESTRUTURA: ANÁLISE CRÍTICA E PROPOSTA A RESPEITO DO PROCEDIMENTO DE MANIFESTAÇÃO DE INTERESSE – PMI
LAURO CELIDONIO GOMES DOS REIS NETO, MÁRIO SAADI 177

1	Introdução	177
2	Projetos pretendidos no Município de São Paulo e início da problemática sobre a taxa de conversão de PMIs em projetos contratados	180

3	Aprofundando a questão sobre a baixa taxa de conversão de PMIs	183
4	Uma proposta: a necessária vinculação entre planejamento e PMIs	185
5	Conclusão	189
	Referências	189

APLICAÇÃO DE EXCEÇÃO DE CONTRATO NÃO CUMPRIDO ÀS SUBCONTRATAÇÕES NO ÂMBITO DE CONTRATOS DE CONCESSÃO

LUCAS DE MOURA RODRIGUES 191

1	Concessão e subcontratação (em sentido amplo)	191
2	Espécies de subcontratação (em sentido amplo)	192
2.1	Cessão de concessão	192
2.2	Subconcessão	192
2.3	Subcontratação (em sentido restrito): objeto do presente trabalho	193
3	Subcontratação (em sentido restrito): relação de Direito Privado ou de Direito Administrativo?	193
3.1	Contrato administrativo	193
3.2	Subcontratação (em sentido restrito) como relação de Direito Privado (art. 25, §2º, da Lei nº 8.987/1995)	196
4	Aplicação da exceção de contrato não cumprido	196
4.1	Aplicação da exceção de contrato não cumprido em concessão	197
4.2	Aplicação da exceção de contrato não cumprido nas subcontratações (em sentido restrito) em concessão	198
4.3	Entendimento jurisprudencial sobre o regime jurídico aplicável às subcontratações (em sentido restrito) em concessão	200
4.4	Críticas ao entendimento jurisprudencial sobre o regime jurídico aplicável às subcontratações (em sentido restrito) em concessão	201
5	Conclusões	202
	Referências	203

GARANTIA CONTRATUAL EM CONTRATOS DE CONCESSÃO DE SERVIÇO PÚBLICO

MARÇAL JUSTEN FILHO 205

1	A exigência de garantia nos contratos de concessão de serviço público	205
2	O instituto da garantia contratual	205
2.1	A ilimitação da responsabilidade patrimonial	205
2.2	A ausência de coexistência necessária dos dois aspectos	206
2.3	Garantias pessoais e garantias reais	207
3	A responsabilidade do particular em face da Administração	207
4	As contratações administrativas	208

4.1	Os contratos administrativos de colaboração	208
4.2	Os contratos administrativos de delegação	209
5	Os contratos de colaboração e a garantia contratual	210
5.1	O requisito de participação na licitação	210
5.2	A previsão de garantia no tocante ao contrato na Lei nº 8.666	210
5.3	As finalidades buscadas	211
5.4	O precedente do TCU	212
6	As Leis sobre concessão e a garantia contratual	213
6.1	A disciplina da Lei nº 8.987/1995	214
6.2	A disciplina da Lei nº 11.079/2004	214
6.3	A ausência de aplicação direta da Lei nº 8.666	215
6.4	Ainda a orientação estritamente literal	216
7	A interpretação lógico-sistemática	217
7.1	Os contratos de concessão e as garantias contratuais	217
7.2	A inaplicabilidade da concepção de "Project Finance"	217
7.3	A questão do prazo para amortização dos investimentos	219
7.4	A necessidade de flexibilidade quanto ao tema	220
7.5	Ainda a incompletude dos contratos de concessão	220
7.6	Ainda a constante renegociação das condições	220
8	Conclusão: a ausência de soluções uniformes e predeterminadas	220

A REVISÃO DA REGULAÇÃO DA GERAÇÃO DISTRIBUÍDA DE PEQUENO PORTE

MARÇAL JUSTEN NETO, CAMILA BATISTA RODRIGUES COSTA...223

1	Introdução	223
2	O setor elétrico brasileiro	224
3	A geração distribuída	225
3.1	A geração distribuída de pequeno porte	225
3.2	A energia autoconsumida e a energia injetada	226
3.3	A geração local e a geração remota	226
3.4	Os benefícios da geração distribuída	227
3.5	O sistema de compensação de energia elétrica	228
3.6	Remuneração da rede e tarifas	229
3.7	Os resultados atingidos pela regulação	229
4	A alteração da regulação	230
4.1	A necessidade de revisão da regulação	230
4.2	A constante revisão da regulação	231
4.3	Os problemas da regulação atual	232
4.3.1	O impacto sobre o uso da rede de distribuição	233
4.3.2	O impacto sobre os demais consumidores	234
4.3.3	O impacto sobre a racionalização do consumo	235
4.4	As alterações propostas	235

4.5	Ainda a necessidade de assegurar a expansão da geração distribuída	237
4.6	Outros efeitos da revisão da regulação	238
4.7	Regime de transição	238
5	Conclusão	239
	Referências	240

REFLEXÕES SOBRE OS SISTEMAS COMPARTILHADOS DE MOBILIDADE URBANA E A VIABILIDADE DO *CARSHARING*

MARINA KUKIELA 243

1	Introdução	243
2	Economia do compartilhamento	244
3	Compartilhamento de modais alternativos	245
3.1	Bicicletas	245
3.2	Patinetes elétricos	246
4	*Carsharing*: uma aposta em meio a incertezas	247
4.1	Breve histórico	247
4.2	Modelos de operação	247
4.3	Pioneirismo estrangeiro	248
4.4	Experiências nacionais	249
4.4.1	Iniciativas em menor escala	249
4.4.2	Iniciativas em maior escala com envolvimento direto do Poder Público	249
4.4.2.1	Fortaleza	250
4.4.2.2	Curitiba	250
4.4.2.3	Rio de Janeiro	251
4.4.2.4	Breve análise comparativa	251
4.5	Vantagens	253
4.6	Desafios	255
5	O Procedimento de Manifestação de Interesse (PMI) como instrumento para reduzir as incertezas	257
5.1	Breves noções acerca do PMI	257
5.2	Vantagens	258
5.3	Inconvenientes	259
6	Conclusão	260
	Referências	261

OS ACORDOS SUBSTITUTIVOS DE SANÇÃO NO ÂMBITO DOS PROJETOS DE INFRAESTRUTURA

MÔNICA BANDEIRA DE MELLO LEFÈVRE 263

1	Considerações iniciais	263

2	A consagração normativa da consensualidade	264
2.1	A abertura à consensualidade	264
2.2	A gradativa evolução da consensualidade no ordenamento jurídico	265
2.3	A Lei de Introdução às Normas do Direito Brasileiro: consolidação normativa da consensualidade administrativa	267
3	Os acordos substitutivos de sanção	269
3.1	A competência sancionatória da Administração Pública	269
3.2	O cabimento dos acordos substitutivos	271
4	Os acordos substitutivos no âmbito de projetos de infraestrutura	274
5	Considerações finais	277
	Referências	278

ASPECTOS JURÍDICOS AMBIENTAIS E REGULATÓRIOS DO APROVEITAMENTO ENERGÉTICO DO BIOGÁS: UMA CONTRIBUIÇÃO AOS MODELOS DE NEGÓCIO

RAFAEL FERREIRA FILIPPIN 281

1	Introdução	281
2	O biogás no contexto da transição energética	282
3	O contexto normativo aplicável aos empreendimentos de biogás	284
4	Outras questões jurídicas específicas	291
5	Conclusões	295
	Referências	295

LIBERDADE DE PREÇOS NOS TERMINAIS PORTUÁRIOS: O CASO DOS PREÇOS *AD VALOREM*

RAFAEL WALLBACH SCHWIND 297

1	Introdução	297
2	Os preços *ad valorem*	298
3	Colocação do problema	298
4	Fundamentos que possivelmente levariam à impossibilidade de cobrança de preços *ad valorem*	300
5	Questão prévia: possível incompetência do TCU para a análise da matéria	301
6	A questão da técnica de movimentação	303
7	A contratação de seguros para avarias	304
8	A questão da relação entre valor da mercadoria e custos do serviço	305
9	Os preços *ad valorem* como uma cobrança em duplicidade	308
10	A necessidade de se observar os espaços de liberdade assegurados aos terminais portuários: a questão do exercício da política comercial	308

10.1	O estabelecimento da liberdade de preços como regra no setor portuário	309
10.2	A possibilidade de exercício de política comercial pelos terminais portuários	310
10.3	A liberdade empresarial como limite à ingerência administrativa	311
10.4	A flexibilidade na fixação de preços e o caso dos preços *ad valorem*	312
11	Possíveis efeitos de uma eventual proibição de cobrança de preços *ad valorem*	313
12	Conclusões	314

A CIDADE PARA AS PESSOAS ATRAVÉS DA ESTAÇÃO DE METRÔ: ÍNDICE DE CAMINHABILIDADE PARA O ENTORNO DA ESTAÇÃO ELDORADO, GRANDE BELO HORIZONTE

RENATA R. NUNES DE CARVALHO, PAULA VIEIRA GONÇALVES DE SOUZA 315

1	Introdução	315
2	Objetivo	320
3	Metodologia e métodos	321
3.1	Índice de Caminhabilidade: ferramenta (ITDP, 2018)	321
4	Revisão de literatura	323
5	Resultados e discussão	328
6	Conclusões e considerações finais	330
	Referências	330
	APÊNDICE A	334

A EVOLUÇÃO HISTÓRICA DO SETOR ELÉTRICO BRASILEIRO

RENATA BECKERT ISFER 337

1	Introdução	337
2	O surgimento da energia elétrica	338
3	A federalização do sistema elétrico brasileiro e o Código de Águas de 1934	341
4	A estatização do setor elétrico	342
5	A "desregulamentação" do setor de energia elétrica e as reformas subsequentes	345
6	Conclusão	351
	Referências	352

ASPECTOS GERAIS DAS CONCESSÕES DE TRANSPORTE DE GÁS

RODRIGO GOULART DE FREITAS POMBO, RICARDO DE PAULA FEIJÓ 355

1	Introdução	355
2	As regras constitucionais do setor de gás	356

3	A cadeia de atividades do setor de gás e seus regimes jurídicos	357
4	Os regimes de exploração do transporte de gás	358
5	A concessão de transporte de gás	359
5.1	A exigência de licitação	359
5.2	Objeto da outorga	359
5.3	Inexistência de configuração de serviço público	360
5.4	A exploração pelo concessionário	361
5.5	Prazo	363
5.6	Regime de remuneração e equilíbrio econômico-financeiro	363
5.7	Regime de bens	364
6	Conclusão	365
	Referências	365

A CLÁUSULA DE *"FITNESS FOR PURPOSE"* E SUA APLICABILIDADE NO DIREITO BRASILEIRO

THIAGO FERNANDES MOREIRA, CAIO GABRA 367

1	Introdução	367
2	Obrigação de *fitness for purpose*	368
2.1	*Common law* inglesa	369
2.2	Convenção de Viena sobre Compra e Venda Internacional de Mercadorias	370
3	Cláusula de *fitness for purpose*	371
4	A proteção à finalidade do produto no Direito da Construção brasileiro	374
4.1	Empreitada	375
4.2	Prestação de serviços	377
4.3	Compra e venda	378
5	Conclusão	379
	Referências	379

NOVA HIPÓTESE DE DISPENSA DE LICITAÇÃO: UMA PROPOSIÇÃO INOVADORA E DEMOCRÁTICA PARA PROJETOS PÚBLICOS DE INFRAESTRUTURA DE GRANDE PORTE

TIAGO BECKERT ISFER 381

	Introdução	381
1	Identificação de um *wicked problem* relacionado aos projetos públicos de infraestrutura de grande porte	382
1.1	Importância e compreensão do conceito de *wicked problem*	382
1.2	A identificação de um problema pernicioso	383
2	Insuficiência das teorias tradicionais	389
3	Inovação na Administração Pública e no Direito	391
4	Uma proposição para projetos públicos de infraestrutura de grande porte	392

4.1	Formulação inicial	392
4.2	Precedentes	392
4.3	Justificativa principiológica	393
4.4	Benefícios esperados	394
4.5	Dificuldades e soluções iniciais	395
	Conclusão	396
	Referências	397

LIMITES DAS ATRIBUIÇÕES SANCIONATÓRIAS DO CADE FRENTE ÀS DEFINIÇÕES TÉCNICAS DAS AGÊNCIAS REGULADORAS

VICTOR HUGO PAVONI VANELLI 399

1	Introdução	399
2	CADE e suas atribuições legais	400
3	Agências reguladoras e suas atribuições legais	401
4	Atribuições regulatórias da União	403
4.1	Defesa da ordem econômica e regulação setorial	403
4.2	Atribuições conciliáveis e não excludentes	403
5	Conflito entre CADE e agências reguladoras: análise de casos	404
5.1	O problema	404
5.2	Casos diversos	405
5.3	Caso concreto envolvendo a ANTAQ	406
6	Princípios aplicáveis à limitação das atribuições do CADE	408
6.1	Aspectos do Direito Administrativo Sancionador	409
6.2	Segurança jurídica	410
6.3	Limites das atribuições do CADE	411
7	Conclusão	413
	Referências	413

SOBRE OS AUTORES 415

CONSENSUALIDADE NA EXECUÇÃO DOS CONTRATOS DE CONCESSÕES RODOVIÁRIAS

ALINE LÍCIA KLEIN

1 Introdução

Os contratos de concessão, caracterizados pelo longo período de vigência e objeto complexo, trazem desafios adicionais para os operadores jurídicos. Há uma pluralidade de ocorrências que podem ser verificadas durante a sua vigência, impactando o seu objeto e as condições de execução.

Daí que os contratos de concessão são marcados, por um lado, pela possibilidade de revisão das condições originais e, por outro, pela incompletude das previsões contratuais. É impossível predeterminar, com exatidão, toda a disciplina das prestações contratuais. Determinadas dificuldades, ainda que já existentes no momento da contratação, poderão ser reveladas apenas posteriormente. Outras tantas ocorrências verificadas ao longo do contrato determinam a necessidade de adequação das suas previsões. Em um contrato de longo prazo, fatos supervenientes inevitavelmente afetam a execução das prestações.

Isso demanda diversas negociações entre as partes, ao longo da vigência do contrato. Daí a acentuada consensualidade dos contratos de concessão.[1]

---

[1] Nas palavras de Floriano de Azevedo Marques Neto, "a concessão pressupõe consenso, aceitação entre as partes envolvidas. Isso faz necessária a dimensão normativa de caráter contratual, negociada, que será tanto mais adequada e eficiente quanto menos unilaterais forem as definições de seus termos. Podemos admitir a existência de concessões que

Apesar de a mutabilidade ser aceita como uma das características dos contratos administrativos, as alterações contratuais dos contratos de concessão estão longe de ser um tema pacífico. Ainda se encontra a noção, em especial nos órgãos de controle, de que "contrato bom não precisa revisar".

Além disso, com frequência alude-se à violação ao princípio da licitação, à violação da vinculação ao instrumento convocatório e à desnaturação do objeto licitado como possíveis consequências negativas que as alterações implicariam. O argumento seria o de que, se outros potenciais licitantes soubessem que o contrato seria alterado, poderiam também ter se interessado pelo objeto licitado.

A alteração dos contratos administrativos, em especial os de concessão, deve deixar de ser vista como risco à segurança jurídica e aos demais princípios norteadores da atividade administrativa. Na verdade, a mutabilidade do contrato é o que assegura a sua continuidade. Ao contratar com a Administração, o concessionário tem a garantia de que o contrato poderá ser alterado, se isso for necessário, para assegurar o atingimento das suas finalidades.[2]

Nesse breve artigo, procura-se explorar algumas dessas facetas das alterações consensuais dos contratos de concessões rodoviárias.

2 A incompletude contratual

A premissa de que se parte é a da incompletude como característica própria dos contratos de concessão. Reconhece-se a impossibilidade, em termos práticos, dos contratos de longo prazo regularem *ex ante*, de forma rígida e imutável, todas as ocorrências e circunstâncias possíveis de serem verificadas no curso da sua execução.

---

dispensem normatividade legal. Não é possível, porém, imaginar concessões que prescindam de normas contratuais. Se assim fosse, estaríamos diante de outros institutos jurídicos, mas restaria descaracterizada a concessão" (*Concessões*. Belo Horizonte: Fórum, 2015. p. 387).

[2] Como sintetiza Egon Bockmann Moreira, "nada mais adequado que falar em *segurança advinda da certeza da mudança*. Pois este aparente contrassenso é o que se passa nas concessões contemporâneas: a flexibilidade dos contratos é um dos itens que reforçam a segurança jurídica na prestação adequada do serviço. Ou, melhor: *a segurança contratual presta-se a garantir a mutabilidade do negócio jurídico firmado*" (*Direito das concessões de serviço público*: inteligência da Lei 8.987/1995 (parte geral). São Paulo: Malheiros, 2010. p. 37 – grifos no original).

Alude-se então aos contratos incompletos,[3] diante da inviabilidade de pactuação completa e exaustiva dos contratos de longo termo. Trata-se de uma técnica de decisão no tocante à gestão de relações contratuais.[4] Como define Flávio Amaral Garcia:

> são incompletos porque realisticamente impossibilitados de regular todos os aspectos da relação contratual, o que os torna naturalmente inacabados e com lacunas, que reclamarão tecnologia contratual capaz de resolver a infinidade de contingências que poderão surgir durante sua execução.[5]

A *Incomplete-Contract Theory* está diretamente relacionada aos contratos relacionais.

A Teoria dos Contratos Relacionais considera que, para os contratos incompletos, é necessário reconhecer que a flexibilidade e a mutabilidade devem sempre estar presentes, de modo a se adaptar continuamente a relação contratual, especialmente a partir da consensualidade. Assume-se a possibilidade de sucessivas renegociações e mudanças contratuais. Nas palavras de Fernando Araújo:

> o contrato relacional é aquele em que as partes não reduzem termos fulcrais do seu entendimento a obrigações precisamente estipuladas, porque não podem ou porque não querem, e se remetem a modos informais e evolutivos de resolução da infinidade de contingências que podem vir a interferir na interdependência dos seus interesses e no desenvolvimento das suas condutas, afastando-se da intervenção judicial irrestrita como solução para os conflitos endógenos para privilegiarem o recurso a formas alternativas de conciliação de interesses.[6]

As soluções no curso do contrato são adotadas em ambiente de cooperação e confiança mútua, em contínua interação das partes. Tal

---

[3] Pode-se indicar como referência da teorização dos contratos incompletos Oliver D. Hart (Incomplete contracts and the theory of the firm, *Journal of Law, Economics, & Organization*, Oxford University Press, v. 4, n. 1, p. 119-139, 1988).

[4] Uinie Caminha e Juliana Cardoso Lima, Contrato incompleto: uma perspectiva entre direito e economia para contratos de longo termo. *Revista Direito GV*, São Paulo, v. 10, n. 1, p. 162, jan./jun. 2014.

[5] *Concessões, parcerias e regulação*. São Paulo: Malheiros, 2019. p. 148-149.

[6] *Teoria económica do contrato*. Coimbra: Almedina, 2007. p. 395. Pode ser indicado como referência da teoria dos contratos relacionais o autor Ian MacNeil (Contracts: adjustment of long-term economic relations under classical, neoclassical, and relation contract law, *Northwestern University Law Review* v. 72, n. 6, 1988).

forma de relação contratual é o que se pode esperar naturalmente em tais contratos e não algo patológico, que revelaria eventual falha ou defeito da avença.

Além da contínua negociação entre as partes, em periódicos ajustes do acordo original, cabe mencionar o elemento da boa-fé.

A conduta de boa-fé das partes contratantes, em ambiente de cooperação mútua, é determinante para o preenchimento das lacunas contratuais com redução do impacto da assimetria de informações, externalidades e outros desequilíbrios existentes entre as partes.[7] A relação é mútua: ao mesmo tempo em que a conduta de boa-fé reforça a disposição para negociar, a negociação contínua favorece o estreitamento dos laços de confiança entre as partes.[8]

3 As alterações contratuais

Diante de eventos supervenientes que alterem significativamente as condições de execução dos contratos de concessão, a sua alteração é requisito para a continuidade da relação contratual. Não se pode perder de vista que a concessão de serviço público objetiva a satisfação de necessidades essenciais da coletividade. O eventual insucesso do concessionário frustra o atingimento de tal finalidade.

Alude-se ao *ius variandi* como sendo um poder-dever típico da Administração na relação contratual.[9]

As alterações dos contratos podem ser unilaterais, por parte da Administração. Tal prerrogativa retrata a posição de supremacia ocupada pela Administração. A utilização de tal prerrogativa necessariamente deve ser funcionalizada, no sentido de que apenas pode ser

---

[7] Como sintetiza Ronaldo Porto Macedo Júnior, "A boa-fé está basicamente envolvida em dois aspectos da participação nos contratos. Em primeiro lugar, ela permite a fusão do interesse individual egoísta e do interesse pelo outro, o que facilita a existência de relações de longo prazo. Em segundo lugar, ela serve como mecanismo de proteção do direito de participação de maneira análoga aos direitos civis do cidadão. A boa-fé passa a constituir o conjunto de garantias dos contratantes nas relações contratuais, uma espécie de conjuntos e "normas de garantia individual", dentro do direito privado" (*Contratos relacionais no direito brasileiro*, paper apresentado na 24ª Reunião da Latin American Society Association (LASA), dez. 1997. Disponível em: http://lasa.international.pitt.edu/LASA97/portomacedo.pdf. Acesso em: 10 mar. 2019).

[8] Tatiana Esteves Natal, *A teoria dos contratos incompletos e a natural incompletude do contrato de concessão*. Disponível em: http://anape.org.br/site/wp-content/uploads/2014/01/004_056_TATIANA_ESTEVES_NATAL_10082009-17h08m.pdf. Acesso em: 10 mar. 2019.

[9] Em linhas gerais, a alteração unilateral dos contratos de concessão encontra-se prevista na Lei nº 8.987/95, art. 9º, §4º, e art. 23, inc. V.

exercida tendo em vista o melhor atendimento das finalidades pública visadas com a contratação.

Diz-se que a possibilidade de alteração unilateral do contrato, ao lado de outras prerrogativas próprias do poder público em relações contratuais com privados, consiste em cláusula exorbitante. Trata-se de faculdade não existente em contratos privados, nos quais as partes encontram-se em paridade.

Apesar de justificadas pela corrente necessidade de remodelar o contrato para preservar a adequação do serviço prestado, as denominadas cláusulas exorbitantes não estão imunes a críticas. Vale registrar a existência de propostas doutrinárias no sentido de modulação das cláusulas, de modo a atender as especificidades de cada contratação. Assim, seria avaliada a conveniência e oportunidade de se inserirem, em cada contrato e de acordo com o seu objeto específico, as denominadas cláusulas exorbitantes.[10]

Mas as alterações unilaterais dos contratos não consistem na única forma de modulação do seu conteúdo.

Em especial nos contratos de concessão, há um grande espaço para a atuação das partes em paridade, de modo consensual. Como se observou antes, os contratos incompletos demandam maior consensualidade, por implicarem a contínua renegociação e repactuação entre as partes.

O consenso não se faz presente apenas no momento inicial, da celebração do pacto. No curso da execução do contrato de concessão, faz-se necessário um permanente diálogo entre as partes, para complementar e adaptar as regras que dirigem a relação contratual.

Tal consensualidade é guiada pela noção de boa-fé de ambas as partes e pelo intuito de se preservar a finalidade visada no início da contratação.

Logo, no que diz respeito aos contratos de concessão, pode-se afirmar haver uma maior comunhão de interesses entre as partes. A atuação do particular presta-se ao atendimento direto de determinada necessidade pública que motivou a contratação. O particular exerce determinadas atribuições públicas que lhe são delegadas pelo Estado. A execução adequada das obrigações contratuais pelo contratado

---

[10] Nesse sentido, MOREIRA NETO, Diogo de Figueiredo. O futuro das cláusulas exorbitantes nos contratos administrativos. *In*: ARAGÃO, Alexandre Santos de; MARQUES NETO, Floriano de Azevedo (Coord.). *Direito administrativo e seus novos paradigmas*. Belo Horizonte: Fórum, 2012. p. 585.

significa o atendimento do interesse público. Com isso, o cumprimento dos deveres contratuais é de interesse de ambas as partes.

4 Limites dos acordos nos contratos de concessão

No entanto, apesar da adequação do exercício contínuo da consensualidade na relação contratual, debate-se acerca dos limites das modificações que podem ser feitas, ainda que as partes estejam em comum acordo.

Contrapõe-se, com frequência, às alterações das condições originais da contratação suposta violação aos princípios da licitação, da isonomia e da vinculação ao edital.

O princípio da vinculação ao edital, se aplicado de modo absoluto, conduziria à inviabilidade de qualquer alteração das condições originais. Ocorre que tal consequência é incompatível com a mutabilidade que caracteriza os contratos administrativos, bem como com as previsões legais que expressamente autorizam tais modificações.[11]

Já os princípios da licitação e da isonomia determinam a incidência de alguns limites para as alterações contatuais.

É corrente a afirmação de que o objeto contratual não pode ser modificado substancialmente, de modo a tornar inútil a licitação previamente realizada. Como sintetiza Egon Bockmann Moreira:

> O objeto pode ser diminuído, modificado ou incrementado, desde que preservada a essência da contratação. As variações dão-se ao interno do objeto originalmente definido no edital, proposta e contrato. Em decorrência, o objeto contratual não pode nem ser extinto nem substituído por outro. Ao se falar em alteração do objeto do contrato se está tratando do modo de sua execução.[12]

Porém, há de se reconhecer que diversas das regras estabelecidas no edital, em especial na minuta de contrato, não são aptas a afetar

---

[11] Como alerta Marçal Justen Filho, "Levada a questão às últimas consequências, ter-se-ia de negar o cabimento às alterações contratuais no âmbito dos contratos administrativos. Ou seja, sequer alterações consensuais poderiam ser cogitadas. Ora, essa conclusão não pode ser prestigiada, eis que uma das características mais essenciais dos contratos administrativos (e das concessões, em especial) consiste na mutabilidade das cláusulas contratuais" (*Teoria geral das concessões*. São Paulo: Dialética, 2003. p. 444).

[12] *Direito das concessões de serviço público*: inteligência da Lei 8.987/1995 (parte geral). São Paulo: Malheiros, 2010. p. 381.

o universo de possíveis interessados. Várias disposições não são propriamente essenciais à contratação nem são passíveis de determinar quem poderia apresentar proposta no certame. Mesmo assim, as modificações devem ser analisadas à luz da proporcionalidade. Diante de circunstâncias absolutamente imprevisíveis e extraordinárias, poderão ser necessárias modificações até mesmo substanciais do objeto licitado, para se evitar dano maior aos interesses coletivos.[13]

Modificações das condições originais de contratação também não podem frustrar os critérios que foram aplicados para selecionar a proposta mais vantajosa. Sob pena de afronta à isonomia, os requisitos e critérios não podem ser posteriormente modificados de modo que, se estas tivessem sido as balizas aplicadas na época da licitação, outro proponente teria sido vencedor.

Assim, em princípio, são vedadas apenas alterações que tornariam inútil a licitação realizada, por ser inadequada para selecionar a melhor proposta em face do objeto e das condições contratuais resultantes da alteração. Além disso, alterações dos critérios determinantes para a seleção da proposta mais vantajosa também não podem ser feitas.[14]

Indo adiante, ao se tratar dos possíveis limites e restrições das alterações contratuais, faz-se conveniente tecer algumas considerações acerca de eventuais modificações que possam impactar a matriz de risco originalmente estabelecida.

---

[13] Como conclui Marçal Justen Filho, "Impor-se-á a adoção da solução que produzir menor lesão aos interesses coletivos e individuais envolvidos – segundo o princípio da proporcionalidade. O cotejo entre os princípios conduz à convicção de que a obrigatoriedade da licitação apresenta relevância menos extensa do que a supremacia do interesse público. A utilidade da licitação não pode acarretar a inutilidade da concessão: a invocação do respeito às condições originais não pode conduzir à manutenção de cláusulas inadequadas. Deve produzir-se a alteração necessária a assegurar a maior adequação possível dos serviços públicos objeto da concessão, ainda que isso importe alteração significativa das condições contempladas na licitação" (*Teoria geral das concessões*. São Paulo: Dialética, 2003. p. 444-445).

[14] Sobre a eventual incidência dos limites quantitativos para alterações contratuais, previstos nos §§1º e 2º do art. 65 da Lei nº 8.666/93, considera-se que a discussão foi encerrada com a previsão do art. 22 da Lei nº 13.448/17. Tal dispositivo legal afastou expressamente a aplicação de tais limites às alterações dos contratos de parceria. Os contratos de parceria são definidos na Lei nº 13.334/16, art. 1º, §2º: "consideram-se contratos de parceria a concessão comum, a concessão patrocinada, a concessão administrativa, a concessão regida por legislação setorial, a permissão de serviço público, o arrendamento de bem público, a concessão de direito real e os outros negócios público-privados que, em função de seu caráter estratégico e de sua complexidade, especificidade, volume de investimentos, longo prazo, riscos ou incertezas envolvidos, adotem estrutura jurídica semelhante".

É usual – e recomendável – que, por ocasião da modelagem contratual, os principais riscos sejam identificados de forma objetiva, mensurados na medida do possível e alocados à parte contratante que tiver melhor condições de gerenciá-los, com a concomitante previsão de medidas de prevenção ou atenuação dos efeitos da materialização de tais eventos.

Logo, em alguma medida, os riscos, ainda que de ocorrência incerta, são dotados de previsibilidade. Já se o evento estiver na esfera da absoluta imprevisibilidade, não se trataria mais de risco.[15] Nesse caso, aplica-se a teoria da imprevisão.

Sabe-se que a equação econômico-financeira inicialmente estabelecida leva em conta a matriz de risco contratual. A garantia de intangibilidade do equilíbrio contratual está diretamente vinculada à distribuição de riscos contratuais.

Os parâmetros para se avaliar a manutenção ou não das condições originais da proposta são aqueles da repartição de riscos entre as partes contratantes, que deve constar clara e expressamente da lei ou do contrato. Nas palavras de Floriano de Azevedo Marques Neto, "o princípio do equilíbrio econômico e financeiro nada mais é do que uma solução jurídica para alocação dos riscos inerentes ao contrato administrativo".[16]

Ou seja, a intangibilidade é da equação estabelecida, tendo em vista uma determinada matriz de risco, fixada no início da relação contratual.

Considerando isso, indaga-se se aspectos da matriz de risco podem ser alterados no curso da execução contratual, em relação a eventos específicos e determinados.

O risco atribuído a uma das partes pode ser compartilhado ou ser atribuído à outra parte, ainda que apenas em relação a determinado evento específico? As partes devem inevitavelmente suportar todas as consequências dos riscos que lhes foram contratualmente atribuídos, ainda que as consequências da sua materialização venham a ter um custo extremamente elevado? A matriz de risco original deve ser mantida mesmo quando as bases objetivas do negócio são

---

[15] GARCIA, Flávio Amaral. *Concessões, parcerias e regulação*. São Paulo: Malheiros, 2019. p. 143.

[16] Reajuste e revisão nas parcerias público-privadas: revisitando o risco nos contratos de delegação. *In*: CAMPOS DE SOUZA, Mariana (Coord.). *Parceria público-privada*: aspectos jurídicos relevantes. São Paulo: Quartier Latin, 2008. p. 71.

significativamente alteradas, por razões não imputáveis às partes e acarretando onerosidade excessiva para uma delas?[17]

Certos eventos supervenientes podem determinar a necessidade de tais modificações pontuais. Melhor dizendo, aplicações diferenciadas da matriz de risco contratual, tendo em vista determinado evento específico, podem vir a ser imprescindíveis para se assegurar a continuidade da prestação do serviço.[18][19] Por exemplo, se o cumprimento das obrigações contratuais originais em relação aos parâmetros de desempenho tornar-se desproporcional e extremamente gravoso para a concessionária, ao ponto de ser inviável o seu atendimento em termos práticos, será possível promover-se a sua revisão, demonstrando-se a sua inadequação em face da realidade da rodovia.

A solução para tanto estará justamente na teoria da imprevisão. A matriz de risco deve ser aplicada em relação aos riscos previsíveis, seja quanto à ocorrência, seja quanto à dimensão das suas consequências. Quando a materialização do risco extrapola aquilo que seria previsível, a relação entre as partes contratantes passa a ser orientada pela teoria da imprevisão. Note-se que tal premissa deve ser aplicada inclusive em face de eventos que, apesar de previsíveis, tiveram consequências de tal monta que se tornaram insuportáveis para a parte à qual foi alocado aquele risco.[20]

---

[17] Essa questão foi colocada com bastante evidência em razão da crise macroeconômica enfrentada recentemente pelo país. A crise em tais dimensões era evento imprevisível e alterou significativamente o cenário em que até então se desenvolviam as concessões.

[18] Nas palavras de Marçal Justen Filho, "a consumação de eventos supervenientes insuportáveis, aptos a comprometer a continuidade da concessão, não pode ser ignorada. Não é admissível que os eventos supervenientes danosos comprometam a prestação do serviço público adequado. Diante da perspectiva de inviabilidade da concessão, devem ser adotadas providências para assegurar a continuidade do serviço público" (Concessão de serviço público e equação econômico-financeira dinâmica. *Revista de Direito Público da Economia – RDPE*, Belo Horizonte, ano 16, n. 61, p. 185, jan./mar. 2018).

[19] Vale mencionar também a lição de Flávio Amaral Garcia: "Quando as bases e as circunstâncias externas que motivaram as partes a conformar a relação contratual (inclusive a própria matriz de risco) são drasticamente alteradas, inviabilizando o atingimento da finalidade primária do contrato e alterando profundamente o equilíbrio econômico-financeiro pactuado, tem-se a *quebra da base objetiva do negócio* e o legítimo direito dos contratantes de promoverem a revisão do pacto. Supor que as partes devam manter tudo como está, mesmo diante de aguda transformação das circunstâncias econômicas, exógenas ao contrato, bastante o suficiente para desequilibrar financeiramente a relação e gerar iniquidades e injustiças gravosas para um dos contratantes, é ignorar a boa-fé como pressuposto das públicas relações contratuais" (*Concessões, parcerias e regulação*. São Paulo: Malheiros, 2019. p. 191-192 – grifos no original).

[20] Essa questão é analisada por Alexandre Santos de Aragão: "Questão de especial importância prática e teórica é saber se, para preservar a concessão, os critérios tradicionais de divisão de riscos nas concessões podem ser mitigados ainda que essa possibilidade não tenha

É assente a aplicação da teoria da imprevisão aos contratos administrativos. Como define Celso Antônio Bandeira de Mello:

> com a teoria da *imprevisão*, o contratado faz jus à plena restauração do equilíbrio contratual caso ocorra superveniência de eventos imprevistos de *ordem econômica* ou que surtem efeitos de *natureza econômica*, alheios à ação das partes, que repercutam de maneira seriamente gravosa sobre o equilíbrio do contrato.[21]

Como se procurou pontuar anteriormente, a teoria da imprevisão apenas pode ser aplicada quando os riscos e as suas consequências não se encontrarem na esfera do que era previsível. Ou seja, deve haver a devida motivação para se excepcionar a aplicação do que foi originalmente estabelecido no contrato. Pela exigência de tais requisitos, afasta-se o risco de eventual banalização de alterações contratuais supervenientes. A imprevisibilidade do evento e/ou da dimensão dos seus efeitos deve ser demonstrada em cada caso concreto, como pressuposto de validade da modificação a ser promovida.

Eventual alteração superveniente da matriz de risco contratual é apta a desequilibrar a equação econômico-financeira. Daí se dizer que tal modificação deve ser feita preferencialmente em comum acordo entre as partes.[22]

---

sido prevista *ab ovo* no edital de licitação e a minuta de contrato a ele anexa. O problema pode ocorrer tanto quando a concessionária não tiver como arcar com fatos previsíveis (e, portanto, segundo o critério tradicional de divisão de riscos, de sua responsabilidade), como quando os usuários ou o poder concedente não tiverem como suportar as consequências (de reequilíbrio econômico-financeiro) em favor da concessionária devidas em razão da ocorrência de fatos imprevisíveis (risco assumido pelo Estado – ex.: se provocarem um aumento de tarifas além da capacidade de pagamento dos usuários). A depender da magnitude das consequências práticas de eventual rompimento contratual por culpa da concessionária (caso os fatos 'previsíveis' tenham sido muito onerosos) ou de eventual sobrecarga para os usuários/poder concedente (caso os fatos 'imprevisíveis' sejam economicamente excessivos), entendemos que o modelo tradicional de divisão de riscos pode, excepcionalmente, ser temperado pela realidade verificada mesmo quando outro compartilhamento de riscos não tiver sido previsto no contrato" (A evolução da proteção do equilíbrio econômico-financeiro nas concessões de serviços públicos e nas PPPs. *RDA – Revista de Direito Administrativo*, Belo Horizonte, v. 263, maio/ago. 2013. Disponível em: http://www.bidforum.com.br/bid/PDI0006.aspx?pdiCntd=96955. Acesso em: 12 mar. 2015).

[21] *Curso de direito administrativo.* 30. ed. São Paulo: Malheiros, 2013. p. 652 – grifos no original. De forma complementar à teoria da imprevisão, podem também ser utilizados os institutos da onerosidade excessiva e da lesão grave, previstos nos arts. 478 e 157 do Código Civil, respectivamente.

[22] Floriano de Azevedo Marques Neto reforça que a recomposição do equilíbrio econômico-financeiro em uma concessão deve ser conduzida em ambiente de negociação entre Poder

5 As revisões quinquenais nos contratos de concessão de rodovias federais

Em se tratando de alterações contratuais consensuais, não se pode deixar de aludir às revisões quinquenais nos contratos de concessão de rodovias federais.

A revisão quinquenal tem sido aplicada em alguns setores regulados, com características distintas das revisões ordinárias e extraordinárias. Como define Alexandre Santos de Aragão:

pelas revisões quinquenais há uma análise periódica de toda a planilha de custos, incluindo ganhos ou perdas de eficiência, da concessionária, análise que deverá readequar a tarifa para manutenção da equação econômico-financeira inicial, inclusive em relação a fatos previsíveis como variação de demanda e aumento do custo dos insumos, e compartilhamento com os usuários de eventuais ganhos de eficiência, sobretudo mediante a aplicação do chamado 'fator X'.[23]

Os aspectos específicos que serão avaliados nas revisões quinquenais deverão ser objeto de previsão normativa e contratual, em cada caso específico. Mas o objetivo geral é de adequação periódica de determinadas diretrizes de contratos de longo prazo.

A revisão quinquenal consiste, portanto, em um instrumento de revisão contratual com características específicas, que foi inserido nos contratos de concessão de rodovias federais a partir de 2008. A revisão quinquenal da ANTT ora se encontra disciplinada nas Resoluções nº 675/2004 e nº 1.187/2005.

A inserção da revisão quinquenal decorreu de determinação do TCU.[24] A lógica que guiou o TCU em tal recomendação à época foi o

---

Público e concessionário, ainda mais em se tratando de situações extraordinárias: "ainda que ao concessionário caiba o risco de demanda, se a queda abrupta tiver decorrido de uma ação ou de uma omissão do poder concedente, também se justifica, inobstante o pactuado, a discussão sobre tal desequilíbrio. Segue daí que em uma concessão comum (e, como veremos, na concessão em geral) o tema da manutenção do equilíbrio econômico-financeiro e de sua recomposição deve ser sempre tratado no âmbito da negociação regulatória, para a qual o contrato deve contemplar parâmetros e procedimentos" (*Concessões*. Belo Horizonte: Fórum, 2015. p. 192-193).

[23] A evolução da proteção do equilíbrio econômico-financeiro nas concessões de serviços públicos e nas PPPs. *RDA – Revista de Direito Administrativo*, Belo Horizonte, v. 263, maio/ago. 2013. Disponível em: http://www.bidforum.com.br/bid/PDI0006. aspx?pdiCntd=96955. Acesso em: 12 mar. 2015.

[24] Acórdão nº 2.104/2008 – Plenário, Rel. Min. Ubiratan Aguiar, julg. 24.9.2008.

compartilhamento de possíveis ganhos de produtividade, de ganhos extraordinários e de redução de custos que tivessem sido obtidos pela concessionária.

Em linhas gerais, pode-se dizer que o objetivo da revisão quinquenal nas concessões rodoviárias é a reavaliação da concessão ou do Programa de Exploração Rodoviária (PER), para adequá-los às reais necessidades do sistema rodoviário ou do cenário econômico.[25]

Apesar de prevista nos contratos há mais de uma década, a revisão quinquenal tem sido pouco utilizada. Ainda não foi explorada toda a sua potencialidade.

Por um lado, somente há sentido em se prever um terceiro tipo de revisão, diverso da ordinária e da extraordinária, se tal revisão abordar aspectos distintos das demais. Por outro, ao se considerarem os objetivos de adequação às reais necessidades do sistema rodoviário e do cenário econômico, em contratos de longo prazo, pode-se imaginar alterações significativas do contrato. Porém, os órgãos de controle têm se mostrado pouco receptivos a alterações de maior magnitude dos contratos de concessão.

A revisão quinquenal, devidamente utilizada, pode ser um importante instrumento para que, periodicamente, as partes repactuem determinados aspectos do contrato adequando-o à realidade. Com isso, pode-se assegurar continuamente o melhor atendimento da necessidade coletiva que motivou a contratação.

6 A celebração de acordos que envolvem terceiros

Em determinados casos, usualmente mais complexos, o impasse a ser solucionado envolve também o interesse de terceiros. Nada impede que sejam celebrados acordos também nessas situações.

No entanto, considerando que os interesses envolvidos extrapolam os das partes contratantes, o acordo não terá por fundamento legal exclusivamente o contrato em si e o princípio da mutabilidade.

---

[25] Foi dessa forma que a Revisão Quinquenal foi prevista no Contrato de Concessão do Edital nº 001/2008 da ANTT (ViaBahia): "16.5.1. Revisão quinquenal é a revisão que será realizada pela ANTT a cada 5 (cinco) anos, com intuito de reavaliar a Concessão em relação a sua compatibilidade com as reais necessidades advindas do Sistema Rodoviário e do cenário econômico, preservando-se a alocação de riscos e as regras para recomposição do equilíbrio econômico-financeiro originalmente estabelecidas no Contrato". Vale pontuar que a definição varia em cada contrato de concessão.

Se a questão estiver sendo discutida em juízo, existe a possibilidade de, por meio de acordo promovido pelo Judiciário, serem implementadas as alterações contratuais adequadas.[26] Cabe destacar que o Código de Processo Civil fomenta a consensualidade em várias passagens.[27]

Outra possibilidade de embasamento legal para a celebração de acordo que envolva terceiros encontra-se na Lei de Introdução às Normas do Direito Brasileiro (LINDB), analisada adiante.

7 A possibilidade de ampla participação no processo de revisão

Em se tratando de alterações mais substanciais do contrato, será recomendável propiciar-se a participação dos múltiplos interessados.

Tal possibilidade de participação está vinculada à publicidade do procedimento. A prévia divulgação das alterações visadas e dos estudos que as embasam permitirá a manifestação dos diversos setores sociais envolvidos. Para tanto, pode ser aberta consulta pública, com fundamento no art. 31 da Lei nº 9.784/99.[28]

---

[26] Nesse sentido, vale mencionar acordo celebrado sobre o objeto de duas ações populares que questionavam o procedimento licitatório que antecedeu a celebração de contrato de arrendamento portuário (conforme notícias disponibilizadas no sítio eletrônico do TRF – 3ª Região e da AGU: http://web.trf3.jus.br/noticias/Noticias/Noticia/Exibir/376492 e https://www.agu.gov.br/page/content/imprimir/id_conteudo/716217). O acordo foi discutido no âmbito de processo administrativo instaurado pela Procuradoria Regional da República da 3ª Região e contou com a participação do terminal portuário, da Advocacia-Geral da União (AGU), do então Ministério dos Transportes, Portos e Aviação Civil, da Companhia Docas do Estado de São Paulo (CODESP) e do Município de Santos/SP. Ao final, a transação foi homologada pelo Gabinete de Conciliação do Tribunal Regional Federal da 3ª Região (TRF3) e pela 5ª Câmara de Coordenação e Revisão do Ministério Público Federal. Por meio do acordo celebrado, o terminal portuário assumiu a responsabilidade pela execução de obras de infraestrutura e melhorias necessárias no Porto de Santos, que não estavam previstas no contrato de arrendamento. Em contrapartida, foi assegurada a continuidade do contrato de arrendamento bem como da prestação dos serviços portuários. O MPF comprometeu-se a encerrar as ações existentes, não ajuizar novas demandas judiciais nem instaurar processos investigatórios relacionados ao processo.

[27] Por exemplo, o CPC dispõe sobre a solução consensual de conflitos, determinando que seja estimulada, inclusive no curso do processo judicial, e regulando a conciliação e a mediação (art. 3º e arts. 165 a 175); prevê a realização da audiência de conciliação ou de mediação logo no início do processo (art. 334); faculta a fixação do calendário para a prática dos atos processuais em comum acordo do juiz e as partes (art. 191) e faculta a escolha de perito pelas partes, de comum acordo (art. 471).

[28] Nesse sentido, a ANTT abriu Tomadas de Subsídios (de nº 007/2017 e nº 001 a 008/2018) para obter contribuições aos processos de revisão quinquenal dos contratos de concessões rodoviárias.

8 O reforço da consensualidade pela LINDB

A Lei nº 13.655/18, que alterou a Lei de Introdução às Normas do Direito Brasileiro (LINDB), reforça a consensualidade no Direito nacional. Isso se verifica especialmente no seu art. 26, que pode ser caracterizado como permissivo genérico para a celebração de acordos pela Administração.

O art. 26 da LINDB autoriza a Administração a promover acordos com particulares objetivando eliminar irregularidade, incerteza jurídica ou situação contenciosa. Como esclarecem Sérgio Guerra e Juliana Bonacorsi de Palma:

> Qualquer prerrogativa pública pode ser objeto de pactuação, como a prerrogativa sancionatória, fiscalizatória, adjudicatória etc. Não há objeto interditado no compromisso. A LINDB sepultou qualquer ordem de discussão sobre a tal 'indisponibilidade do interesse público'.[29]

Apesar de ser importante reforço da consensualidade na atuação administrativa, em se tratando de contratos administrativos, em especial no tocante a alterações contratuais, a rigor não seria necessária autorização legal para tanto. De todo modo, a inovação legislativa confirma a amplitude do que pode ser objeto de acordo e propicia maior segurança jurídica para se atingir soluções consensuais no curso dos contratos de concessão.

9 Conclusão

Os contratos de concessão, como contratos incompletos, não apenas permitem como demandam a contínua renegociação entre as partes, de modo a preencher as suas lacunas e adaptar as suas disposições no curso da execução contratual.

A alteração contratual, realizada dentro de determinados limites, deve deixar de ser vista como risco à legalidade para ser instrumento de preservação da segurança jurídica e de garantia da contínua adequação do serviço prestado.

Determinadas circunstâncias imprevisíveis e extraordinárias poderão demandar modificações até mesmo substanciais do objeto

---

[29] Art. 26 da LINDB: novo regime jurídico de negociação com a Administração Pública, *Rev. Direito Adm.*, Rio de Janeiro, Edição Especial: Direito Público na Lei de Introdução às Normas de Direito Brasileiro – LINDB (Lei nº 13.655/2018. p. 150), nov. 2018.

licitado, para se evitar dano maior aos interesses coletivos. Nesse sentido, podem ser promovidas também alterações na matriz de risco originalmente prevista.

A questão é que não se pode simplesmente manter a execução do contrato, nas suas condições originais, diante de evento superveniente de consequências insuportáveis para uma das partes. A ausência de alteração possivelmente comprometerá a prestação do serviço público. Em tais situações, o mais adequado é que as partes, em comum acordo, renegociem as condições contratuais para assim assegurarem a continuidade do serviço.

Referências

ARAGÃO, Alexandre Santos de. A evolução da proteção do equilíbrio econômico-financeiro nas concessões de serviços públicos e nas PPPs. *RDA – Revista de Direito Administrativo*, Rio de Janeiro, v. 263, p. 35-66, maio/ago. 2013. Disponível em: http://www.bidforum.com.br/bid/PDI0006.aspx?pdiCntd=96955. Acesso em: 12 mar. 2015.

ARAÚJO, Fernando. *Teoria económica do contato*. Coimbra: Almedina, 2007.

BANDEIRA DE MELLO, Celso Antônio. *Curso de direito administrativo*. 30. ed. São Paulo: Malheiros, 2013.

CAMINHA, Uinie; LIMA, Juliana Cardoso. Contrato incompleto: uma perspectiva entre direito e economia para contratos de longo termo. *Revista Direito GV*, São Paulo, v. 10, n. 1, p. 155-200, jan./jun. 2014.

GARCIA, Flávio Amaral. *Concessões, parcerias e regulação*. São Paulo: Malheiros, 2019.

GUERRA, Sérgio; PALMA, Juliana Bonacorsi de. Art. 26 da LINDB: novo regime jurídico de negociação com a Administração Pública. *Rev. Direito Adm.*, Rio de Janeiro, Edição Especial: Direito Público na Lei de Introdução às Normas de Direito Brasileiro – LINDB (Lei nº 13.655/2018), p. 135-169, nov. 2018.

HART, Oliver D. Incomplete contracts and the theory of the firm. *Journal of Law, Economics, & Organization*, v. 4, n.1, Oxford University Press, 1988. p. 119-139.

JUSTEN FILHO, Marçal. Concessão de serviço público e equação econômico-financeira dinâmica. *Revista de Direito Público da Economia – RDPE*, Belo Horizonte, ano 16, n. 61, p. 171-191, jan./mar. 2018.

JUSTEN FILHO, Marçal. *Teoria geral das concessões*. São Paulo: Dialética, 2003.

MACEDO JÚNIOR, Ronaldo Porto. *Contratos relacionais no direito brasileiro*. Paper apresentado na 24ª Reunião da Latin American Society Association (LASA). Dez./ 1997. Disponível em: http://lasa.international.pitt.edu/LASA97/portomacedo.pdf. Acesso em: 10 mar. 2019.

MACNEIL, Ian. Contracts: adjustment of long-term economic relations under classical, neoclassical, and relational contract law. *Northwestern University Law Review*, v. 72, n. 6, 1988.

MARQUES NETO, Floriano de Azevedo. *Concessões*. Belo Horizonte: Fórum, 2015.

MARQUES NETO, Floriano de Azevedo. Reajuste e revisão nas parcerias público-privadas: revisitando o risco nos contratos de delegação. *In*: CAMPOS DE SOUZA, Mariana (Coord.). *Parceria público-privada*: aspectos jurídicos relevantes. São Paulo: Quartier Latin, 2008. p. 53-85.

MOREIRA, Egon Bockmann. *Direito das concessões de serviço p*úblico: inteligência da Lei 8.987/1995 (parte geral). São Paulo: Malheiros, 2010.

MOREIRA NETO, Diogo de Figueiredo. O futuro das cláusulas exorbitantes nos contratos administrativos. *In*: ARAGÃO, Alexandre Santos de; MARQUES NETO, Floriano de Azevedo (Coord.). *Direito administrativo e seus novos paradigmas*. Belo Horizonte: Fórum, 2012. p. 571-592.

NATAL, Tatiana Esteves. A teoria dos contratos incompletos e a natural incompletude do contrato de concessão. Disponível em: http://anape.org.br/site/wp-content/uploads/2014/01/004_056_TATIANA_ESTEVES_NATAL_10082009-17h08m.pdf. Acesso em: 10 mar. 2019.

Informação bibliográfica deste texto, conforme a NBR 6023:2018 da Associação Brasileira de Normas Técnicas (ABNT):

KLEIN, Aline Lícia. Consensualidade na execução dos contratos de concessões rodoviárias. *In*: JUSTEN FILHO, Marçal; SILVA, Marco Aurélio de Barcelos (Coord.). *Direito da Infraestrutura*: estudos de temas relevantes. Belo Horizonte: Fórum, 2019. p. 17-32. ISBN: 978-85-450-0672-5.

INFRAESTRUTURA
E TRANSFORMAÇÃO DIGITAL

ANDRÉ GUSKOW CARDOSO

1 Considerações iniciais

Vislumbra-se na atualidade rápida e contínua evolução tecnológica que tem implicações sobre vários aspectos da realidade. Essa evolução é perceptível no dia a dia das pessoas e organizações privadas e estatais. Em temos gerais, pode-se afirmar que está em curso verdadeira *transformação digital*, cuja principal característica é a evolução e adoção de novas tecnologias, com o potencial de afetar a sociedade como um todo. Dentre essas tecnologias, podem ser referidas a inteligência artificial, a internet das coisas, a adoção de tecnologias baseadas na plataforma *blockchain* e a coleta e processamento de grandes volumes de dados.

Essa transformação digital não se dá de modo uniforme em todos os países e regiões. Embora a adoção de algumas tecnologias apresente alguma uniformidade, os benefícios que podem derivar dessa transformação dependem da existência tanto de condições sociais e institucionais como da necessária infraestrutura para a implantação e o funcionamento dessas novas tecnologias.

2 A infraestrutura digital

A transformação digital pressupõe a existência de infraestrutura mínima. Trata-se de conclusão intuitiva. As tecnologias que permitem a transformação digital dependem de uma base instalada de meios físicos e virtuais para o seu funcionamento e utilização.

2.1 Infraestrutura física

Por isso, um pressuposto relevante para a transformação digital consiste na infraestrutura física necessária ao funcionamento e adoção de novas tecnologias.

Fazem parte dessa infraestrutura física tanto os meios necessários para o fornecimento de energia elétrica como a existência de acesso à internet via celular ou banda larga (redes de telecomunicações e dados em geral). Mas também compreende os próprios bancos de dados e a base industrial instalada para o desenvolvimento de produtos necessários ao desenvolvimento da indústria tecnológica.

2.2 Infraestrutura digital

Mas a infraestrutura necessária para a transformação digital não se resume aos meios físicos que permitem a comunicação, acesso e transferência de dados e informações. Também compreende um aspecto imaterial.

Esse é justamente o caso do desenvolvimento e maturação das instituições públicas e privadas. Ele pressupõe a existência de uma base de profissionais qualificados, bem como a existência de instituições que promovam a pesquisa, o desenvolvimento e a implantação de novas tecnologias.

A transformação e a evolução digital de uma nação dependem de ambos os aspectos. Não basta deter a infraestrutura física necessária, também é essencial que a infraestrutura imaterial esteja presente e suficientemente evoluída para levar adiante o desenvolvimento e a adoção generalizada de novas tecnologias.

3 Transformação digital: a evolução em curso

A transformação digital consiste num fenômeno em curso. Embora apresente diversos graus de evolução entre diferentes países e entre regiões dentro de um mesmo país, trata-se de um processo em curso. Por isso mesmo, Kevin Kelly refere-se à evolução tecnológica como uma *trajetória*, não como um destino.[1]

---

[1] *The Inevitable*. Understanding the 12 technological forces that will shape our future. New York: Ed. Viking, 2016. p. 8.

Basta verificar que, há trinta anos, a própria internet (*world wide web*) encontrava-se em estado incipiente e inicial.[2] Atualmente, é inviável imaginar uma realidade em que a internet não esteja presente, em maior ou menor grau.

3.1 A evolução tecnológica: principais aspectos

Os principais aspectos dessa evolução tecnológica consistem na constante conexão entre pessoas e máquinas por meio da internet e demais meios de transferência de dados. Esse estado de conexão permanente se faz por meio de equipamentos que se conectam acessando a *internet*.[3]

Um salto relevante na evolução tecnológica atual se deu em razão da adoção, em grande escala, dos chamados telefones inteligentes (*smartphones*). A utilização dos *smartphones* permitiu a portabilidade de meios de comunicação e transferência de dados, que, por sua vez, desencadeou a evolução de diversos aspectos necessários à evolução tecnológica hoje vislumbrada.

A adoção massiva de meios pessoais de comunicação passa a gerar um grande volume de informações e dados, que são mais e mais utilizados pelas empresas e entidades estatais.

A coleta, processamento e utilização desses dados correspondem também a aspecto essencial da evolução tecnológica.

3.2 Alguns exemplos de tecnologias inerentes à transformação digital

A consideração meramente abstrata do tema pode suscitar algumas dúvidas ou deixar de exprimir a relevância da questão. Por isso, é importante enumerar algumas das atuais tecnologias e tendências que fazem parte da chamada transformação digital.

---

[2] TIM BERNERS-LEE comenta as origens e o desenvolvimento da *world wide web* e os desafios atuais para a rede mundial (https://www.theguardian.com/technology/2019/mar/12/tim-berners-lee-on-30-years-of-the-web-if-we-dream-a-little-we-can-get-the-web-we-want?utm_term=RWRpdG9yaWFsX0xhYk5vdGVzLTE5MDMxNQ%3D%3D&utm_source=esp&utm_medium=Email&utm_campaign=LabNotes&CMP=labnotes_email). Acesso em: 15 mar. 2019.

[3] A relevância da relação entre o poder computacional e a conexão entre os equipamentos por meio da internet é ressaltada por Kevin Kelly, que aponta que *"the computer age did not really start until this moment, when computers merged with the telefone. Stand-alone computers were inadequate"* (The Inevitable... cit., p. 2).

3.2.1 *Big Data*: coleta e processamento de grandes volumes de dados

A primeira delas consiste nas diversas formas de coleta e processamentos de grandes volumes de dados. A utilização de equipamentos e computadores conectados e que contam com sensores de diversa natureza (GPS, sensores de movimento, de aproximação, temperatura, monitores cardíacos etc.) gera grandes volumes de dados que podem ser processados e analisados[4]. O exame dos dados permite verificar determinados padrões e extrair conclusões relevantes.

A evolução tecnológica atual permite que os dados gerados pelas pessoas, veículos e computadores sejam coletados e processados. Isso gera uma verdadeira revolução, que permite avanços científicos e tecnológicos adicionais.

A capacidade de coleta e processamento desse massivo volume de dados constitui a base para a utilização e desenvolvimento da inteligência artificial.

3.2.2 Inteligência artificial (AI)

A inteligência artificial não constitui conceito unívoco. Tampouco há uma única forma de inteligência artificial. De qualquer modo, a noção de inteligência artificial envolve a adoção de sistemas informatizados de alta capacidade que analisam informações dadas e fornecem respostas ou agem autonomamente de acordo com as informações que foram examinadas.

Start Russell e Peter Norvig mencionam que a inteligência artificial envolve a atuação de um agente racional para a obtenção de um resultado esperado ou do melhor resultado esperado em determinada situação.[5] No caso da inteligência artificial, tal agente racional é composto por sistemas informatizados e algoritmos que permitem a identificação, avaliação e utilização dos dados para fornecer determinados resultados ou respostas.

A inteligência artificial funda-se em grandes volumes de dados e grande poder de processamento. Ambos os pressupostos surgem com

---

[4] John D. Kelleher e Brendan Tierney apontam que o chamado *Big Data* é frequentemente definido em termos de três Vs: o *volume* extremo de dados, a *variedade* de tipos de dados e a *velocidade* na qual os dados devem ser processados (*Data Science*. Cambridge/Londres: The MIT Press, 2018. p. 9, localização 225).

[5] Artificial Intelligence. A modern approach. 3. ed. Ed. Pearson, 2016. p. 4.

a evolução tecnológica e permitem o desenvolvimento das diversas formas e técnicas de inteligência artificial.

A inteligência artificial vem sendo utilizada nos mais diversos setores econômicos e mesmo na atuação estatal. Há exemplos de aplicação da inteligência artificial no âmbito do próprio Judiciário.[6]

3.2.3 Tecnologias baseadas em *blockchain*

O *blockchain* constitui, em linhas gerais, uma plataforma digital distribuída, que permite a realização de diversas operações digitais.[7] Sua principal característica está no fato de ser distribuída em vários pontos. Não há um ponto ou uma autoridade central que a supervisione.

Disso deriva que é possível assegurar a integridade dos dados nela contidos, sem a necessidade de um terceiro verificador (uma entidade governamental ou uma empresa).

Além disso, por se tratar de plataforma aberta, pública, as informações nela contidas podem ser acessadas por qualquer um. No *blockchain*, os dados são sempre criptografados, o que assegura a confiança na ausência de sua violação ou deturpação.

A utilização da plataforma *blockchain* fornece a confiança que a internet não fornece aos usuários. Ela permite a verificação tanto das identidades como da veracidade das informações que são trocadas e utilizadas no âmbito da plataforma.

3.2.4 Internet das coisas (IoT)

A internet das coisas consiste na conexão dos mais diversos objetos e equipamentos à internet, com o efeito de promover a sua interconexão em rede. A conectividade ampliada aos diversos equipamentos produz novas funcionalidades e amplia o volume de dados gerado pela sua utilização.

---

[6] O Conselho Nacional de Justiça, por exemplo, editou ato normativo (Portaria nº 25/2019) instituindo o Laboratório de Inovação para o Processo Judicial em meio Eletrônico – Inova PJe e o Centro de Inteligência Artificial aplicada ao PJe. A iniciativa foi amplamente divulgada: https://www.valor.com.br/legislacao/6164601/cnj-implanta-centro-de-inteligencia-artificial?utm_source=JOTA+Full+List&utm_campaign=48c4c1d692-EMAIL_CAMPAIGN_2019_03_18_08_36&utm_medium=email&utm_term=0_5e71fd639b-48c4c1d692-380160169. Acesso em: 18 mar. 2019.

[7] Sobre *blockchain*, confira-se Blockchain Revolution, de Don Tapscott e Alex Tapscott (New York: Penguin, 2016).

Trata-se de tecnologia que constitui base para o desenvolvimento de vários aplicativos e funcionalidades, seja no campo industrial (cadeias de fornecimento inteligentes) ou no âmbito residencial (equipamentos para casas inteligentes – *smart home appliances*).

3.2.5 Segurança cibernética (*cibersecurity*)

A segurança cibernética constitui tema que envolve o desenvolvimento tecnológico. Na medida em que os novos sistemas e tecnologias evoluem, também avançam as tentativas de sua violação.

A utilização da internet para a prática de atos ilegais e criminosos igualmente vem se desenvolvendo. Isso demanda cuidados e preocupação adicionais com o desenvolvimento da segurança cibernética. O campo da segurança cibernética vem sendo ampliado e passa a ser preocupação fundamental para a transformação digital.

Não se pode deixar de mencionar também que os ataques cibernéticos passam a ter cada vez mais o potencial de causar prejuízos e comprometer o funcionamento de indústrias e mesmo de países. A maior dependência aos sistemas informatizados amplia o risco de que ataques cibernéticos sejam utilizados para comprometer empresas e governos.

Ademais, cabe igualmente considerar a relevância da segurança cibernética para a proteção do imenso volume de dados gerados diariamente.

3.3 Relevância do tema

A relevância da transformação digital reside no domínio de tecnologias que irão ditar a evolução de instituições públicas e privadas.

O conjunto de evoluções e transformações digitais é tão relevante que alguns se referem ao conjunto de novas tecnologias que emergem da revolução digital como a "quarta revolução industrial".[8]

---

[8] Segundo Klaus Schwab, essas tecnologias têm o potencial de transformar os modos atualmente utilizados para medir, calcular, organizar, agir e entregar. Constituem novos meios de criar valor para organizações e cidadãos. Segundo o autor, "*These emerging technologies are not mereley incremental advances on today's digital technologies. Fourth Industrial Revolution Technologies are truly disruptive – they upend existing ways of sensing, calculation, organizing, acting and delivering. They represent entirely new ways of creating value for organizations and citizens. They will, over time, transform all the systems we take for granted*

Do mesmo modo que não é viável atualmente pensar em uma sociedade que não se valha da internet para conectar os cidadãos, empresas e instituições, não há como pensar na evolução técnica de uma sociedade sem que seja promovida a transformação digital das instituições públicas e privadas.

Em outras palavras, a transformação digital é uma condição essencial para o desenvolvimento de uma sociedade. O funcionamento de empresas, instituições e do próprio Estado dependerá da adoção e do domínio de tecnologias que caracterizam a chamada transformação digital.

3.4 Desenvolvimento da infraestrutura digital como premissa para a transformação digital

Por isso, o desenvolvimento da infraestrutura digital constitui premissa fundamental para a transformação digital de uma nação. Não é possível que se promova tal transformação sem que haja a implantação da infraestrutura necessária.

Trata-se de aspecto essencial. Sem que a infraestrutura necessária esteja implantada, não é viável a adoção das novas tecnologias.

Basta verificar o exemplo da inteligência artificial. Não é viável estabelecer e desenvolver sistemas de inteligência artificial sem a estrutura computacional necessária para tanto. São necessários os servidores (processadores) aptos ao processamento dos algoritmos que são utilizados para o funcionamento da chamada inteligência artificial, bem como os bancos de dados contendo os dados que serão processados para o seu funcionamento. Do mesmo modo, é essencial a existência dos sistemas e ampla base de equipamentos necessários para a coleta dos referidos dados.

4 O papel do Estado

O papel do Estado é fundamental para o desenvolvimento das infraestruturas necessárias para a transformação digital.[9]

---

today – from the way we produce and transport goods and services, to the way we communicate, the way we collaborate, and the way we experience the world around us" (Shaping the Fourth Industrial Revolution. World Economic Forum, 2018, loc. 106).

[9] Mariana Mazzucato examina a relevância da atuação do Estado no desenvolvimento de novas tecnologias (*The Entrepreneurial State.* Debunking Public vs. Private Sector

4.1 Relevância da atuação estatal para a transformação digital

A atuação do Estado é relevante sob pelo menos três ângulos diversos.

Primeiro, a Constituição atribui ao Estado brasileiro a própria titularidade de determinados bens e meios essenciais à transformação digital (art. 21, da CF/88). É o caso do espectro de radiofrequência, que é de titularidade da União Federal e somente pode ser objeto de exploração mediante concessão, permissão ou autorização, conforme o caso.

Segundo, o Estado tem papel fundamental no fomento e incentivo do desenvolvimento da tecnologia (arts. 218 e 219, da CF/88). A atuação por meio de técnicas de fomento e incentivo é um dos meios possíveis para o desenvolvimento de novas tecnologias essenciais à transformação digital.[10]

Em terceiro lugar, o Estado pode atuar ele mesmo em determinadas áreas e domínios de alta tecnologia. O Estado tem papel fundamental na atuação direta na área de pesquisa e desenvolvimento de novas tecnologias. Para tanto, vale-se de instituições públicas de ensino, pesquisa e desenvolvimento científico e tecnológico, mas também pode realizar parcerias com o setor privado para atuação conjunta em determinado setor ou tecnologia.

4.1.1 Desenvolvimento das infraestruturas necessárias

A atuação do Estado é essencial para o desenvolvimento das infraestruturas necessárias para a transformação digital. E isso se dá

Miths. New York, Anthem Press, 2013). Mais recentemente, a autora retomou o exame desses temas, ressaltando o caráter coletivo das inovações tecnológicas (envolvendo a participação tanto do setor privado como do setor público e da sociedade civil) em The value of Everything. Making and Taking in the Global Economy (New York: ed. Public Affairs, 2018).

[10] André Tortato Rauen menciona, por exemplo, o mecanismo das encomendas tecnológicas, instrumento legal (art. 20 da Lei nº 10.973/2004 e arts. 27 a 33 do Decreto nº 9.283/2018) que fornece um novo padrão de financiamento para o desenvolvimento tecnológico (A hora e a vez das encomendas tecnológicas. *Valor Econômico*, 13 mar. 2019. Disponível em: https://www.valor.com.br/opiniao/6157799/hora-e-vez-das-encomendas-tecnologicas. Acesso em: 18 mar. 2019). A relevância do instrumento é comentada por Diogo R. Coutinho e por Gabriel Dantas Maia em *Aprendizado e experimentação em inovação*: o caso das encomendas tecnológicas (https://www.jota.info/coberturas-especiais/inova-e-acao/aprendizado-e-experimentacao-em-inovacao-o-caso-das-encomendas-tecnologicas-25092018; acesso em: 18 mar. 2019)

tanto no que se refere à infraestrutura física (energia, telecomunicações, base física necessária para o desenvolvimento industrial e tecnológico) como com relação à infraestrutura imaterial.

Em qualquer hipótese, a ausência ou deficiência da atuação do Estado no desenvolvimento das infraestruturas acarreta grandes dificuldades ou mesmo impede o desenvolvimento de novas tecnologias. Com isso, são criados obstáculos à transformação digital.

4.1.2 Aspectos regulatórios

Um aspecto relevante consiste na atuação do Estado enquanto ente regulador. Nessa condição, o Estado atua de forma a expedir normas e regras destinadas a regular a atuação tanto do setor privado como do setor público em determinados campos. Mas a regulação não se resume à edição de regras. Também envolve a atuação do Estado na aplicação dessas regras e fiscalização de seu efetivo cumprimento.

Sob esse prisma a atividade regulatória também é relevante para o desenvolvimento tecnológico necessário à transformação digital, na medida em que é apta a incentivar ou desincentivar determinadas condutas.

O investimento em novas técnicas e tecnologias depende da existência de um ambiente em que os agentes sejam incentivados a assumir determinados riscos. É necessário que a regulação estatal observe determinados requisitos.

Em primeiro lugar, ela deve ser *objetiva* e *clara*. Deve ser clara e permitir a identificação, pelos agentes públicos e privados, de seus preceitos e finalidades. Não deve ser obscura ou permitir interpretações díspares.

Em segundo lugar, a regulação deve ser *adequada e proporcional*. Deve se prestar a atingir as finalidades pretendidas com a sua edição, sem que sejam impostas restrições além do necessário para tanto.

Em terceiro lugar, a regulação deve propiciar tanto às entidades estatais como aos agentes a *segurança* necessária para a sua aplicação. A segurança jurídica propiciada por normas claras e pela sua aplicação uniforme constitui um aspecto essencial para que haja o desenvolvimento tecnológico necessário à transformação digital.

Em quarto lugar e em qualquer caso, a regulação deve se prestar a *preservar direitos e garantias fundamentais*. Não é cabível a edição de normas regulatórias que violem direitos fundamentais, a pretexto de promover o desenvolvimento tecnológico e a transformação digital.

A compatibilização entre os direitos e garantias fundamentais e as novas tecnologias é uma tarefa complexa, mas essencial.

Isso é especialmente relevante em relação aos serviços públicos. A sua regulação deve ser apta a preservar os objetivos do serviço público e, ao mesmo tempo, assegurar o avanço tecnológico em tais áreas da atuação estatal. Não é cabível que se pretenda simplesmente suprimir a noção e finalidade do serviço público apenas sob o pressuposto de que haveria avanço tecnológico.

E essa é uma das principais discussões existentes relativamente a novos serviços que surgem com a economia digital. Não há como pretender invocar a noção de disrupção tecnológica relativamente aos serviços públicos. Isso não significa que os serviços públicos não devem ser atualizados tecnologicamente. Esse aspecto é essencial e constitui dever do Estado. No entanto, não autoriza que iniciativas privadas suprimam ou prejudiquem a própria prestação de serviços públicos previstos pela Constituição e pela Lei.

Mas a discussão também é relevante relativamente a outros direitos fundamentais, como a proteção da personalidade e da privacidade dos indivíduos. A evolução tecnológica suscita amplos debates com relação a esses temas, tendo em vista a centralidade dos dados (inclusive de natureza pessoal) para a transformação digital.

4.2 Alguns exemplos de outros países

A transformação digital tem sido considerada essencial por vários países que consideram o domínio das novas tecnologias como estratégico.

Daí a profusão de iniciativas estatais destinadas a ampliar e incentivar a adoção das novas tecnologias e propiciar a transformação digital. A tecnologia vem sendo encarada como ativo essencial e estratégico.

É o caso dos Estados Unidos. Recentemente, editou-se uma *executive order* destinada a assegurar a liderança daquele país no campo da inteligência artificial.[11] A referida orientação aos órgãos do Executivo federal destina-se a desenvolver a inteligência artificial e incentivar a sua utilização.

---

[11] Executive Order 13859, de 11.2.2019. Disponível em: https://www.govinfo.gov/content/pkg/FR-2019-02-14/pdf/2019-02544.pdf. Acesso em: 18 mar. 2019.

Do mesmo modo, a França também adotou iniciativa similar. Em março de 2018, o país lançou uma estratégia para o desenvolvimento e pesquisa no campo da inteligência artificial.[12]

Não se pode deixar de mencionar o exemplo da China, que é um dos líderes em pesquisa e desenvolvimento da inteligência artificial.[13]

4.3 A posição da OCDE (OECD)

Mas a questão não é tratada de forma isolada por alguns países.

A Organização para Cooperação e Desenvolvimento Econômico – OCDE vem, há algum tempo, formulando orientações e promovendo políticas para o desenvolvimento de tecnologias necessárias para a transformação digital.

Em março de 2019, a OCDE promoveu reunião de cúpula em Paris, na qual foram apresentados relatórios e discutidas questões relacionadas às medidas e providências que os países podem adotar para a transformação digital. A entidade traçou algumas linhas de desenvolvimento (dimensões) de políticas e estratégias para o desenvolvimento digital.[14]

Dentre estas, estão (i) a ampliação de acesso às infraestruturas de comunicação, serviços e dados, (ii) a ampliação do uso efetivo de tecnologias digitais e dados, (iii) o desenvolvimento de inovação digital e inovação baseada em dados, (iv) a garantia de bons empregos e postos de trabalho para todos, (v) a promoção de prosperidade social e inclusão, (vi) o aumento da confiança na era digital e (viii) a promoção e incentivo da abertura do mercado em ambientes de negócio digitais.

Além disso, a OCDE também estabeleceu alguns parâmetros para a avaliação das políticas recomendadas relativamente a cada uma dessas dimensões.[15]

---

[12] Confira-se relatório resumido das providências e recomendações da iniciativa francesa em: https://www.aiforhumanity.fr/pdfs/MissionVillani_Summary_ENG.pdf. Confira-se também entrevista com o presidente francês, Emmanuel Macron, a respeito da iniciativa: https://www.wired.com/story/emmanuel-macron-talks-to-wired-about-frances-ai-strategy/.

[13] O desenvolvimento da inteligência artificial e das tecnologias que se valem da AI na China é abordado de forma detalhada por Kai-Fu Lee em *AI Superpowers*. China, Silicon Valley and the New World Order (Boston/New York: Houghton Mifflin Harcourt, 2018).

[14] Disponível em: http://www.oecd.org/going-digital/going-digital-synthesis-summary.pdf.

[15] OECD (2019), Measuring the Digital Transformation: A Roadmap for the Future, OECD Publishing, Paris. Disponível em: https://doi.org/10.1787/9789264311992-en.

4.4 A situação no Brasil

No Brasil, a despeito de um quadro normativo relativamente avançado e em linha com as recomendações e práticas internacionais,[16] verifica-se a ausência de implementação concreta das políticas e do desenvolvimento da infraestrutura (física e digital) necessária para a transformação digital.[17]

Em 2018, foi editado o Decreto nº 9.319, criando o Sistema Nacional para a Transformação Digital e estabelecendo a estrutura de governança para a implantação da Estratégia Brasileira para a Transformação Digital.

A referida norma estabelece importantes parâmetros para a transformação digital. Define que a estratégia para a transformação digital (E-Digital) considerará alguns eixos temáticos, divididos em I - eixos habilitadores ((a) infraestrutura e acesso às tecnologias de informação e comunicação; b) pesquisa, desenvolvimento e inovação; c) confiança no ambiente digital; d) educação e capacitação profissional; e e) dimensão internacional) e II - eixos de transformação digital (a) transformação digital da economia e b) cidadania e transformação digital do Governo).

Mesmo havendo um quadro normativo e tendo o governo federal adotado ações de planejamento específicas para a transformação digital, a implantação concreta das ações previstas ainda é incipiente.[18] Ou seja, ainda não há repercussão na implantação de infraestruturas para a transformação digital.

---

[16] Podem ser mencionadas, dentre outras normas, a *Lei nº 12.965/2014* (Marco Civil da Internet), a *Lei nº 13.709/2018* (Lei Geral de Proteção de Dados Pessoais), a *Lei nº 10.973/2004* (Lei de Inovação), o *Decreto nº 9.283/2018* (medidas de incentivo à inovação e à pesquisa científica e tecnológica), o *Decreto nº 9.612/2018* (políticas públicas de telecomunicações) e o *Decreto nº 9.319/2018* (cria o Sistema Nacional para a Transformação Digital e estabelece a estrutura de governança para a implantação da Estratégia Brasileira para a Transformação Digital).

[17] Em fiscalização realizada, o Tribunal de Contas da União verificou que, "Embora a política pública de banda larga tenha passado a ocupar, em tese, lugar de destaque dentro das políticas de telecomunicações, o diagnóstico da banda larga no Brasil demonstra como o acesso a esses recursos ocorre de forma desigual, seja em relação aos domicílios e ao número de usuários, seja em áreas como saúde e educação", formulando diversas recomendações ao governo Federal (acórdão nº 2053/2018 – PLENÁRIO, rel. Min. Ana Arraes, j. 29.8.2018).

[18] Em ferramenta mantida pelo Observatório da Transformação Digital, verifica-se que uma boa parte das providências e ações previstas ainda está em curso. Há várias que ainda não foram iniciadas e apenas uma concluída (a aprovação do marco legal da proteção de dados pessoais). Disponível em: http://otd.cpqd.com.br/otd/index.php/tabela-e-digital/. Acesso em: 18 mar. 2019.

4.5 A importância da transformação digital para a atuação e funcionamento do Estado

A transformação digital é essencial não apenas para o desenvolvimento tecnológico e econômico de uma nação. Também envolve o desenvolvimento de tecnologias aptas a permitir o aperfeiçoamento da atuação do próprio Estado.

A utilização da inteligência artificial, por exemplo, com o processamento de grandes volumes de dados, permite o funcionamento e atuação mais racional do aparelho estatal. Há amplas possibilidades de desenvolvimento de sistemas e tecnologias que permitem que o Estado atue de modo mais adequado e racional, eliminando ineficiências e idiossincrasias.

Por outro lado, a atuação do Estado gera grandes volumes de dados. A cooperação do Estado com a iniciativa privada para a utilização desses dados pode produzir uma evolução tecnológica apta a revolucionar a prestação de serviços pelo Estado.

Evidentemente, várias discussões surgem relativamente à utilização de dados pelo Estado e por particulares. Em qualquer caso, assegurada a proteção de dados pessoais e da privacidade dos cidadãos, há amplo campo para o processamento e análise de dados, de modo a permitir a atuação mais racional e eficiente das entidades estatais, inclusive com recurso à inteligência artificial.

5 Considerações conclusivas

O exame do tema da infraestrutura atualmente deve necessariamente considerar a necessidade de desenvolvimento da infraestrutura necessária ao desenvolvimento e transformação digital. A adoção de providências aptas a desenvolver a infraestrutura digital tem efeitos diretos sobre o desenvolvimento econômico e social das nações. Mais do que isso, as ações nessa área constituem tema estratégico para os países.

Trata-se de adotar as providências necessárias para garantir as mínimas condições para propiciar o desenvolvimento tecnológico e posicionar-se internacionalmente.

Referências

COUTINHO, Diogo R.; MAIA, Gabriel Dantas. *Aprendizado e experimentação em inovação*: o caso das encomendas tecnológicas. Disponível em: https://www.jota.info/coberturas-especiais/inova-e-acao/aprendizado-e-experimentacao-em-inovacao-o-caso-das-encomendas-tecnologicas-25092018; acesso em: 18 mar. 2019.

KELLEHER, John D.; TIERNEY, Brendan. *Data Science*. Cambridge/Londres: The MIT Press, 2018.

KELLY, Kevin. *The Inevitable*. Understanding the 12 technological forces that will shape our future. New York: Ed. Viking. 2016.

LEE, Kai-Fu. *AI Superpowers*. China, Silicon Valley and the New World Order. Boston/New York: ed. Houghton Mifflin Harcourt, 2018.

MAZZUCATO, Mariana. *The Entrepreneurial State*. Debunking Public vs. Private Sector Miths. New York: Anthem Press, 2013.

MAZZUCATO, Mariana. *The value of Everything. Making and Taking in the Global Economy*. New York: ed. Public Affairs, 2018.

OECD (2019), Measuring the Digital Transformation: A Roadmap for the Future, OECD Publishing, Paris, 2019. Disponível em: https://doi.org/10.1787/9789264311992-en. Acesso em: 18 mar. 2019.

OECD (2019), Going Digital: Shaping Policies, Improving Lives, OECD Publishing, Paris. Disponível em: https://doi.org/10.1787/9789264312012-en. Acesso em: 18 mar. 2019.

RAUEN, André Tortato. A hora e a vez das encomendas tecnológicas. *Valor Econômico*, 13.3.2019. Disponível em: https://www.valor.com.br/opiniao/6157799/hora-e-vez-das-encomendas-tecnologicas. Acesso em: 18 mar. 2019.

RUSSELL, Stuart; NORVIG, Peter. *Artificial Intelligence*. A modern approach. 3. ed. Ed. Pearson, 2016.

SCHWAB, Klaus. *Shaping the Fourth Industrial Revolution*. World Economic Forum, 2018.

TAPSCOTT, Don; TAPSCOTT, Alex. *Blockchain Revolution*. New York: Penguin, 2016.

Informação bibliográfica deste texto, conforme a NBR 6023:2018 da Associação Brasileira de Normas Técnicas (ABNT):

CARDOSO, André Guskow. Infraestrutura e transformação digital. *In*: JUSTEN FILHO, Marçal; SILVA, Marco Aurélio de Barcelos (Coord.). *Direito da Infraestrutura*: estudos de temas relevantes. Belo Horizonte: Fórum, 2019. p. 33-46. ISBN: 978-85-450-0672-5.

INTERFERÊNCIA RECÍPROCA ENTRE OS SETORES AEROPORTUÁRIO E AEROVIÁRIO E SEUS IMPACTOS CONCORRENCIAIS

CARLOS DA COSTA E SILVA FILHO

Introdução

Passados alguns anos das primeiras concessões aeroportuárias levadas a cabo no país, que abriram caminho para todas as que se seguiram e que, somadas, subtraíram do universo de aeródromos sob controle da Empresa Brasileira de Infraestrutura Aeroportuária – Infraero um total, até março de 2019, de 10 (dez) aeroportos, um olhar retrospectivo vai perceber que se tratou de um período de ajustes e adaptações à nova realidade, em que diversas sociedades integrantes dos consórcios vencedores das respectivas licitações tiveram que se desfazer de suas participações, ou porque estavam envolvidas nas tramas da operação Lava-Jato, ou porque não suportaram a realidade de uma demanda inferior àquela projetada nos respectivos estudos de viabilidade.

Neste mesmo intervalo de tempo, a atividade regulatória exercida pela Agência Nacional de Aviação Civil – ANAC também se modificou, da utilização de modelos de regulação econômica da atividade aeroportuária mais rígidos, ao modelo atual, mais flexível e aberto à construção do consenso, o que reflete não apenas a evolução dos padrões de controle regulatório como também as características de cada aeroporto objeto de concessão.

É, portanto, oportuno proceder-se a exame, ainda que sucinto, de três temas que são objeto frequente da ação regulatória das agências reguladoras do setor aéreo na preservação da competição entre os agentes do mercado aeroportuário e aeronáutico, a saber, a regulação tarifária, a alocação de *slots* de aeroportos congestionados e a integração vertical entre empresas aéreas e empresas que exploram instalações aeroportuárias, sobretudo à vista de mais rodadas de concessões a caminho.

1 Contextualizando

1.1 O cenário legislativo atual

Após um longo período de concentração da atividade aeroportuária nas mãos da Infraero, empresa pública criada pela Lei nº 5.862/72 para operar e explorar os principais aeroportos brasileiros, a tendência de reversão de tal quadro começou a se fazer presente com o surgimento de novas empresas aéreas e com a liberação do preço das passagens aéreas no início da década de 2000, traduzindo-se em aumento da demanda, sem que a infraestrutura aeroportuária estivesse preparada para acompanhar tal incremento[1] e sem que o Poder Público tivesse meios financeiros suficientes à modernização ampla de toda a sua malha aeroportuária.[2]

Após a criação da Agência Nacional de Aviação Civil – ANAC, por meio da Lei nº 11.182, de 27 de setembro de 2005 – cujo artigo 49 consagrou em definitivo o regime de liberdade tarifária nos serviços aéreos regulares –, a defasagem entre o crescimento exponencial das viagens aéreas em território nacional[3] e a infraestrutura aeroportuária

---

[1] Segundo Costa, "o problema do limite de capacidade da infraestrutura aeroportuária começou a ser reconhecido oficialmente como uma barreira ao desenvolvimento da aviação civil brasileira em 2000, por ocasião da edição da Portaria 569//GC5 que estabeleceu critérios para a concessão de novas linhas aéreas", quando, "entre critérios como a segurança das operações, a expansão da oferta de opções aos usuários e o estímulo à competição entre as companhias aéreas, estava justamente a existência ou não de capacidade da infraestrutura aeroportuária de receber novas rotas" (COSTA, João Marcelo Sant'anna. *Infraestrutura Aeroportuária: Transformações no Modelo de Exploração.* Rio de Janeiro: Lumen Juris, 2018. p. 39).

[2] Alexandre Brandão aponta não apenas para a insuficiência dos investimentos públicos na infraestrutura aeroportuária, mas também para a inadequação dos investimentos feitos, ao afirmar que "havia infraestrutura ociosa em diversos aeroportos e inaptidão nos locais onde seria mais importante" (BRANDÃO, Alexandre. *Apagão Aéreo.* São Bernardo do Campo: Alley, 2007. p. 95).

[3] "O maior crescimento se deu na movimentação de passageiros em voos domésticos. Em 2005 já foram 83,5 milhões de embarques e desembarques, mais do que todo o movimento de passageiros de 2004. O número representava um crescimento de 16,84% em relação ao ano anterior, quando foram transportados 71,5 milhões de passageiros em território nacional. Em 2006 o total de passageiros domésticos atingiu a marca dos 90 milhões,

e de aeronavegação então disponíveis ficou evidente, especialmente após os acidentes com os voos GOL 1907 e TAM 3054, que levantaram suspeitas quanto à eficiência dos sistemas de controle de voo e quanto à adequação dos aeroportos brasileiros ao volume de tráfego que por eles transitava.[4]

Vieram então à tona as discussões sobre a reformulação de todo o modelo de operação aeroportuária, com a transferência de sua exploração para o setor privado, em consonância com o disposto no artigo 21, inciso XII, alínea "c", da Constituição da República.

A modificação se operou em definitivo (*i*) com a edição da Lei nº 12.462/2011, que alterou a legislação que disciplinava a ANAC e a Infraero e criou a Secretaria de Aviação Civil – SAC,[5] incumbida de formular, coordenar e supervisionar as políticas para o desenvolvimento do setor de aviação civil e das infraestruturas aeroportuária e aeronáutica civil, e, em especial, (*ii*) com o Decreto nº 7.624/2011, que veiculou as normas básicas atinentes ao regime de concessões que seria a partir de então implantado, e que vige até o presente momento.

1.2 Visão do mercado aeroportuário brasileiro

Embora o setor de transporte aéreo tenha sofrido uma perda de velocidade de crescimento da demanda nos últimos anos, por conta da crise econômica que assolou o país, o fato é que a tendência continua a ser a de aumento do tráfego aéreo, tanto em termos globais[6] como em relação ao mercado brasileiro.

Segundo o Plano Aeroviário Nacional (PAN 2018),[7] a capacidade instalada da infraestrutura aeroportuária brasileira, em termos de

---

crescendo cerca de 9,2% em relação a 2005. A movimentação de aeronaves cresceu 2,77%, passando de 1,79 milhão de pousos e decolagens em 2004 para 1,83 milhão em 2005, e se elevando em 2006, mais uma vez, em 4,3%, totalizando um tráfego de 1,91 milhão de aeronaves" (BRANDÃO, Alexandre. *Op. cit.*, p. 40).

[4] McKinsey & Company. *Estudo do Setor de Transporte Aéreo do Brasil*: Relatório Consolidado. Rio de Janeiro, 2010. p. 207.

[5] Por força da Medida Provisória nº 870/2019, as atribuições da SAC estão atualmente centralizadas no Ministério da Infraestrutura.

[6] Segundo o Conselho Internacional de Aeroportos (ACI), a demanda esperada de tráfego global para o ano de 2040 é de mais de 22 bilhões de passageiros, crescendo a uma taxa média anual de 4,5% (AIRPORT COUNCIL INTERNATIONAL. *ACI's Policy Brief*: Creating Fertile Grounds for Private Investment in Airports. Montreal: ACI World, 2018. Disponível em: https://store.aci.aero/product/policy-brief-creating-fertile-grounds-for-private-investment-in-airports/).

[7] BRASIL (Ministério dos Transportes, Portos e Aviação Civil). *Plano Aeroviário Nacional. Objetivos, Necessidades e Investimentos. 2018-2038*. Brasília, 2018.

processamento de passageiros, é suficiente para absorver a demanda até o ano de 2025, havendo, entretanto, disparidades entre aeroportos, de acordo com a área geográfica por ele servida, o perfil de demanda (voos ponto-a-ponto, ou para destinos *hub-&-spoke*) etc., de sorte que já é visível, sobretudo em épocas de férias, o congestionamento em determinados aeroportos, como o de Congonhas, Guarulhos e Brasília.

Do mesmo Plano Aeroviário Nacional consta a síntese das projeções de demanda para os próximos anos no país, com uma estimativa média de crescimento de 4,6% ao ano, ao longo dos próximos 20 (vinte) anos, sendo esperado, neste ritmo, que a demanda no ano de 2033 seja o dobro daquela existente no ano de 2018.[8]

Acrescente-se que com a derrogação da restrição legal constante do Código Brasileiro de Aeronáutica (Lei nº 7.565/86) à participação de capital estrangeiro nas empresas aéreas brasileiras, o que se operou por meio da Medida Provisória nº 863/2018, a perspectiva é de aumento da concorrência, com queda do preço médio das passagens aéreas e maior oferta de rotas, o que, mais uma vez, exercerá pressão no sentido de ampliar a infraestrutura aeroportuária hoje disponível.

Ora, o acesso restrito à infraestrutura aeroportuária representa uma importante barreira competitiva, eis que limita a presença de entrantes na exploração dos serviços de transportes aéreos regulares. Neste contexto, cabe ao órgão regulador, no quadro do regime de concessões hoje em vigor, disciplinar alguns aspectos básicos desta relação entre concessionárias de aeroportos e empresas aéreas, a saber, a prática de preços (tarifas), a alocação de *slots* em aeródromos congestionados e a integração vertical entre ambas.

2   O sistema aeronáutico

2.1 A relação entre a infraestrutura aeroportuária e a atividade de transporte aéreo regular de passageiros e carga

A leitura do artigo 12 da Lei nº 7.565/86 (Código Brasileiro de Aeronáutica) permite compreender que existe uma imbricação evidente e necessária entre diversos elementos que conformam o complexo sistema aeronáutico, de sorte que, na ausência de um destes elementos

---

[8]   BRASIL (Ministério dos Transportes, Portos e Aviação Civil). *Op. cit.*

integrantes, não há possibilidade de utilização minimamente segura do meio de transporte aéreo.

Com efeito, o tráfego aéreo, o qual inclui o serviço de transporte prestado pelas companhias aéreas, em regime concorrencial, depende da imprescindível existência e bom funcionamento de sistemas de controle de tráfego e de telecomunicações,[9] de infraestrutura aeroportuária, de aeronaves condizentes com a demanda e com a infraestrutura aeroportuária existente e de tripulação apta a conduzir tais equipamentos de maneira segura.

A relação entre todos estes componentes é tão mais evidente quando se verifica, exemplificativamente, que a implementação do projeto de revisão da Área de Controle Terminal São Paulo (TMA-SP), a cargo do Departamento de Controle do Espaço Aéreo (DECEA), a fim de ampliar a capacidade de processamento de aeronaves em aproximação aos aeroportos da capital paulista e arredores, permitirá que a capacidade do Aeroporto de Guarulhos suba de 52 para 60 movimentos por hora.[10]

Neste trabalho nos interessa em particular a inter-relação entre aeroportos e empresas aéreas, pois a operação das empresas aéreas pode impactar os resultados das concessionárias que exploram o serviço aeroportuário (alterando bases, frequências de voo, conexões), como, por outro lado, sobretudo em áreas de concentração de demanda populacional servidas por um ou por poucos aeroportos, as concessionárias podem adotar posturas de maximização de seus ganhos às custas das empresas aéreas.

Em outros termos, a interdependência entre aeroportos e companhias aéreas pode incentivar a construção de parcerias, pois "enquanto para um operador aeroportuário é interessante que uma companhia aérea aumente o número de voos para o seu aeroporto, através de uma maior concentração de destinos de rotas aéreas e,

---

[9] Vale registrar que, por força da Medida Provisória nº 866/2018, autorizou-se a criação da NAV Brasil Serviços de Navegação Aérea S.A. – NAV Brasil, por cisão da Infraero, cujo objeto será o de implementar, administrar, operar e explorar industrial e comercialmente a infraestrutura aeronáutica destinada à prestação de serviços de navegação aérea que lhe for atribuída pela autoridade aeronáutica.

[10] Cf. BRASIL (Ministério dos Transportes, Portos e Aviação Civil). *Plano Aeroviário Nacional. Objetivos, Necessidades e Investimentos. 2018-2038*. Brasília, 2018. Exemplo inverso, de redução de tráfego aéreo em decorrência da redução da capacidade da infraestrutura aeronáutica, é o que ocorreu após o acidente do voo TAM 3054, quando, para ampliar a margem de segurança de operação do aeroporto de Congonhas, reduziu-se o comprimento nominal de sua pista e procedeu-se ao aumento da distância entre aeronaves em aproximação.

consequentemente, de maior número de passageiros, para a companhia aérea também é importante ter maiores condições de negociação de tarifas aeroportuárias, maior número de slots, um píer só para suas aeronaves, facilitando sua logística, enfim, maneiras de auferir maiores ganhos de escala".[11]

Na inexistência de tal tipo de parceria, a conformação de dado aeroporto pode levá-lo à adoção de práticas monopolistas. Com efeito, é certo que a construção e o funcionamento de aeroportos importam em custos afundados e fixos bastante expressivos, que são absorvidos apenas quando a operação alcança uma determinada escala (economia de escala), o que nos faz concluir que, em tese, os aeroportos constituiriam um monopólio natural.[12]

Além disso, em determinadas situações, um dado aeroporto se aproveita de ser o único *player* em um dado mercado relevante geográfico, obtendo assim renda da escassez, bastando, para tanto, ter em conta que, segundo pesquisa cujos resultados foram divulgados por consultoria especializada,[13] o principal motivo para a escolha do aeroporto a ser utilizado foi o fato de ser ele a única opção disponível, em cidades com um único aeroporto.

Para tais situações de detenção de poder de mercado pelos aeroportos, se faria necessária a regulação econômica das atividades e dos serviços prestados pelos operadores aeroportuários, para eliminar ou reduzir a renda do monopólio.

Mas nem sempre se pode afirmar aprioristicamente inexistir possibilidade de concorrência entre aeroportos. Deveras, pode existir mais de um aeroporto a servir uma mesma região, pode existir concorrência entre aeroportos que sirvam como *hubs* de empresas aéreas ou como pontos de conexão,[14] pode existir concorrência em relação ao transporte de carga (vinculada ao destino, tarifas aeroportuárias e ao custo de armazenamento), pode existir competição em relação à

---

[11] COSTA, João Marcelo Sant'anna. *Infraestrutura Aeroportuária*: Transformações no Modelo de Exploração. Rio de Janeiro: Lumen Juris, 2018. p. 115.

[12] RENZETTI, Bruno Polonio. Concessões e Concorrência nos Aeroportos Brasileiros. *Revista de Direito da* Concorrência, Conselho Administrativo de Defesa Econômica, v. 3, n. 2, p. 133-155, nov. 2015.

[13] McKinsey & Company. *Estudo do Setor de Transporte Aéreo do Brasil*: Relatório Consolidado. Rio de Janeiro, 2010. p. 117.

[14] O exemplo apresentado por Michel Tretheway é elucidativo: "*A traveler flying from Los Angeles to Nepal can get there via Singapore (or other Asian connecting points) or London (or other European points)*". TRETHEWAY, Michael; InterVistas Consulting Inc. Airport Ownership, Management and Price Regulation. *The Canada Transportation Act Review Panel*, 2001. p. 39.

oferta de destinos e aos serviços não aeronáuticos (restaurantes, lojas e comodidades) prestados pelos aeroportos.

Em síntese, a existência ou não de poder de mercado de um aeroporto existirá e variará em função (i) da disponibilidade de capacidade aeroportuária frente à demanda, em uma dada região; (ii) da estrutura do mercado aéreo e da existência ou não de aeroportos concorrentes em uma mesma região, (iii) do perfil dos passageiros (destino final ou em conexão), e, neste segundo caso (passageiros em conexão), como são partilhados entre os aeroportos; e (iv) da existência de competição entre modais de transporte.[15]

Assim, a conclusão inexorável é que "determinar se um aeroporto é um monopólio natural é um problema empírico".[16]

2.2 Regulação econômica da atividade aeroportuária

Para situações de existência de poder de mercado por parte dos aeroportos, duas são as medidas que podem ser tomadas a fim de evitar ganhos excessivos por parte dos respectivos operadores, a saber, promover ações destinadas ao surgimento de entrantes naquele mercado, se isso não der ensejo à situação de concorrência ruinosa, ou regulação dos ganhos a serem auferidos pelos operadores aeroportuários.

Assim, nos termos do artigo 8º da Portaria SAC nº 183/2014, expedida com base na determinação constante do artigo 2º do Decreto nº 7.624/2011, o processo de concessão de novos aeroportos deverá "considerar a necessidade de promoção da concorrência entre aeródromos e seus efeitos positivos para a eficiência do sistema e adequação do serviço" (art. 8º), ao passo que o mesmo decreto, em relação à regulação dos ganhos, legou a definição do regime tarifário dos contratos de concessão à ANAC (art. 7º).

Comumente, a experiência de regulação tarifária aeroportuária tem demonstrado que se costuma adotar ou (i) o modelo denominado *single till price cap*, em que todas as receitas aeronáuticas devem respeitar

---

[15] Oum, Tae H.; Fu, Xiaowen. *Impacts of airports on airline competition*: Focus on Airport Performance and Airport-Airline Vertical Relations. OECD/ITF Joint Transport Research Centre Discussion Paper, n. 2008-17, Joint Transport Research Centre, Paris. Disponível em: http://hdl.handle.net/10419/68760.

[16] FIUZA, Eduardo P. S.; PIONER, Heleno Martins. *Estudo Econômico sobre Regulação e Concorrência no Setor de Aeroportos*. Rio de Janeiro: ANAC, 2009. p. 52.

o teto fixado pelo órgão regulador e todas as receitas obtidas pelo operador aeroportuário (receitas aeronáuticas e não aeronáuticas) são consideradas para efeitos de fixação deste mesmo *cap* (criando uma espécie de subsídio cruzado em que as receitas comerciais cobrem parcialmente os custos dos serviços aeronáuticos), ou (ii) o modelo *dual till price cap*, em que os custos dos serviços aeronáuticos são remunerados exclusivamente pelas tarifas aeroportuárias, e as receitas não aeronáuticas são apropriadas livremente pelo operador, ou ainda (iii) o modelo *hybrid till price cap*, em que apenas uma parte das receitas comerciais é utilizada para cobrir os serviços aeronáuticos.[17]

Intensos debates são travados em defesa de uma ou outra forma de regulação,[18] sendo que, em síntese, os argumentos favoráveis ao *single till* têm por base a redução do valor das tarifas aeroportuárias (em razão do subsídio cruzado) e a relativa simplicidade fiscalizatória, ao passo que os defensores do *dual till* aduzem que neste modelo há um incentivo para os operadores manterem baixas as tarifas aeronáuticas, pois isso incrementaria o fluxo de passageiros, com consequentes ganhos nas receitas comerciais.

Além destes modelos de regulação econômica, têm-se ainda outros modelos possíveis, como o de *taxa de retorno*, em que o operador tem garantido o respeito à percepção de receita suficiente à cobertura de seus custos e a uma dada margem de lucro (criando eventualmente incentivos ao sobreinvestimento, fenômeno este denominado efeito Averch-Johnson), o de *ameaça de regulação*, em que o controle regulatório é feito *a posteriori*, se houver abusos, e *modelos baseados no consenso* entre os operadores aeroportuários e as companhias aéreas na fixação das tarifas.

Além da regulação tarifária destinada a evitar a imposição de poder de mercado de aeroportos em relação às empresas aéreas, duas outras áreas de contato entre os agentes de cada um destes dois mercados correlacionados também costumam ser objeto da atenção dos órgãos reguladores: *slots* e integração vertical entre operadores aeroportuários e companhias aéreas.

---

[17] Basicamente, trata-se do aproveitamento (ou não) das receitas alternativas, complementares e acessórias para a modicidade tarifária, tal como dispõe o artigo 11 da Lei nº 8.987/95 e o artigo 8º do Decreto nº 7.624/2011.

[18] Para uma visão geral das discussões acerca de qual dos dois modelos seria mais indicado à regulação econômica dos aeroportos, cf. AIRPORTS COUNCIL INTENRATIONAL. *The ACI Guide to Airport Economic Regulation*. Montreal: ACI World, 2013.

3 Interface entre aeroportos e empresas aéreas

3.1 Alocação de *slots*

Segundo a definição de Beatriz Malerba Cravo,[19] *slot* é a "faixa de tempo relacionada a um determinado espaço disponibilizado à companhia área para pouso e decolagem", conceito esse que não discrepa daquele apresentado por Sousa Uva,[20] para quem *"slots are timeframes granted to airlines during which they can take off or land, in the course of an air service between point A and point B"*.

Embora possam ser compiladas diversas outras definições para *slots*, em síntese são elas espécies de janelas de oportunidade de pouso e decolagem de aeronaves em um dado aeroporto, considerando a infraestrutura aeroportuária ali disponível.[21]

Com efeito, cada aeroporto tem um número limitado de pistas de pouso e decolagem, de *taxiways*, de *fingers*, de espaço de pátio, existindo, portanto, limite à operação simultânea de movimentos de aterrisagem, estacionamento e decolagem, de sorte que é necessário ordenar e predefinir os horários de voos das companhias aéreas visando a atender a demanda.

Eventualmente, quando a demanda é superior à capacidade instalada do aeroporto, será necessário estabelecer um método para atribuir os *slots* às companhias aéreas, sendo que haverá a possibilidade de existirem pretensões não atendidas. Esta discrepância entre a capacidade de atendimento (oferta de *slots*) e a pretensão (demanda), aliada à forma como costumeiramente são distribuídos os *slots* (*grandfathering*), cria, além de congestionamento no aeroporto, uma barreira de difícil transposição a novos entrantes.

---

[19] CRAVO, Beatriz Malerba. A Alocação de slots e a Concorrência no Setor de Transporte Aéreo. *Journal of Transport Literature*, v. 8, n. 1, p. 159-177, 2014.

[20] UVA, Rita Sousa. Legal and Regulatory Review. The Legal Nature of Airport Slots. *Airport Management*, v. 3, n. 2, 132-144, jan./mar. 2009.

[21] No âmbito da União Europeia, a *Regulation 95/93*, alterada pela *Regulation 793/2004*, define *slot* como "um tempo de chegada ou partida predefinido, disponível ou alocado a um movimento de aeronave em uma data específica em um aeroporto coordenado segundo os termos deste regulamento". Nos Estados Unidos, a matéria relativa à alocação de *slots* (então denominada *"reservation"*) restou regulada pelo *Code of Federal Regulations, Title 14, Part. 93, Subpart K,* sendo aplicável aos aeroportos de alta densidade (*high density traffic airports*), mediante acordo entre as companhias mediado por comitês de empresas. Posteriormente, a regra foi alterada (*Federal Register* v. 50, 245), tendo então o *slot* sido definido como "a autorização operacional para conduzir uma operação de pouso ou decolagem a cada dia durante um específico período em um dos aeroportos de alta densidade de tráfego".

O método mais comum de alocação de *slots* às empresas aéreas continua a tomar por base os *grandfathering rights*, ou seja, a atribuição de direito de uso do *slot* – desde que tal problema passou a ser enfrentado no exterior – toma por base o histórico preexistente, de sorte que, em relação a um dado período (normalmente semestral), a alocação será feita com base na efetiva utilização de *slots* no período imediatamente anterior.

É esta a regra acolhida pela ANAC, ao editar a Resolução nº 338/2014, estabelecendo mecanismo de alocação de *slots* para aeroportos coordenados (ou seja, onde a aplicação da regra distributiva fica sob controle da própria ANAC) e para aeroportos de interesse (onde o controle fica a cabo de cada operador aeroportuário).[22]

O histórico de utilização de *slots* é ajustado de acordo com um índice de regularidade, de sorte que, não atingido o índice, há possibilidade de perda do histórico, igualando-se a companhia aérea, quanto ao *slot* perdido, a um novo entrante.[23]

Ora, salvo a hipótese de perda de um histórico de *slot*, as empresas incumbentes têm uma imensa vantagem competitiva,[24] interpondo entre elas e os interessados em ingressar no mercado aéreo a partir do aeroporto coordenado ou de interesse uma barreira de difícil transposição,[25] sendo isso que explica o intenso interesse que uma companhia aérea tem em adquirir *slots* de outras empresas, sobretudo quando esta última se encontra em dificuldades financeiras.

Nada obstante, vale registrar que as regulamentações aqui e alhures não reconhecem às empresas aéreas direitos proprietários sobre

---

[22] Congonhas, Guarulhos e Santos Dumont são desde longa data aeroportos coordenados. Para uma listagem atualizada dos aeroportos coordenados e aeroportos de interesses, cf. http://www.anac.gov.br/assuntos/setor-regulado/empresas/slot/contatos-aeroportos.

[23] Nesta linha, em relação ao Regulamento 95/93, da União Europeia, Avenali *et al.* esclarecem que: "*If any carrier has used some slots for at least 80% of the time during a season, then it is entitled to use the same slots in the next corresponding season, otherwise slots become free and may be allocated to new entrants*" (AVENALI, Alessandro *et al.* An Incentive Pricing Mechanism for Efficient Airport Slot Allocation. *Journal of Air Transport Management*, v. 42, p. 27-36, 2015).

[24] Como bem observa Diederiks-Verschoor "*the present system of slot allocation, including the respect for grandfathering rights and the 'use it or lose it' rule, contains inherent barriers to entry into and exit from the aviation market which is marked by increasing congestion at airports*" (Diederiks-Verschoor, I. H. Ph. *An Introduction to Air Law*. 9. ed. Kluwer Law International, 2012. p. 90).

[25] Outros fatores também considerados como barreiras à entrada de novos contendores no mercado de transporte aéreo regular são os programas de fidelidade e as alianças globais. Cf. CRAVO, Beatriz Malerba. A Alocação de *slots* e a Concorrência no Setor de Transporte Aéreo. *Journal of Transport Literature*, v. 8, n. 1, p. 159-177, 2014.

os *slots*,[26] mas isso não lhes retira o atributo econômico, de sorte que sua definição mais precisa seria a de uma licença de uso, tal como os concebe Sousa Uva, para quem os *slots* seriam licenças administrativas para utilização da infraestrutura aeroportuária para pousos e decolagens.[27]

Outra questão que se apresenta discutível acerca dos *slots* é aquela atinente à sua livre transferibilidade e comercialidade, certo que a regulamentação nacional acerca da matéria, diversamente do que ocorre nos Estados Unidos,[28] admite apenas a cessão gratuita entre empresas do mesmo grupo econômico e a troca de *slots*, uma por uma, sempre dependente de anuência da ANAC.[29]

Na União Europeia, onde impera regra similar à brasileira, a falta de clareza de sua redação tem permitido pronunciamentos díspares da doutrina especializada e de cortes de justiça que se debruçaram sobre o tema da alienação onerosa de *slots* entre empresas,[30] ao passo que no Brasil as aquisições onerosas têm sido feitas em meio a processos de recuperação judicial ou falência, em que se adquire toda uma unidade produtiva isolada, conforme artigo 60 e 140, inciso II, da Lei de Recuperação Judicial.

Por fim, e a despeito da resistência das empresas incumbentes, fundada na alegação de que "sua posição de domínio foi adquirida através de grandes esforços em termos de eficiência",[31] talvez fosse mesmo o caso de se caminhar em direção a um novo procedimento de alocação de *slots*, como o leilão, ao menos, de forma experimental, em relação à parte da totalidade dos *slots* disponíveis em um dado aeroporto, de sorte que a companhia aérea que mais valor atribuir a um dado *slot* o adquira, e possa comercializá-lo livremente durante seu prazo de vigência.[32]

---

[26] Cf. art. 31, *caput*, da Res. ANAC nº 338/2014.

[27] UVA, Rita Sousa. Legal and Regulatory Review. The Legal Nature of Airport Slots. *Airport Management*, v. 3, n. 2, 132-144, jan./mar. 2009.

[28] Segundo o constante do *Federal Register* v. 50, 245, *"this amendment allows air carriers, commuters or other persons effective April 1, 1986, to buy, sell or lease slots for any consideration and any time period and allows the trading of slots in any combination for slots at the same airport or any other high density airport"*.

[29] Cf. arts. 31 e 32 da Res. ANAC nº 338/2014. Na mesma linha, cf. art. 8º-A, da Regulamento (CE) 793/2004, da União Europeia.

[30] Cf. BALFOUR, John. Slots for Sale. *Air & Space Law*, v. 22, 1997. p. 109-113; Diederiks-Verschoor, I. H. Ph. *An Introduction to Air Law*. 9. ed. Kluwer Law International, 2012. p. 91.

[31] Fundación de Investigaciones Económicas Latinoamericanas. *La Regulación de Competencia y de los Servicios Publicos*. Teoría y Experiencia Argentina Reciente. Buenos Aires, 1998. p. 154.

[32] Sobre o tema, cf. CRAVO, Beatriz Malerba. A Alocação de slots e a Concorrência no Setor de Transporte Aéreo. In: *Journal of Transport Literature*, v. 8, n. 1, p. 159-177, 2014; FIUZA,

3.2 Integração vertical

Uma outra interface entre operadores aeroportuários e companhias aéreas com potencial de impacto concorrencial é a celebração de ajustes negociais entre representantes de ambos os setores.

Existe um incentivo natural para que haja uma integração entre aeroporto e companhia aérea, de modo a que, em conjunto, possam obter vantagens competitivas em relação a outros aeroportos, empresas aéreas ou pares de aeroporto-empresa aérea. Como esclarece D'Alfonso,[33] empresas aéreas competem com outras companhias dentro do mesmo aeroporto e com companhias que voam para outros aeroportos.

Assim, a despeito de um cenário de eventual tensão em torno da definição das tarifas aeroportuárias, tanto a companhia aérea quanto o operador aeroportuário têm interesse em incrementar o fluxo de passageiros que se servem daquela instalação e daquela linha aérea (superposição de interesses), ganhando vantagem competitiva em relação aos respectivos competidores nos mercados respectivos.

Acrescente-se que a relação de parceria entre aeroporto e empresa aérea reduz as incertezas de demanda e custo no longo prazo, eis que, pelo lado do operador aeroportuário, há uma perspectiva de um fluxo regular de passageiros (decorrente da utilização dos serviços de uma companhia aérea) gerador de receitas não aeronáuticas e, eventualmente, de algum apoio financeiro direto (partilha de despesas) ou indireto (custeio de investimentos), ao passo que a companhia aérea, em tese, pode gozar de tratamento preferencial tanto em relação ao regime tarifário – se e quando isto não violar normas regulamentares, tais como a Diretiva 2009/2012, da União Europeia, ou a Política da OACI (Organização da Aviação Civil Internacional) sobre Taxas por Serviços Aeroportuários e de Aeronavegação [34] – como em relação à própria utilização da infraestrutura em solo.

Por outro lado, sobretudo para aeroportos de menor porte e com menor fluxo de passageiros, a celebração de pacto com empresa aérea se por um lado lhes traz maior segurança, por outro lado reduz seu

---

Eduardo P. S.; PIONER, Heleno Martins. *Estudo Econômico sobre Regulação e Concorrência no Setor de Aeroportos*. Rio de Janeiro: ANAC, 2009. p. 11-22.

[33] D'ALFONSO, Tiziana. *Vertical Relations between Airports and Airlines*: Theory and Implications. 119 f. Tese (Doutorado em Economia e Gestão de Tecnologia) – Universidade de Bérgamo, Bérgamo (ITA), 2012.

[34] Segundo tais normas e recomendações, a diferenciação de preço deve representar a diferença de nível de serviço prestado pelo operador aeroportuário.

poder de barganha.[35] Tal risco é naturalmente menor para aeroportos com maior fluxo e que servem a uma região mais densamente habitada, pois, para a companhia aérea, o custo de suspensão de voos para aquela instalação aeroportuária é maior, sobretudo em caso de integração com alianças aéreas (pois outras empresas da aliança se servem daquele mesmo aeroporto).

A integração entre aeroporto e empresa aérea pode assumir a forma puramente contratual, normalmente por contratos de serviço de longo prazo, contratos de *revenue sharing*,[36] contratos de *risk sharing*,[37] contratos de cessão de pontes de embarque, contratos de cessão de terminais e outras formas não vedadas pelas regras em vigor.

Pode também a integração vertical se operar pela forma societária, participando a companhia aérea da composição acionária do operador aeroportuário.

Tanto em uma como na outra situação, embora existam vantagens na associação de interesses entre aeroporto e empresa aérea (pela via contratual ou societária), existe sempre um risco de criação de barreiras competitivas em relação a outras companhias aéreas, o que exige a intervenção do órgão regulatório competente (seja por meio de regras estritas de comando e controle, seja pela regulação menos intrusiva).

3.3 Inovações da 5ª Rodada de Concessões (2018/2019)

Tudo isto exposto, vale registrar que a 5ª Rodada de Concessões, que tem por objeto os aeroportos integrantes dos blocos Nordeste, Centro-Oeste e Sudeste, inovando em relação às rodadas anteriores, incorporou parte das ideias aqui sinteticamente expostas.

Com efeito, em relação à regulação tarifária, instaurou-se um mecanismo flexível, de substituição da fixação de preço-teto (*price cap*)

---

[35] *"Airports that attract a single airline are subject to risk exposure from economic downturns if it is a legacy carrier, and from airport switching if it is a low cost carrier"* (D'ALFONSO, Tiziana. *Op. cit.*).

[36] Segundo D'Alfonso, a Ryanair, para começar a voar para determinado destino, costuma negociar a partilha da receita de estacionamento (D'ALFONSO, Tiziana. *Op. cit.*).

[37] O exemplo vem do Aeroporto de Frankfurt, onde o operador aeroportuário e as empresas aéreas determinam uma meta de receita anual, sendo que, se ultrapassada a meta, o equivalente a 33% do que sobejar é rateado entre as empresas signatárias, e, se não atingida a meta, o déficit é rateado na mesma proporção (GILLEN, David; NIEMEIER, Hans-Martin. *Airport Economics, Policy and Management*: The European Union. Rafael del Pino Foundation. Disponível em: http://citeseerx.ist.psu.edu/viewdoc/download?doi=10.1.1.117.6004&rep=rep1&type=pdf).

por receita-teto por passageiro (*revenue cap*/passageiro) decorrente da cobrança das tarifas de embarque, conexão, pouso e permanência, para os aeroportos de Recife, Maceió, João Pessoa, Aracaju, Vitória e Cuiabá, o que serve de estímulo à busca pelo aumento do fluxo de passageiros. Para os demais aeroportos que compõem cada um dos blocos em oferta, e com base na premissa de que estes, em função de seu porte e localização, não detêm poder de mercado, não haverá regulação tarifária *ex ante*, mas apenas monitoramento e ameaça de regulação em caso de abuso, sendo as tarifas definidas mediante acordo entre as partes.

Em qualquer das duas hipóteses, se instaura a possibilidade ampla de acordos entre aeroportos e empresas aéreas, inclusive no que respeita à fixação de tarifas (regime de proposta apoiada), sob o pressuposto de que existe uma assimetria informacional entre os agentes dos mercados aeroportuário e aeronáutico em relação às caraterísticas e aos custos de suas operações, de sorte que é mais eficiente que a eles caiba a proposta de fixação remuneratória. Uma vez acolhida a proposta pela ANAC, passa a valer pelo prazo de sua vigência mínima, afastada assim, se for o caso, a receita-teto fixada pelo órgão regulador.

Do mesmo modo, se abre espaço claro para a possibilidade de acordos comerciais e societários, entre aeroporto e empresa aérea, suprimindo-se regra constante de editais de leilão atinentes a rodadas de concessões anteriores, que limitava a 2% (dois por cento) a participação de companhia área na composição acionária dos operadores aeroportuários. Na mesma linha, há previsão expressa de que, mediante autorização da ANAC, a concessionária possa celebrar com empresas aéreas contratos que lhes confiram o direito de construir e utilizar, com exclusividade ou prioridade, terminal ou partes de terminal.

Segue-se, assim, a lógica segundo a qual somente há intervenção regulatória quando há clara evidência de efeitos danosos à concorrência, sendo necessária, para tanto, em um primeiro momento, apenas a revelação transparente de todos os vínculos, comerciais e societários, existentes entre aeroportos e companhias aéreas. Percebe-se, pois, que "transparência e escrutínio público são alternativas efetivas a uma regulação imatura".[38]

---

[38] Oum, Tae H.; Fu, Xiaowen. Impacts of airports on airline competition: Focus on Airport Performance and Airport-Airline Vertical Relations. *OECD/ITF Joint Transport Research Centre Discussion Paper*, n. 2008-17, Joint Transport Research Centre, Paris. Disponível em: http://hdl.handle.net/10419/68760.

Conclusão

Os aeroportos integram um sistema complexo onde inúmeras variáveis interagem e se influenciam mutuamente, tais como outras instalações aeroportuárias, sistemas de controle de voo, infraestrutura urbana de acesso viário e metroviário, uso e ocupação do solo no entorno da área aeroportuária e, em especial, as operações das empresas aéreas. Estas, por sua vez, podem ver sua performance variar em função dos custos da própria atividade, do desempenho econômico de uma determinada localidade por elas servida e, em especial, do relacionamento que constroem com estes mesmos aeroportos.

Em tal contexto, a atividade regulatória de cunho econômico no setor aeroportuário serve para conformar e estimular a manutenção de um mercado minimamente competitivo, primordialmente por meio de incentivo à consensualidade de ajustes a serem firmados entre aeroportos e empresas aéreas, o que leva a novos métodos de ação regulatória, diversos da tradicional intervenção *ex ante*, de caráter mandatório, e não suasório.

Referências

AIRPORTS COUNCIL INTERNATIONAL. *ACI's Policy Brief*: Creating Fertile Grounds for Private Investment in Airports. Montreal: ACI World, 2018. Disponível em: https://store.aci.aero/product/policy-brief-creating-fertile-grounds-for-private-investment-in-airports/.

AIRPORTS COUNCIL INTENRATIONAL. *The ACI Guide to Airport Economic Regulation*. Montreal: ACI World, 2013.

AVENALI, Alessandro *et al*. An Incentive Pricing Mechanism for Efficient Airport Slot Allocation. *Journal of Air Transport Management*. 42 (2015).

BALFOUR, John. Slots for Sale. *Air & Space Law*, v. 22, 1997.

BRANDÃO, Alexandre. *Apagão Aéreo*. São Bernardo do Campo: Alley, 2007.

BRASIL (Ministério dos Transportes, Portos e Aviação Civil). *Plano Aeroviário Nacional. Objetivos, Necessidades e Investimentos*. 2018-2038. Brasília, 2018.

COSTA, João Marcelo Sant'anna. *Infraestrutura Aeroportuária*: Transformações no Modelo de Exploração. Rio de Janeiro: Lumen Juris, 2018.

CRAVO, Beatriz Malerba. A Alocação de slots e a Concorrência no Setor de Transporte Aéreo. *Journal of Transport Literature*, v. 8, n. 1, 2014.

D'ALFONSO, Tiziana. *Vertical Relations between Airports and Airlines: Theory and Implications*. 119 f. Tese (Doutorado em Economia e Gestão de Tecnologia) – Universidade de Bergamo, Bérgamo (ITA), 2012.

DIEDERIKS-VERSCHOOR, I. H. Ph. *An Introduction to Air Law*. 9. ed. Kluwer Law International, 2012.

FIUZA, Eduardo P. S.; PIONER, Heleno Martins. *Estudo Econômico sobre Regulação e Concorrência no Setor de Aeroportos*. Rio de Janeiro: ANAC, 2009.

FUNDACIÓN DE INVESTIGACIONES ECONÓMICAS LATINOAMERICANAS. *La Regulación de Competencia y de los Servicios Públicos. Teoría y Experiencia Argentina Reciente*. Buenos Aires, 1998.

GILLEN, David; NIEMEIER, Hans-Martin. *Airport Economics, Policy and Management*: The European Union. Rafael del Pino Foundation. Disponível em: http://citeseerx.ist.psu.edu/viewdoc/download?doi=10.1.1.117.6004&rep=rep1&type=pdf.

MCKINSEY & COMPANY. *Estudo do Setor de Transporte Aéreo do Brasil*: Relatório Consolidado. Rio de Janeiro, 2010.

OUM, Tae H.; FU, Xiaowen. Impacts of airports on airline competition: Focus on Airport Performance and Airport-Airline Vertical Relations. *OECD/ITF Joint Transport Research Centre Discussion Paper*, n. 2008-17, Joint Transport Research Centre, Paris. Disponível em: http://hdl.handle.net/10419/68760.

RENZETTI, Bruno Polonio. Concessões e Concorrência nos Aeroportos Brasileiros. *Revista de Direito da Concorrência*, Conselho Administrativo de Defesa Econômica, v. 3, n. 2, nov. 2015.

TRETHEWAY, Michael; InterVistas Consulting Inc. Airport Ownership, Management and Price Regulation. *The Canada Transportation Act Review Panel*, 2001.

UVA, Rita Sousa. Legal and Regulatory Review. The Legal Nature of Airport Slots. *Airport Management*, v. 3, n. 2, 132-144, jan./mar. 2009.

Informação bibliográfica deste texto, conforme a NBR 6023:2018 da Associação Brasileira de Normas Técnicas (ABNT):

SILVA FILHO, Carlos da Costa e. Interferência recíproca entre os setores aeroportuário e aeroviário e seus impactos concorrenciais. *In*: JUSTEN FILHO, Marçal; SILVA, Marco Aurélio de Barcelos (Coord.). *Direito da Infraestrutura*: estudos de temas relevantes. Belo Horizonte: Fórum, 2019. p. 47-62. ISBN: 978-85-450-0672-5.

ARBITRAGEM E FUNÇÃO ADMINISTRATIVA

CESAR PEREIRA

1 Introdução

Não se punha em dúvida a validade do juízo arbitral no regime anterior à edição da Lei nº 9.307. As novidades introduzidas em 1996 provocaram manifestações que culminaram, em 2001, em decisão do Supremo Tribunal Federal (STF) em questão de ordem suscitada na SEC nº 5.206, na qual se confirmou a sua constitucionalidade. A partir dessa confirmação, a arbitragem passou a desenvolver-se no Brasil como forma preferencial de solução de conflitos em certas áreas, inclusive quando a Administração Pública está envolvida.

A adoção da arbitragem para a solução de litígios envolvendo a Administração Pública era amplamente discutida e reconhecida em diplomas normativos mesmo antes da decisão do STF de 2001.

O Decreto-Lei nº 2.300, de 1986, continha referência à arbitragem em certas circunstâncias limitadas. Muitas das leis setoriais da segunda metade dos anos 1990 – portos, energia elétrica, transportes – previam expressamente a arbitragem nos contratos entre o poder concedente e os concessionários. Essa evolução se acelerou com a previsão de arbitragem na Lei de PPPs (Lei nº 11.079, de 2004) e na Lei de Concessões (Lei nº 8.987, de 1995, alterada em 2005). Pouco depois o Superior Tribunal de Justiça (STJ) iniciou uma série de decisões favoráveis à arbitragem em contratos com a Administração Pública. Esse desenvolvimento culminou com a reforma da Lei nº 9.307 promovida em 2015 pela Lei nº 13.129. O art. 1º, §1º, da Lei nº 9.307 passou a estabelecer que "a administração pública direta e indireta poderá utilizar-se da arbitragem para dirimir conflitos relativos a direitos patrimoniais disponíveis".

Se em algum momento houve dúvida acerca da legalidade do emprego da arbitragem nesses casos, a reforma legislativa de 2015 eliminou-a por completo. Após 2015, consolidou-se a noção de que os desafios na arbitragem envolvendo a Administração Pública já são outros. A arbitrabilidade abstrata, genérica, dos litígios com a Administração é amplamente reconhecida. A discussão transferiu-se para os seus eventuais limites, para as peculiaridades procedimentais que podem ser necessárias ou convenientes quando a Administração Pública é parte em arbitragem e para a interação entre a solução arbitral e o contexto de constante tensão entre controle e eficiência em que se situa a Administração Pública.

2 Objeto do estudo

Este ensaio destina-se a examinar um aspecto específico do tema relativo à arbitragem envolvendo a Administração Pública, consistente na sua conexão com a função administrativa e a atuação dos órgãos de controle.

Há diversas questões prévias, que tive já a oportunidade de examinar em outras oportunidades. A evolução do tema permite que tais outras reflexões sejam tomadas como um pressuposto a partir do qual se podem desenvolver os tópicos objeto deste ensaio.

3 O desenvolvimento da jurisprudência

O contexto já referido é bem traduzido pela evolução jurisprudencial sobre o tema.

A jurisprudência inicial do STJ, anterior à alteração legislativa de 2015, sugeria a existência de aspectos patrimoniais e disponíveis na atuação da Administração, ao lado de outros aspectos indisponíveis e não passíveis de solução arbitral: "Por outro lado, quando as atividades desenvolvidas pela empresa estatal decorrem do poder de império da Administração Pública e, consequentemente, sua consecução esteja diretamente relacionada ao interesse público primário, estarão envolvidos direitos indisponíveis e, portanto, não sujeitos à arbitragem" (Recursos Especiais nº 612.439-RS e 606.345-RS).

O caso examinado nos Recursos Especiais nº 612.439-RS e nº 606.345-RS referia-se a uma contratação administrativa realizada por sociedade de economia mista. Porém, a solução jurídica então adotada não foi vinculada à *natureza da pessoa administrativa* envolvida, mas à natureza de sua *atividade*. Isto é, reconheceu-se que se tratava de caso onde estavam presentes a arbitrabilidade subjetiva e, ao mesmo tempo, a arbitrabilidade objetiva pelo fato de a controvérsia envolver direitos patrimoniais e disponíveis.

A delimitação sugerida pelo STJ naqueles casos iniciais não foi reiterada em julgados posteriores. A evolução do entendimento jurisprudencial confirma o reconhecimento da admissibilidade da arbitragem com a Administração Pública de modo cada vez mais abrangente, mesmo antes da sua consagração legislativa genérica por meio da Lei nº 13.129.

No Agravo Regimental no Mandado de Segurança nº 11.308-DF, nem mesmo se tratava de serviços públicos de natureza econômica ou de atividade econômica em sentido estrito, mas de arrendamento de instalações portuárias, cujo regime é eminentemente público. Ainda assim, reputou-se admissível a arbitragem sem qualquer restrição quanto à suposta ausência de autorização legislativa. Também no REsp nº 904.813, tratava-se de contrato administrativo em sentido estrito, resultante de licitação e envolvendo o reequilíbrio econômico-financeiro em uma obra pública. Esse último caso, julgado em 20.10.2011, contém a mais ampla análise do STJ sobre o tema, inclusive sobre a possibilidade de a Administração celebrar compromisso arbitral independentemente de previsão originária da arbitragem no contrato ou no edital de licitação que a houver precedido. Essa possibilidade, implícita na Lei nº 9.307, veio a ser explicitamente prevista apenas na Lei nº 13.448. As decisões do STJ reafirmam a posição que vem sendo consolidada pelo Poder Judiciário brasileiro há décadas, como reconhecido já em 1973 pelo clássico "caso Lage".

O tema voltou posteriormente a exigir a atenção do STJ em casos envolvendo não apenas a arbitrabilidade de tais litígios, mas a aplicação do princípio da competência-competência (art. 8º da Lei nº 9.307).

No Conflito de Competência nº 139.519, examinou-se litígio relativo a um contrato de concessão de exploração de poços de petróleo. Um consórcio formado por uma empresa estatal (Petrobras) e empresas privadas valeu-se da cláusula compromissória do contrato para impugnar decisão da Agência Nacional do Petróleo – ANP relativa ao contrato. A ANP, por sua vez, reputava a matéria alheia à arbitragem por ser não arbitrável e iniciou medidas judiciais nesse sentido. A questão se tornou ainda mais complexa porquanto a solução do litígio afetava interesses do Estado do Espírito Santo, que se afirmava externo ao contrato.

A Corte Especial do STJ reconheceu, na forma do art. 8º da Lei nº 9.307, a competência do tribunal arbitral (da CCI – Câmara de Comércio Internacional) para processar a arbitragem, afastando a competência do Poder Judiciário para examinar o tema neste momento.

No Conflito de Competência nº 151.130, relativo à arbitragem envolvendo acionistas da Petrobras que formulam pretensões em face da companhia e da União Federal como sua acionista controladora, a Min. Nancy Andrighi, em decisão monocrática, adotou posição similar. Determinou o prosseguimento da arbitragem em face da União Federal, que não se reputava sujeita aos efeitos da cláusula compromissória introduzida no estatuto social da companhia. Novamente o art. 8º da Lei nº 9.307 foi decisivo para se reconhecer a competência dos árbitros para formular o primeiro juízo acerca da sua competência, ainda que se discuta a eventual não arbitrabilidade de um determinado litígio por força do envolvimento da Administração Pública. A decisão monocrática contém ressalva final atinente à necessidade de informação sobre a existência de decisão definitiva do tribunal arbitral sobre sua competência relativamente à União Federal. Esse ponto se relaciona com a aplicação do art. 485, VII, do CPC de 2015, segundo o qual o juiz não resolverá o mérito "(...) quando o juízo arbitral reconhecer sua competência".

4 O cabimento da arbitragem em face de atos de autoridade

Como se apontou, os acórdãos proferidos nos Recursos Especiais nº 612.439-RS e nº 606.345-RS formulam ressalva, não contida nos demais acórdãos do STJ sobre o tema, acerca das hipóteses em que a empresa estatal (ou a Administração, em termos gerais) exerce autoridade ("poder de império"). Em tais casos, haveria atividade "diretamente relacionada ao interesse público primário", envolvendo "direitos indisponíveis e, portanto, não sujeitos à arbitragem".

Essa ressalva não atinge nenhum dos casos de efetivo interesse patrimonial usualmente relacionados como passíveis de arbitragem. Uma relação exemplificativa foi há muito apresentada por Eduardo Talamini nos termos seguintes: (i) disputas sobre o equilíbrio da equação econômico-financeira; (ii) disputas sobre a identificação e o cumprimento das obrigações contratuais de ambas as partes, inclusive as consequências do descumprimento; (iii) disputas sobre os pressupostos e decorrências da extinção do contrato, revestidos de cunho patrimonial. Trata-se evidentemente de uma relação afirmativa de objetos arbitráveis, que não implica a negação da arbitrabilidade de outros. Raciocínio similar é o de que seria objetivamente arbitrável tudo o que pudesse ser objeto de disposição contratual pela Administração: esse critério afirmativo não implica a exigência de existir efetiva disposição contratual sobre a matéria em litígio nem nega a possibilidade de arbitragem em outras situações.

Destaque-se, porém, que a arbitragem pode ser cabível mesmo diante de atos de autoridade, sempre na medida em que estejam presentes direitos patrimoniais e em que não se esteja diante de um caso de *necessidade da intervenção judicial*.

Cogite-se, por exemplo, de uma hipótese de encampação de concessão. Haverá inequívoco ato de autoridade por parte do poder concedente. Contudo, tanto o cabimento e validade da encampação quanto o montante da indenização eventualmente devida poderão ser objeto de solução arbitral, por exemplo. Não será invocável a noção de *interesse público* para impedir a validade da cláusula compromissória exatamente porque o estrito cumprimento do regime jurídico da concessão – o que abrange as regras sobre os casos de encampação, sobre a indenização e até mesmo sobre a arbitragem – é que corresponde ao interesse coletivo a ser perseguido pela Administração. Tal como ocorreria perante o Poder Judiciário, os elementos vinculados da encampação são sindicáveis por meio da arbitragem. Com ainda maior razão, é passível de revisão na arbitragem a caducidade da concessão, que pressupõe o descumprimento contratual e o atendimento de requisitos procedimentais específicos, o que a torna, sob esse ângulo, absolutamente vinculada e plenamente sindicável.

Um exemplo de previsão legislativa nesse sentido é o art. 31, §4º, III, da Lei nº 13.448, que considera como uma "controvérsia sobre direitos patrimoniais disponíveis" o "inadimplemento de obrigações contratuais por qualquer das partes". Portanto, por exemplo, a verificação dos pressupostos da decretação de caducidade, a legitimidade de aplicação de multas, a sua dosimetria ou os efeitos do adimplemento substancial do contratado são matérias explicitamente reconhecidas como arbitráveis.

Isso afasta qualquer discussão possível acerca da arbitrabilidade de sanções administrativas. Desde que relacionadas direta ou indiretamente ao inadimplemento contratual, são arbitráveis. Outra questão é saber se se enquadram no escopo delimitado pelas partes para a convenção de arbitragem.

As sanções contratuais ou legais aplicadas pelo contratante público com base na conduta do contratado relacionada com o contrato tendem a enquadrar-se em previsões amplas do escopo da convenção, cuja redação geralmente abrange litígios resultantes do contrato ou com ele relacionados.

Uma situação mais complexa, a ser examinada em cada situação concreta e à luz do escopo da convenção de arbitragem, é a de sanções aplicadas por órgãos da parte contratante – por exemplo, órgãos de controle ou de defesa da concorrência em relação a uma concessão federal – com base em competências legais e fatos não exclusivamente ligados ao desempenho do contrato. Mesmo que a conclusão do exame concreto levasse à conclusão de que o litígio relativo a tais sanções estivesse alheio ao escopo da convenção de arbitragem, o inadimplemento contratual, que pode ser parte da hipótese de incidência de tais sanções, somente poderá ser objeto de acertamento pelos árbitros, em respeito à eficácia da convenção de arbitragem. Até que haja tal definição no âmbito da arbitragem, será ineficaz a regra que outorga competência própria a tais outros órgãos, cujo exercício fica condicionado ao acertamento dos fatos e às conclusões adotadas pelos julgadores (árbitros) eleitos pelas partes acerca do inadimplemento.

5 Distinções necessárias: arbitrabilidade, escopo da convenção e sindicabilidade

Parte das possíveis dúvidas atinentes à arbitrabilidade – inclusive no âmbito do Poder Judiciário e dos órgãos de controle – referidas no tópico anterior podem resultar de alguma imprecisão terminológica. Confunde-se arbitrabilidade com o escopo da convenção de arbitragem ou mesmo a sindicabilidade dos atos administrativos submetidos à arbitragem.

5.1 Arbitrabilidade

Arbitrabilidade é a possibilidade (em potência, no plano da competência) de determinado litígio ou conjunto de litígios serem submetidos à solução por meio do juízo arbitral. É o quadro máximo dentro do qual as partes do litígio, por meio de um ato complementar, recortarão o campo menor que concretamente pretenderão submeter a uma arbitragem efetiva ou eventual.

Afirmar que determinados litígios – por exemplo, relativos à validade de atos regulatórios – são arbitráveis não significa dizer que em relação a eles exista uma convenção de arbitragem válida e eficaz. Por decorrência, não basta um litígio ser arbitrável para que se possa reconhecer que as partes estão obrigadas a submetê-lo à arbitragem.

Nos sistemas em que existe arbitragem de investimento em face do Estado (com base na Convenção de Washington de 1965 ou em leis nacionais de proteção de investimentos), adotam-se frequentemente cláusulas gerais e abertas que abrangem uma ampla variedade de atos estatais aptos a frustrar as condições prometidas aos investidores. No caso de arbitragem contratual com o Estado (que é a regra geral no Brasil), o âmbito material da convenção de arbitragem não é determinado pela *arbitrabilidade*, mas pelo *escopo* dado pelas partes à sua convenção concreta.

5.2 Escopo da convenção de arbitragem

O escopo da convenção de arbitragem corresponde ao resultado do exercício da competência atribuída pela arbitrabilidade. Segundo os procedimentos próprios, as partes escolhem o que pretendem submeter a uma arbitragem efetiva (por meio de um compromisso arbitral relativo a um litígio determinado) ou eventual (por meio de cláusula compromissória apta a possibilitar o início de uma série indeterminada de procedimentos).

Portanto, a primeira etapa é o reconhecimento do que é arbitrável: o conjunto de direitos patrimoniais disponíveis, ou seja, a ampla gama de controvérsias que alguém, da Administração ou não, pode resolver sem se submeter ao Poder Judiciário. Mas há um momento de decisão entre essa etapa e a seguinte, de celebração de uma convenção de arbitragem. Esse é o momento de escolha pela conveniência ou não da sujeição à arbitragem, à luz das vantagens e desvantagens que nela são reconhecidas, da maior ou menor capacidade de condução de um processo arbitral ou da disposição ou não de submeter a um juízo privado a solução de determinadas controvérsias.

A definição da arbitrabilidade é legal. Em se tratando de matéria de natureza processual (determinação do método de solução de litígios), a competência para a sua disciplina é federal, exercida fundamentalmente por meio da Lei nº 9.307 e disposições do CPC de 2015.

Dentro deste quadro é que operam diplomas legislativos estaduais ou municipais que delimitam as opções da respectiva Administração Pública ao se submeter ao processo arbitral criado e delimitado por leis federais. Também neste plano há leis federais destinadas a regular o processo arbitral como um todo (Lei nº 9.307) e outras que se aplicam apenas à Administração Pública federal (como, com ressalvas específicas, a Lei nº 13.448).

Exatamente por causa da distinção entre a arbitrabilidade abstrata e a opção concreta por um determinado escopo é que surgem atos normativos da Administração ou leis de entes federados que delimitam o que os agentes públicos envolvidos podem inserir nas convenções de arbitragem ou realizar nos processos arbitrais. Tais atos normativos não tratam da arbitrabilidade (que existe só no plano da Constituição e da lei federal), mas do escopo que a Administração orienta seus agentes a adotar. Não seria distinta a situação em uma grande empresa na qual o Conselho de Administração editasse uma resolução determinando que a Diretoria adotasse o juízo arbitral em certos casos, evitasse-o em outros ou escolhesse (se possível) esta ou aquela instituição arbitral ou determinado perfil de árbitro segundo as características do litígio.

A etapa seguinte é a do objeto do processo arbitral: dentro do que é o escopo da convenção de arbitragem, as partes delimitarão o que será submetido ao tribunal arbitral. O máximo objeto possível do processo é precisamente todo o escopo da convenção.

5.3 Representação gráfica

A estrutura descrita pode ser assim representada:

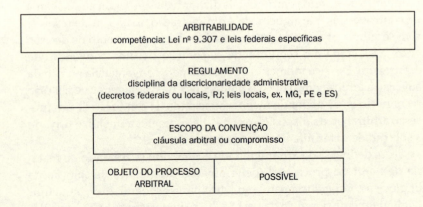

6 Sindicabilidade

Por fim, um conceito que também produz confusão é o limite da revisão que a autoridade encarregada do controle de um ato administrativo pode promover. É comum que se afirme que o "mérito" do ato administrativo – o seu núcleo essencial de exercício de autoridade, de realização do interesse coletivo perseguido pela Administração – não seria arbitrável. Essa afirmação envolve uma confusão entre o processo e o seu resultado. A arbitrabilidade não tem a ver com o limite de revisão, mas com o processo para promovê-la. Se pode ser realizado um processo para que alguém verifique a validade do ato sem que seja obrigatória a submissão do litígio ao Poder Judiciário, a matéria é arbitrável. Outra questão é saber se a sentença arbitral poderá ingressar no núcleo da decisão administrativa. Porém, nesse ponto, é indiferente tratar-se de arbitragem ou processo judicial. A proteção constitucional da função administrativa, nos estritos limites em que for eventualmente aplicável, impediria igualmente que tanto o árbitro quanto o juiz frustrassem a função administrativa por meio do exercício de sua competência de revisão.

Não cabe aqui discorrer sobre o controle da discricionariedade ou do mérito administrativo. É evidente que o núcleo essencial alheio ao controle judicial (ou arbitral) só é determinado a partir de amplo controle dos requisitos de validade do ato, seus pressupostos e elementos e do modo de sua prática. Esse conjunto frequentemente reduz fortemente, por vezes até a zero, a discricionariedade na prática do ato.[1] Todos esses aspectos são sindicáveis e, caso exista convenção de arbitragem, apenas o árbitro na sentença final será apto a delimitar, se houver, algum campo que a sua competência controladora não poderá atingir.

7 Função administrativa e arbitragem

O amplo reconhecimento da admissibilidade da arbitragem envolvendo a Administração Pública exige a reflexão acerca da interação entre o regime jurídico de direito administrativo e as peculiaridades da resolução de controvérsias mediante a arbitragem.

---

[1] Cf. sobre o tema, Pereira, Cesar. Discricionariedade e Apreciações Técnicas da Administração. *In: Revista de Direito Administrativo*, n. 231, p. 217-268, jan./mar. 2003.

7.1 Arbitragem e regulação

A previsão de arbitragem em contratos regulados implica a possibilidade de revisão, pelos árbitros, de atos praticados pela parte pública no âmbito do escopo da convenção de arbitragem. O árbitro é juiz de fato e de direito (art. 18 da Lei nº 9.307). Aplicará a lei a que se submetem tanto a parte pública quanto a parte privada do contrato e poderá adotar interpretação diversa da assumida por qualquer dos contratantes, inclusive o contratante público.

Nos setores regulados, é comum a posição de contratante público ser ocupada pelo ente regulador, ainda que no exercício de competências diversas. Mesmo quando as duas posições não se confundem em uma mesma entidade, a decisão do conflito pode exigir do árbitro que examine a validade ou eficácia de um ato regulatório – do mesmo modo que faria o exame, para o caso concreto, da validade, vigência ou eficácia de uma lei ou decreto.

Desse modo, a condução e o resultado de uma arbitragem em um setor regulado têm relevância para a regulação. Em estudo específico sobre o tema, Marie-Anne Frison-Roche aponta que a arbitragem deve ser compreendida como integrada ao sistema de regulação.[2]

Essa integração opera em ambos os sentidos. Especialmente em face da publicidade, as decisões arbitrais em matérias relativas a setores regulados compõem o conjunto de fatores que dão previsibilidade às condições em que operam os agentes do setor. Exceto na hipótese de arbitragens coletivas,[3] dizem respeito a casos concretos e litígios específicos. Ainda assim, podem gerar orientações aplicáveis às condutas futuras da Administração e particulares. Isso é especialmente presente em face dos deveres de moralidade e boa-fé impostos à Administração e aos particulares que com ela contratam, que lhes impõem coerência entre a conduta adotada em um determinado processo arbitral e seu comportamento futuro.

Por outro lado, os árbitros têm o dever de considerar a regulação setorial e os reflexos práticos de suas decisões ao proferir a sentença arbitral e ordens processuais. Esse dever passou a ser objeto de previsão expressa quando a Lei nº 13.655 incluiu os arts. 20 e 24 na Lei de

---

[2] Arbitrage et droit de la régulation. *In*: Silva-Romero, Eduardo; Mantilla Espinosa, Fabricio. *El Contrato de Arbitraje*. Bogotá: Legis. 2005. p. 323-338.

[3] Pereira, Cesar; Quintão, Luísa. Entidades Representativas (art. 5º, XXI, da Constituição Federal) e Arbitragem Coletiva no Brasil. *In*: *Revista de Arbitragem e Mediação*, n. 47, out./dez. 2015.

Introdução às Normas do Direito Brasileiro (LINDB). Segundo o art. 20, "não se decidirá com base em valores jurídicos abstratos sem que sejam consideradas as consequências práticas da decisão" e a "motivação demonstrará a necessidade e a adequação da medida imposta ou da invalidação de ato, contrato, ajuste, processo ou norma administrativa, inclusive em face das possíveis alternativas". O art. 24, por sua vez, preserva a segurança jurídica ao determinar que a "revisão, nas esferas administrativa, controladora ou judicial, quanto à validade de ato, contrato, ajuste, processo ou norma administrativa cuja produção já se houver completado levará em conta as orientações gerais da época, sendo vedado que, com base em mudança posterior de orientação geral, se declarem inválidas situações plenamente constituídas". Muito embora o texto legal não aluda à decisão arbitral, mas apenas judicial ou administrativa, o papel do árbitro na revisão da validade e na aplicação de atos ou contratos administrativos lhe impõe a observância dessas mesmas pautas.

7.2 Arbitragem e normas de ordem pública

As premissas estabelecidas se estendem à discussão acerca da aplicação de normas imperativas (de ordem pública) pelo árbitro. A arbitragem é uma instância revisora da conduta da Administração Pública no âmbito das controvérsias cobertas por uma convenção de arbitragem. Por decorrência, observado esse escopo, cabe ao árbitro aplicar as normas que disciplinam a conduta da Administração. Como juiz de fato e de direito (art. 18 da Lei nº 9.307), aplicará a integralidade do ordenamento jurídico, inclusive as normas de ordem pública eventualmente necessárias à solução do litígio.[4]

Se o art. 25 da redação original da Lei nº 9.307 poderia criar alguma dúvida a esse respeito, qualquer dificuldade foi eliminada pela revogação desse dispositivo por meio da Lei nº 13.129.

---

[4] Sobre o tema, cf. Sérvulo Correia, A arbitragem dos litígios entre particulares e Administração Pública sobre situações regidas pelo Direito Administrativo. *In: Revista de Contratos Públicos – RCP*, Belo Horizonte, n. 5, p. 175-77, set. 2014. Jorge Suescún aponta que "los árbitros no pierden competencia por el hecho de que se debatan ante ellos materias en que tiene interés el orden público. En ese supuesto lo que deben hacer es aplicar rectamente las normas llamadas a gobernar el litigio, entre ellas, las pertinentes disposiciones de orden público" (Suescún Melo, Jorge. De las facultades de los árbitros para interpretar y aplicar normas de orden público. *In:* Silva-Romero, Eduardo; Mantilla Espinosa, Fabricio. *El Contrato de Arbitraje.* Bogotá: Legis, 2005. p. 255-284).

O tema da ordem pública é frequentemente invocado no contexto da homologação de sentenças arbitrais estrangeiras. Tanto o STF[5] quanto o STJ[6] tiveram já a oportunidade de examinar sentenças arbitrais estrangeiras envolvendo partes integrantes da Administração Pública em casos envolvendo potencial ofensa à ordem pública. Em todos os casos do STJ, afastou-se a discussão e se homologou a sentença, e, no caso do STF, rejeitou-se a homologação por motivo diverso, tendo a sentença arbitral sido posteriormente cumprida por determinação legal específica.[7]

8 Arbitragem, Administração Pública e Poder Judiciário

A identificação do papel do Poder Judiciário na arbitragem envolvendo a Administração Pública exige uma discussão inicial acerca do exercício dos poderes do Estado. No exercício de suas funções, a Administração é dotada de competências que lhe permitem condicionar a conduta alheia. Seus atos são vinculantes para terceiros sem a necessidade de concordância destes ou de intervenção judicial. Usualmente apresentam exigibilidade, podendo em casos excepcionais atingir o grau de autoexecutoriedade.[8]

A autoexecutoriedade, que permite o uso da força pela Administração, é excepcional, limitada e depende de autorização legal.

8.1 Descabimento da autotutela (Súmula STF nº 473)

A Administração é dotada de competência para anular seus próprios atos ilegais (Súmula STF nº 473) e revogar os atos tornados inconvenientes. É o que se denomina autotutela da Administração. Porém, é forte a orientação de que essa competência não permite à Administração invalidar atos bilaterais, em que a manifestação de vontade expressada

---

[5] SEC 4.724-2, Rel. Min. Sepúlveda Pertence, j. 27.4.1994, DJ 19.12.1994. p. 35.181. A sentença arbitral não foi homologada pela exigência, à época, de duplo *exequatur*. Porém, logo depois foi editada a Lei nº 8.874, de 1994, que expressamente determinou que a União pagaria o montante dessa sentença e de outras similares, mediante transação, observado o valor da condenação na arbitragem.

[6] SEC 10.432, Rel. Min. Laurita Vaz, j. 16.9.2015, DJ 19.10.2015. SEC 16.016, Rel. Min. Nancy Andrighi, j. 20.11.2017, DJ 28.11.2017.

[7] Lei nº 8.874, de 1994, cf. *supra*.

[8] Justen Filho, Marçal. *Curso de Direito Administrativo*. 12. ed. São Paulo: RT, 2016. p. 245 e 248/49.

no ato não é apenas da Administração; nesses casos, a desconstituição do ato deve ser promovida pelo Poder Judiciário. Do mesmo modo, a Administração não pode revogar unilateralmente atos bilaterais ou que tenham gerado direitos adquiridos.

O tema da interação entre as competências administrativas e o papel do Poder Judiciário na arbitragem foi extensamente discutido no já referido REsp 904.813 (chamado *caso Compagás*), que tinha por objeto uma sentença arbitral entre um consórcio de construção civil e uma sociedade de economia mista. A arbitragem foi iniciada com base em um compromisso arbitral. Em dado momento, a empresa estatal reputou que o compromisso arbitral seria ilegal e o anulou unilateralmente com base na Súmula STF nº 473. O Poder Judiciário repudiou esta conduta. Não apenas considerou que a Administração não detinha este poder como confirmou a validade do compromisso e da sentença arbitral.[9]

A convenção de arbitragem não está sujeita à chamada autotutela da Administração. A entidade administrativa não é ao mesmo tempo parte e controladora do ato de submissão à arbitragem e do seu resultado. Esse papel é privativo do Poder Judiciário. Nesse ponto, a disciplina da Lei nº 9.307 é uniforme para todos – particulares e Administração Pública – que se submetem à arbitragem.[10] O art. 1º, §1º, da Lei nº 9.307 alude expressamente às arbitragens envolvendo a Administração Pública. Suas regras sobre o controle jurisdicional não excepcionam nem estabelecem um regime especial para a Administração Pública. Por decorrência, a Administração Pública se submete ao controle jurisdicional da arbitragem e ao apoio jurisdicional ao processo arbitral do mesmo modo que qualquer outra parte.

Isso é também imposição da boa-fé, que é um princípio da Administração Pública segundo o art. 37 da Constituição Federal (moralidade administrativa). A escolha da arbitragem para solução de litígios com a Administração não pode trazer consigo a abdicação de direitos da contraparte de obter o controle jurisdicional assegurado pela Lei nº 9.307. Ambas as partes estão sujeitas à atuação do Judiciário na forma desse diploma. E o que é mais importante: ambas terão ajustado que o juízo arbitral será o único meio de solução do conflito em questão.

Essa conclusão resulta da "separabilidade" ou autonomia da convenção de arbitragem como um ajuste destinado à definição do

---

[9] REsp 904.813, Rel. Min. Nancy Andrighi, j. 20.10.2011, v.u., DJU 28.2.2012.

[10] PEREIRA, Cesar; TALAMINI, Eduardo. Arbitragem e Poder Público: o Esboço de um Consenso e novos Desafios. *In*: PEREIRA, Cesar; TALAMINI, Eduardo. *Arbitragem e poder público*. São Paulo: Saraiva, 2010. p. 11.

meio de solução de conflitos (art. 8º da Lei nº 9.307/96). A convenção tem seus próprios pressupostos de validade e a invalidade do contrato em que se insere não implica necessariamente a da própria cláusula compromissória. Por meio da convenção de arbitragem, a Administração e a contraparte definem bilateralmente que uma controvérsia será resolvida por arbitragem. Essa definição contida na convenção de arbitragem não está sujeita a qualquer revisão unilateral pela Administração Pública.

Isso não se confunde com o exercício de competências pela Administração Pública com base no contrato em si. Imagine-se que a Administração, no curso de um contrato que contém cláusula arbitral, pratique um ato de aceitação da prestação realizada pelo particular; imagine-se ainda que, em momento posterior, diante de sua conclusão regular no sentido da constatação de ilegalidade, anule esse mesmo ato no exercício da autotutela. Se a contraparte discordar, poderá discutir no juízo arbitral a validade da anulação da aceitação. Porém, o que a Administração Pública jamais poderá fazer é, no suposto exercício da autotutela, anular ou revogar ela própria e de modo unilateral a convenção de arbitragem em si.

Se o fizesse, esse ato seria, além de nulo, ineficaz. A contraparte poderia promover a arbitragem prevista na cláusula e obter dos árbitros, que são juízes de fato e de direito (art. 18 da Lei nº 9.307), a revisão desse ato e o reconhecimento da validade da convenção de arbitragem (art. 8º, parágrafo único, da Lei nº 9.307). Essa foi precisamente a solução confirmada pelo STJ no chamado *caso Compagás*.[11]

8.2 Arbitragem e processo administrativo

A exigência constitucional e legal de processo administrativo prévio em certas circunstâncias tampouco afeta as competências próprias do Poder Judiciário em relação à arbitragem ou à eficácia da convenção de arbitragem.

Em primeiro lugar, o resultado do processo administrativo, se abrangido pelo escopo da convenção de arbitragem, será passível de revisão pelos árbitros. Insere-se na conduta administrativa que integra o objeto da arbitragem.

---

[11] REsp 904.813, Rel. Min. Nancy Andrighi, j. 20.10.2011, v.u., DJU 28.2.2012.

Depois, a eventual participação do particular em um processo administrativo prévio em nada afeta os seus direitos nos termos da convenção de arbitragem nem o seu direito de obter a tutela judicial adequada. Suponha-se que a Administração instaure processo administrativo para invalidação da convenção de arbitragem e o particular dele participe, formulando defesa da cláusula arbitral. Se esta vier a ser anulada pela Administração (o que, como já visto, a orientação predominante reputa incabível), o particular ainda assim poderá instaurar a arbitragem e obter dos árbitros uma decisão final sobre a validade e a eficácia da cláusula. O procedimento administrativo, neste caso, será um dos elementos sobre os quais os árbitros decidirão.

Se, por hipótese, isso ocorresse após a sentença arbitral, a conclusão seria a mesma. Imagine-se que a Administração seja vencedora em uma arbitragem. Ao notificar o particular para cumprimento da sentença, recebe resposta alegando a invalidade da sentença. Diante disso, resolve instaurar processo administrativo destinado a decidir acerca da eventual nulidade da sentença arbitral. Neste improvável cenário, o particular derrotado na arbitragem não está dispensado de buscar a invalidação da sentença arbitral na forma do art. 33 da Lei nº 9.307, sob pena de decadência. Se a Administração vier a confirmar sua posição pela validade da sentença depois de decorrido o prazo decadencial, o particular terá perdido irremediavelmente o prazo para pleitear a anulação. Por outro lado, nada impede que a Administração reconheça extrajudicialmente, de modo fundamentado, a invalidade da sentença, mesmo se já operada a decadência. Nesse caso, o processo arbitral será retomado ou substituído por outro processo arbitral ou judicial, dependendo dos fundamentos e extensão da nulidade.

8.3 Escolha da instituição pela Administração Pública

A Lei nº 13.448 deu visibilidade à discussão acerca da escolha da instituição arbitral. Previu um sistema (intitulado imprecisamente de credenciamento) e exigiu da Administração federal a sua regulamentação.

Até então, na generalidade dos casos, a Administração vinha adotando a premissa, que permanece correta e continua a ser aplicável e concretamente aplicada, de que a sua indicação de instituição arbitral ou árbitro é objeto de competência discricionária, sujeita apenas aos sistemas de controle da própria discricionariedade – como o desvio de finalidade, por exemplo.

Em alguns casos, como no Decreto nº 8.465 ou em algumas convenções de arbitragem firmadas pelo Estado de São Paulo, aludiu-se à inexigibilidade de licitação como o fator legitimador da livre escolha pela Administração. Em outros, como em contratos celebrados por Minas Gerais, a escolha do Estado baseou-se na aplicação de lei estadual cujos critérios de aceitabilidade de instituições apontavam para uma ou mais instituições aptas. O Estado do Paraná celebrou termos de cooperação com as duas principais câmaras arbitrais do Estado (CAMFIEP e ARBITAC) e baseou suas escolhas nesses termos. Em todos os casos, adotaram-se mecanismos de redução ou delimitação da liberdade ampla e de organização da escolha administrativa.

O ponto de partida é que a escolha da instituição arbitral é bilateral ou multilateral; depende do consenso de todas as partes que estarão vinculadas pela convenção de arbitragem. Não se trata, portanto, de uma escolha unilateral da Administração. Porém, em várias situações a entidade administrativa deverá fazer uma escolha própria, ainda que submetida a posterior consenso ou negociação com a contraparte. A escolha estará refletida, por exemplo, na minuta de contrato anexa a um edital de licitação. Cabe aprofundar a discussão sobre as condições para essa escolha.

Em geral, os contratos administrativos são submetidos a prévia licitação com base nos arts. 37, XXI, e 175 da Constituição Federal. A cláusula compromissória pode constar já da minuta do contrato, que deve acompanhar o edital. Nesse caso, a Administração deverá escolher a instituição, uma vez que lhe cabe a redação inicial do ato convocatório (edital ou convite). Essa escolha pode ser impugnada pelos licitantes ou por terceiros (art. 41, §§1º e 2º, da Lei nº 8.666 ou disposições correspondentes em outros diplomas) ou submetida a debate em audiência ou consulta pública, se houver. A Administração pode optar por arbitragem *ad hoc*, embora haja fortes razões – inclusive atos normativos e decisões judiciais – para não optar por esse caminho. Também pode escolher uma cláusula vazia, que também deve ser evitada por sua ineficiência, embora não invalidade. Em qualquer caso de o edital prever cláusula compromissória reputada insuficiente ou inadequada pelos interessados, inclusive em razão da instituição escolhida (muito inexperiente, muito cara, muito distante), estes poderão impugnar a previsão para que a opção possa ser revista.

Uma alternativa que o Estado de São Paulo já adotou em contratos é a previsão de uma cláusula vazia, mas sujeita a preenchimento unilateral por uma das partes em sequência. Em sua redação mais comum, a cláusula prevê que, havendo conflito, caberá ao Estado indicar unilateralmente uma instituição; se não o fizer em determinado prazo, o direito de escolha passa para a outra parte no contrato. Se nenhuma das duas fizer a escolha, ainda assim será possível que o Poder Judiciário seja chamado a preencher a cláusula, caso essa omissão não possa ser entendida como renúncia bilateral à arbitragem. Embora sujeita a debates e questionamentos, a cláusula assim construída não é inválida, uma vez que não é puramente potestativa. Redação similar à desta cláusula foi adotada pela ANP e pela ANAC em concessões objeto de licitações realizadas em 2018 e 2019.

Também é admissível e válido que a cláusula desde logo preveja uma instituição específica escolhida legitimamente de modo discricionário. Esta foi a opção adotada pelo Estado do Paraná, que previu uma instituição específica, embora com a ressalva de que essa previsão poderia ser revista caso a escolha de instituição arbitral viesse a ser objeto de regulamentação a ser cumprida pelo Estado. No caso concreto, da PPP da PR-323, nunca existiu tal regulamentação posterior estadual.

No âmbito da Administração Pública, portanto, a escolha da instituição arbitral que administrará a arbitragem pode vir definida inicialmente pela própria Administração já no edital da licitação – ou no próprio contrato, se houver contratação direta, sem licitação. Não é obrigatória essa indicação já no edital, mas ela pode existir. No caso de o edital prever cláusula arbitral vazia e essa previsão se transferir sem impugnação ao contrato, o preenchimento da cláusula poderá vir a ter de ser feito pelo Poder Judiciário (art. 7º da Lei nº 9.037/1996).

Embora a Lei nº 9.307/1996 não o preveja, é recomendável que mesmo nesse cenário de aplicação do art. 7º o Poder Judiciário opte pela indicação de uma instituição arbitral, não por arbitragem *ad hoc* ou árbitro único. Cabe ao juiz nesse caso substituir-se às partes e adotar a melhor solução para o encaminhamento do litígio. A ausência de acordo entre as partes não é fundamento suficiente para que a Administração Pública seja impedida de se submeter à arbitragem institucional perante instituição de prestígio e experiência. É preferível que o Judiciário tenha de valer-se de certa subjetividade de escolha – limitada, tanto quanto possível, pelos fatos da causa, por manifestações consensuais das partes ou condições normativas oponíveis a ambas as partes – a permitir que a arbitragem seja realizada segundo procedimento (arbitragem *ad hoc*) que somente é eficiente com grande participação consensual e expertise das partes.[12]

Cabe ainda destacar que todas as escolhas que o juiz deixar de fazer na sentença do art. 7º da Lei nº 9.307/1996 deverão ser feitas pelo árbitro ou tribunal arbitral, supondo que continue a não haver consenso. Assim, a omissão do juiz em, à luz das manifestações das partes, optar pela arbitragem institucional e nomear a instituição adequada implicará a concentração no árbitro ou tribunal arbitral dos poderes para regular integralmente a arbitragem diante da ausência de definições consensuais pelas partes.

Discute-se se a escolha de instituições arbitrais pela Administração Pública, nas situações mencionadas, pressupõe um processo licitatório ou outra formalização do processo seletivo. O Decreto nº 8.465 alude expressamente à inexigibilidade de licitação (art. 7º, §3º). A Lei Estadual nº 19.477, de Minas Gerais, prevê escolha livre entre as entidades cadastradas (art. 10). O Decreto Estadual nº 46.245, do Rio de Janeiro, prevê um cadastramento de instituições para posterior escolha pelo contratado (arts. 8º e 14). A Lei nº 13.448 menciona um credenciamento de instituições (art. 31, §5º), supondo-se que a escolha entre as credenciadas seja também livre. Mesmo que haja cadastramento ou credenciamento, deve ser não exaustivo, de modo que possa ser indicada instituição adequada mesmo que não tenha postulado seu credenciamento ou que, no caso concreto, o indeferimento anterior do credenciamento deva ser superado. As condições previstas de modo infralegal (em decreto regulamentar ou ato normativo) para o cadastramento ou credenciamento têm natureza interna à Administração e não afetam a validade da escolha da instituição em um ato bilateral (convenção de arbitragem) de que participa a contraparte.

A escolha de uma instituição pela Administração para indicação em edital de licitação ou para ser objeto da manifestação de vontade

---

[12] Situação desta natureza foi levada ao Poder Judiciário de São Paulo. O TJSP confirmou sentença que suprira cláusula vazia em contrato de concessão e determinara que a instituição proposta pelo concessionário conduzisse o procedimento arbitral (TJSP, Apelação nº 1005577-98.2016.8.26.0286, 7ª Câmara de Direito Público, Rel. Coimbra Schmidt, j. 26.03.2018. TJSP, Apelação nº 1005222-88.2016.8.26.0286, 7ª Câmara de Direito Público, Rel. Coimbra Schmidt, j. 26.03.2018). Cf. comentários sobre a sentença apelada em Pereira, Cesar; Talamini, Eduardo; Quintão, Luísa. Arbitragem e Administração Pública: sentença judicial supre cláusula compromissória vazia e determina arbitragem institucional. *In: Instituto Brasileiro de Direito Processual (IBDP), Doutrinas, Meios Alternativos de Soluções de Controvérsias.* 02 maio 2017. Disponível em: http://www.direitoprocessual. org.br/aid=37.html?shop_cat=1_4&shop_detail=590. Acesso em: 20 maio 2018.

da Administração em convenção de arbitragem não envolve nem licitação nem contratação direta, por inexigibilidade de licitação ou outro fundamento qualquer. A solução adequada pressupõe o reconhecimento de que a instituição arbitral não é uma contratada da Administração Pública. Sua escolha para estes fins não está sujeita aos procedimentos da legislação de licitações.

A afirmação de se tratar de situação de inexigibilidade de licitação é uma falsa solução. Não toma em conta os requisitos formais da inexigibilidade (art. 26 da Lei nº 8.666) nem as suas consequências. Ignora que o ato resultante de uma contratação dessa natureza seria um contrato administrativo (art. 58 da Lei nº 8.666), em tudo incompatível com o vínculo entre a Administração Pública e a instituição arbitral.[13] Ademais, conforme Marçal Justen Filho, "Não estão presentes os requisitos para uma licitação nas hipóteses de escolha de árbitros e câmara de arbitragem. Mas isso não decorre da subsunção do caso ao art. 25 da Lei nº 8.666/1993. A razão fundamental para não ser aplicada a licitação consiste em que a arbitragem não é um contrato e os árbitros não são contratados pela Administração Pública".[14]

Cabe reconhecer que a escolha da instituição é objeto de uma competência discricionária, a ser exercitada de modo motivado e racional. A necessidade de racionalidade e fundamentação na escolha da instituição arbitral pela Administração Pública implica a definição de critérios de avaliação e comparação. Nenhum deles é decisivo por si só, mas todos apontam para aspectos relevantes na aferição da adequação de determinada instituição. Os próprios atos normativos existentes sugerem aspectos a considerar.

Ademais, as empresas estatais, sujeitas às regras mais flexíveis da Lei nº 13.303, não devem submeter-se ao mesmo regramento da Administração direta ou a sistemas centralizados de gestão das arbitragens,

---

[13] Justen Filho, Marçal. Administração Pública e Arbitragem: o vínculo com a Câmara de Arbitragem e os árbitros, *RBA*, v. 1, 2016. A conclusão pela inaplicabilidade da Lei nº 8.666 é compartilhada por Eugenia Marolla (Marolla, Eugenia Cristina Cleto. *A arbitragem...* cit. p. 214): "(...) seja porque a arbitragem pressupõe a igualdade das partes, seja porque os particulares não se sujeitam à Lei de Licitações quando contratam, a escolha das câmaras ou dos árbitros não obedece a Lei 8.666/93 (...) Isto não significa que a escolha da Administração não deva ser motivada. Como todos os atos administrativos discricionários, a seleção deve ser devidamente motivada estando sujeita a controle judicial". Essa posição já foi adotada expressamente pelo Judiciário: TJSP, Apelação nº 1005577-98.2016.8.26.0286, 7ª Câmara de Direito Público, Rel. Coimbra Schmidt, j. 26.03.2018. TJSP, Apelação nº 1005222-88.2016.8.26.0286, 7ª Câmara de Direito Público, Rel. Coimbra Schmidt, j. 26.03.2018.

[14] *Ibidem*.

como prevê o Decreto Estadual nº 46.245, do Rio de Janeiro. Devem ter assegurados mecanismos de participação em arbitragens, inclusive no que se refere à adoção de arbitragem *ad hoc* ou à escolha da instituição responsável segundo seus próprios critérios de gestão e governança. A centralização iria no sentido contrário da ampliação responsável de liberdade de gestão, consagrada pela Lei nº 13.303.

9 Arbitragem e controle externo

As condutas da Administração, inclusive seus atos contratuais, estão submetidas ao controle externo dos Tribunais de Contas. Isso não implica supressão ou alteração do controle jurisdicional ou do papel do Judiciário nos termos da Lei nº 9.307/96. O Tribunal de Contas não se substitui ao Poder Judiciário. Seu papel é, neste ponto, controlar a conduta da Administração e o exercício das suas competências. Trata-se, em certa medida, de órgão auxiliar do Poder Legislativo. Em se tratando de contratos (atos bilaterais), não lhe cabe nem mesmo sustar sua execução (art. 70, §§9º e 10, da Constituição Federal), já que esta competência é exclusiva do Congresso Nacional (art. 70, §1º, da Constituição Federal): "No caso de contrato, o ato de sustação será adotado diretamente pelo Congresso Nacional, que solicitará, de imediato, ao Poder Executivo as medidas cabíveis". Assim, o que cabe ao Tribunal de Contas é controlar a conduta da Administração no exercício dos direitos e deveres previstos na Lei nº 9.307.

9.1 Limites da atuação do controle externo

Um exemplo concreto: se o Tribunal de Contas reputar que a sentença arbitral é inválida, poderá pretender explicações e adotar providências relativas à conduta da Administração diante da sentença. Poderá examinar as razões pelas quais a Administração houver optado por não ajuizar a ação anulatória do art. 33 da Lei nº 9.307/96 ou os termos em que a houver ajuizado. Porém, o Tribunal de Contas não detém qualquer competência relativa à sentença arbitral em si ou ao procedimento em que se insere.

Vale também para os eventuais atos do Tribunal de Contas o que se disse antes acerca do exercício indevido da autotutela pela Administração relativamente à convenção de arbitragem. Qualquer intervenção do Tribunal de Contas nesse campo será ineficaz. Caberá à parte interessada, se for o caso, instaurar a arbitragem e obter dos árbitros uma decisão definitiva inclusive sobre a validade da convenção arbitral. O Tribunal de Contas integra a estrutura do ente político que é (ou pode ser) a parte contratante pública. Em relação a uma arbitragem de que este mesmo ente político seja parte, a posição adotada pelo respectivo Tribunal de Contas terá a mesma eficácia de um ato interno de qualquer outra parte (por exemplo, determinações de um Conselho Fiscal em relação a uma sociedade anônima que seja parte na arbitragem). Poderá ser tomada como um fato pelos árbitros, no conjunto dos elementos da causa, mas não será vinculante para os árbitros na decisão. A circunstância de que a competência do Tribunal de Contas tem origem constitucional e disciplina legal não é relevante para este fim. Toda a estrutura organizacional do Estado tem essa mesma origem normativa. Para os fins específicos da resolução do conflito objeto do escopo da convenção de arbitragem, a decisão acerca da existência, eficácia ou validade da convenção de arbitragem caberá aos árbitros e ficará sujeita unicamente ao controle do Poder Judiciário na forma do arts. 32 e 33 da Lei nº 9.307 ou das convenções internacionais aplicáveis.

Isso apenas confirma o que já se afirmou sobre o papel do Tribunal de Contas no controle do exercício dos direitos da Administração segundo a Lei nº 9.307. O meio próprio para se obter a anulação da sentença arbitral é a ação anulatória do art. 33 da Lei nº 9.307. O controle que cabe ao Tribunal de Contas é o relativo ao exercício do direito da Administração de propor esta ação. Jamais lhe caberia substituir-se ao Poder Judiciário na função de controlar a validade da arbitragem.

Uma questão diversa, já referida ao se tratar da distinção entre arbitrabilidade e escopo da convenção de arbitragem, é o exercício de competências próprias do Tribunal de Contas para a aplicação de sanções. Nessa situação, não estará em discussão a validade ou eficácia da convenção de arbitragem, mas o seu escopo ou âmbito material. Caberá o exame concreto da convenção de arbitragem e da interação entre tais competências e a eficácia da convenção. Em última análise, a eficácia das competências próprias do Tribunal de Contas poderá ficar condicionada ao prévio acertamento dos fatos e suas consequências jurídicas, na medida em que a matéria objeto da arbitragem seja um pressuposto (elemento da hipótese de incidência) das sanções passíveis de aplicação pelo Tribunal de Contas.

9.2 A resistência inicial

Já há muito os Tribunais de Contas estaduais e o TCU vêm-se ocupando de temas relacionados com a arbitragem. Os dois precedentes referidos em tópico anterior acerca da aplicação da previsão de arbitragem do Decreto-Lei nº 2.300 referem-se a atos do Tribunal de Contas do Distrito Federal – um deles atacado por meio de mandado de segurança perante o TJDFT.

Em 2003, ao examinar contratos do DNIT, o Tribunal de Contas da União (TCU) reputou inválidas cláusulas de arbitragem já inseridas em contratos e determinou ao DNER que promovesse sua supressão por meio de aditivos contratuais.[15] As empresas contratadas foram então chamadas pelo DNIT para firmar aditivos com esse propósito. Se um dado contratado se recusasse a aditar o contrato, a convenção de arbitragem permaneceria válida e eficaz e seria o fundamento para a instauração de eventual arbitragem. O TCU até poderia pretender controlar a conduta da Administração Pública na arbitragem, exigindo que esta arguisse em sua defesa a invalidade da cláusula na forma do art. 8º, parágrafo único, da Lei nº 9.307/96, ou posteriormente à sentença, cobrando da Administração o ajuizamento de ação anulatória.

9.3 Controle externo e o princípio da competência-competência

Vale relembrar que a competência controladora do Tribunal de Contas não afeta o princípio da competência-competência do art. 8º, parágrafo único, da Lei nº 9.307/96. Segundo a concepção de competência adotada no ordenamento brasileiro e consagrada nesse dispositivo, atribui-se aos árbitros o juízo inicial, inclusive sobre a própria existência, validade e eficácia da convenção.

Daí a relevância do papel do Tribunal de Contas no momento anterior à celebração da convenção, inclusive por meio de diretrizes que orientem a Administração Pública ou da revisão de empreendimentos por estágios, com uma fase preliminar de exame de minutas de editais e contratos. Esse exame prévio permite evitar que se constituam situações que os órgãos de controle reputem contrárias aos critérios aplicáveis.

---

[15] Acórdão nº 587/2003 – Plenário.

9.4 Evolução da orientação: controle da conduta prévia e posterior à arbitragem

Destaque-se que, desde o acórdão de 2003 referido,[16] a posição do TCU em relação à arbitragem teve grande evolução. Em acórdão de 2013, relativo a contratos da Petrobras, o TCU entendeu admissível a arbitragem, mas exigiu que houvesse uma justificativa técnica ou econômica que revelasse a necessidade de sua adoção em face das condições de mercado.[17] Antes disso, em 2012, o TCU havia proferido decisão polêmica, em que reputava incabível a previsão de discussões acerca do reequilíbrio econômico-financeiro e revisão tarifária como parte do escopo da cláusula arbitral em um contrato de concessão de rodovias[18] – ao contrário do que veio mais tarde a ser consagrado legislativamente pelo art. 31, §4º, da Lei nº 13.448. Em 2017, o TCU examinou por diversas vezes a conduta de subsidiárias estrangeiras da Petrobras e de seus dirigentes em relação à arbitragem que resultou em pagamentos adicionais pela compra da refinaria Pasadena, no Texas (EUA). Após decisões cautelares em sentido contrário, o TCU acatou a defesa dos dirigentes para reconhecer que haviam adotado uma decisão negocial razoável ao não cumprir imediatamente e impugnar (embora sem sucesso) a sentença arbitral desfavorável.[19]

9.5 O controle externo e a Lei da Segurança para a Inovação Pública (Lei nº 13.655)

As decisões mais recentes do TCU denotam uma compreensão mais apurada da presença da arbitragem na realidade da Administração Pública e do papel das cortes de contas no controle da legalidade

---

[16] Acórdão nº 587/2003 – Plenário.

[17] Acórdão nº 2.145/2013-Plenário.

[18] Acórdão nº 2.573/2012-Plenário e Acórdão nº 3.083/2014-Plenário.

[19] Acórdão nº 440/2017-Plenário e Acórdão nº 1881/2017-Plenário. Novo exemplo desta fase de integração do TCU com a arbitragem é o Acórdão nº 1.171/2018-Plenário, relativo ao setor de portos (Dec. nº 8.465), em que o TCU determinou que se investigassem, entre outros pontos, as razões da suposta "morosidade na efetiva instalação do procedimento arbitral e pelo descumprimento ao subitem 5.5 e aos subitens 5.5.1 e 5.5.2 do termo de compromisso arbitral celebrado, em 2.9.2015, pela União e a Codesp, de um lado, com as empresas Libra Terminais S.A. e a Libra Terminal 35 S.A. (atual denominação: Libra Terminal Santos S.A.), do outro". Cabe ressaltar que a sentença arbitral parcial já foi proferida, com a vitória da União e da Codesp. O teor integral do processo arbitral, inclusive o da sentença arbitral, é disponibilizado no sítio eletrônico da AGU: https://www.agu.gov.br/page/content/detail/id_conteudo/643200. Acesso em: 18 mar. 2019.

e economicidade da conduta dos agentes públicos envolvidos na arbitragem. Embora anterior à Lei nº 13.655, que introduziu novos dispositivos na LINDB, esta visão é já coerente com algumas de suas diretrizes. Os parâmetros de interpretação e aplicação do direito público inseridos na LINDB têm efeito direto sobre o controle dos atos relativos à arbitragem. Nos termos do art. 22, §1º: "Em decisão sobre regularidade de conduta ou validade de ato, contrato, ajuste, processo ou norma administrativa, serão consideradas as circunstâncias práticas que houverem imposto, limitado ou condicionado a ação do agente". Também são muito significativos os arts. 23 e 24, que preservam a segurança jurídica do agente que atua segundo a orientação predominante – como é a jurisprudência segura do STJ acerca da arbitragem com a Administração Pública.

9.6 Preservação do agente público honesto e o art. 40 da Lei nº 13.140

A discussão sobre controle externo inevitavelmente se relaciona com a responsabilidade administrativa ou de outra natureza do agente público. O art. 28 da LINDB trata do tema ao afastar a responsabilidade do agente por suas decisões ou opiniões técnicas senão em caso de "dolo ou erro grosseiro". No campo específico dos meios extrajudiciais de solução de conflitos, o art. 40 da Lei nº 13.140 é ainda mais específico e restringe as hipóteses de responsabilização apenas às hipóteses de enriquecimento ilícito próprio ou de terceiro mediante dolo ou fraude: "Os servidores e empregados públicos que participarem do processo de composição extrajudicial do conflito somente poderão ser responsabilizados civil, administrativa ou criminalmente quando, mediante dolo ou fraude, receberem qualquer vantagem patrimonial indevida, permitirem ou facilitarem sua recepção por terceiro, ou para tal concorrerem".

A aplicação efetiva de dispositivos como esses, destinados a preservar a posição do agente público honesto, que se vale de sua competência para adotar os meios adequados (inclusive a arbitragem) para a solução dos litígios administrativos, é fundamental para a Administração Pública não ficar alheia aos mecanismos de prevenção e resolução de conflitos usualmente adotados nos contratos de grande porte e relevância ou ser privada da utilização de instrumentos que podem ser essenciais para a eficiência da atuação administrativa.[20]

Referências

ARAGÃO, Alexandre Santos de. A arbitragem no Direito Administrativo. *In: Revista de Arbitragem e Mediação*, São Paulo, n. 54, jul./set. 2017.

MOREIRA NETO, Diogo de Figueiredo; SOUTO, Marcos Juruena Villela. Arbitragem em Contratos Firmados por Empresas Estatais. *Revista de Direito Administrativo – RDA*, Belo Horizonte, 236, abr./jun. 2004.

JUSTEN FILHO, Marçal. Administração Pública e Arbitragem: o vínculo com a Câmara de Arbitragem e os árbitros. *Revista Brasileira da Advocacia – RBA*, São Paulo, v. 1, n. 1, abr./jun. 2016.

JUSTEN FILHO, Marçal. *Curso de Direito Administrativo.* 13. ed. rev., atual., e ampl. São Paulo: Revista dos Tribunais, 2018.

MAROLLA, Eugenia Cristina Cleto. *A arbitragem e os contratos da administração pública.* Rio de Janeiro: Lumen Juris, 2016.

MEIRELLES, Hely Lopes. Contrato Administrativo – Revisão de Cláusula Econômica – Juízo Arbitral. *In: Estudos e Pareceres de Direito Público*, São Paulo, v. 11, 1991.

PEREIRA, Cesar; TALAMINI, Eduardo. Arbitragem e Poder Público: o Esboço de um Consenso e novos Desafios. *In:* PEREIRA, Cesar; TALAMINI, Eduardo. *Arbitragem e poder público.* São Paulo: Saraiva, 2010.

PEREIRA, Cesar. *Arbitragem e Administração Pública*: função administrativa e controle externo. *In:* DI PIETRO, Maria Silvia Zanella; MOTTA, Fabrício (Coord.). *O Direito Administrativo nos 30 anos da Constituição.* Belo Horizonte: Fórum, 2018.

PEREIRA, Cesar. Arbitragem e Constituição. *In:* CLÈVE, Clèmerson Merlin (Org.). *Direito Constitucional Brasileiro.* São Paulo: Revista dos Tribunais, v. 1, 2014.

PEREIRA, Cesar. Discricionariedade e Apreciações Técnicas da Administração. *In: Revista de Direito Administrativo*, Rio de Janeiro, n. 231, jan./mar. 2003.

PEREIRA, Cesar; QUINTÃO, Luísa. Entidades Representativas (art. 5º, XXI, da Constituição Federal) e Arbitragem Coletiva no Brasil. *In: Revista de Arbitragem e Mediação*, São Paulo, n. 47, out./dez. 2015.

SÉRVULO CORREIA, José Manuel. A arbitragem dos litígios entre particulares e Administração Pública sobre situações regidas pelo Direito Administrativo. *Revista de Contratos Públicos – RCP*, Belo Horizonte, n. 5, set. 2014.

SILVA-ROMERO, Eduardo; MANTILLA ESPINOSA, Fabricio. *El Contrato de Arbitraje.* Bogotá: Legis, 2005.

---

[20] Cf. sobre o controle social e o exercido pelo Ministério Público, ver Sérvulo Correia, José Manuel. A arbitragem dos litígios entre particulares e Administração Pública sobre situações regidas pelo Direito Administrativo. *In: Revista de Contratos Públicos – RCP*, Belo Horizonte, n. 5, p. 194-95, set. 2014.

SUESCÚN MELO, Jorge. De las facultades de los árbitros para interpretar y aplicar normas de orden público. *In:* SILVA-ROMERO, Eduardo, MANTILLA ESPINOSA, Fabricio. *El Contrato de Arbitraje*. Bogotá: Legis, 2005.

TÁCITO, Caio. *Temas de Direito Público*. Rio de Janeiro: Renovar, 2002.

TALAMINI, Eduardo. Arbitragem e Parceria Público-Privada (PPP). *In:* TALAMINI, Eduardo; JUSTEN, Monica Spezia (Coord.). *Parcerias Público-Privadas*: um enfoque multidisciplinar. São Paulo: Revista dos Tribunais, 2005.

Informação bibliográfica deste texto, conforme a NBR 6023:2018 da Associação Brasileira de Normas Técnicas (ABNT):

PEREIRA, Cesar. Arbitragem e função administrativa. *In*: JUSTEN FILHO, Marçal; SILVA, Marco Aurélio de Barcelos (Coord.). *Direito da Infraestrutura*: estudos de temas relevantes. Belo Horizonte: Fórum, 2019. p. 63-88. ISBN: 978-85-450-0672-5.

O MODELO FIDIC *SILVER BOOK*©
DE CONTRATO EPC/*TURN KEY*

DANIEL SIQUEIRA BORDA

FELIPE HENRIQUE BRAZ

1 Obras de infraestrutura e os contratos de EPC

O setor de infraestrutura brasileiro demanda a entrega de obras de engenharia complexas. Tais obras podem decorrer de investimentos privados em projetos igualmente privados (*i.e.* que envolvem apenas particulares), mas também podem ser encomendadas ou financiadas pelo Poder Público.

Em ambas as hipóteses, a disponibilização de investimento para a construção de obras e o desenvolvimento dos projetos constitui atividade que envolve a assunção de obrigações e riscos para obtenção de benefícios por meio do empreendimento que será entregue. A existência de riscos, deveres, responsabilidades, créditos e garantias é essencial em uma relação jurídica obrigacional, na qual o contrato terá a função de impor normas que deverão ser seguidas pelas partes, visando a fornecer segurança à relação contratual.

A experiência em obras de engenharia acumulada em séculos, englobando acertos e desacertos nos projetos e em suas respectivas execuções, gera conhecimento para que as partes adotem regras que as conduzam ao sucesso do projeto. Contratos modelos são recomendados para antever problemas conhecidos e regular os comportamentos das partes, permitindo que obras sejam concluídas da forma mais eficiente possível.

Nessa linha, diversos métodos de construção são incorporados em lei ou modelados em contratos padrões por instituições reconhecidas.

A ideia é que essas regras, quando utilizadas e respeitadas pelas partes, permitam o melhor desenvolvimento de projetos de construção. Um destes modelos contratuais é denominado de *Engineering, Procurement and Construction* (EPC).

A origem dos contratos de EPC está na mesma raiz dos contratos modelos de construção.[1] Trata-se do resultado da massificação dos contratos de obras de engenharia complexa, da necessidade de profissionalização do modelo e da globalização das práticas de construção.[2] Assim, se empregado de forma correta, o modelo tende a facilitar as transações para a construção das obras, sejam estas públicas ou privadas.

No âmbito privado, não há vedação para sua utilização. Trata-se de contrato atípico, o que determina que as regras do Código Civil sejam aplicadas considerando a vontade das partes regulada nas cláusulas contratuais.

No âmbito público, também não há vedação para a adoção do modelo em editais para a construção de obras públicas. Pelo contrário, a observância desse modelo é bem-vinda em projetos complexos, especialmente por envolver estruturas de financiamento arrojadas. Entende-se que as leis brasileiras que tratam de contratação pública,[3] ao mesmo tempo em que não refutam a utilização desses modelos contratuais,[4] possuem regras que devem ser compatibilizadas – determinando alterações no procedimento de contratação e execução que caracteriza o modelo EPC.[5]

---

[1] DUTRA, Erica Donin. *Tipicidade social e jurídica do contrato de construção EPC no direito civil brasileiro*. Disponível em: https://lume.ufrgs.br/handle/10183/112078. Acesso em: 15 mar. 2019. A doutrina que trata de concessões informa a utilização de outras siglas de origem anglo-saxônica para se referir a contratos de engenharia que envolvem a construção de obras públicas (MOREIRA, Egon Bockmann. *Direito das concessões de serviço público*: inteligência da Lei 8.978/1995. São Paulo: Malheiros, 2010. p. 152 e ss.).

[2] Conforme tese de doutorado que também versa sobre o EPC apresentado por: GIL, Fabio Coutinho de Alcântara. *A onerosidade excessiva em contratos de engineering*. Disponível em: http://www.teses.usp.br/teses/disponiveis/2/2132/tde-24052011-143442/pt-br.php. Acesso em: 13 mar. 2019.

[3] Lei de Concessões (nº 8.987/1995), Parcerias Público-Privadas (nº 11.179/2004), Lei das Empresas Estatais (nº 13.303/2016), Regime Diferenciado de Contratações (nº 12.462/2014), Programa de Parceria de Investimentos (Lei nº 13.334/2016). Quando lançando, o programa previa incentivar a aplicação de R$45 bilhões em projetos de obras de infraestrutura. Disponível em: http://www.brasil.gov.br/noticias/infraestrutura/2017/05/concessoes-de-obras-publicas-facilitam-retomada-do-crescimento. Acesso em 13 mar. 2019.

[4] ALMEIDA, Fernando Dias Menezes de. *Contrato Administrativo*. São Paulo: Quartier Latin, 2012. p. 374.

[5] Conforme adverte Rodrigo Pombo ao mencionar o entendimento do TCU, que desvirtua a lógica do preço fechado em contratos do tipo *turn key* celebrados por entes vinculados

O presente trabalho terá por objetivo analisar a contratação no modelo EPC, focando em um formato concebido pela *Federation Internacionale des Ingenieurs-Conseils*: o *Silver Book©* (que regula o modelo EPC *Turn key*). Diversos investidores relevantes[6] exigem a adoção dos modelos gerados pela Federação, por entenderem que as normas estabelecidas conferem maior segurança às partes e ao projeto.

Assim, o próximo capítulo tratará brevemente do EPC. Na sequência, será abordado o modelo FIDIC *Silver Book*, apresentando suas principais cláusulas.

2 Linhas gerais sobre o contrato de EPC

2.1 Natureza jurídica

Definir a natureza jurídica do contrato de EPC é relevante na medida em que se admite que o contrato poderá estar sujeito a determinadas regras legais ao se enquadrar em algum modelo contratual positivado em lei.

Nessa linha, José Emilio Nunes Pinto, árbitro internacional com atuação intensa em casos envolvendo contratos de engenharia, consigna que: "os EPCs são verdadeiros contratos atípicos, a despeito de conterem disposições contratuais de contratos típicos, como o de empreitada e de venda e compra de equipamentos. Na prática, as disposições legais aplicáveis a esses contratos típicos se tornam imprestáveis para regular as relações decorrentes de EPCs". O autor adverte que "as disposições desses contratos não poderão violar a ordem pública, os bons costumes".[7]

à Administração Pública (POMBO, Rodrigo Goulart de Freitas. Construction Contracts in Brazilian Law and the Standard International Model Contracts. *In*: JUSTEN FILHO, Marçal; PEREIRA, Cesar; ROST, Maria Augusta (Ed.). *Brazil infrastructure law*. The Hauge: Eeven, 2016. p. 425).

[6] O Banco Mundial firmou acordo com a FIDIC para a inclusão dos contratos criados pela Federação em seus documentos exigidos em contratações. Disponível em: http://fidic.org/world-bank-signs-five-year-agreement-use-fidic-standard-contracts. Acesso em: 12 mar. 2019.

[7] PINTO, José Emilio Nunes. *O contrato de EPC para construção de grandes obras de engenharia e o novo Código Civil*. Disponível em: https://jus.com.br/artigos/2806/o-contrato-de-epc-para-construcao-de-grandes-obras-de-engenharia-e-o-novo-codigo-civil. Acesso em: 15 mar. 2019. Em monografia específica sobre a natureza jurídica do contrato de EPC, Erica Donin Dutra filia-se à posição do autor, constatando também que: "a função econômica-social do Contrato é diferente: muito mais se aproxima da função de crédito, porque necessário à estruturação contratual de financiamento; do que a função de atividade dirigida a um

No âmbito do Direito Público, o contrato de EPC é referido ao se examinar as técnicas de execução indireta das obras públicas – sendo usualmente relacionado com as hipóteses de contratação integrada.[8]

2.2 Características

O modelo EPC se caracteriza, sobretudo, pela imputação maior de riscos ao empreiteiro em face do contratante. Além disso, contemplará outros tipos de obrigações que não necessariamente se relacionam a atividades de engenharia. Geralmente, estará alavancado por projetos de financiamentos, nos quais os investidores serão igualmente interessados no êxito do projeto entregue.

Em relação ao primeiro aspecto, Fernando Vernalha Guimarães e Egon Bockmann Moreira explicam que, "por meio de um contrato EPC, o empreiteiro ("epecista") incumbe-se da confecção integral do projeto (*design*) e da execução da obra, da prestação e administração de todos os serviços de engenharia associados, com a responsabilidade pela entrega de um empreendimento integralmente pronto, equipado e testado, sob um modelo *turn key*".[9]

Portanto, o risco é maior à empreiteira, na medida em que centraliza a responsabilidade pela eficiência da elaboração dos projetos da obra, sua respectiva execução, por preços e prazos predefinidos e o funcionamento do projeto para o qual a obra será entregue "pronta e acabada" – daí a expressão *lump sum turn key*.[10]

---

fim, como a simples empreitada" (DUTRA, Erica Donin. *Tipicidade social e jurídica do contrato de construção EPC no direito civil brasileiro*. Disponível em: https://lume.ufrgs.br/handle/10183/112078. Acesso em: 15 mar. 2019).

[8] MOREIRA, Egon Bockmann; GUIMARÃES, Fernando Vernalha. *Licitação pública:* a lei geral de licitações/LGL e o regime diferenciado de contratações/RDC. São Paulo: Malheiros, 2015. p. 246.

[9] MOREIRA, Egon Bockmann; GUIMARÃES, Fernando Vernalha. *Licitação pública:* a lei geral de licitações/LGL e o regime diferenciado de contratações/RDC. São Paulo: Malheiros, 2015. p. 246.

[10] Ao comparar o regime de concessão de obra pública ao contrato *turn key*, Egon Bockmann Moreira delineou as seguintes características do regime: "o futuro concessionário receberá os elementos do projeto básico e entregará o bem pronto para funcionar mediante preço predefinido, a ser pago quando da exploração da obra (ao lado da amortização dos investimentos e custos administrativos), fornecendo desde o projeto executivo até o acabamento, passando pela mão de obra, materiais e instalações (…) a contratação envolve o incentivo para que o empresário diminua custos e aprimore as soluções técnicas visando à eficiência da construção" (MOREIRA, Egon Bockmann. *Direito das concessões de serviço público*: inteligência da Lei 8.978/1995. São Paulo: Malheiros, 2010. p. 137).

Nessa linha, o *design* no contrato EPC/*Turn key* tem um papel estratégico, que é o de garantir o resultado que atenda aos quesitos de *performance* estabelecidos pela contratante. Como a empreiteira está obrigada a entregar uma meta de *performance* por preços fixos e globais, o *design* do empreendimento deve estar fortemente vinculado à obtenção do resultado que é o objeto contratual.

Diferentemente dos contratos de empreitada tradicionais, no contrato EPC/*Turn key* a empreiteira possui a responsabilidade de montar e comissionar os equipamentos do empreendimento, passando a ser a principal responsável pela obra como um todo. Por essa razão, o poder de intervenção da contratante sob o *design* deverá ser limitado, não podendo solicitar modificações que possam acarretar atrasos ou alterações do custo da obra.[11]

Indo adiante, José Emílio Nunes Pinto relata também que: "em regra, todos os direitos ou expectativas de direito de que seja o tomador do empréstimo titular são cedidos, imediata ou condicionalmente, aos financiadores, como integrantes desse conjunto de garantias de que se cerca o financiador". Observa o autor que, "por essa razão, é importante que aludidos contratos outorguem direitos aos financiadores de ingressar no projeto ou no controle operacional deste, exercendo os direitos e as obrigações assumidas originalmente pelo tomador (...)".[12]

De fato, a entrega de um projeto funcionando polariza todas as demais etapas e obrigações que compõem o contrato de EPC. É no retorno do investimento, por meio do funcionamento do projeto, que as partes estarão focadas.

3 FIDIC *Silver Book*©: condições contratuais para projetos de EPC e *Turn key*

3.1 Sobre a FIDIC®

A *Fédération Internationale des Ingénieurs-Conseils* (Federação Internacional de Engenheiros Consultores – FIDIC®), entidade internacional

---

[11] Sobre o racional econômico-financeiro do projeto ver GOZZI, Elcio Fagundes Marques. *Contrato de EPC (Engeneering, Procurement e Construction) e o padrão FIDIC*. Dissertação (Mestrado Profissional em Direito dos Negócios Aplicado e Direito Tributário Aplicado) – FGV – Fundação Getulio Vargas, São Paulo, 2016. p. 35.

[12] PINTO, José Emilio Nunes. *O contrato de EPC para construção de grandes obras de engenharia e o novo Código Civil*. Disponível em: https://jus.com.br/artigos/2806/o-contrato-de-epc-para-construcao-de-grandes-obras-de-engenharia-e-o-novo-codigo-civil. Acesso em: 15 mar. 2019.

criada em 1913 e sediada na Suíça, representa globalmente as associações nacionais de engenheiros consultores, com mais de um milhão de profissionais de engenharia. Além de engenheiros, a FIDIC® é composta por mais de 40 mil empresas em mais de 100 países.

A FIDIC® é reconhecida por publicar modelos, com padrão internacional, de contrato de construção, reunidos no chamado *Rainbow Suite*.

Os modelos de contrato FIDIC® foram desenvolvidos em escala internacional ao longo de 50 anos. São reconhecidos e utilizados globalmente em diversos tipos de projetos, destacando-se por sua abordagem equilibrada para as responsabilidades dos contratantes, bem como para a gestão de risco.

3.2 Sobre o *Silver Book©* (*Conditions of Contract for EPC/Turn key Projects*) e algumas de suas regras contratuais mais relevantes

O *"FIDIC Silver Book© – Conditions of Contract for EPC/Turn key Projects"* consiste em um modelo a ser aplicado em contratações EPC/ *Turn key*, publicado originalmente no ano de 1999. A segunda edição (atual) do *Silver Book©* foi publicada no ano de 2017, otimizando os princípios de compartilhamento de riscos/responsabilidades com base na experiência adquirida nos 18 anos de seu uso.

Na sequência, pretende-se apresentar algumas das regras contratuais (cláusulas e subcláusulas) mais relevantes, que caracterizam o contrato.

3.2.1 Disposições gerais (*"1 General Provisions"*)

A primeira cláusula do *Silver Book©* contém as disposições gerais e introdutórias (*"1 General Provisions"*) do modelo de contrato de EPC estruturado pela FIDIC. Nesta cláusula, são abordadas questões contratuais introdutórias que nortearão a interpretação do modelo de contrato, definindo-se conceitos próprios e regras para a aplicação das disposições contratuais contidas nas cláusulas subsequentes.

A cláusula *"1.2 Interpretation"* define a forma de interpretação de certas palavras e expressões contidas no contrato. A alínea "j", por exemplo, precisa a extensão do EPC ao estabelecer que *"execute the Works"* (executar as obras) ou *"execution of the Works"* (execução das obras) compreende o projeto (*"design"*), a construção (*"construction"*) e a conclusão (*"completion"*) da obra, incluindo a correção de qualquer defeito.

A subcláusula *"1.5 Priority of Documents"* regulamenta a forma de interpretação dos documentos que compõem o contrato, bem como define a ordem de prioridade destes documentos no caso de surgimento de conflito. O conteúdo desta subcláusula é de grande pertinência, pois define precisamente a forma de resolver um possível conflito de interpretação entre os documentos do contrato.[13]

O cumprimento da legislação é abordado na cláusula posterior *"1.12 Compliance with Laws"*, que exige das partes o atendimento às leis aplicáveis ao contrato. A alínea "a" da referida cláusula indica que é de responsabilidade da contratante a obtenção das licenças e permissões administrativas relativas ao direito de construção no local.[14] De outro lado, a alínea "b" da mesma cláusula define que será de responsabilidade da empreiteira atender a todas as notificações, pagar todas as taxas, encargos e custas, bem como obter todas as permissões, licenças e aprovações exigidas pela lei em relação à execução da obra.

A última disposição da cláusula 1 (*"1.15 Contract Termination"*) refere-se à extinção do contrato. Prescreve a possibilidade de resolução contratual expressa em hipóteses definidas no contrato, sem a necessidade de declaração judicial/arbitral.

3.2.2 A contratante (*"2 The Employer"*)

A segunda cláusula é denominada *"2. The Employer"* e dispõe sobre questões de responsabilidade da parte contratante. Está dividida em seis subcláusulas específicas, envolvendo assuntos como deveres, representantes, funcionários, equipamentos e arranjos financeiros da contratante.

A contratante é obrigada a prestar assistência à empreiteira em determinadas questões. Nesse contexto, a cláusula *"2.2 Assistance"* indica que a contratante deverá auxiliar a empreiteira a obter (i) cópias

---

[13] A ordem de prioridade definida pelo *Silver Book©* é a seguinte: (a) *Contract Agreement*; (b) *Particular Conditions Part A – Contract Data*; (c) *Particular Conditions Part B – Special Provisions*; (d) *General Conditions*; (e) *Employer's Requirements*; (f) *Schedules*; (g) *Tender*; (h) *JV Undertaking* (se a empreiteira for uma *Joint Venture*); (i) *any other documents forming part of the Contract*.

[14] A alínea "a" da cláusula *"1.12 Compliance with Laws"* se refere à *"planning, zoning or building permit or similar permits, permissions, licences and/or approvals for the Permanent Works"*.

das leis do país que são relevantes ao contrato, mas que não estão prontamente disponíveis; e (ii) quaisquer permissões, licenças ou aprovações exigidas pelas leis locais, incluindo informações que deverão ser apresentadas pela empreiteira para a obtenção de tais licenças.

No que tange às obrigações financeiras da contratante, a cláusula "*2.4 Employers Financial Arrangements*" determina que os arranjos financeiros necessários para garanti-las deverão estar detalhados no documento "*Particular Conditions Part A – Contract Data*". A cláusula 2.4 também prevê que a empreiteira deverá ser imediatamente notificada no caso de a contratante pretender realizar qualquer mudança material no arranjo financeiro que afete a sua capacidade de adimplemento.

3.2.3 A "empreiteira" ("*4 The Contractor*")

A quarta cláusula é denominada "*4. The Contractor*" e versa sobre questões de responsabilidade da empreiteira. A cláusula geral conta com 23 cláusulas específicas, envolvendo assuntos como obrigações, seguro de *performance*, representantes, subcontratação, segurança e saúde, gestão de qualidade, transporte de equipamentos, relatórios de progresso, dificuldades imprevistas, entre outros assuntos.

A densidade do conteúdo da cláusula "*4. The Contractor*" permite afirmar que se trata de uma das cláusulas estruturais do *Silver Book©* – estabelecendo ferramentas que conferem segurança aos investidores.

A cláusula introdutória é denominada "*4.1 Contractor's General Obligations*" e antecipa algumas obrigações gerais e responsabilidades da empreiteira, tais como: (i) executar os trabalhos em conformidade com o contrato; (ii) fornecer as instalações, equipamentos e pessoal necessários para o cumprimento das obrigações contratuais; (iii) prever toda e qualquer atividade necessária para satisfazer as exigências e cronogramas da contratante ("*Employer's Requirements*[15] *and Schedules*"); e (iv) aquilo que for necessário para a conclusão dos trabalhos.

A subcontratação é disciplinada na cláusula "*4.4 Subcontractors*", a qual define que a empreiteira não poderá subcontratar: (i) trabalhos

---

[15] De acordo com o item 1.1.31, da subcláusula "*1 Definitions*", a definição da expressão "*Employer's Requirements*" é a seguinte: "'*Employer's Requirements' means the document entitled employer's requirements, as included in the Contract, and any additions and modifications to such document in accordance with the Contract. Such document describes the purpose(s)s for which the Works are intended, and specifies Key Personnel (if any), the scope, and/or design and/or other performance, technical and evaluation criteria, for the Works.*"

com o valor total acumulado maior que o percentual definido no *Contract Data*, do *Contract Price*, estabelecido no *Contract Agreement*; (ii) qualquer parte dos trabalhos que não seja passível de subcontratação conforme previsão no *Contract Data*. No caso de subcontratação (desde que permitida pelo contrato), a empreiteira será responsável por todos os trabalhos desenvolvidos pelas subcontratadas, pela gestão e coordenação destas, além de assumir a garantia por todo o trabalho realizado.

Por ser destinado a construções pesadas e a obras de grande complexidade, o *FIDIC Silver Book©* confere prioridade à questão de gestão de qualidade e de *compliance* que regerá o contrato. Para tanto, a cláusula "*4.9 Quality Management and Compliance Verification Systems*" exige que a empreiteira prepare e implemente dois sistemas, sendo um voltado à gestão de qualidade ("*Quality Management*") e outro ao *compliance* ("*Compliance Verification*").

O item "*4.9.1 Quality Management System*" prescreve que a empreiteira deverá preparar e implementar um sistema de gestão de qualidade ("*QM System*") para demonstrar a conformidade com os requisitos do contrato. É recomendável que a contratante registre detalhadamente no documento "*Employer's Requirements*" todos os requisitos do *QM System* que entenda como necessários, visando reduzir a margem de discussão sobre a estrutura do sistema após a implementação deste pela empreiteira.

Com relação ao "*Compliance Verification System*", o item 4.9.2 prescreve que a empreiteira deverá preparar e implementar o sistema para demonstrar que o *design*, os materiais, inclusive se forem também fornecidos pela contratante, as estruturas (*Plant*), os trabalhos e a mão de obra estão em conformidade com o contrato.

O valor do contrato de EPC é, via de regra, imutável. Seguindo essa premissa, a cláusula "*4.11 Sufficiency of the Contract Price*" estabelece que, salvo disposição contrária, o preço do contrato ("*Contract Price*") deverá cobrir todas as obrigações da empreiteira perante o contrato e tudo o que for necessário para a adequada execução dos trabalhos de acordo com o contrato. Ainda sobre o tema, a cláusula "*4.12 Unforeseeable Difficulties*" reitera essa característica de imutabilidade, indicando em sua alínea "c" que o preço do contrato não deverá ser reajustado nem mesmo para compensar dificuldades ou custos imprevisíveis ou imprevistos.

3.2.4 Design ("5 Design")

A cláusula "*5 Design*" do modelo *FIDIC Silver Book©* é responsável por regulamentar todas as questões relativas à elaboração do projeto (*design*) do empreendimento. A cláusula é de extrema importância, pois o projeto (*design*) do empreendimento influenciará a execução de todas as etapas do contrato.

Com disposições gerais relativas ao *design*, a cláusula "*5.1 General Design Obligations*" presume de forma absoluta que a empreiteira examinou todos os requisitos da contratante ("*Employer's Requirements*") antes da conclusão do contrato, incluindo o critério de *design* e de cálculos (se houver).

Nesse sentido, a cláusula dispõe que a empreiteira deverá desenvolver e se responsabilizar pelo projeto (*design*) do empreendimento, atendendo com precisão os requisitos da contratante. Um aspecto relevante da cláusula 5.1 é a previsão de que a contratante não deverá ser responsabilizada por qualquer erro, imprecisão ou omissão de qualquer natureza que conste no documento *Employer's Requirements*. A cláusula, porém, ressalva que a contratante será responsável pela exatidão das seguintes informações que deverão constar no *Employer's Requirements*: (i) porções, dados e informações que estiverem estabelecidos no contrato como sendo inalteráveis ou que sejam de responsabilidade da contratante; (ii) definições dos fins pretendidos da obra ou de quaisquer partes dela; (iii) critério para o teste e *performance* dos trabalhos concluídos; e (iv) porções, dados e informações que não poderiam ser verificados pela empreiteira, salvo disposição contrária no contrato.

A cláusula "*5.2 Contractor's Documents*" disciplina a forma como as partes lidarão com os documentos preparados pela empreiteira, que compreendem cálculos, arquivos digitais, programas de computadores e outros *softwares*, desenhos, manuais, modelos, especificações e outros documentos de natureza técnica.[16]

No que se refere ao acompanhamento da execução da obra, a cláusula "*5.6 As-Built Records*" determina que a empreiteira deverá preparar e manter atualizado o conjunto de registros do *as-built* da execução da obra, indicando as exatas localizações, medidas e detalhes do modo como a obra foi executada. A empreiteira ainda deverá manter

---

[16] A definição da expressão "*Contractor's Documents*" consta no item 1.1.12, da subcláusula "*1 Definitions*".

os registros de *as-built* antes do início da etapa de testes na conclusão (*"Tests on Completion"*).

Assim, o *as-built*, por ter a função de registrar o desenvolvimento atual da obra, deve ser elaborado na forma de um laudo técnico com alto nível de detalhamento das informações verificadas na visita. O documento deve identificar as instalações existentes no empreendimento conforme elas foram construídas, por meio de plantas baixas, cortes específicos, distribuição de circuitos, pontos de energia, tubulações, etc.

Em tese, os documentos *"as-built"* pressupõem que o trabalho projetado é exatamente como foi construído, devendo o engenheiro responsável certificar a precisão dos documentos. Porém, como é de conhecimento geral de todos aqueles que atuam na área de construção civil, é muito difícil que o documento seja tão preciso.

As informações da execução da obra são fornecidas por diversos funcionários envolvidos na construção, de modo que nem todas podem ser efetivamente verificadas. Por esta razão, existem críticas e restrições à utilização do *"as-built"* como referência de acompanhamento da execução do projeto. A AIA trabalha com uma metodologia diversa de *Record-Keeping*, constante no *"A201-2007 General Conditions of the Contract for Construction"*.[17]

3.2.5 Plantas, materiais e mão de obra (*"7 Plants, Materials and Workmanship"*)

A cláusula *"7 Plants, Materials and Workmanship"* dispõe sobre as plantas,[18] a mão de obra e os materiais utilizados para a execução do contrato. A cláusula é formada por oito cláusulas, que abordam questões como a forma de execução do contrato, amostras, inspeção, testes pela empreiteira, defeitos e rejeições, reparos, propriedade da planta e dos materiais e *royalties*. A cláusula *"7.3 Inspection"* trata do

---

[17] Cf. *Section 3.11* do AIA Document A201-2007: *"The Contractor shall maintain at the site for the Owner one copy of the Drawings, Specifications, Addenda, Change Orders and other Modifications, in good order and marked currently to indicate field changes and selections made during construction, and one copy of approved Shop Drawings, Product Data, Samples and similar required submittals. These shall be available to the Architect and shall be delivered to the Architect for submittal to the Owner upon completion of the Work as a record of the Work as constructed"*.

[18] De acordo com o item 1.1.56, da subcláusula *"1 Definitions"*, a definição da palavra *"Plant"* é a seguinte: *"Plant means the apparatus, equipment, machinery and vehicles (including any components) whether on the Site or otherwise allocated to the Contract and intended to form or forming part of the Permanent Works"*.

direito da contratante de ter acesso completo a todas as partes do *site* da obra e aos locais onde recursos naturais estiverem sendo obtidos.

3.2.6 Início, atrasos e suspensão (*"8 Commencement, Delays and Suspension"*)

A cláusula *"8 Commencement, Delays and Suspension"* regulamenta o cronograma do contrato, dispondo sobre questões relativas ao início dos trabalhos, aos atrasos e às suspensões. A cláusula é composta por 13 cláusulas, que tratam do tempo de conclusão dos trabalhos, do programa (cronograma), EOT para conclusão, atrasos causados por autoridades, taxa de progresso, suspensões e retomada dos trabalhos.

Considerando que o contrato de EPC/*Turn key* é voltado para grandes obras, geralmente vinculadas ao setor de infraestrutura e que contam com prazos rígidos de conclusão, o *FIDIC Silver Book*© conferiu importante destaque à organização do cronograma contratual e à obrigação de cumprimento dos prazos estabelecidos. Nesse sentido, a cláusula *"8.3 Programme"* determina que a empreiteira deverá submeter à contratante um programa inicial para a execução dos trabalhos, no prazo de até 28 dias após o recebimento da notificação de início dos trabalhos (*"Commencement of Works"*). O programa deverá ser elaborado através do *software* indicado no documento *Employer's Requirement*.

A extensão de prazo (*"EOT"*) é disciplinada pela cláusula *"8.5 Extension of Time for Completion"*. As hipóteses em que a empreiteira fará jus à EOT estão previstas nos termos da cláusula *"20.2 Claims for Payment and/or EOT"*. Na hipótese de ocorrer atraso causado por autoridades, a cláusula *"8.6 Delays Caused by Authorities"* garante à empreiteira a EOT.

Os danos causados à contratante por atrasos da empreiteira em cumprir a cláusula *"8.2 Time for Completion"* deverão ser reparados nos termos da cláusula *"20.2 Claims for Payment and/or EOT"*. A cláusula *"8.8 Delay Damages"* considera que os danos por atraso deverão compreender o valor estabelecido no documento *Contract Data*, que deverá ser pago por cada dia havido entre o *Time for Completion* e a *Date of Completion*.

3.2.7 Alterações contratuais (*"13 Variations and Adjustments"*)

A cláusula *"13 Variations and Adjustments"* restringe as possibilidades e estabelece os procedimentos de alteração do contrato. Contendo o total de sete cláusulas, essa seção discorre sobre pontos como o direito à alteração, engenharia de valor, procedimento de variação, ajustes por alterações legislativas e ajustes por alterações de custos.

A cláusula *"13.2 Value Engineering"* confere à empreiteira a prerrogativa de, a qualquer momento, apresentar à contratante uma proposta de alteração, desde que sirva para: (i) acelerar a conclusão da obra; (ii) reduzir custos para a contratante; (iii) melhorar a eficiência ou o valor da obra concluída; ou (iv) oferecer outra alternativa benéfica para a contratante.

3.2.8 Preço contratual e pagamento (*"14 Contract Price and Payment"*)

A cláusula *"14 Contractor Price and Payment"* versa a respeito do valor do contrato e da sua respectiva forma de pagamento. Como sabido, o *Silver Book©* aplica a metodologia *lump sum* para o contrato de EPC/*Turn key*. Portanto, a empreiteira é responsável pela implantação do empreendimento como um todo, com escopo único, a preço global e por prazo determinado, de forma que seja entregue "chave na mão", com o comissionamento e a pré-operação concluídos.

A cláusula *"14.1 The Contract Price"* define que o pagamento para a empreiteira será feito com base no valor contratual pelo método *lump sum* (preço global). A empreiteira, por sua vez, deverá pagar todos os impostos e taxas nos termos do contrato, e o valor do contrato não será ajustado para nenhum desses custos, exceto conforme estabelecido na cláusula *"13.6 Adjustments for Changes in Laws"*.

3.2.9 Hipóteses de extinção e suspensão contratual (*"15. Termination by Employer"* e *"16 Suspension and Termination by Contractor"*)

As cláusulas *"15. Termination by Employer"* e *"16 Suspension and Termination by Contractor"* regulam o processo de extinção e suspensão do contrato em caso de inadimplemento (*material breach*), insolvência ou falência e corrupção praticada pelas partes. O contratante pode denunciar o contrato por conveniência, estando sujeito ao pagamento dos custos pelas obras – inclusive os lucros devidos à empreiteira.

Em termos gerais, as respectivas cláusulas estabelecem etapas para que o contrato seja extinto, o que envolve (i) a notificação de extinção pelas partes, que geralmente deverá ser precedida de notificação feita à parte contrária para que apresente justificativas e corrija as falhas apontadas, (ii) a intervenção do comitê de disputas (*DAAB*). Além disso, regulam de forma detalhada as questões relativas à desmobilização da obra e indenização das partes (inclusive, sobre as parcelas executadas pela empreiteira inadimplente).

O contrato também permite à empreiteira suspender ou reduzir o volume de execução da obra no período em que o contratante deixar de cumprir o contrato – antes, obviamente, de extingui-lo.

3.2.10 Eventos extraordinários (*"18 Exceptional Events"*)

A cláusula *"18 Exceptional Events"* discorre sobre a ocorrência de eventos extraordinários. Segundo a cláusula 18.1, considera-se evento extraordinário quando: (i) a situação está além do controle de uma das partes; (ii) a parte não poderia ter se preparado razoavelmente para o evento antes de entrar no contrato; (iii) a situação não poderia ter sido evitada ou superada; e (iv) o evento não pode ser atribuível à outra parte.

A cláusula *"18.4 Consequences of an Exceptional Event"* dispõe que se o empreiteiro for a parte afetada e sofrer atrasos e/ou incorrer em custos em razão do evento excepcional, fará jus ao disposto na cláusula *"20.2 Claims For Payment and/or EOT"* para a obtenção de EOT e, sendo o caso, de ressarcimento de custos.

3.2.11 Seguros (*"19 Insurance"*)

A cláusula *"19 Insurance"* regulamenta o tema do seguro no contrato EPC, cujo objetivo é garantir a indenização, até o valor fixado na apólice, dos prejuízos decorrentes de falha na *performance* da empreiteira. Como tratado anteriormente, um dos principais diferenciais do contrato EPC/*Turn key* consiste na melhor alocação de riscos, em que a empreiteira responde pela implantação integral do projeto. Seguindo essa premissa, a empreiteira deverá entregar à contratante o empreendimento pronto para uso (*turn key*), assumindo todos os riscos do projeto (construção, montagem e comissionamento). Por essa razão, o seguro garantidor da *performance* da empreiteira torna-se uma das figuras centrais do contrato de EPC.

A cláusula *"19.1 General Requirements"* determina que a empreiteira deverá providenciar e manter todos os seguros para os quais seja responsável. As características do seguro estão estabelecidas na cláusula *"19.2 Insurance to be provided by the Contractor"*, que obriga a empreiteira a garantir e manter o seguro, tanto em nome da empreiteira quanto também da contratante, a partir da data de início até a data das emissões do *Taking-Over* da obra. O seguro deverá cobrir: (i) as obras e os documentos da empreiteira, juntamente com os materiais e instalações para a incorporação nas obras, pelo seu valor de substituição total, além de perdas e danos de qualquer parte das obras como consequência da falha de elementos defeituosamente projetados ou construídos com material ou mão de obra defeituosa; e (ii) um valor adicional de 15% desse valor de reposição (ou qualquer outro valor especificado no *Contract Data*) para cobrir quaisquer custos adicionais relacionados à retificação de perdas ou danos, incluindo custo de demolição e remoção de detritos.

A cobertura do seguro deverá ser suficiente contra qualquer perda ou dano que surja até a emissão do *Taking-Over Certificate*, assim como até a data da emissão do *Performance Certificate* em relação a qualquer trabalho incompleto por perda ou dano decorrente de evento ocorrido antes da data da emissão do *Taking-Over Certificate*.

3.2.12 Disputas e arbitragem (*"21 Dispute and Arbitration"*)

A partir da cláusula *"21 Dispute and Arbitration"*, o contrato regula o tratamento de conflitos ocorridos entre as partes ao longo da execução contratual. A ideia fundamental da detalhada cláusula é sempre evitar a instauração de procedimentos litigiosos mais complexos, buscando soluções rápidas e instantâneas para a resolução de eventuais conflitos. A cláusula está estruturada sob os pilares do comitê de *"Dispute Adjudication/Avoidance"* (*"DAAB"*) e a arbitragem.

Geralmente por envolver obras complexas com aporte de investimentos internacional, a arbitragem tende a conferir maior segurança aos contratantes – mitigando os riscos de que a resolução da disputa possa ser influenciada por critérios relacionados à nacionalidade das partes. Porém, a arbitragem só será instaurada se os métodos previstos em contrato que a antecedem não forem efetivos. Basicamente, ao constituir os comitês de disputa, as partes podem tentar evitar os conflitos por meio da assistência e discussões informais administradas pelo *DAAB* (cláusula *"21.3 Avoidance of Disputes"*) ou se submeter a uma decisão do comitê sobre o problema.

A sistemática das cláusulas conduz as partes a sempre apontarem insatisfações de forma rápida ao *DAAB*, a fim de que decisões rápidas (i) possam ser proferidas enquanto o contrato continua sendo executado; (ii) eliminem circunstâncias que impeçam que a execução do contrato avance; e (iii) mitiguem os riscos atinentes a prejuízos ocasionados em razão de paralisação de obras.[19] Por outro lado, conferem segurança às partes interrompendo prazos prescricionais.

A decisão proferida pelo *DAAB* fica sujeita à arbitragem, vinculada às regras da Corte Internacional de Arbitragem da ICC (*International Chamber of Commerce*), caso as partes também não obtenham solução amigável antes disso. O contrato prevê que os árbitros não estarão sujeitos às conclusões e entendimentos dos membros do *DAAB*.

4 Considerações finais

O desenvolvimento do setor de infraestrutura no Brasil depende do aporte de investimento. Investidores buscam segurança jurídica – garantida pela capacidade das partes envolvida na execução dos projetos, bem como por uma regulação normativa e contratual adequada.

Não por acaso, organizações que estruturam projetos de investimentos indicam formas e modelos contratuais de execução de projetos como pré-requisito para aportar valores em um projeto. Exigem modelos que distribuam os riscos adequadamente às partes e que contemplem ferramentas eficientes para garantia da execução e resolução de conflitos.

Para obras complexas de infraestrutura, a experiência obtida pelo setor de engenharia e projetos de financiamento indica que o processo de contratação e execução EPC é adequado. Modelos uniformes de contrato EPC, como o FIDIC *Silver Book*© (cuja parte das cláusulas foi abordada acima), são resultado de anos de experiência do setor de engenharia e têm como escopo estruturar processos complexos que asseguram a eficiência das transações para que uma grande obra seja contratada e efetivamente entregue.

---

[19] Sobre a eficácia do método, inclusive em contratos celebrados no Brasil com a Administração Pública, ver: https://www.jota.info/tributos-e-empresas/infraestrutura/dispute-board-conflito-especialistas-15112018. Acesso em: 14 mar. 2019.

Referências

ALMEIDA, Fernando Dias Menezes de. *Contrato Administrativo*. São Paulo: Quartier Latin, 2012.

DUTRA, Erica Donin. *Tipicidade social e jurídica do contrato de construção EPC no direito civil brasileiro*. Disponível em: https://lume.ufrgs.br/handle/10183/112078. Acesso em: 15 mar. 2019.

GIL, Fabio Coutinho de Alcântara. *A onerosidade excessiva em contratos de engineering*. Disponível em: http://www.teses.usp.br/teses/disponiveis/2/2132/tde-24052011-143442/pt-br.php. Acesso em: 15 mar. 2019.

GOMES, Orlando. *Obrigações*. 17. ed. Rio de Janeiro: Forense, 2007.

GOZZI, Elcio Fagundes Marques. *Contrato de EPC (Engeneering, Procurement e Construction) e o padrão FIDIC*. Dissertação (Mestrado Profissional em Direito dos Negócios Aplicado e Direito Tributário Aplicado) – FGV – Fundação Getulio Vargas, São Paulo, 2016.

LÔBO, Paulo. *Direito civil*: obrigações. 2. ed. São Paulo: Saraiva, 2011.

MOREIRA, Egon Bockmann. *Direito das concessões de serviço público*: inteligência da Lei 8.978/1995. São Paulo: Malheiros, 2010.

MOREIRA, Egon Bockmann. GUIMARÃES, Fernando Vernalha. *Licitação pública*: a lei geral de licitações/LGL e o regime diferenciado de contratações/RDC. São Paulo: Malheiros, 2015.

PINTO, José Emilio Nunes. *O contrato de EPC para construção de grandes obras de engenharia e o novo Código Civil*. Disponível em: https://jus.com.br/artigos/2806/o-contrato-de-epc-para-construcao-de-grandes-obras-de-engenharia-e-o-novo-codigo-civil. Acesso em: 15 mar. 2019.

POMBO, Rodrigo Goulart de Freitas. Construction Contracts in Brazilian Law and the Standard International Model Contracts. *In*: JUSTEN FILHO, Marçal; PEREIRA, Cesar; ROST, Maria Augusta (Ed.). *Brazil infrastructure law*. The Hauge: Eeven, 2016.

Informação bibliográfica deste texto, conforme a NBR 6023:2018 da Associação Brasileira de Normas Técnicas (ABNT):

BORDA, Daniel Siqueira; BRAZ, Felipe Henrique. O modelo FIDIC *Silver Book©* de contrato EPC/*Turn key*. *In*: JUSTEN FILHO, Marçal; SILVA, Marco Aurélio de Barcelos (Coord.). *Direito da Infraestrutura*: estudos de temas relevantes. Belo Horizonte: Fórum, 2019. p. 89-105. ISBN: 978-85-450-0672-5.

MARCO JURÍDICO DO SANEAMENTO BÁSICO. GESTÃO INTEGRADA E REGULAÇÃO PELA ANA

FERNÃO JUSTEN DE OLIVEIRA

1 O regime jurídico do saneamento básico

A organização normativa do saneamento básico no Brasil abrange um complexo de temas que compartilham o foco em abastecimento de água, esgotamento sanitário, limpeza urbana, destinação de resíduos sólidos e drenagem de águas pluviais.[1] A relevância essencial desses elementos configuradores do saneamento básico para a satisfação de direitos fundamentais da pessoa,[2] como o direito à saúde e o direito ao desenvolvimento,[3] conduz o ordenamento a qualificá-lo como serviço

---

[1] Conforme discriminado nas quatro alíneas do art. 2º, inc. I-A, da Lei Nacional de Saneamento Básico – LNSB.

[2] "Por mais problemática que seja a definição do conteúdo dos direitos fundamentais, é inquestionável que um aspecto essencial envolve o que se poderia denominar de 'direito à vida'. Todos têm direito a ver respeitadas as condições necessárias à manutenção da própria existência. [...] Como o saneamento básico é indispensável para assegurar o prolongamento da existência humana e a redução das doenças e outros sofrimentos materiais e psicológicos, resulta inquestionável que os direitos fundamentais compreendem a existência de condições saudáveis de meio ambiente" (JUSTEN FILHO, Marçal. Parecer sobre a minuta do Projeto de Lei nº 5296/2005: diretrizes para os serviços públicos de saneamento básico e Política Nacional de Saneamento básico – PNS. *In*: Brasil: Secretaria Nacional de Saneamento Ambiental. Brasília: Ministério das Cidades, 2005. Disponível em: http://www.bvsde.paho.org/bvsacd/cd63/diretrizes/diretrizes.html. Acesso em: 01 mar. 2019).

[3] "A conclusão é que, do ponto de vista jurídico-constitucional, o saneamento básico se trata de uma política pública indispensável para a realização de diversos direitos sociais, em especial do direito à saúde e do direito a um meio ambiente ecologicamente equilibrado. Mas essa constatação não o diminui. Apenas demonstra que o direito à salubridade ambiental (ou, por metonímia, o direito ao saneamento básico) é um direito em construção, no decorrer da qual se identifica a sua especificidade em relação a outros direitos a que

público – o que confere ao saneamento básico todos os atributos dessa categoria jurídica.

Logo, aplicam-se ao saneamento básico as regras gerais pertinentes ao conjunto das demais modalidades de serviço público, acrescidas da definição de específicas competências[4] para regulamentação, planejamento, financiamento, contratação, construção, operação, regulação e controle dos projetos de infraestrutura a ele relacionados.

Múltiplos fatores contribuem para a situação notoriamente precária do saneamento básico no Brasil. Ao lado da escassez financeira e da descontinuidade gerencial, a fragilidade regulatória tem sido reputada como um elemento de essencial contribuição para o baixo desenvolvimento do setor.[5] A titularidade local do serviço público de saneamento básico também pode ser identificada como um fator de reforço a desigualdades regionais – pois milhares de municípios brasileiros possuem pequena ou nenhuma capacidade de atrair investimentos ou de gerir a contratação de obras e operação de saneamento básico.[6]

---

sempre esteve associado" (RIBEIRO, Wladimir Antonio. O saneamento básico como um direito social. *Revista de Direito Público da Economia – RDPE*, Belo Horizonte, ano 13, n. 52, p. 229-251, out./dez. 2015. p. 250).

[4] Parcela dessas competências deflui diretamente da Constituição: "A Constituição Federal de 1988 menciona-o brevemente em apenas três momentos: (i) quando determina a competência da União para estabelecer diretrizes para o saneamento básico (artigo 22, inciso XX); (ii) para afirmar a competência comum de todos os entes federativos na promoção de programas de melhoria das condições de saneamento básico (artigo 23, inciso IX); e (iii) ao estabelecer a participação do Sistema Único de Saúde na formulação da política e da execução de ações de saneamento básico (artigo 200, inciso IV)". (LAHOZ, Rodrigo Augusto Lazzari; DUARTE, Francisco Carlos. Saneamento básico e direito à saúde: considerações a partir do princípio da universalização dos serviços públicos. *Revista de Estudos Constitucionais, Hermenêutica e Teoria do Direito (RECHTD)*, 7(1):62-69, jan./abr. 2015).

[5] Sobre a evolução da política pública de saneamento básico no Brasil e seus impactos sociais, consultem-se: CAMATTA, Adriana Freitas Antunes; COSTA, Beatriz Souza. Plano nacional de saneamento básico: instrumento fundamental para a reconquista da capacidade diretiva do estado na condução das políticas públicas que envolvem o Setor de saneamento. Disponível em: https://www.conpedi.org.br/publicacoes/c178h0tg/gb7cf8t2/BbyDZTHUO30wBhds.pdf. Acesso em: 08 mar. 2019; CAVASSIN, Marcus Venício. O princípio da universalização do acesso aos serviços de água e esgoto – análise crítica do marco regulatório do saneamento básico no Brasil. Disponível em: http://www.unicuritiba.edu. br/images/mestrado/dissertacoes/2014/Marcus_Venicio_Cavassin.pdf. Acesso em: 02 mar. 2019; HOHMANN, Ana Carolina C. Regulação e saneamento na Lei Federal nº 11.445/07. *Revista Jurídica da Procuradoria-Geral do Estado do Paraná*, Curitiba, n. 3, p. 211-244, 2012; SAKER, João Paulo Pellegrini. *Serviços públicos e saneamento*. Porto Alegre: Fabris, 2008.

[6] Confira-se a interessante tipologia dos municípios em face do saneamento básico concebida em: CUNHA, Alexandre dos Santos; NAHOUM, André Vereta; MENDES, Conrado Hübner; COUTINHO, Diogo R.; FERREIRA, Fernanda Meirelles; TUROLLA, Frederico de

Em 2018 houve relevante iniciativa de evolução com a alteração da Lei Nacional de Saneamento Básico nº 11.445/2007, por meio de medida provisória, para minorar os efeitos de uma descentralização que resultou em isolamento, desencontro e ineficiência.[7] Adiante serão investigadas as alterações legislativas que tendem a obter padronização no resultado do serviço por meio de maior integração do planejamento, da prestação e da regulação do serviço público de saneamento básico – representadas especificamente no texto da lei pela configuração de uma gestão integrada e da atribuição da regulação do setor para a Agência Nacional de Águas – ANA.

1.1 Lei Nacional de Saneamento Básico nº 11.445, de 2007

Em 2007 foi promulgada a Lei Nacional de Saneamento Básico nº 11.445 – LNSB, que revogou a Lei nº 6.528/1978 sobre tarifas de saneamento básico e alterou dispositivos da Lei de Parcelamento do Solo Urbano, Lei do FGTS, Lei de Licitações e Lei de Concessões de Serviços Públicos. A LNSB permanece como o marco jurídico do saneamento básico no Brasil após profunda reformulação recebida da Medida Provisória nº 868/2018, que incluiu ou modificou a redação de dezenas de seus dispositivos.

Os seus dez capítulos contêm 58 artigos que dispõem sobre as diretrizes nacionais (Capítulo I) e a Política Federal de Saneamento Básico (Capítulo IX), o exercício da titularidade do serviço (Capítulo II), a sua prestação regionalizada (Capítulo III), planejamento (Capítulo IV), regulação (Capítulo V) e remuneração (Capítulo VI), além de aspectos técnicos (Capítulo VII), controle social em órgãos colegiados (Capítulo VIII) e disposições finais (Capítulo X).

Araújo. Poder Concedente e Marco Regulatório no Saneamento Básico. *Revista da Escola de Direito de São Paulo da Fundação Getulio Vargas: Cadernos Direito GV*, v. 2, n. 2, p. 6-63, mar. 2006. Acesso em: 01 mar. 2019.

[7] A doutrina já identificou a impropriedade da falta de integração, inclusive para ampliar o conceito de saneamento básico: "[O] termo adequado e mais amplo é 'saneamento ambiental', compreendido como um conjunto de ações para preservar o meio ambiente e melhorar a saúde e a qualidade de vida da população. Saneamento básico é, portanto, um conjunto de ações, serviços, infraestruturas e instalações operacionais de 'todas as espécies de saneamento, quais sejam, o abastecimento de água potável; esgotamento sanitário; limpeza urbana e manejo de resíduos sólidos, drenagem e manejo das águas pluviais urbanas' (FREITAS, 2009. p. 906)" (LAHOZ; DUARTE, *op. loc. cit.*).

1.2 Lei da Agência Nacional de Águas nº 9.984, de 2000

A Agência Nacional de Águas – ANA foi criada no ano de 2000 com competência para implementar diretrizes e gerenciar o sistema relacionado a recursos hídricos, limitadamente. A Lei nº 9.984/2000, que criou a ANA, versa sobre a sua estrutura (Capítulo III), servidores (Capítulo IV), patrimonial e financeira (Capítulo V), além de outras providências administrativas (Capítulo VI).

Os dispositivos essenciais sobre as atribuições administrativas da ANA estão contidos no seu Capítulo I, sobre os objetivos, e no Capítulo II, sobre a competência – discriminada originalmente ao longo de 17 incisos contidos no art. 4º, versando sobre cursos de água, bacias hidrográficas, reservatórios, rede hidrometeorológica em consonância com a Política Nacional de Recursos Hídricos e o Sistema Nacional de Gerenciamento de Recursos Hídricos.

Apenas em 2008 surgiu o inc. XIX do art. 4º (incluído pela Medida Provisória nº 437 convertida em Lei nº 12.058/2009), que inaugurou na Lei da ANA a expressão "regular" referindo-se à concessão do serviço público de irrigação e de adução de água bruta, paralelamente à fiscalização de barragens e outras funções restritas a recursos hídricos. Até então as atribuições da ANA passavam por supervisionar, controlar, disciplinar, avaliar, fiscalizar, subsidiar, estimular, implementar, promover, definir, organizar, gerir, apoiar etc. – mas sem nomeadamente regular.[8]

Passados dez anos, o tema da regulação tornou a ser incluído na Lei da ANA – desta vez para dotá-la de instrumentos jurídicos para regular especificamente o setor de saneamento básico.

1.3 Medida Provisória nº 868, de 2018

A Lei Nacional de Saneamento Básico e a Lei da Agência Nacional de Águas sofreram intensa reformulação na oportunidade da edição da Medida Provisória nº 844, de 2018 – que teve a vigência encerrada e foi substituída pela Medida Provisória nº 868, também de 2018.

A MP nº 868 promoveu alterações legislativas sob três enfoques distintos. O primeiro, mais extenso e complexo do que os demais, incidiu

---

[8] Confira-se a propósito dessa limitação o capítulo 9. "Regulação" dos serviços (assim entre aspas): MARTINS, Ricardo Marcondes. Saneamento básico. *In*: BERCOVICI, Gilberto; VALIM, Rafael (Coord.). *Elementos de direito da infraestrutura*. São Paulo: Contracorrente, 2015. p. 195-197.

sobre a disciplina da prestação do saneamento básico – abrangendo conceituação, princípios fundamentais, titularidade, delegação, planejamento, remuneração – e da regulação nacional da atividade por meio da Agência Nacional de Águas. O segundo âmbito resultou em incluir o planejamento e gerenciamento prioritariamente de saneamento básico na Lei nº 13.529/2017, que rege o fundo de financiamento de serviços técnicos profissionais especializados em projetos de concessões e PPP. O terceiro refere-se a atribuições do cargo de Especialista em Recursos Hídricos (Lei nº 10.768/2003) e transformação de cargos DAS pelo governo federal.

O presente estudo restringe-se ao primeiro desses três enfoques, relacionado às modificações produzidas pela MP nº 868 na LNSB.

1.4 Medida Provisória nº 870, de 2019

Em 1º de janeiro de 2019 foi publicada a Medida Provisória nº 870, que configurou a organização dos órgãos da Presidência da República e dos Ministérios, assim como acresceu duas alterações à Lei da ANA. A primeira foi a vinculação da ANA ao Ministério do Desenvolvimento Regional, em vez do Ministério do Meio Ambiente (como figurava na MP nº 868). A segunda foi atribuir ao Ministro de Estado do Desenvolvimento Regional competência para instaurar processo administrativo disciplinar em face de dirigentes da ANA, por violação dos deveres e proibições inerentes ao cargo.

Por outro lado, a MP nº 870 manteve na LNSB as referências da MP nº 868 ao extinto Ministério das Cidades, fundido com o então Ministério da Integração Nacional e transformados em Ministério do Desenvolvimento Regional, que portanto assumiu as competências do antigo Ministério das Cidades.[9]

2 A prestação do serviço público de saneamento básico

O resultado mais expressivo das modificações sofridas pela LNSB pela MP nº 868 foi conceber a gestão integrada da prestação do serviço público de saneamento básico.

---

[9] Os dispositivos da LNSB que aludem ao Ministério das Cidades e devem ser considerados como referentes ao Ministério do Desenvolvimento Regional são os artigos 9º, VII; 19, §9º-A; 50, IV-A; 50, V-A; 52, *caput*; 53, §3º-A, §4º-A, §5º-A, §6º-A, e 53-D.

MARÇAL JUSTEN FILHO, MARCO AURÉLIO DE BARCELOS SILVA (COORD.)
DIREITO DA INFRAESTRUTURA – ESTUDOS DE TEMAS RELEVANTES

Três institutos representam na LNSB esse modelo jurídico de gestão integrada: a "gestão associada",[10] a "prestação regionalizada"[11] e o "colegiado interfederativo".[12] Adiante será visto que todos contemplam a ideia de compartilhamento e integração, por meio de instrumentos jurídicos como o consórcio público, convênio de cooperação e contrato de programa.

2.1 Princípios fundamentais

Os princípios fundamentais, assim denominados pelo texto da LNSB, da prestação do serviço público de saneamento básico foram deslocados do art. 2º (que agora acolhe a definição dos principais conceitos) para o art. 3º da LNSB. São 13 incisos que consagram a universalidade, integralidade, adequação, disponibilidade, regionalidade, articulação, eficiência, sustentabilidade, transparência, controle social, segurança, qualidade, regularidade, continuidade, integração e racionalização.

Os princípios elencados no art. 3º configuram, por um lado, os cânones que informam os demais dispositivos da própria LNSB e, por outro, condicionam a atividade regulatória a ser desempenhada pelo titular do serviço ou pelo ente regulador que dele receber a delegação para tanto, conforme previsto no art. 25-B da LNSB – e identicamente no art. 4º-C da Lei da ANA.[13]

2.2 Titularidade

O art. 8º-C da LNSB atribui aos municípios[14] e ao Distrito Federal a titularidade do serviço público de saneamento básico.[15]

---

[10] Vide art. 2º, inc. II; art. 8º-C, §1º, inc. I; art. 8º-C, §4º; art. 8º-D, §5º, art. 24, art. 31, art. 50, §1º, da LNSB.

[11] Vide art. 2º, inc. V; art. 11, §4º; art. 14; art. 15; art. 16; art. 24; e art. 31, inc. III, da LNSB.

[12] Vide art. 8º-C, §1º, inc. I, da LNSB.

[13] O art. 23, §1º, da LNSB, também prevê a possibilidade de delegação da regulação pelo titular "a qualquer entidade reguladora", acompanhada da forma de atuação e abrangência das atividades.

[14] Constituição, art. 30. Compete aos Municípios: [...] V – organizar e prestar, diretamente ou sob regime de concessão ou permissão, os serviços públicos de interesse local, incluído o de transporte coletivo, que tem caráter essencial.

[15] "Em duas diferentes ocasiões, o Supremo Tribunal Federal declarou inconstitucionais leis estaduais que objetivaram disciplinar os serviços públicos de saneamento básico,

O conteúdo dessa titularidade inclui a organização, prestação, fiscalização e regulação do serviço – como estabelece o art. 8º ao admitir expressamente a delegação dessas atividades a terceiro, sob a tutela do art. 241 da Constituição[16] e da Lei de Consórcios Públicos nº 11.107/2005.[17]

Alude-se no art. 8º-C, §1º, ao "interesse comum" como pressuposto do compartilhamento do exercício da titularidade, por meio de "colegiado interfederativo" (inc. I) de região metropolitana[18], aglomeração urbana[19] ou microrregião, conforme o Estatuto da Metrópole – Lei nº 13.089/2015; ou de "instrumentos de gestão associada" (inc. II) como consórcio público e convênio de cooperação previstos no art. 241 da Constituição.[20]

---

por entender que tais leis invadiram esfera de competência municipal [ADI nº 2340-SC e ADI nº 1842-R.J]. Contudo, isso não significa que o Estado-membro não tenha atuação no saneamento básico. Ao contrário, a Constituição Federal previu que cabe não só ao Município e ao Distrito Federal, mas, também, ao Estado-membro e à União a 'promoção de melhorias nas condições de saneamento básico'." (PRADO, Ivan Pereira; MENEGUIN, Fernando. Serviço de saneamento básico, sua regulação e o federalismo no Brasil. Núcleo de Estudos e Pesquisa da Consultoria Legislativa do Senado Federal. Disponível em: https://www12.senado.leg.br/publicacoes/estudos-legislativos/tipos-de-estudos/textos-para-discussao/td248. Acesso em: 02 mar. 2019.)

[16] Constituição, art. 241. A União, os Estados, o Distrito Federal e os Municípios disciplinarão por meio de lei os consórcios públicos e os convênios de cooperação entre os entes federados, autorizando a gestão associada de serviços públicos, bem como a transferência total ou parcial de encargos, serviços, pessoal e bens essenciais à continuidade dos serviços transferidos.

[17] Pondere-se, entretanto: "Assim, a titularidade da prestação dos serviços de saneamento básico deve ser entendida com temperamentos, já que a União detém a competência material para instituir diretrizes gerais para o saneamento e também instituir o sistema nacional de gerenciamento de recursos hídricos (art. 21, XIX e XX da CF/1988), além de deter a competência de legislar privativamente sobre as águas (art. 22, IV, da CF/88). Em complemento, observa-se que também a União, os Estados, o DF e os Municípios detêm competência material comum de cuidar da saúde, da proteção do meio ambiente e combater a poluição, de promover programas de melhoria das condições de saneamento básico." (PRADO; MENEGUIN, op. loc. cit.).

[18] Estatuto da Metrópole, art. 2º, inc. VII – região metropolitana: unidade regional instituída pelos Estados e integrada, conforme o caso, pelo Distrito Federal, por meio de lei complementar, constituída por agrupamento de Municípios limítrofes para integrar a organização, o planejamento e a execução de funções públicas de interesse comum.

[19] Estatuto da Metrópole, art. 2º, inc. I – aglomeração urbana: unidade territorial urbana constituída pelo agrupamento de 2 (dois) ou mais Municípios limítrofes, caracterizada por complementaridade funcional e integração das dinâmicas geográficas, ambientais, políticas e socioeconômicas.

[20] O art. 10-C, §10, da LNSB, permite que a gestão associada com base nesse inciso II do art. 8º-C, §1º, seja financiada com recursos do fundo de apoio à estruturação e ao desenvolvimento de projetos de concessões e parcerias público-privadas, previsto na Lei nº 13.529/1997, também alterada pela Medida Provisória nº 828/2018.

Aponte-se que os recursos hídricos não integram o serviço público de saneamento básico, de acordo com a ressalva do art. 4º da LNSB. O parágrafo único do art. 4º coerentemente dispõe que a captação e uso da água[21] para saneamento básico sujeita-se à outorga do direito de uso, conforme a Lei nº 9.433/1997, que institui a Política Nacional de Recursos Hídricos, cria o Sistema Nacional de Gerenciamento de Recursos Hídricos e define os critérios de outorga de direito de uso.[22]

2.3 Planejamento

O art. 9º da LNSB impõe ao titular dos serviços o dever geral de planejamento da prestação do serviço público de saneamento básico, ao indicar no *caput* a formulação da política pública respectiva e detalhá-lo em oito incisos, que incluem a elaboração do plano de saneamento básico (inc. I), prestar diretamente ou delegar o serviço (inc. II), escolher a entidade reguladora (inc. III), definir os parâmetros de atendimento à saúde pública (inc. IV), estabelecer os direitos e deveres dos usuários (inc. V) e mecanismos de controle social (inc. VI), implantar sistema de informações[23] (inc. VII), intervir e retomar os serviços, se assim indicado pela entidade reguladora, conforme contrato (inc. VIII).

Os requisitos mínimos do plano de saneamento básico estão discriminados nos cinco incisos do art. 19 da LNSB, dentre eles o diagnóstico da situação e seus impactos (inc. I), objetivos e metas de curto, médio e longo prazo (inc. II), programas, projeto e ações para atingi-los (inc. III), ações para emergências e contingências (inc. IV) e mecanismos de avaliação de eficiência e eficácia (inc. V). Tal plano será aprovado por ato do seu titular, admitindo basear-se em estudos do prestador (art. 19, §1º), compatível com os planos da respectiva bacia hidrográfica (§3º), revisado periodicamente em menos de quatro anos (§4º), com ampla divulgação por audiências ou consultas públicas (§5º),

---

[21] Constituição, art. 20. São bens da União: [...] III – os lagos, rios e quaisquer correntes de água em terrenos de seu domínio, ou que banhem mais de um Estado, sirvam de limites com outros países, ou se estendam a território estrangeiro ou dele provenham, bem como os terrenos marginais e as praias fluviais.

[22] Lei nº 9.433/1997, art. 14. A outorga efetivar-se-á por ato da autoridade competente do Poder Executivo Federal, dos Estados ou do Distrito Federal. §1º O Poder Executivo Federal poderá delegar aos Estados e ao Distrito Federal competência para conceder outorga de direito de uso de recurso hídrico de domínio da União.

[23] Em coordenação com o Sistema Nacional de Informações em Saneamento Básico – SINISA, o Sistema Nacional de Informações sobre a Gestão dos Resíduos Sólidos – SINIR e o Sistema Nacional de Gerenciamento de Recursos Hídricos.

com menor nível de detalhamento para municípios com menos de 20 mil habitantes (§9º-A).

Embora não detenha a titularidade dos serviços de saneamento básico, a União recebeu da LNSB a atribuição de elaborar a Política Nacional de Saneamento Básico,[24] por meio de extenso rol de diretrizes (art. 48), objetivos (art. 49) e condições de alocação de recursos públicos federais (art. 50), além de ordenar a divulgação completa e ampla discussão dos estudos dos planos de saneamento (art. 51), minuciosas regras para a elaboração do Plano Nacional de Saneamento Básico (art. 52, inc. I) e dos planos regionais (art. 52, inc. II) e estipular a criação e objetivos do Sistema Nacional de Informações em Saneamento Básico – SINISA (art. 52 e parágrafos). Todos esses dispositivos receberam acréscimos da MP nº 868, com descrição minudente de atribuições complementares sobre esses temas a serem cumpridos pela União e pela ANA.

A MP nº 868 incluiu ainda os arts. 53-D, 53-E e 53-F, que estabeleceram a criação e competência do Comitê Interministerial de Saneamento Básico – CISB, para coordenar a implementação da política federal de saneamento básico e articular a atuação federal na alocação de recursos financeiros em saneamento básico.

2.4 Gestão associada

A delegação da prestação pelo titular[25] subordina-se à celebração de contrato, com expressa exclusão pelo art. 10 da LNSB de instrumentos de natureza precária – exceto (§1º) para cooperativas e associações autorizadas pelo titular na forma da lei (inc. I) em condomínio (alínea 'a') em localidade de pequeno porte com população de baixa renda

---

[24] "A junção dos dispositivos constitucionais esclarece, facilmente, como funciona (ou deveria funcionar) a gestão do saneamento básico no Brasil: (i) a União estabelece diretrizes, a serem atendidas por todos; (ii) a União e os Estados-membros devem possuir políticas de saneamento básico próprias, por meio das quais cooperam com os municípios; (iii) os municípios legislam sobre os serviços, atendidas as diretrizes fixadas pela União, bem como se responsabilizam pela gestão dos serviços de saneamento básico (planejamento, regulação, fiscalização e prestação direta ou contratada dos serviços), contando para isso com a cooperação da União e do Estado-membro." (RIBEIRO, *op. cit.*, p. 243).

[25] "A Lei Federal nº 1.445/07 é bastante clara nesse sentido, tratando de modo pormenorizado das diversas possibilidades de prestação. Todavia, as tarefas de planejamento e de fiscalização e regulação pertencerão sempre ao ente público, visto que inerentes à sua titularidade" (HOHMANN, *op. cit.*, p. 220).

(alínea 'b') ou em caso de convênios ou delegações sob outras formas celebradas até 6 de abril de 2005 (inc. II).

O art. 10-C da LNSB estabeleceu roteiro para a celebração de contratação estável, ordenando três hipóteses em ordem sucessiva: a contratação de particulares por dispensa, a celebração de contrato de programa[26] (em gestão associada com outro integrante da Administração)[27] e a realização de licitação. A contratação mediante alguma das hipóteses de dispensa (art. 24, Lei nº 8.666) será antecedida de edital de chamamento público aberto à iniciativa privada, com prévia manifestação dos órgãos de regulação e fiscalização (art. 10-C, §1º) e com propostas que discriminem objeto, vigência, modos de remuneração, atualização, reajuste, plano e cronograma de investimentos, metas de qualidade, valor estimado (§2º, incisos I a VI). Se nenhum prestador privado manifestar interesse no chamamento público, o titular poderá celebrar contrato de programa[28] mediante dispensa de licitação[29] (§5º). No entanto, se ao menos um prestador privado demonstrar interesse ao mesmo tempo em que um integrante da Administração apto a celebrar contrato de programa, será instituído processo licitatório (§4º).

Além das condições de publicidade do edital de chamamento (§7º e §9º), da exigência de compatibilidade entre as condições do edital dessa licitação – e do contrato de programa – com as do edital de

---

[26] Decreto Federal nº 6.017/2007, art. 1º, inciso XVI – contrato de programa: instrumento pelo qual devem ser constituídas e reguladas as obrigações que um ente da Federação, inclusive sua administração indireta, tenha para com outro ente da Federação, ou para com consórcio público, no âmbito da prestação de serviços públicos por meio de cooperação federativa.

[27] "A mudança cultural de atuação, desempenho e foco das companhias estaduais de saneamento será o motriz da alavancagem, ou não, de futuros acordos cooperativos. Entretanto, releva-se, não será de manso desenrolar. Se antes tais empresas públicas dominavam todos os aspectos da prestação do serviço, incluindo o planejamento, a nova versão do arranjo legal do setor de saneamento conferiu a quem sempre relegou a terceiros a missão de gerenciar todo o sistema". (EL ACHKAR, Azor. O princípio da gestão associada e a prestação dos serviços de saneamento ambiental – condições e possibilidades. *Revista Controle* – Doutrina e Artigos, 12(1), 99-115. https://doi.org/10.32586/rcda.v12i1.200).

[28] Lei de Consórcios Públicos, art. 13. Deverão ser constituídas e reguladas por contrato de programa, como condição de sua validade, as obrigações que um ente da Federação constituir para com outro ente da Federação ou para com consórcio público no âmbito de gestão associada em que haja a prestação de serviços públicos ou a transferência total ou parcial de encargos, serviços, pessoal ou de bens necessários à continuidade dos serviços transferidos.

[29] Lei nº 8.666/1993, art. 24. É dispensável a licitação: [...] XXVI – na celebração de contrato de programa com ente da Federação ou com entidade de sua administração indireta, para a prestação de serviços públicos de forma associada nos termos do autorizado em contrato de consórcio público ou em convênio de cooperação.

chamamento (§8º) e das hipóteses de inexigibilidade do chamamento público (§6º), o art. 10-C estabeleceu pelo seu §3º um mecanismo de subsídio cruzado em que a proposta no chamamento público poderá prever percentual mínimo da tarifa para financiar investimentos em municípios com os menores índices de cobertura.

O contrato com objeto de prestação do serviço público de saneamento básico, sob qualquer modalidade, tem validade condicionada à presença de quatro elementos (art. 11 da LNSB): plano de saneamento básico (inc. I), estudo de viabilidade técnica e econômico-financeira (inc. II), normas de regulação e entidade que a exercerá (inc. III) e audiência e consultas públicas sobre o edital e a minuta do contrato (inc. IV).

Quando houver contrato de programa ou de concessão, as normas de regulação deverão conter (art. 11, §2º), adicionalmente, autorização para contratação (inc. I), metas progressivas de qualidade e eficiência (inc. II), prioridades de ação (inc. III), condições de sustentabilidade e equilíbrio econômico-financeiro (inc. IV), mecanismos de controle social (inc. V) e hipóteses de intervenção e retomada dos serviços (inc. VI). No caso específico de contrato de programa, este conterá as cláusulas obrigatórias para a concessão de serviço público definidas nos arts. 23 e 23-A da Lei nº 8.897/1995, exceto sob incompatibilidade absoluta justificada pelo titular (art. 10-D, LNSB).

A subdelegação total ou parcial do objeto de contrato de programa foi admitida pelo art. 11-B da LNSB, condicionada a autorização expressa do titular. O prestador deve comprovar tecnicamente que a subdelegação produz benefício em termos de qualidade (§1º) e o contrato de subdelegação será precedido de licitação e disporá sobre os limites da sub-rogação de direitos e deveres (§2º).

2.5 Prestação regionalizada

A prestação regionalizada dos serviços públicos de saneamento básico já existia na LNSB antes da edição da MP nº 868. Ocorre que a inclusão de cinco parágrafos ao art. 17 tem a potência de conferir maior eficiência a essa modalidade de gestão integrada.

A prestação regionalizada caracteriza-se por um único prestador para municípios contíguos ou não, com regulação e fiscalização uniformes e compatibilidade de planejamentos (art. 14, incs. I a III). A sua prestação será realizada por entidade integrante da Administração (incluindo sociedade de economia mista estadual) ou por empresa concessionária (art. 16, incs. I e II) e a atividade de regulação caberá a órgão de ente federativo por convênio de cooperação conforme o art. 241 da Constituição ou a consórcio público de direito público integrado pelos titulares (art. 15, incs. I e II).

O art. 17 da LNSB continha apenas o atual *caput*, que faculta a adoção de plano conjunto de saneamento básico, em vez de cada município praticar o seu próprio plano, mas após a MP nº 868 o plano conjunto prevalecerá sobre o plano isolado de cada titular (§2º-A) e pode contemplar um ou mais serviços do art. 2º, inc. I-A, da LNSB: água potável, esgotamento sanitário, resíduos sólidos e águas pluviais urbanas (§1º-A). Esse plano conjunto poderá ser elaborado com assistência da Administração estadual ou federal, mediante convalidação pelo Executivo municipal (§4º-A) ou pelo colegiado da região metropolitana, quando houver (§5º-A), e dispensará cada município de elaborar o seu próprio (§3º-A).

2.6 Custeio

Dentre as principais modificações no sistema de custeio, a redação alterada do art. 29 da LNSB determina que a sustentabilidade econômico-financeira do serviço público de saneamento básico assegura-se pela remuneração do prestador mediante a cobrança de tributos e tarifas, além de subsídios e subvenções quando necessário. A anterior redação estabelecia que a sustentabilidade ocorreria, "sempre que possível", mediante remuneração.

A disposição revogada era contraditória com o próprio conceito de sustentabilidade. A MP nº 868 eliminou ainda outras imprecisões da LNSB acerca do custeio e remuneração pela prestação do serviço público de saneamento básico, com a definição precisa no art. 29 sobre a origem referente a cada serviço: taxas, tarifas e outros preços públicos para água potável e esgotamento sanitário, isolados ou em conjunto (inc. I), taxas, tarifas e outros preços públicos para limpeza urbana e resíduos sólidos, exceto varrição, capina e poda em vias públicas (inc. II e art. 35, §2º-A) e tributos, inclusive taxas, para águas pluviais urbanas (inc. III).

O dimensionamento da taxa e da tarifa para limpeza urbana e resíduos sólidos deve considerar a destinação adequada e também necessariamente o nível de renda da população atendida (art. 35, *caput*) – este não mais facultativamente como na redação anterior.

O rol de elementos de consideração facultativa agora se restringe a características do entorno, peso ou volume médio coletado, consumo de água e frequência da coleta (incisos I a IV-A).

Na prestação delegada, as tarifas e taxas relativas desde a coleta até a disposição final de resíduos sólidos poderão ser cobradas diretamente dos usuários pelo delegatário prestador (art. 35, §1º-A) e a cobrança poderá ser incluída na fatura de outros serviços públicos, com anuência do respectivo prestador (art. 35, §3º-A).

3 A regulação da prestação do serviço público de saneamento básico

A LNSB dedica o seu Capítulo V (arts. 21 a 27) à regulação do serviço público de saneamento básico.

Consagra-se o princípio da independência decisória (art. 21, inc. I) com transparência, tecnicidade, celeridade e objetividade das decisões (art. 21, inc. II), paralelamente a seis objetivos discriminados no art. 22: estabelecer padrões e normas de adequação e satisfação (inc. I), cumprimento de metas (inc. II), prevenção e repressão do abuso de poder econômico (inc. III), definição de tarifas equilibradas, indutoras da eficiência e eficácia dos serviços e compartilhamento dos ganhos de produtividade com os usuários (inc. IV).

A edição das normas de adequação e satisfação referidas no art. 22, inc. I, seguirá os parâmetros técnicos aludidos nos 14 incisos e quatro parágrafos do art. 23, que incluem padrões, indicadores e metas de produtividade e expansão, regime tarifário com reajuste e revisão, medição e cobrança dos serviços, mecanismos de avaliação, informação, auditoria e certificação, subsídios, atendimento ao público, medidas de segurança, contingência e emergência, diretrizes para reduzir a perda da água.

As metas, indicadores e métodos de monitoramento poderão ser os mesmos para uma área de gestão associada ou prestação regionalizada (art. 24) e os prestadores têm o dever de fornecer à entidade reguladora os dados e informações pertinentes à atividade regulatória (art. 25 e parágrafos).

3.1 Mecanismo de regulação universal pela ANA

A Agência Nacional de Águas – ANA recebeu intensa ampliação de sua competência pela LNSB, com as alterações da MP nº 868.

Por um lado, o §1º do art. 23 da LNSB estabelece que o titular do serviço público, que é também o titular da regulação, pode delegá-la para qualquer entidade reguladora: a MP nº 868 eliminou a expressão "dentro dos limites do respectivo Estado" que constava da redação original do parágrafo. Com isso, a LNSB admitiu a possibilidade de nacionalizar a regulação do serviço público de saneamento básico, por meio de atividade da ANA: os municípios e o Distrito Federal (inclusive em gestão associada ou prestação regionalizada) estão autorizados a delegar diretamente à ANA a regulação direta do serviço público de saneamento básico sob titularidade deles.

Por outro lado, o art. 25-B da LNSB atribuiu à ANA a regulação mediata da prestação do serviço público de saneamento básico em todo o Brasil.[30] Referido dispositivo estabelece que a ANA instituirá "normas de referência nacionais para a regulação" a serem cumpridas compulsoriamente pelos titulares e suas entidades reguladoras.[31] Todavia, as normas de referência nacionais não serão oponíveis a contrato celebrado anteriormente à vigência delas que eventualmente contenha disposições em contrário (art. 25-B, §2º).[32]

Como regra de cogência às normas de referência nacionais, o art. 25-B, §1º,[33] condicionou o acesso dos titulares e prestadores a recursos financeiros de origem federal para saneamento básico ao cumprimento dessas normas de referência, em consonância com as regras de alocação de recursos públicos federais constantes do art. 50 da LNSB. Tal restrição de acesso não será aplicável a ações de saneamento básico em áreas rurais, indígenas, quilombolas e soluções individuais que não configuram serviço público (art. 25-B, §3º).[34]

3.2 Parâmetros das normas de referência nacionais

A MP nº 868 integrou o sistema de regulação da prestação do serviço público de saneamento básico configurado pela LNSB com dispositivos incluídos na Lei da ANA, de modo a constituí-la como a entidade de regulação por excelência do saneamento básico brasileiro.

---

[30] O preâmbulo e o art. 1º da Lei da ANA também receberam inclusão da MP nº 868, pela qual a ANA tornou-se "responsável pela instituição de normas de referência nacionais para a regulação da prestação dos serviços públicos de saneamento básico".

[31] Redação repetida, com adaptações, no art. 4º-C, *caput*, da Lei da ANA.

[32] Redação repetida, com adaptações, no art. 4º-D, §2º, da Lei da ANA.

[33] Redação repetida, com adaptações, no art. 4º-D, *caput*, da Lei da ANA.

[34] Redação repetida no art. 4º-D, §3º, da Lei da ANA.

As normas de referência nacionais caracterizam a regulação universal (ainda que mediata) do setor de saneamento básico pela ANA. O art. 4º-C, *caput*, da Lei da ANA determina que tais normas observarão as diretrizes para a função de regulação estabelecidas na LNSB e abrangerão os quatro serviços que integram o saneamento básico: água potável, esgotamento sanitário, resíduos sólidos e águas pluviais urbanas (art. 4º-C, §2º)

O art. 4º-C, §1º, discrimina os temas que serão objeto das aludidas normas: padrões de qualidade e eficiência na prestação, manutenção e operação (inc. I), regulação tarifária considerando prestação adequada, uso racional dos recursos naturais e equilíbrio econômico-financeiro (inc. II), padronização dos instrumento negociais entre titulares e delegatários, com matriz de riscos e mecanismos para equilíbrio econômico-financeiro (inc. III), critérios de contabilidade regulatória (inc. IV) e redução progressiva da perda de água (inc. V). A regulação tarifária do inc. II contemplará, quando possível, o compartilhamento dos ganhos de produtividade com os usuários e subsídios para populações de baixa renda (§8º). A padronização de instrumentos negociais do inc. III incluirá os parâmetros de investimento para manutenção dos níveis de serviço desejados (§9º).

A elaboração das normas de referência nacional terá como princípios (art. 4º-C, §3º) o estímulo à livre concorrência, competitividade, eficiência, sustentabilidade econômica (inc. I), cooperação entre os entes federativos[35] para alcançar adequação, eficiência, universalização e modicidade (inc. II), atendimento pleno aos usuários (inc. III), atenção às peculiaridades locais e regionais (inc. IV), adoção das melhores práticas do setor mediante interação com reguladores e fiscalizadores (§4º, inc. I) e realização de audiências e consultas públicas (§4º, inc. II).

O art. 4º-C da Lei da ANA ainda define como suas competências específicas: zelar pela uniformidade regulatória do setor de saneamento básico e sua segurança jurídica (§7º), ofertar mediação e arbitragem

---

[35] "O saneamento básico atinge três componentes materiais interdependentes, que são saúde pública, meio ambiente e infraestrutura urbana. Destas, apenas a terceira é de interesse eminentemente local. Contudo, a infraestrutura urbana integra o conceito de moradia, constitucionalmente definido como direito fundamental. As outras duas componentes (saúde pública e meio ambiente) são textualmente consideradas direitos fundamentais pela Constituição. Esta característica justifica a necessária cooperação federativa na promoção do saneamento básico" (PETERS, Edson Luiz; MASSARDO, Fernando. Repartição das competências em matéria de saneamento básico no Brasil. Disponível em: https://www.ambientejuris.com.br/blogs/publicacoes/reparticao-das-competencias-em-materia-de-saneamento-basico-no-brasil. Acesso em: 9 mar. 2019).

voluntárias sobre conflitos evolvendo os entes federativos, prestadores do serviço e agências reguladoras (§5º), avaliar o impacto regulatório das normas de referência nacionais e o seu cumprimento pelas demais entidades reguladoras e fiscalizadoras (§6º), elaborar estudos técnicos sobre as melhores práticas no setor (§10), capacitar recursos humanos para a regulação (§11), articular o Plano Nacional de Saneamento Básico com o Plano Nacional de Resíduos Sólidos e o Plano Nacional de Recursos Hídricos.

3.3 Independência potencial

A Lei da ANA recebeu ainda outras alterações pela MP nº 868 em reforço da independência da ANA na atividade regulatória. Deve-se compreender como independente a atividade regulatória pautada pela satisfação do direito dos usuários, delegatários e titulares do serviço público, por intermédio da aplicação de critérios técnicos que mantenham em segundo plano (senão eliminem) a captura do órgão regulador e o potencial aparelhamento político da sua atividade.[36]

O Capítulo III da Lei da ANA concebe-se sob a perspectiva da independência da regulação. A previsão do art. 9º de mandato de quatro anos não coincidentes para os integrantes da Diretoria Colegiada contribui para dificultar a captura do órgão pelo setor público e o reafirma a restrição da demissão imotivada, pelo art. 10, aos quatro meses iniciais do respectivo mandato do membro da Diretoria.[37] O art. 11 destina-se a evitar a captura pelo setor privado (inclusive por interesse pessoal de dirigente da ANA), ao proibir o exercício concomitante de outra atividade profissional, empresarial, sindical ou de direção político-partidária – e não poderá ser nomeado como dirigente quem tiver interesse direto ou indireto em empresa relacionada com o Sistema Nacional de Gerenciamento de Recursos Hídricos ou com a prestação do serviço público de saneamento básico (§1º), exceto em caso de vínculo contratual com entidades de ensino e pesquisa (§2º).

---

[36] "Porém, não devemos partir da perspectiva de inutilidade de regulação, ante a possibilidade de captura do órgão regulador, nos termos da teoria de Stigler. Até mesmo porque no bojo da estrutura regulatória atual se encontra uma configuração na qual 'poder concedente' e 'órgão regulador' não guardam identidade. O órgão regulador é dotado de independência. Não obstante, a atuação de ambos está sujeita a controles externos – como, por exemplo, o controle social, o controle do Ministério Público e os controles dos Tribunais de Contas" (HOHMANN, *op. cit.*, p. 220).

[37] Os §§1º e 2º do art. 10 estimam hipóteses de demissão motivada, antecedida do devido processo administrativo (§3º).

Naturalmente, a existência de estipulações normativas em favor da independência da atividade regulatória não significa a automática instituição, mas deve-se celebrar que estejam formalmente preconizadas em lei e que exista perspectiva de seu efetivo cumprimento.

4 Conclusão

O resultado mais expressivo das modificações sofridas pela LNSB pela MP nº 868 foi conceber a gestão integrada da prestação do serviço público de saneamento básico. Três institutos representam na LNSB esse modelo jurídico de gestão integrada: a "gestão associada", a "prestação regionalizada" e o "colegiado interfederativo".

A Agência Nacional de Águas – ANA recebeu intensa ampliação de sua competência pela LNSB, com as alterações da MP nº 868. O §1º do art. 23 da LNSB estabelece que o titular do serviço público, que é também o titular da regulação, pode delegá-la para qualquer entidade reguladora. Com isso, os municípios e o Distrito Federal (inclusive em gestão associada ou prestação regionalizada) estão autorizados a delegar diretamente à ANA a regulação direta do serviço público de saneamento básico sob titularidade deles.

Por fim, o art. 25-B da LNSB atribuiu à ANA a regulação mediata da prestação do serviço público de saneamento básico em todo o Brasil. Referido dispositivo estabelece que a ANA instituirá "normas de referência nacionais para a regulação" a serem cumpridas compulsoriamente pelos titulares e suas entidades reguladoras. Como regra de cogência às normas de referência nacionais, o art. 25-B, §1º, condicionou o acesso dos titulares e prestadores a recursos financeiros de origem federal para saneamento básico ao cumprimento dessas normas de referência.

Referências

ALBUQUERQUE, Guilherme da Rocha. Estruturas de financiamento aplicáveis ao setor de saneamento básico. Biblioteca Digital BNDS. Disponível em: https://web.bndes.gov.br/bib/jspui/bitstream/1408/1485/1/A%20BS%2034%20Estruturas%20de%20financiamento%20aplicáveis%20ao%20setor%20de%20saneamento%20básico_P.pdf. Acesso em: 1 mar. 2019.

ALBUQUERQUE, Guilherme da Rocha, Guilherme da Rocha; FERREIRA, Arian Bechara. Saneamento ambiental no Brasil: cenário atual e perspectivas. Biblioteca Digital BNDS. Disponível em: https://web.bndes.gov.br/bib/jspui/bitstream/1408/2024/1/O%20saneamento%20ambiental%20no%20Brasil_A_P.pdf. Acesso em: 1 mar. 2019.

ARSESP – Agência Reguladora de Saneamento e Energia do Estado de São Paulo. Guia de orientação para gestores municipais sobre a delegação da regulação, fiscalização e prestação dos serviços de saneamento básico. Disponível em: http://www.arsesp.sp.gov.br/Documentosgerais/Cartilha_municipios_final.pdf. Acesso em: 6 mar. 2019.

BERCOVICI, Gilberto; VALIM, Rafael (Coord.). *Elementos de direito da infraestrutura*. São Paulo: Contracorrente, 2015.

BRITTO, Ana Lucia. A gestão do saneamento no Brasil desafios e perspectivas seis anos após a promulgação da Lei 11.455/2007. *Revista eletrônica de estudos urbanos e regionais*, n. 11, ano 3, dez. 2012. E-metropolis. Disponível em: http://www.urbanismo.mppr.mp.br/arquivos/File/GestaodosaneamentonoBrasildesafioseperspectivas.pdf. Acesso em: 3 mar. 2019.

CAMATTA, Adriana Freitas Antunes. Saneamento básico e proteção ambiental: atenção permanente do estado na execução de serviços públicos essenciais. *Dom Helder Revista de Direito, Justiça Estado e Cidadania nas Sociedades Contemporâneas*, v. 1, n. 1, set./dez. 2018.

CAMATTA, Adriana Freitas Antunes. Saneamento básico no Brasil: desafios na universalização de seu acesso frente aos impasses econômicos e sociais que limitam a oferta dos serviços essenciais. Disponível em: http://domhelder.edu.br/posgraduacao/editor/assets/arquivos_dissertacoesdefendidas/eb40bbb322ee1df5aaa26d29f1105d9f.pdf. Acesso em: 08 mar. 2019.

CAMATTA, Adriana Freitas Antunes; COSTA, Beatriz Souza. Plano nacional de saneamento básico: instrumento fundamental para a reconquista da capacidade diretiva do estado na condução das políticas públicas que envolvem o Setor de saneamento. Disponível em: https://www.conpedi.org.br/publicacoes/c178h0tg/gb7cf8t2/BbyDZTHUO30wBhds.pdf. Acesso em: 8 mar. 2019.

CARVALHO, Vinícius Marques de. *O direito do saneamento básico*. São Paulo: Quartier Latin, 2010.

CAVASSIN, Marcus Venício. O princípio da universalização do acesso aos serviços de água e esgoto – análise crítica do marco regulatório do saneamento básico no Brasil. Disponível em: http://www.unicuritiba.edu.br/images/mestrado/dissertacoes/2014/Marcus_Vinicius_Cavassin.pdf. Acesso em: 2 mar. 2019.

CAVASSIN, Marcus Venício; BERTONCINI Mateus Eduardo Siqueira Nunes. O marco regulatório do saneamento básico no brasil e o princípio constitucional da dignidade humana. Disponível em: http://www.publicadireito.com.br/artigos/?cod=93e687f261472611. Acesso em: 2 mar. 2019.

CUNHA, Alexandre dos Santos; NAHOUM, André Vereta; MENDES, Conrado Hübner; COUTINHO, Diogo R.; FERREIRA, Fernanda Meirelles; TUROLLA, Frederico de Araújo. Poder concedente e marco regulatório no saneamento básico. *Revista da Escola de Direito de São Paulo da Fundação Getulio Vargas: Cadernos Direito GV*, v. 2, n. 2, p. 6-63, mar. 2006. Acesso em: 1 mar. 2019.

EL ACHKAR, Azor. O princípio da gestão associada e a prestação dos serviços de saneamento ambiental – condições e possibilidades. *Revista Controle – Doutrina e Artigos*, 12(1), 99-115. https://doi.org/10.32586/rcda.v12i1.200. Acesso em: 1 mar. 2019.

GALVÃO, Alceu de Castro; NISHIO, Sandra Regina; BOUVIER, Beatriz Baraúna; TUROLLA, Frederico Araújo. Marcos regulatórios estaduais em saneamento básico no Brasil. *Rap*, Rio de Janeiro 43(1):207-27, jan./fev. 2009. Disponível em: http://bibliotecadigital.fgv.br/ojs/index.php/rap/article/viewFile/6685/5268. Acesso em: 6 mar. 2019.

GAMA, Ricardo Silva. Aspectos da Política Nacional de Saneamento diante da transição democrática da sociedade e do Estado brasileiro. *Revista Desenvolvimento e Meio Ambiente*, n. 22, p. 141-152, jul./dez. 2010.

HOHMANN, Ana Carolina C. Regulação e Saneamento na Lei Federal nº 11.445/07. *Revista Jurídica da Procuradoria-Geral do Estado do Paraná*, Curitiba, n. 3, p. 211-244, 2012.

JUSTEN FILHO, Marçal. As diversas configurações das concessões de serviço público. *Revista de Direito Público da Economia*, Belo Horizonte, n. 1, p. 95-136, jan./mar. 2003a.

JUSTEN FILHO, Marçal. As empresas privadas com participação estatal minoritária. *In: Revista de Direito Administrativo Contemporâneo – ReDAC*, São Paulo, ano 1, v. 2, set./out. 2013.

JUSTEN FILHO, Marçal. *Curso de direito administrativo*. 12. ed. São Paulo: RT, 2016.

JUSTEN FILHO, Marçal. *Comentários à Lei de Licitações e Contratos Administrativos*. 16. ed. São Paulo: RT, 2014.

JUSTEN FILHO, Marçal (Org.). *Estatuto jurídico das empresas estatais*: Lei 13.303/206 – Lei das Estatais, São Paulo: RT, 2016.

JUSTEN FILHO, Marçal. *O direito das agências reguladoras independentes*. São Paulo: Dialética, 2002.

JUSTEN FILHO, Marçal. Parecer sobre proposta legislativa de criação de consórcios públicos. *Revista Eletrônica de Direito do Estado*, Salvador, Instituto de Direito Público da Bahia, n. 3, jul./ago./set. 2005. Disponível em: http:www.direitodoestado.com.br. Acesso em: 01 mar. 2019.

JUSTEN FILHO, Marçal. Parecer sobre a minuta do Projeto de Lei nº 5296/2005: diretrizes para os serviços públicos de saneamento básico e Política Nacional de Saneamento básico – PNS. *In*: BRASIL: Secretaria Nacional de Saneamento Ambiental. Brasília: Ministério das Cidades, 2005. Disponível em: http://www.bvsde.paho.org/bvsacd/cd63/diretrizes/diretrizes.html. Acesso em: 1 mar. 2019.

JUSTEN FILHO, Marçal. Serviço público no direito brasileiro. *Revista de Direito Público da Economia*, Belo Horizonte, v. 7, p. 143-169, jul./set. 2004.

JUSTEN FILHO, Marçal. *Teoria geral das concessões de serviço público*. São Paulo: Dialética, 2003.

LAHOZ, Rodrigo Augusto Lazzari; DUARTE, Francisco Carlos. Saneamento básico e direito à saúde: considerações a partir do princípio da universalização dos serviços públicos. *Revista de Estudos Constitucionais, Hermenêutica e Teoria do Direito (RECHTD)*, 7(1):62-69, jan./abr. 2015.

MELLO, Celso Antônio Bandeira de. *Curso de Direito Administrativo*. 33. ed. Malheiros. São Paulo, 2016.

MORETTI, Julia Azevedo. Saneamento como Importante Elemento do Direito à Cidade: Ponderações sobre a Política Municipal de Saneamento em São Paulo. *Revista Direito, Estado e Sociedade*, n. 45 p. 61-81, jul./dez. 2014.

NOTARO, Camila Antunes. D18- 08 as agências reguladoras e o serviço público de saneamento básico à luz da Lei nº 11.445/07. *Revista Eletrônica de Direito do Centro Universitário Newton Paiva*. Disponível em: http://npa.newtonpaiva.br/direito/?p=509. Acesso em: 7 mar. 2019.

PETERS, Edson Luiz; MASSARDO, Fernando. Repartição das competências em matéria de saneamento básico no Brasil. Disponível em: https://www.ambientejuris.com.br/blogs/publicacoes/reparticao-das-competencias-em-materia-de-saneamento-basico-no-brasil. Acesso em: 9 mar. 2019.

PRADO, Ivan Pereira; MENEGUIN, Fernando. Serviço de saneamento básico, sua regulação e o federalismo no Brasil. Núcleo de Estudos e Pesquisa da Consultoria Legislativa do Senado Federal. Disponível em: https://www12.senado.leg.br/publicacoes/estudos-legislativos/tipos-de-estudos/textos-para-discussao/td248. Acesso em: 2 mar. 2019.

REISDORFER, Guilherme Fredherico Dias; RIBEIRO, Diogo Albaneze Gomes. Basic sanitation services in Brazil. *In*: JUSTEN FILHO, Marçal *et al.* (Org.). *Brazil Infrastructure Law*, v. 20, Haia: Eleven, 2016.

RIBEIRO, Wladimir Antonio. O saneamento básico como um direito social. *Revista de Direito Público da Economia – RDPE*, Belo Horizonte, ano 13, n. 52, p. 229-251, out./dez. 2015.

SAKER, João Paulo Pellegrini. *Serviços públicos e saneamento*. Porto Alegre: Fabris, 2008.

Informação bibliográfica deste texto, conforme a NBR 6023:2018 da Associação Brasileira de Normas Técnicas (ABNT):

OLIVEIRA, Fernão Justen de. Marco jurídico do saneamento básico. Gestão integrada e regulação pela ANA. *In*: JUSTEN FILHO, Marçal; SILVA, Marco Aurélio de Barcelos (Coord.). *Direito da Infraestrutura*: estudos de temas relevantes. Belo Horizonte: Fórum, 2019. p. 107-126. ISBN: 978-85-450-0672-5.

A NATUREZA JURÍDICA E O MODELO REGULATÓRIO DO SERVIÇO DE PRATICAGEM NO BRASIL – POSSIBILIDADE E LIMITES DA ATUAÇÃO DO ESTADO NA REGULAÇÃO ECONÔMICA DA ATIVIDADE

GUILHERME A. VEZARO EIRAS

1 Introdução

À exceção de pontuais regimes totalitários que ainda sobrevivem isoladamente, a atual dinâmica da sociedade, tanto no viés econômico quanto em termos culturais, é eminentemente globalizada, impulsionando o comércio internacional, que ganha relevo a cada dia.

Em razão de fatores como a grande e eficiente capacidade de transporte de cargas, com a geração de economia de escala se comparado com outros meios de transporte passíveis de atingir distâncias continentais, grande parte do comércio internacional é realizada pelo meio marítimo.

Inseridos nesse contexto, navios mercantes atravessam oceanos e aportam nos mais diversos países, cada qual com sua peculiaridade de infraestrutura de acesso, condições de navegabilidade e especificidades locais, que se modificam no decorrer dos dias e, em alguns casos, em questão de horas ou minutos.

Diante dessa sistemática, é quase impossível que os comandantes desses navios possuam conhecimento orgânico em patamar suficiente a lhes oferecer segurança satisfatória para a condução das embarcações nas proximidades dos mais variados portos de destino.

2 O que é serviço de praticagem

Como decorrência desse cenário de insegurança e especificidades locais, apresenta-se o serviço de praticagem, com a função de integrar a infraestrutura portuária local com o transporte internacional marítimo de cargas e passageiros.

Mitigam-se assim os riscos gerados pelo trânsito das embarcações nas proximidades dos portos, potencialmente geradores de acidentes de gigantescas proporções para o meio ambiente, população local, tripulação, estruturas portuárias e a carga que está sendo transportada.

Diferentemente do que se imagina em um primeiro momento, a atividade de praticagem está igualmente presente nos portos fluviais, tais como os verificados na região da Amazônia brasileira, nos quais os riscos podem ser ainda maiores, dada a intensa movimentação de sedimentos, bancos de areia e a interação com comunidades ribeirinhas.[1]

Para exercer suas funções, os práticos normalmente organizam-se em empresas específicas e associações (art. 13 da Lei nº 9.537/97[2]), de modo a manter toda a estrutura de retaguarda necessária, possibilitando o exercício do conjunto de atividades de assessoria local ao comandante do navio, relacionadas às peculiaridades locais que possam dificultar a movimentação da embarcação em segurança, tanto na entrada quanto na saída do porto e seu eventual ancoradouro.[3]

Partindo dessas premissas, Carla Adriana Comitre Gibertoni conceitua a atividade da seguinte forma:

> A praticagem consiste na atividade pela qual um profissional devi-damente habilitado embarca em um navio para prestar apoio ao Comandante durante a navegação em zonas críticas, entradas e saídas de

---

[1] No Brasil, as regiões dos portos fluviais apresentam inclusive um vasto histórico de acidentes, especialmente na região amazônica (composta pelas Zonas de praticagem 01, 02 e 03). Para mais informações sobre a essencialidade do serviço de praticagem nos portos fluviais da Amazônia, confira-se o seguinte artigo: DUARTE, Douglas de Castro; PINTO, Yohanne Nascimento. *A Importância do Serviço de Praticagem nos Rios da Amazônia*. Disponível em: http://www.portaldanavegacao.com/2017/10/a-importancia-do-servico-de-praticagem-nos-rios-da-amazonia/ (Acesso em: 15 mar. 2019).

[2] Art. 13 da Lei nº 9.537/97 – O serviço de praticagem será executado por práticos devidamente habilitados, individualmente, organizados em associações ou contratados por empresas.

[3] "Local onde a embarcação lança âncora. Também chamado funde-adouro. É um local previamente aprovado e regulamentado pela autoridade marítima" (APPA, Administração dos Portos de Paranaguá e Antonina. Dicionário Básico Portuário. 2. ed. Appa. p. 10. Disponível em: http://www.portosdoparana.pr.gov.br/arquivos/File/dicionario2011.pdf. Acesso em: 15 mar. 2019).

portos, manobras de atracação e desatracação, fundear ou suspender. É a navegação que exige de quem dirige perfeito conhecimento, adquirido pela prática, de particularidades locais ou regionais, que dificultam a livre e segura movimentação das embarcações de trechos da costa, em barras, em portos, em lagoas e rios. (...)

O prático é o profissional habilitado que, tendo conhecimento de posicionamento de rochas e rochedos submersos, bancos de areia, marés e correntes de maré, e, normalmente autorizado pelo órgão governamental competente, assessora os capitães de navios nos serviços de praticagem.[4]

3 A praticagem como uma das atividades reguladas mais antigas do Brasil

A origem do serviço de praticagem remonta aos primórdios da navegação, tendo sido verificada menção a pilotos (atuais práticos) no Código de Hammurabi, que trazia regras escritas a respeito da navegação marítima.[5]

Especificamente em terras brasileiras, apesar de se ter notícias da existência de práticos junto ao Porto de Rio Grande em 1737,[6] foi a partir da Abertura dos Portos às Nações Amigas por meio da carta régia promulgada pelo Príncipe-Regente D. João VI, em 1808, que se verificou a necessidade da presença de práticos.

Por isso, editou-se o chamado "Regimento para os Pilotos Práticos da Barra do Porto desta Cidade do Rio de Janeiro",[7] que apresentou regras e instituiu a dinâmica da atividade, a qual, em parte, permanece até os dias atuais. A isso, seguiu-se a edição de decretos em 1889,[8] 1926[9] e o novo regulamento para as Capitanias dos Portos, que incluiu toda a regulamentação dos serviços de praticagem, em 1940.[10]

---

[4] GIBERTONI, Carla Adriana Comitre. *Teoria e Prática do Direito Marítimo*. Rio de Janeiro: Renovar, 2005. p. 133.

[5] CONAPRA, Conselho Nacional de Praticagem. *De 1808 a 2008*: 200 anos de praticagem regulamentada no Brasil. Rio de Janeiro: Conapra, 2008. p. 17.

[6] Conforme informação disponível no seguinte link: https://portogente.com.br/portopedia/73394-praticagem-historico (Acesso em: 15 mar. 2019).

[7] A reprodução do texto original e integral do mencionado Regimento está disponível no seguinte link: https://digital.bbm.usp.br/view/?45000000177&bbm/2421#page/2/mode/1up. Acesso em: 15 mar. 2019.

[8] Decreto nº 79, de 23 de dezembro de 1889 (disponível em: https://www2.camara.leg.br/legin/fed/decret/1824-1899/decreto-79-23-dezembro-1889-517580-publicacaooriginal-1-pe.html. Acesso em: 15 mar. 2019).

[9] Decreto nº 17.616, de 31 de dezembro de 1926 (disponível em: http://legis.senado.gov.br/legislacao/DetalhaSigen.action?id=433419. Acesso em: 15 mar. 2019).

[10] Decreto nº 5.795, de 11 de junho de 1940 (disponível em: http://legis.senado.gov.br/legislacao/DetalhaSigen.action?id=569126. Acesso em: 15 mar. 2019).

Atualmente, o serviço de praticagem é regulamentado pelas disposições (1) da Constituição Federal; (2) da Lei Federal nº 9.537/97 – LESTA; e (3) do Decreto Federal nº 2.596/98 – RLESTA, que dispõem "sobre a segurança do tráfego aquaviário" (LESTA); bem como pela chamada "Norma da Autoridade Marítima para o Serviço de praticagem – NORMAM-12/DPC".[11]

Nesse cenário, a praticagem consolidou-se como uma das atividades mais antigas reguladas pelo Poder Público brasileiro, inclusive e especialmente no setor de infraestrutura.

4 A essencialidade da praticagem para o funcionamento seguro dos portos brasileiros

Essa regulação estatal da atividade anterior à própria proclamação da Independência do Brasil decorreu justamente da importância e do caráter essencial do serviço de praticagem para o regular e seguro funcionamento dos portos, da navegação, do transporte de pessoas e do comércio marítimo no país.

Quanto a isso, a Lei Federal nº 9.537/97, que dispõe sobre a segurança do tráfego aquaviário, prevê em seu art. 14 que "o serviço de praticagem, *considerado atividade essencial,* deve estar permanentemente disponível nas zonas de praticagem estabelecidas".[12]

O Decreto nº 2.596/98, por sua vez, tipifica como "Infração às normas de tráfego", punível com "multa (...) ou suspensão do Certificado de Habilitação até sessenta dias", "deixar de contratar prático quando obrigatório" (art. 23, III),[13] [14] obviamente sem prejuízo da

---

[11] Disponível em: https://www.marinha.mil.br/dpc/sites/www.marinha.mil.br.dpc/files/normam12.pdf. Acesso em: 15 mar. 2019.

[12] Sem grifos no original.

[13] Quanto a isso, importante ressaltar que a penalidade administrativa em questão foi criada por decreto, e não por lei, em violação ao princípio da legalidade estrita (art. 5º, XXXIX, da CF). Quanto o Superior Tribunal de Justiça – STJ já reconheceu que a sanção administrativa "deve obedecer ao princípio da legalidade estrita, preceito este que demanda a exigência de lei em sentido formal e material, conforme entendimento do STF (ADI 1.823-1/86)" (EREsp 441.573/SP – Min. Rel. Eliana Calmon – Primeira Seção – j. 23.8.2006).

[14] Nesse mesmo sentido também se manifesta a doutrina. Para Celso Antônio Bandeira de Mello, "tanto infrações administrativas como suas correspondentes sanções têm que ser instituídas em lei – não em regulamento, instrução, portarias e quejandos" (*Curso de Direito Administrativo.* 31. ed. São Paulo: Malheiros, 2014. p. 869). Além disso, Rafael Munhoz de Mello ressalta que "regulamentos administrativos não podem criar ilícitos administrativos e as respectivas sanções. Trata-se de incursão indevida da Administração Pública em

responsabilização civil (art. 186 e 927 do Código Civil[15]) e criminal (art. 261 do Código Penal[16]) decorrentes da não utilização do profissional de praticagem.

Comprovando a essencialidade do serviço, o próprio prático pode ser punido com a "suspensão do certificado de habilitação ou, em caso de reincidência, cancelamento deste" na hipótese de recursa de sua prestação (art. 15 da Lei nº 9.537/97[17]).

Ou seja, o serviço de praticagem é de "prestação obrigatória", não podendo o prático se negar a prestá-lo, mesmo no caso de eventual discordância quanto às condições da prestação do serviço. Em última análise, o serviço deve ser prestado inclusive frente ao não pagamento do valor devido (o que, por óbvio, não ilide o direito da praticagem/prático buscar, pelos meios legais cabíveis, o pagamento da correspondente contraprestação).

Isso tudo decorre da natureza essencial (reconhecida em lei) do serviço de praticagem para o bom funcionamento dos portos no Brasil e no mundo, em prol da segurança das estruturas portuárias, da salvaguarda da vida dos envolvidos e atingidos pela atividade, e da prevenção de acidentes capazes de ocasionar danos ambientais incomensuráveis, prejudicando a utilização (permanente ou temporariamente) da infraestrutura portuária.

---

matéria reservada ao legislador. O papel do regulamento no direito administrativo sancionador será adiante analisado, mas desde já deve ser afirmado que nada há de peculiar em tal seara; ou seja, os regulamentos apenas desenvolvem as obrigações punitivas descritas na lei formal, nada mais. A hipótese de incidência da norma punitiva bem como seu mandamento devem ser estipulados pelo legislador, não pelo agente administrativo. É essa a função do princípio da legalidade no direito administrativo sancionador: não permitir que a Administração Pública defina as infrações administrativas e sanções correspondentes" (*Princípios Constitucionais de Direito Administrativo Sancionador*. São Paulo: Malheiros, 2007. p. 122/123).

[15] Art. 186 do Código Civil – Aquele que, por ação ou omissão voluntária, negligência ou imprudência, violar direito e causar dano a outrem, ainda que exclusivamente moral, comete ato ilícito.
Art. 927 do Código Civil – Aquele que, por ato ilícito (arts. 186 e 187), causar dano a outrem, fica obrigado a repará-lo.

[16] Art. 26 do Código Penal – Expor a perigo embarcação ou aeronave, própria ou alheia, ou praticar qualquer ato tendente a impedir ou dificultar navegação marítima, fluvial ou aérea: Pena – reclusão, de dois a cinco anos.

[17] Art. 15 da Lei nº 9.537/97 – O prático não pode recusar-se à prestação do serviço de praticagem, sob pena de suspensão do certificado de habilitação ou, em caso de reincidência, cancelamento deste.

5 A natureza jurídica do serviço de praticagem no Brasil

O serviço de praticagem é classificado no Brasil pela Lei nº 9.537/97 como atividade essencialmente privada, uma vez que "é assegurado a todo prático, na forma prevista no *caput* deste artigo, o livre exercício do serviço de praticagem" (art. 13, §3º). Isso ainda é reforçado pela previsão de que "o serviço de praticagem será executado por práticos devidamente habilitados, individualmente, organizados em associações ou contratados por empresas" (art. 13, *caput*).

Nesse sentido, o Superior Tribunal de Justiça – STJ já definiu que:

> Denota-se da própria letra do dispositivo legal em epígrafe, que se trata de serviço de natureza privada, confiada a particular que preencher os requisitos estabelecidos pela autoridade pública para sua seleção e habilitação, e entregue à livre-iniciativa e concorrência.[18]

No entanto, considerando seu caráter de "atividade essencial" (art. 14 da Lei nº 9.537/97) e sua importância para a manutenção da segurança das atividades aquaviárias, portuárias e de comércio marítimo, sofre grande controle estatal, especialmente no que se refere ao ingresso dos profissionais na atividade, requisitos necessários para a manutenção da habilitação, manutenção da permanente disponibilidade e atendimento dos requisitos técnicos especificados pela autoridade marítima.

Conforme já indicou o Superior Tribunal de Justiça – STJ, todo o risco da atividade marítima justifica "a intervenção estatal em todas as atividades que digam respeito à navegação", inclusive no que se refere ao serviço de praticagem,[19] apesar de sua natureza essencialmente privada.

Tanto é assim que a Lei nº 9.537/97 atribui à autoridade marítima (Marinha do Brasil) a competência para definir "o número de práticos necessário para cada zona de praticagem" (art. 14, parágrafo único, I), estabelecer os requisitos para a "inscrição de aquaviários como práticos", bem como fixar os elementos necessários à manutenção da habilitação por esses profissionais (art. 13, §§1º e 2º).

Portanto, apesar de ser uma atividade privada, marcada pelo "livre exercício" (art. 13, §3º, da Lei nº 9.537/97), a respectiva natureza

---

[18] STJ – REsp 1.662.196/RJ – Min. Rel. Og Fernandes – Segunda Turma – DJe 25.9.2017.
[19] STJ – REsp 752.175/RJ – Min. Rel. Eliana Calmon – Segunda Turma – DJ 22.8.2005.

essencial (art. 14 da Lei nº 9.537/97) submete a correspondente execução a uma intensa regulação estatal. Quanto a isso, Marçal Justen Filho ressalta:

> É indispensável destacar, então, que a ideia de um Estado Regulador não envolve abraçar concepções economicamente reducionistas. Se a ideia de regulação se desenvolveu nesse âmbito, a tanto não pode ser limitada. As finalidades regulatórias relacionam-se à realização sob valores fundamentais consagrados pela Nação, sejam eles de natureza econômica ou não (...)
>
> Defende-se, por isso, a concepção de ser a regulação um conjunto ordenado de políticas públicas, que busca a realização de valores econômicos e não econômicos, reputados como essenciais para determinados grupos ou para a coletividade em seu conjunto. Essas políticas envolvem a adoção de medidas de cunho legislativo e de natureza administrativa, destinadas a incentivar práticas privadas desejáveis e a reprimir tendências individuais e coletivas incompatíveis com a realização dos valores prezados. As políticas regulatórias envolvem inclusive a aplicação jurisdicional do Direito.[20]

Dentro dessa concepção, a regulação estatal inerente ao exercício da referida atividade não redunda na autorização de ingerência estatal na forma de execução dos serviços e na fixação dos preços praticados.

6 O regime de liberdade de preços e livre negociação

Tanto é assim que a própria Lei nº 9.537/97 prevê que "é assegurado a todo prático, na forma prevista no *caput* deste artigo, o livre exercício do serviço de praticagem", consagrando o princípio da livre-iniciativa e da liberdade de preços decorrente da CF (art. 170).

Portanto, em situação de normalidade, diante da instituição do serviço de praticagem como atividade privada, não pode haver limitação à livre possibilidade de fixação de preços. Caso assim não seja, haveria desrespeito à livre-iniciativa e ao livre exercício da atividade.

Luís Roberto Barroso demonstra a questão de forma bastante objetiva, em excerto que merece transcrição:

---

[20] JUSTEN FILHO, Marçal. *O direito das agências reguladoras independentes*. São Paulo: Dialética, 2002. p. 40.

Deve-se assinalar, de plano, que o controle prévio de preços é medida própria de dirigismo econômico, e não meio legítimo de disciplina do mercado. A livre fixação de preços integra o conteúdo essencial da livre-iniciativa e não pode ser validamente vulnerada, salvo situações extremas que envolvam o próprio colapso no funcionamento do mercado.

Diante de tal premissa, é possível assentar que, em situação de normalidade, independentemente dos fundamentos em tese admissíveis para a intervenção disciplinadora, o controle prévio ou a fixação de preços privados pelo Estado configura inconstitucionalidade patente. A Constituição brasileira não admite como política pública regular o controle prévio de preços.[21]

7 As situações que ensejam a regulação econômica da atividade

Sendo atividade marcada pela livre-iniciativa, a intervenção do Poder Público quanto aos preços cobrados pela prestação do serviço de praticagem é essencialmente residual e secundária. Por isso, nos termos da Lei nº 9.537/97, é admitida apenas para assegurar que o serviço esteja "permanentemente disponível nas zonas de praticagem estabelecidas", situações em que será dado à "autoridade marítima (...) fixar o preço do serviço" (art. 14, *caput*, parágrafo único, II).

Nesse mesmo sentido, cumprindo sua função regulamentadora, o Decreto nº 2.596/98, previa, em sua redação original, que a fixação excepcional de preços deveria levar em conta as seguintes premissas:

I – o serviço de praticagem é constituído de prático, lancha e atalaia;

II – a remuneração do serviço de praticagem abrange o conjunto de elementos apresentados no inciso I, devendo o preço ser livremente negociado entre as partes interessadas, seja pelo conjunto dos elementos ou para cada elemento separadamente;

III – nos casos excepcionais em que não haja acordo, a autoridade marítima determinará a fixação do preço, garantida a obrigatoriedade da prestação do serviço (art. 6º).

---

[21] BARROSO, Luís Roberto. A ordem econômica constitucional e os limites à atuação estatal no controle de preços. *Revista de Direito Administrativo*, Rio de Janeiro, v. 226, p. 187-212, out. 2001. p. 208.

Tratava-se de previsão integralmente consonante com a natureza privada do serviço de praticagem, que atraía a aplicação do princípio da livre-iniciativa. No mesmo sentido da Lei nº 9.537/97, o Decreto nº 2.596/98, em sua redação original, privilegiava a livre negociação dos preços e relegava a regulação estatal a situações excepcionais, destinadas unicamente a garantir a prestação do serviço.

Quanto a tais situações excepcionais, Luís Roberto Barroso ressaltou no trabalho acadêmico anteriormente mencionado:

> Admite-se, todavia, que em situações anormais seja possível o controle prévio de preços pelo Estado, na medida em que o mercado privado como um todo tenha se deteriorado a ponto de não mais operarem a livre-iniciativa e a livre concorrência de forma regular. Nesses casos – excepcionais, repita-se – a intervenção se justifica, afastando o limite material acima referido, exatamente para reconstruir a prática de tais princípios. Isto é: para reordenar o mercado concorrencial de modo que a livre-iniciativa e seus corolários possam efetivamente funcionar. Note-se, porém, que o controle prévio de preços só é admissível por esse fundamento. E, mesmo assim, observado o princípio da razoabilidade. (...).[22]

Com efeito, a necessidade de se garantir a disponibilidade do serviço de praticagem, considerando sua essencialidade, enquadra-se justamente em tais situações anormais, nas quais se admite a intervenção do Poder Público na atividade privada. Trata-se de intervenção apenas transitória, que visa garantir a prestação do serviço, para que na sequência "a livre-iniciativa e seus corolários possam efetivamente funcionar".

8 A pretensão de fixar preços máximos para o serviço de praticagem

Apesar de aa possibilidade de intervenção pontual no domínio econômico da praticagem – apenas para garantir a plena disponibilidade do serviço – ter sido prevista na Lei nº 9.537/97, foi editado o Decreto nº 7.860, em 2012, pretendendo ampliar o âmbito de atuação da autoridade marítima no que se refere à fixação de preços.

---

[22] BARROSO, Luís Roberto. A ordem econômica constitucional e os limites à atuação estatal no controle de preços. *Revista de Direito Administrativo*, Rio de Janeiro, v. 226, p. 187-212, out. 2001. p. 209.

Mencionado Decreto nº 7.860/12 instituiu a chamada Comissão Nacional para Assuntos de Praticagem – CNAP, a qual tinha dentre os seus objetivos criar "metodologia de regulação de preços do serviço de praticagem" e propor "preços máximos do serviço", para posterior homologação por parte da autoridade marítima (art. 1º, I, II e parágrafo único).[23]

Tratou-se de uma ampliação do espectro de atuação regulatória da autoridade marítima claramente inválida, eis que viola a livre-iniciativa assegurada pela CF, indo de encontro ao regime previsto na Lei nº 9.537/97 como aplicável ao serviço de praticagem. Afinal, livre-iniciativa e liberdade de preços não convivem harmonicamente com "metodologia de regulação de preços" e "preços máximos" para o serviço.

Dada a evidente e indevida ampliação por decreto, para além do previsto em lei, das prerrogativas de intervenção estatal na regulação do serviço de praticagem,[24] a questão foi levada à análise do Poder Judiciário em vários processos.

Em função disso, em 2017 o Superior Tribunal de Justiça – STJ analisou o mérito de uma dessas ações e reconheceu a ilegalidade da hipótese (não excepcional) de intervenção estatal na atividade da praticagem criada pelo Decreto nº 7.860/12, por meio de acórdão que mereceu destaque no Informativo 0612 daquele Tribunal Superior.

Na oportunidade, a referida Corte Superior reconheceu que "é inconcebível, no modelo constitucional brasileiro, a intervenção do Estado no controle de preços de forma permanente, como política pública ordinária, em atividade manifestamente entregue à livre-iniciativa e concorrência, ainda que definida como essencial".[25] O acórdão ainda ressaltou o seguinte:

---

[23] Art. 1º do Decreto nº 7.860/12 – Fica criada a Comissão Nacional para Assuntos de Praticagem, com o objetivo de propor: I – metodologia de regulação de preços do serviço de praticagem; II – preços máximos do serviço de praticagem em cada Zona de Praticagem; III – medidas para o aperfeiçoamento da regulação do serviço de praticagem em cada Zona de Praticagem; e IV – abrangência de cada Zona de Praticagem. Parágrafo único. As propostas serão submetidas à Autoridade Marítima para homologação.

[24] Quanto a isso, Hely Lopes Meirelles ressalta que "sendo o regulamento, na hierarquia das normas, ato inferior à lei, não a pode contrariar, nem restringir ou ampliar suas disposições. Só lhe cabe explicitar a lei, dentro dos limites por ela traçados, ou completa-la, fixando critérios técnicos e procedimentos necessários para sua aplicação" (*Direito administrativo brasileiro*. 38. ed. São Paulo: Malheiros, 2012. p. 135).

[25] STJ – REsp 1.662.196/RJ – Min. Rel. Og Fernandes – Segunda Turma – DJe 25.9.2017.

Não bastasse a impropriedade de seu pretensioso objeto, é amplamente sabido que o limite de um decreto regulamentar é dar efetividade ou aplicabilidade a uma norma já existente, não lhe sendo possível a ampliação ou restrição de conteúdo, sob pena de ofensa à ordem constitucional. (...)

Por tudo o que foi esposado, entendo que o Decreto n. 7.860/2012 não poderia instituir tabelamento de preços máximos dos serviços de praticagem nem mesmo comissão com esse propósito, porque a Lei n. 9.537/1997, que disciplinou a atividade, não contemplou tal possibilidade, a menos que na excepcional hipótese de risco de descontinuidade do serviço, em face de sua essencialidade.

Com isso, o Poder Judiciário referendou a natureza particular da atividade da praticagem, delegada à livre-iniciativa. Em outras palavras, fixou-se que a intervenção do Estado no domínio econômico da atividade da praticagem pode ocorrer apenas em situações excepcionalíssimas, em que seja necessário garantir a continuidade da prestação do serviço (essencial, por definição legal – art. 14 da Lei nº 9.537/97). Não havendo tal risco, os preços praticados devem ser definidos por livre negociação entre as partes.

Mais recentemente, no entanto, o Decreto nº 7.860/12 foi expressamente revogado pelo Decreto nº 9.676/19, que reordenou e aprovou a estrutura regimental do atual Ministério da Infraestrutura.

Com isso, a única referência legal e normativa relacionada com a possibilidade de fixação provisória de preços para o serviço de praticagem pelo Poder Público voltou a ser o art. 14 da Lei nº 9.537/97, que prevê que é possível "fixar o preço do serviço" para que esteja "permanentemente disponível".

9 A (in)existência de abuso de posição dominante ou falhas de mercado

Com respeito às opiniões contrárias,[26] que muitas vezes indicam haver uma suposta imposição dos preços do serviço por parte das praticagens (ao invés de uma livre negociação), os estudos técnicos já realizados acerca da questão concluíram pela inexistência de abuso

---

[26] Em sentido contrário, confira-se: SILVA, Clarissa Sampaio. A regulação econômica da atividade de praticagem: marcos normativos e análise de caso sobre as falhas de mercado. *Revista da AGU*, v. 17, n. 2, abr./jun. 2018. Disponível em: https://seer.agu.gov.br/index.php/AGU/article/view/851/1898. Acesso em: 15 mar. 2019.

de posição dominante ou falhas de mercado aptas a demandar a modificação do atual regime de liberdade de preços e iniciativa que rege o setor.[27]

Também nessa linha de entendimento, o Conselho Administrativo de Defesa Econômica – CADE analisou a questão relativamente à praticagem de Paranaguá (PR), integrante da Zona de praticagem nº 17 (ZP-17):

> não identifico nos autos a comprovação dos indícios de condutas objetivando limitar, falsear ou de qualquer forma prejudicar a livre concorrência ou a livre-iniciativa, aumentar arbitrariamente os lucros e exercer de forma abusiva posição dominante.[28]

Para além disso, tramitou perante o Senado Federal o Projeto de Lei nº 117/2010,[29] que buscava revogar os arts. 14 e 15 da Lei nº 9.537/97 (os quais atribuem o caráter de serviço privado, vinculado à livre-iniciativa, ao serviço de praticagem), bem como estabelecer o livre acesso, oferta e concorrência à profissão (após a aprovação em provas, sem limitação de vagas).

Mencionado projeto, atualmente já arquivado,[30] recebeu parecer desfavorável da Comissão de Assuntos Econômicos do Senado Federal. Quanto ao suposto argumento de existência de abuso de posição dominante por parte das praticagens, o parecer da referida comissão temática é peremptório em afastá-lo:

> Enfim, todos os aspectos analisados parecem convergir para o entendimento de que os efeitos benéficos vislumbrados pelo autor do projeto – abertura do mercado da praticagem com redução dos custos dos serviços – podem, na verdade, resultar em aumento do custo global e riscos para a segurança da navegação. A rigor, avalia-se que sequer o propósito de favorecimento da concorrência na atividade seria alcançado a contento, haja vista que o projeto, tal como se apresenta, não equaciona

---

[27] Nesse sentido, confira-se o estudo "Análise da Competitividade Internacional dos Valores Cobrados pelos Serviços de Praticagem no Porto de Santos", elaborado pela Fundação Getúlio Vargas – FGV Projetos, disponível no seguinte link: http://www.sppilots.com.br/arquivos/r13.pdF. Acesso em: 15 mar. 2019.

[28] Processo Administrativo de nº 08012.006144/1999-19, acórdão de 22.2.2006, julgado na 367ª Sessão Ordinária do CADE.

[29] Inteiro teor disponível no seguinte link: https://legis.senado.leg.br/sdleg-getter/document o?dm=2958275&ts=1548957845887&disposition=inline. Acesso em: 15 mar. 2019).

[30] Conforme informação que consta do sitio eletrônico do Senado Federal: https://www25.senado.leg.br/web/atividade/materias/-/materia/96649. Acesso em: 15 mar. 2019.

satisfatoriamente as questões atinentes à organização dos práticos para atuação no mercado.

Vale notar que o atual modelo brasileiro de praticagem acompanha o adotado nas principais nações marítimas do mundo, incluindo países tradicionalmente tidos como árduos defensores da livre concorrência, como os Estados Unidos e os integrantes da União Europeia. Tal constatação indica, portanto, não haver distorções no modelo utilizado no Brasil. Já o modelo proposto, que não encontra paralelo em lugar algum do mundo, colocaria em risco todo o esquema de segurança da navegação nos canais de acesso aos portos (...).

À parte a irrelevância da participação dos gastos com a praticagem na composição final do custo logístico (0,18%), a natureza do mercado de fretes marítimos não nos permite acreditar que eventuais reduções no preço cobrado pelos práticos – efeito que o projeto equivocadamente associa à adoção de um modelo de livre concorrência – cheguem ao embarcador sob a forma de fretes mais módicos.[31]

Diante disso, considerando as peculiaridades do serviço de praticagem, bem como seu caráter essencial reconhecido inclusive pela Lei (art. 14 da Lei nº 9.537/97), constata-se a inexistência de abuso de posição dominante ou falhas de mercado aptas a afastar o regime privado e de livre-iniciativa atribuído à atividade pela normatização aplicável.

10 Conclusão

Portanto, e em resumo, o serviço de praticagem no Brasil é atualmente caracterizado por ser eminentemente privado e marcado pela livre-iniciativa na sua execução, apesar da forte regulação estatal a que está submetido em razão do seu caráter essencial.

Por conta disso, é regido pelo império da liberdade de preços, admitindo-se a intervenção do Estado no domínio econômico da atividade apenas de forma residual, a fim de garantir a integral e perene disponibilidade da prestação dos serviços.

---

[31] Parecer disponível no seguinte link do sítio eletrônico do Senado Federal: https://legis.senado.leg.br/sdleg-getter/documento?dm=3416708&disposition=inline. Acesso em: 15 mar. 2019.

Referências

APPA, Administração dos Portos de Paranaguá e Antonina. *Dicionário Básico Portuário*. 2. ed. Appa. Disponível em: http://www.portosdoparana.pr.gov.br/arquivos/File/dicionario2011.pdf. Acesso em: 15 mar. 2019.

BANDEIRA DE MELLO, Celso Antônio. *Curso de Direito Administrativo*. 31. ed. São Paulo: Malheiros, 2014.

BARROSO, Luís Roberto. A ordem econômica constitucional e os limites à atuação estatal no controle de preços. *Revista de Direito Administrativo*, Rio de Janeiro, v. 226, p. 187-212, out. 2001.

BRASIL. Decreto 79, de 23 de dezembro de 1889. Disponível em: https://www2.camara.leg.br/legin/fed/decret/1824-1899/decreto-79-23-dezembro-1889-517580-publicacaooriginal-1-pe.html. Acesso em: 15 mar. 2019.

BRASIL. Decreto 17.616, de 31 de dezembro de 1926. Disponível em: http://legis.senado.gov.br/legislacao/DetalhaSigen.action?id=433419. Acesso em: 15 mar. 2019.

BRASIL. Decreto 5.795, de 11 de junho de 1940. Disponível em: http://legis.senado.gov.br/legislacao/DetalhaSigen.action?id=569126. Acesso em: 15 mar. 2019.

BRASIL. Regimento para os Pilotos Práticos da Barra do Porto desta Cidade do Rio de Janeiro. Disponível em: https://digital.bbm.usp.br/view/?45000000177&bbm/2421#page/2/mode/1up. Acesso em: 15 mar. 2019.

BRASIL. Senado Federal. Projeto de Lei nº 117/2010. Disponível em: https://legis.senado.leg.br/sdleggetter/documento?dm=2958275&ts=1548957845887&disposition=inline. Acesso em: 15 mar. 2019.

BRASIL. Senado Federal. Comissão de Assuntos Econômicos. Parecer. Projeto de Lei nº 117/2010. Disponível em: https://legis.senado.leg.br/sdleg-getter/documento?dm=3416708&disposition=inline. Acesso em: 15 mar. 2019.

BRASIL. Norma da Autoridade Marítima para o Serviço de Praticagem – NORMAM-12/DPC. Disponível em: https://www.marinha.mil.br/dpc/sites/www.marinha.mil.br.dpc/files/normam12.pdf. Acesso em: 15 mar. 2019.

CADE. Conselho Administrativo de Defesa Econômica. Processo Administrativo de nº 08012.006144/1999-19, acórdão de 22.2.2006, julgado na 367ª Sessão Ordinária.

CONAPRA, Conselho Nacional de Praticagem. De 1808 a 2008: 200 anos de praticagem regulamentada no Brasil. Rio de Janeiro: Conapra, 2008.

DUARTE, Douglas de Castro; PINTO, Yohanne Nascimento. *A Importância do Serviço de Praticagem nos Rios da Amazônia*. Disponível em: http://www.portaldanavegacao.com/2017/10/a-importancia-do-servico-de-praticagem-nos-rios-da-amazonia/. Acesso em: 15 mar. 2019.

FGV PROJETOS. Fundação Getúlio Vargas. Análise da Competitividade Internacional dos Valores Cobrados pelos Serviços de Praticagem no Porto de Santos. Disponível em: http://www.sppilots.com.br/arquivos/r13.pdF. Acesso em: 15 mar. 2019.

GIBERTONI, Carla Adriana Comitre. *Teoria e Prática do Direito Marítimo*. Rio de Janeiro: Renovar, 2005.

JUSTEN FILHO, Marçal. *O direito das agências reguladoras independentes*. São Paulo: Dialética, 2002.

MEIRELLES, Hely Lopes. *Direito administrativo brasileiro*. 38. ed. São Paulo: Malheiros, 2012.

MUNHOZ DE MELLO, Rafael. *Princípios Constitucionais de Direito Administrativo Sancionador*. São Paulo: Malheiros, 2007.

PRATICAGEM. Histórico. Disponível em: https://portogente.com.br/portopedia/73394-praticagem-historico. Acesso em: 15 mar. 2019.

SILVA, Clarissa Sampaio. A regulação econômica da atividade de praticagem: marcos normativos e análise de caso sobre as falhas de mercado. *Revista da AGU*, v. 17, n. 2, abr./jun. 2018. Disponível em: https://seer.agu.gov.br/index.php/AGU/article/view/851/1898. Acesso em: 15 mar. 2019.

STJ – EREsp 441.573/SP – Min. Rel. Eliana Calmon – Primeira Seção – j. 23.8.2006.

STJ – REsp 752.175/RJ – Min. Rel. Eliana Calmon – Segunda Turma – DJ 22.8.2005.

STJ – REsp 1.662.196/RJ – Min. Rel. Og Fernandes – Segunda Turma – DJe 25.9.2017.

Informação bibliográfica deste texto, conforme a NBR 6023:2018 da Associação Brasileira de Normas Técnicas (ABNT):

EIRAS, Guilherme A. Vezaro. A natureza jurídica e o modelo regulatório do serviço de praticagem no Brasil – possibilidade e limites da atuação do estado na regulação econômica da atividade. *In*: JUSTEN FILHO, Marçal; SILVA, Marco Aurélio de Barcelos (Coord.). *Direito da Infraestrutura*: estudos de temas relevantes. Belo Horizonte: Fórum, 2019. p. 127-141. ISBN: 978-85-450-0672-5.

SUBCONTRATAÇÃO DE OBRAS PÚBLICAS E CLÁUSULAS *"BACK-TO-BACK"* NO DIREITO BRASILEIRO

GUILHERME FREDHERICO DIAS REISDORFER

LUÍSA QUINTÃO

1 Introdução

A subcontratação de obras públicas é fenômeno dos mais frequentes na experiência prática. No entanto, recebe pouco tratamento específico em nível teórico. No âmbito do Direito privado, o tratamento dado ao tema é aquele reservado ao debate geral sobre os temas principais de empreitada. No Direito público, o foco usualmente é concentrado nas restrições e vedações que se colocam à terceirização da execução de parcelas dos contratos públicos, tendo em vista a postura em geral refratária e restritiva a esse tipo de ajuste por parte dos órgãos de controle.

O presente artigo tratará de alguns aspectos teóricos da subcontratação, mas tendo em vista o propósito de examinar os aspectos práticos e operacionais dessas relações contratuais. Para tanto, em um primeiro momento será examinada a forma de articulação entre a subcontratação e o contrato principal, considerando as posições jurídicas dos envolvidos. Em seguida, passa-se a tratar da sistemática de remuneração no âmbito da subcontratação sob o regime de *back-to-back*, com o exame pontual (não exauriente) de aspectos relativos à experiência internacional e às perspectivas de aplicação desse regime contratual no Direito brasileiro.

2 A subcontratação como realidade inafastável nos contratos públicos

A subcontratação é uma realidade inafastável dos contratos públicos. Ela é tanto mais necessária e recorrente quanto mais complexas – e, tendencialmente, mais importantes – são as contratações.

Particularmente em contratos de concessão de serviços públicos, é quase que um pressuposto que o contrato de concessão não será a única relação contratual necessária para a execução do seu objeto. O concessionário celebrará uma série de outros contratos, para a obtenção de materiais e também para a obtenção de serviços. Desse modo, parcelas significativas das obrigações do concessionário, sobretudo em relação ao escopo de construção, terão a sua execução contratada junto a empresas especializadas.

Não é excessivo dizer, então, que o concessionário acaba por se tornar um verdadeiro gestor de contratos. Exige-se a sua *expertise* em gerir e articular os diversos contratos que mantém com terceiros, de modo a assegurar o cumprimento de suas obrigações no âmbito da concessão.

3 As relações das partes contratantes no "contrato principal" e nos subcontratos

Para o desenvolvimento de um dado contrato público a partir de subcontratações, há uma comunicação de mão única entre o contrato principal e os subcontratos que venham a ser celebrados.

Há dois vetores a serem considerados.

Por um lado, as subcontratações não geram efeitos jurídicos sobre a órbita do poder concedente. O ente público tem uma relação a distância e apenas fática, não propriamente jurídica, com os sujeitos subcontratados. A subcontratação não afasta a responsabilidade do contratante privado em relação a todas as obrigações contratuais assumidas, como prevê o art. 72 da Lei nº 8.666/93.

Desse modo, o subcontratado é tratado como terceiro escolhido por conta e risco do concessionário. O subcontratado assume papel ativo no empreendimento contratual, mas não tem relação jurídica direta com o ente público contratante.

Assim, e em princípio, eventuais problemas surgidos no âmbito das subcontratações não poderão ser repassados ao poder concedente, nem mesmo para justificar o desatendimento de obrigações contratuais.

Para todos os efeitos, a subcontratação não altera as condições do contrato público ao qual se vincula. Em termos práticos, o subcontratado age perante o ente público contratante como se fosse parte no próprio contrato principal, enquanto que, no plano jurídico, o subcontratado não tem relação nenhuma com o ente público. Compete ao sujeito contratante responder por todos os atos e fatos praticados pelos subcontratados ou, de qualquer modo, originados dessas relações.

Por outro lado, as subcontratações sofrem a incidência de exigências (em relação às próprias condições e qualificação do subcontratado)[1] e dos atos supervenientes praticados pelo poder concedente. Uma das situações mais típicas e recorrentes consiste na alteração unilateral do contrato administrativo, apta a modificar igualmente as obrigações subcontratadas. Ou seja: a subcontratação é caracterizada pela interferência – constante ou eventual, mas de qualquer modo esperada – de um terceiro sobre a relação contratual.

Em razão disso, é usual que a subcontratação espelhe o contrato principal no que diz respeito às definições e ao regime das obrigações estabelecidas. No mais das vezes, a técnica adotada para redigir o subcontrato é muito simples (e, por vezes, inadequada): simplesmente se recorta o escopo do contrato principal que se quer subcontratar e se inserem as ressalvas de que a subcontratação poderá ser modificada em função de atos estatais no âmbito do contrato principal. Assim, transfere-se, não raro de forma idêntica, mas com escopo menor, a posição jurídica do contratante principal perante o poder público para o subcontratado.

Como nota a doutrina, essas situações geram contratos coligados. Nas palavras de Francisco Marino, "verifica-se que diversos casos de coligação têm origem na natureza acessória de um dos contratos coligados. São exemplos de coligação natural: união entre contrato-base e subcontrato".[2] Ainda segundo Marinho, em regra essas relações

---

[1] Nesse sentido: "(...) entende-se que a exigência da regularidade fiscal da possível subcontratada é decorrência lógica do requisito legal da comprovação da regularidade fiscal da empresa contratada. Se terceiros, que não o contratado, vão executar serviços, ainda que indiretamente, para o Poder Público, tal prestação não pode ser oriunda de empresa irregular. É clara a necessidade de se exigir comprovação da regularidade fiscal também da subcontratada. (...) não é possível a subcontratação sem o expresso conhecimento e/ou interveniência da Administração Pública, sob pena de nulidade. Não há como aferir a regularidade da subcontratação sem a exigência sequer de documentos relacionados à existência e ao exercício legal das atividades empresariais". Tribunal de Contas da União, Acórdão 1.272/2011, Plenário, rel. Min. Augusto Nardes.

[2] MARINO, Francisco Paulo Crescenzo. *Contratos Coligados no Direito Brasileiro*. São Paulo: Saraiva, 2009. p. 84.

consistem em "coligação com dependência unilateral", na medida em que só o subcontrato depende do principal.

Essa relação de dependência, por sua vez, é normalmente restrita ao funcionamento das obrigações atinentes ao desenvolvimento do objeto subcontratado, não ao adimplemento dos pagamentos por elas devidos. Assim, a obra a ser executada pelo subcontratado terá as suas especificações modificadas pelo contratante privado principal se o ente público assim determinar (com a consequente revisão do preço contratado).

No entanto, se o ente público deixa de pagar o contratante privado principal, este não dispõe de algum tipo de exceção para se escusar de pagar o seu subcontratado. Se este último deu regular cumprimento às suas obrigações contratuais, o subcontratante terá de remunerá-lo, nos termos do subcontrato e em vista do que foi executado nesse âmbito, independentemente da postura adotada pelo ente estatal.

Se essa é a lógica geral, cabe observar que há uma alternativa possível a ela, que incorpora uma relação de dependência da subcontratação em face do contrato principal também em relação aos aspectos remuneratórios. Trata-se da sistemática *"back-to-back"*, que passa a ser examinada a seguir.

4 O regime *"back-to-back"*

Nesse contexto, a cláusula que institui o regime *"back-to-back"* é aquela que condiciona o direito do subcontratado perante o contratado subcontratante (ou concessionária) ao direito desta última junto à Administração Pública. Em termos práticos, é a cláusula que condiciona o atendimento dos pleitos contratuais no âmbito da subcontratação ao atendimento dos pleitos contratuais equivalentes no âmbito do contrato público que teve parte das obrigações subcontratadas. Significa dizer que, se o contratante privado não receber a remuneração por prestação executada pelo subcontratado, este também não será remunerado.

5 Hipóteses mais comuns de previsão de regime *"back-to-back"*

Essa cláusula tem cabimento em diversos tipos de contrato. A sua aplicação costuma ser verificada em contratos relacionais, de trato continuado, que se integram ou em alguma medida dependem de outras relações contratuais. Um dos casos mais frequentes é o de empreitadas integrais ou por preço global ("*turnkey*", ou "chave na mão").[3] É comum que esse tipo de contrato envolva projetos complexos, em que um único empreiteiro assume perante o contratante do empreendimento todas as tarefas e responsabilidades pela entrega da obra em condições de funcionamento.

Frequentemente, o desenvolvimento de grandes projetos de infraestrutura dependerá de financiamento por instituições financeiras. No caso de concessões que incluem obrigações de construção, por exemplo, verifica-se na experiência internacional que os bancos financiadores por vezes determinam que a Administração exija que as obrigações da concessionária relativas ao escopo de construção sejam refletidas em eventuais subcontratos de construção firmados pela concessionária e que essas obrigações – como aquelas relacionadas a prazo, execução das obras, força maior, garantias etc. – sejam transferidas para o subcontratado em regime "*back-to-back*", de modo que não apenas o poder concedente, mas também o concessionário, fique com o mínimo de responsabilidades e riscos possível.[4]

Pode-se ir além na extensão do regime "*back-to-back*". Os bancos financiadores podem, por exemplo, limitar os valores dos pleitos de pagamento adicional pelo subcontratado aos valores que a concessionária pode ou exigir da Administração Pública ou repassar ao usuário final, por via de aumento de tarifa ou por extensão de prazo contratual, podendo exigir inclusive que seja excluída a possibilidade de o subcontratado pleitear extensão de prazo do contrato de construção em casos em que a concessionária não tiver direito à extensão de prazo correspondente no âmbito do contrato de concessão.[5]

Inclusive, quanto aos prazos para entrega das obras na subcontratação, recomenda-se que estes sejam mais curtos relativamente

---

[3] A Federação Internacional de Engenheiros Consultores (FIDIC) tem como um de seus documentos-padrão as condições para subcontratação de obras de contratos de construção civil em regime "*back-to-back*" ("*Conditions of Subcontract for Works of Civil Engineering Construction*"). Introdução disponível em: http://fidic.org/sites/default/files/red_subcon_intro.pdf. Acesso em: 15 mar. 2019. A Câmara de Comércio Internacional (CCI) também tem um modelo de subcontrato em regime "*back-to-back*" para contratos "*turnkey*" em projetos de grande magnitude ("*ICC Model Back-to-Back Subcontract to Turnkey Contracts for Major Projects*"). Índice disponível em: http://store.iccwbo.org/content/uploaded/pdf/ICC-Model-Subcontract.pdf. Acesso em: 15 mar. 2019.

[4] BRUNER, Philip L.; O'CONNOR JR., Patrick. *Construction Law*. Thomson Reuters, 2016, section 6:9.

[5] SCRIVEN, John. A banking perspective on construction risks in BOT schemes. *In*: 11 *International Construction Law Review*, 1994. p. 313.

aos prazos do primeiro contrato quando a extensão do prazo da subcontratação estiver condicionada à extensão do prazo do primeiro contrato (isto é, em regime *"back-to-back"*), de modo que haja tempo para que o subcontratante faça eventuais reclamações e que o subcontratado faça as eventuais correções antes da expiração do prazo de entrega no primeiro contrato.[6]

E o regime *"back-to-back"* instituído na subcontratação também pode cobrir situações de suspensão e extinção do contrato, de modo a eximir a responsabilidade do contratado subcontratante por atos do contratante principal que levem a essas situações ou à extinção do primeiro contrato e impedir que o subcontratado formule pretensões contra o contratado subcontratante em virtude desses atos do contratante principal.[7]

6 Vantagens e desvantagens

Uma primeira vantagem advinda dessa sistemática para o subcontratante é que ele preservará o seu fluxo de caixa ao longo do projeto. Eventual inadimplemento por parte do dono do empreendimento não o onerará – ao menos não de forma isolada.

Outra vantagem ao subcontratante consiste em não suportar sozinho o risco de eventual insolvência do dono do empreendimento (ou, no caso de contratante público, simplesmente o risco de calote e de se ver à mercê de ter o seu direito satisfeito somente por via de precatórios). Pode-se considerar, então, que a cláusula *"back-to-back"* funcionará como mecanismo de limitação de responsabilidade – o contratado subcontratante só pagará/indenizará o subcontratado na medida do que tenha recebido do contratante principal (dono do empreendimento, possivelmente a Administração Pública).[8]

Por outro lado, o subcontratado será onerado, no mínimo, pela frustração de parte de seu direito ou pelo tempo de inadimplemento verificado. Dito de outro modo, a cláusula *"back-to-back"* aumenta

---

[6] PANDEY, Ayushi. Drafting a back-to-back contract: issues and considerations. *In: Manupatra*. Disponível em: http://docs.manupatra.in/newsline/articles/Upload/55A79D15-E793-43BF-8B99-62C3CA4EA410.pdf. Acesso em: 15 mar. 2019.

[7] PANDEY, Ayushi. Drafting a back-to-back contract: issues and considerations. *In: Manupatra*. Disponível em: http://docs.manupatra.in/newsline/articles/Upload/55A79D15-E793-43BF-8B99-62C3CA4EA410.pdf. Acesso em: 15 mar. 2019.

[8] LAYCOCK, Scott. "Back to Back Contracts and Partnering" in 48 *Australian Construction Law Newsletter*, p. 43-44.

a incerteza em torno da satisfação do direito, de modo que se trata de um risco a ser assumido. Portanto, e como regra geral, supõe-se que a assunção desse risco se justifica por alguma condição benéfica de negociação ao subcontratado, que pode consistir na obtenção de remuneração mais vantajosa ou, simplesmente, na própria possibilidade de ser escolhido pelo contratante.

7 Questões operacionais e situações práticas

A utilização dessa sistemática é relativamente incipiente na realidade brasileira, mas é frequente na experiência internacional e abre espaço para diversos pontos de discussão.

Execução pelo contratante como requisito da pretensão do subcontratado contra
Em decisão da Corte de Cassação de Abu Dhabi que reconheceu a validade de cláusulas *"back-to-back"* em contratos de construção,[9] concluiu-se que – em subcontratos celebrados em regime *"back-to-back"* – o pagamento pelo contratante ao contratado constitui verdadeiro requisito para a pretensão de pagamento do subcontratado em face do contratado (subcontratante), enfatizando-se que os termos da relação entre estes dois últimos devem ser os mesmos da relação entre aqueles dois primeiros.

Adotou-se então postura rigorosa e favorável à aplicação desse tipo de regime, que se traduz em restrição mais intensa da posição jurídica do subcontratado.

A abrangência do "back-to-back" em relação às obrigações de pagamento: cláusula "pay-if-paid"
Se a cláusula que institui o regime *"back-to-back"* abranger apenas os pleitos estritamente relacionados a obrigações de pagamento, ela também pode ser referida como cláusula *"pay-if-paid"*. Essa cláusula não deve ser confundida com a chamada cláusula *"pay-when-paid"*, vez que ambas são recorrentemente inseridas em subcontratos de construção e instituem soluções distintas.

---

[9] Caso 151 de 2014 comentado em GHONEIM, Ahmad. Back to back clauses in construction contracts may not be enforced. *In: Altamimi & Co. Law Update*, set. 2018. Disponível em: https://www.tamimi.com/law-update-articles/back-to-back-clauses-in-construction-contracts-may-not-be-enforced/. Acesso em: 15 mar. 2019.

Para diferenciar os regimes *"pay-when-paid"* e *"pay-if-paid"* – que podem ser traduzidos como "pagamento *quando* pago" e "pagamento *se* pago" ou "pagar *quando* pago" e "pagar *se* pago" –, recorre-se às conclusões da Corte de Apelação dos Estados Unidos do Sétimo Distrito em *BMD Contractors, Inc. v Fidelity & Deposit Company of Maryland.*[10]

De um lado, a cláusula *"pay-when-paid"* regula o tempo em que o subcontratante deve pagar o subcontratado, contado a partir do pagamento correspondente pelo contratante ao subcontratante. Ou seja, essa cláusula regula o prazo para pagamento, não a constituição da obrigação de pagar em si – a previsão dessa cláusula não exclui a obrigação assumida pelo subcontratante de pagar o subcontratado se o primeiro não receber o pagamento do contratante.

Em última análise, a cláusula *"pay-when-paid"* pode funcionar como um regime B2B mitigado, menos rigoroso para o subcontratado. Ela não transfere o risco de insolvência *"upstream"* do subcontratante para o subcontratado.

De outro lado, a cláusula *"pay-if-paid"* determina que o subcontratado terá direito a pagamento apenas *se* o subcontratante tiver recebido o pagamento correspondente do contratante principal. Ou seja, a cláusula exclui a obrigação do subcontratante de pagar o subcontratado se o contratante principal não tiver efetuado o pagamento ao seu contratado (subcontratante). Quando essa cláusula é inserida em um subcontrato, há efetiva transferência de risco (envolvendo o não pagamento pelo contratante principal e consequentemente o preço da subcontratação) do subcontratante para o subcontratado, que o assume expressamente.

Em *Beal Bank Nevada v. Northshore Center THC LLC*,[11] essa distinção foi adotada pela Corte de Apelação do Estado de Illinois (Primeiro Distrito). A cláusula contida no subcontrato de construção previa que o contratado (subcontratante) deveria efetuar certos pagamentos ao subcontratado dentro de cinco dias a partir dos pagamentos correspondentes feitos pelo contratante ao contratado no âmbito do primeiro contrato (que teve parte das obrigações subcontratadas). O subcontratante deixou de efetuar diversos pagamentos sob o argumento de

---

[10] Corte de Apelação dos Estados Unidos do Sétimo Distrito. 11-1345. 679 F.3d 643. *BMD Contractors, Inc. v Fidelity & Deposit Company of Maryland*. Decisão de 11 de março de 2012.

[11] Corte de Apelação do Estado de Illinois. Primeiro Distrito, Quinta Divisão. 1.15.1697. *Beal Bank Nevada v. Northshore Center THC, LLC*. Decisão de 30 de setembro de 2016. Disponível em: http://www.illinoiscourts.gov/Opinions/AppellateCourt/2016/1stDistrict/1151697.pdf Acesso em: 15 mar. 2019.

que não se encontraria obrigado a tanto, pois não havia recebido o pagamento correspondente da contratante. Entretanto, a Corte concluiu que se tratava de uma cláusula *"pay-when-paid"* (não *"pay-if-paid"*) e que, portanto, a obrigação de pagar o subcontratado existia e deveria ser feita dentro de período razoável.

Em outras palavras, "a consequência de haver uma cláusula *'pay-when-paid'* ao invés de uma *'pay-if-paid'* é que no primeiro caso a obrigação de pagar o subcontratado ainda existe e o pagamento deve ser feito dentro de um período de tempo 'razoável'".[12]

Finalmente, uma questão que merece atenção especial é que esses tipos de cláusulas – que instituem o regime *"back-to-back"* relativamente a obrigações de pagamento – podem ser inexequíveis em algumas jurisdições, como na Inglaterra, Singapura[13] e Nova Iorque,[14] podendo ser consideradas como violações à ordem pública. Por isso, frequentemente essas cláusulas terão sua inclusão resistida pelo subcontratado.

Função da cláusula "back-to-back": transferência de risco

Aproveita-se o raciocínio do item anterior para concluir que a cláusula *"back-to-back"* genericamente (não apenas quanto a obrigações de pagamento na forma de uma cláusula *"pay-if-paid"*), quando inserta em subcontratos de construção, tem a função de transferir o risco de eventuais descumprimentos ou da negativa de pleitos pelo contratante principal para o construtor subcontratado.

Exatamente por isso, é importante que os termos do contrato que instituem o regime *"back-to-back"* sejam claros para que a sistemática contratual aplicável e a transferência do risco tornem-se inequívocas, seja via espelhamento direto dos termos do contrato principal no subcontrato no que tange à alocação dos riscos, seja via inclusão de previsão explícita de que os contratos são *"back-to-back"*, de modo a prevenir conflitos sobre a interpretação do subcontrato que, por

---

[12] Original em inglês: *"The consequence of a finding of "pay when paid" rather than "pay if paid" is that in the former instance the payment obligation to the subcontractor still exists and payment must be made within a "reasonable" period of time".* DASH, Jim. Pay if paid clauses upheld by First District. *In: Building Knowledge,* Illinois State Bar Association, v. 7, n. 2, jan. 2017.

[13] PANDEY, Ayushi. Drafting a back-to-back contract: issues and considerations. *In: Manupatra.* Disponível em: http://docs.manupatra.in/newsline/articles/Upload/55A79D15-E793-43BF-8B99-62C3CA4EA410.pdf. Acesso em: 15 mar. 2019.

[14] Corte de Apelação do Estado de Nova Iorque. Segundo Distrito. 87 N.Y.2d 148, 661 N.E.2d 967, 638 N.Y.S.2d 394. *West-fair Electric Contractors v. Aetna Casualty & Surety Company.* Decisão de 7 de setembro de 1995.

natureza, seria independente e desvinculado do contrato principal – por isso, para garantir segurança jurídica, a instituição do regime deve ser expressa.[15] Em caso decidido pela Alta Corte de Hong Kong, em disputa entre subcontratados e subcontratante no contexto de subcontratação de obras públicas (construção de extensões e melhoras para um hospital público, incluindo dois novos prédios) em que os termos do subcontrato não deixavam clara a intenção das partes de instituir o regime *"back-to-back"*, o Ministro Neil Kaplan enfatizou que "deve-se apreciar que ambos o contrato principal e o subcontrato constituem contratos integrais e independentes. Esses dois contratos não são *ex facie* contratos '*back-to-back*' clássicos, pelo que, se fossem, todo este caso teria sido desnecessário".[16]

8 Direito brasileiro – viabilidade, cautelas e recomendações

Definir se essa sistemática é ou não juridicamente possível à luz do Direito brasileiro não é uma pergunta a ser respondida em abstrato, mas sim a partir da forma como a cláusula é construída. Há alguns pressupostos indispensáveis para que tal sistemática funcione de forma válida.

Por um lado, por se tratar de sistemática incomum, e que restringe o direito do subcontratado, é imprescindível que seja disciplinada de forma expressa e inequívoca. É bem sabido que a renúncia não se interpreta extensivamente nem se presume. A regra fundamental do Direito brasileiro consta do art. 114 do Código Civil, o qual determina que "os negócios jurídicos benéficos e a renúncia interpretam-se estritamente".

Nessa condição, seria problemático, para não dizer desde logo inviável, pretender extrair essa sistemática ainda que de silêncio

---

[15] JONES, Doug. Chapter 22: The Legal Landscape of Cooperation: A Close Study of the Jardine Decision. *In*: Hong Kong International Arbitration Centre (Ed.). *International Arbitration*: Issues, Perspectives and Practice: Liber Amicorum Neil Kaplan, Kluwer Law International, 2018. p. 367-380.

[16] Original em inglês: "*One has to appreciate that both Main Contract and Sub-contract are free standing integral contracts. These two contracts are not ex facie classic back-to-back contracts for if they were, this whole case would have been unnecessary*". Alta Corte de Hong Kong, *Construction List n. 1 of 1992*, HKC 271, HCCT 1/1992, *Jardine Engineering Corp. Ltd. v. Shimizu Corp.*, Decisão de 10 mar. 1993. Disponível em: http://neil-kaplan.com/wp-content/uploads/2013/08/The-Jardine-Engineering-Corporation-Ltd-and-Others-v-Shimizu-Corporation-HCCT1-of-1992.pdf. Acesso em 15 mar. 2019.

circunstanciado – até porque, dada a sua escassa utilização, seria de se supor que a sistemática *"back-to-back"* não integra propriamente os "usos do lugar de sua celebração" (art. 113 do Código Civil). Por outro lado, há pressupostos fundamentalmente relacionados com a cláusula geral da boa-fé (art. 422 do Código Civil).

Em primeiro lugar, há necessidade de colaboração entre as partes. A interdependência que é natural na execução dos contratos de construção,[17] sobretudo aqueles mais complexos, alcança também a articulação dos pleitos que devam ser processados ao longo do contrato. Passa a haver entre as partes um objetivo mútuo, no sentido de que o pleito de ambas seja atendido. Esse alinhamento de interesses (em tese) resulta na atenuação da perspectiva de posição adversarial dos envolvidos. Em certas situações, as partes se aproximarão mais da condição de sócios do que de contrapartes na acepção tradicional. Por esse prisma, a sistemática *"back-to-back"* aproxima-se do regime de um contrato de parceria ou de aliança, por exemplo.

Nesse sentido, não se pode afastar a possibilidade de responsabilização da parte contratante que deveria ter conduzido o pleito (que beneficiaria também a contraparte) e o faz de forma inadequada. Nesse caso, seria possível cogitar a aplicação de solução equivalente à do art. 129 do Código Civil, de modo a determinar que a parte encarregada de gerenciar a demanda ou o pleito, e que frustrou a sua satisfação, fosse responsabilizada diretamente.[18]

Em segundo lugar, há um intenso dever de transparência, que deve resultar em um ambiente de comunicação aberta e de estrita honestidade entre as partes. Uma decorrência desse regime corresponde à obrigação de o contratante verificar se as condições para a satisfação do direito da contraparte permanecerão presentes. Suponha-se, por exemplo, que o contratante público, responsável por remunerar todas

---

[17] *"Even with full cooperation, the objectives of projects can still be under-realized due to task complexity and interdependence, which create the need for coordination. In construction projects, the relationship between contractor and owner is characterized by high interdependence. To promote effectiveness and efficiency, a contract adopts some mechanisms to enhance communication, clarify expectations and assign tasks. The coordination provisions in contracts include a clear task description* (Argyres, et al., 2007), *communication procedures* (Mayer and Argyres, 2004; Gulati et al., 2012)...". YOU, Jingya *et al.* Uncertainty, opportunistic behavior, and governance in construction projects: The efficacy of contracts. p. 797.

[18] "Reputa-se verificada, quanto aos efeitos jurídicos, a condição cujo implemento for maliciosamente obstado pela parte a quem desfavorecer, considerando-se, ao contrário, não verificada a condição maliciosamente levada a efeito por aquele a quem aproveita o seu implemento".

as atividades correspondentes, já não tenha condições orçamentárias para honrar os compromissos contratuais. É dever do subcontratante compartilhar esse dado ao subcontratado, como tradução do dever geral de mitigar danos. Tal dever, se descumprido, poderia dar lugar a pretensões indenizatórias e, eventualmente, à própria resolução da subcontratação.

Veja-se que esses diversos deveres tradicionalmente são aptos a gerar pretensões indenizatórias e resolutivas mesmo se considerados como deveres laterais, na medida em que o seu descumprimento representa violação positiva do contrato.[19] Na sistemática *"back-to-back"*, esses deveres aproximam-se de forma ainda mais intensa – se é que não passam a integrar o núcleo da obrigação – o que torna a responsabilidade nessas situações ainda mais evidente.

Esses fatores tornam recomendável a adoção de mecanismos de governança contratual e disciplina que favoreça o alinhamento de interesses das partes, de modo que haja incentivos suficientes a que uma parte adote as providências necessárias para assegurar o direito da outra.

Portanto, recomenda-se atenção especial à questão da resolução de conflitos em subcontratos em regime *"back-to-back"*. Conflitos entre o contratante e o contratado podem gerar conflitos correspondentes entre este último e o subcontratado e vice-versa e, em vista disso, é recomendável que as partes insiram no subcontrato paralelamente à cláusula *"back-to-back"* obrigações de cooperação em conflitos com o contratante principal e de que a resolução do conflito no âmbito da subcontratação deverá ocorrer apenas após a resolução do conflito correspondente no contrato principal.[20]

Em terceiro lugar, cabe apurar em que medida a aplicação concreta da cláusula é possível diante dos efeitos que produza sobre a esfera dos contratantes – notadamente, porque esses efeitos podem traduzir-se em onerosidade excessiva ao subcontratado e enriquecimento sem causa ao beneficiário das prestações, por exemplo.

---

[19] "Seriam hipóteses de violação positiva o 'cumprimento imperfeito' e a 'quebra de deveres laterais de conduta'. Aquele toma lugar quando, a par da realização de atos de prestação, o objeto desta contém defeito ou vício e, em decorrência, causa danos laterais à esfera jurídica do contratante. Tais danos, conforme se expôs no trabalho, não se confundem com aqueles causados quando de uma violação negativa da obrigação, consistente na falta do cumprimento". STEINER, Renata C. *Descumprimento contratual*: Boa-fé e Violação Positiva do Contrato. São Paulo: Quartier Latin, 2014. p. 256.

[20] PANDEY, Ayushi. Drafting a back-to-back contract: issues and considerations. *In*: *Manupatra*. Disponível em: http://docs.manupatra.in/newsline/articles/Upload/55A79D15-E793-43BF-8B99-62C3CA4EA410.pdf. Acesso em: 15 mar. 2019.

A questão não é simples de ser resolvida. A rigor, pode-se reputar que o risco inerente à sistemática do *"back-to-back"* foi precificado pelo subcontratado. Supõe-se que ele tinha ciência dos aspectos positivos e negativos desse regime e formulou o seu preço de acordo com essas variáveis.

No entanto, há aqui uma linha tênue entre assunção de risco e eventual enriquecimento sem causa. Cabe verificar quando a transferência de risco passa a desnaturar a própria substância da subcontratação e, assim, se tornar em tese apta a violar normas de ordem pública. Lembre-se da previsão do art. 122 do Código Civil, pelo qual "entre as condições defesas se incluem as que privarem de todo efeito o negócio jurídico, ou o sujeitarem ao puro arbítrio de uma das partes".

Logo, a questão está em saber se a cláusula *"back-to-back"* priva o negócio jurídico "de todo efeito", tendo em vista que a previsão *"back-to-back"* funcionará como típica cláusula de não indenizar.

Considera-se que a cláusula poderá ser tida como válida desde que reflita certo alinhamento de interesses entre os contratantes – o que se pode traduzir, na realidade, como um mecanismo de compartilhamento de riscos (*i.e.*, das perdas e ganhos) entre eles.[21]

Assim, nos casos de menor rigor da sistemática, como ocorre com as cláusulas *"pay-when-paid"*, verifica-se a existência de um alinhamento de interesses entre subcontratante e subcontratado, ao tempo em que a sistemática não possibilita a frustração integral do direito do subcontratado. Nesse caso, trata-se mais de um mecanismo de limitação do que de exclusão de responsabilidade. Já diante de cláusulas *"pay-if-paid"*, haverá espaço muito mais amplo de incertezas em relação à compreensão que será adotada pelo Poder Judiciário para lidar com os problemas derivados. Essas dúvidas poderão ser mitigadas a partir da boa construção da disciplina contratual, mas mesmo isso não eliminará, pelo menos não em um primeiro momento, a insegurança jurídica em torno de tema que mal começou a ser debatido em nossa realidade.

---

[21] "Com todos os pontos expostos, fica respondida a questão, entendendo pela validade da cláusula de não indenizar, mas não uma validade ampla e irrestrita, ou, tampouco, baseada em claro texto da lei, mas sim de uma validade baseada num clausulado justo e com alguns limites que impedem a aplicação da convenção para todos os casos". CUNHA JÚNIOR, Walner Alves. A validade das cláusulas de não indenizar. *In*: SILVA, Leonardo Toledo da (Coord.). *Direito e Infraestrutura*. São Paulo: Saraiva, 2012. p. 360.

Referências

BRUNER, Philip L.; O'CONNOR JR., Patrick. *Construction Law*. Thomson Reuters, 2016, section 6:9.

CUNHA JÚNIOR, Walner Alves. A validade das cláusulas de não indenizar. *In*: SILVA, Leonardo Toledo da (Coord). *Direito e Infraestrutura*. São Paulo: Saraiva, 2012.

DASH, Jim. Pay if paid clauses upheld by First District. *In*: *Building Knowledge*, Illinois State Bar Association, v. 7, n. 2, jan. 2017.

GHONEIM, Ahmad. Back to back clauses in construction contracts may not be enforced. *In*: *Altamimi & Co. Law Update*, set. 2018. Disponível em: https://www.tamimi.com/law-update-articles/back-to-back-clauses-in-construction-contracts-may-not-be-enforced/. Acesso em: 15 mar. 2019.

JONES, Doug. Chapter 22: The Legal Landscape of Cooperation: A Close Study of the Jardine Decision. *In*: Hong Kong International Arbitration Centre (Ed.). *International Arbitration*: Issues, Perspectives and Practice: Liber Amicorum Neil Kaplan, Kluwer Law International, 2018. p. 367-380.

LAYCOCK, Scott. Back to Back Contracts and Partnering. *In*: 48 *Australian Construction Law Newsletter*, p. 43.

MARINO, Francisco Paulo Crescenzo. *Contratos Coligados no Direito Brasileiro*. São Paulo: Saraiva, 2009.

PANDEY, Ayushi. Drafting a back-to-back contract: issues and considerations. *In*: *Manupatra*. Disponível em: http://docs.manupatra.in/newsline/articles/Upload/55A79D15-E793-43BF-8B99-62C3CA4EA410.pdf. Acesso em: 15 mar. 2019.

SCRIVEN, John. A banking perspective on construction risks in BOT schemes. *In*: 11 *International Construction Law Review*, p. 313, 1994.

STEINER, Renata C. *Descumprimento contratual*: Boa-fé e Violação Positiva do Contrato. São Paulo: Quartier Latin, 2014.

YOU, Jingya *et al*. Uncertainty, opportunistic behavior, and governance in construction projects: The efficacy of contracts. *In*: *International Journal of Project Management*, v. 36, n. 5, p. 795, jun. 2018.

Informação bibliográfica deste texto, conforme a NBR 6023:2018 da Associação Brasileira de Normas Técnicas (ABNT):

REISDORFER, Guilherme Fredherico Dias; QUINTÃO, Luísa. Subcontratação de obras públicas e cláusulas *"back-to-back"* no Direito brasileiro. *In*: JUSTEN FILHO, Marçal; SILVA, Marco Aurélio de Barcelos (Coord.). *Direito da Infraestrutura*: estudos de temas relevantes. Belo Horizonte: Fórum, 2019. p. 143-156. ISBN: 978-85-450-0672-5.

ALIENAÇÃO DE ATIVOS DAS EMPRESAS ESTATAIS NOS SETORES DE INFRAESTRUTURA

JULIANE ERTHAL DE CARVALHO

MAYARA GASPAROTO TONIN

1 Introdução

A infraestrutura tem papel relevante para o desenvolvimento econômico dos diversos setores da economia, tais como saneamento, telecomunicações, energia, transportes.[1] Por essa razão, adquire um papel estratégico para o Estado.

A escolha do modo de atuação estatal nos setores de infraestrutura pode variar, sendo por vezes direto, indireto, por meio do fomento ou via regulação. A opção pela melhor forma de intervenção do Estado na atividade econômica requer uma ponderação das especificidades das atividades desempenhadas, da conjuntura política, da capacidade de organização e da gestão dos agentes públicos e privados. São especialmente as possibilidades de investimento, provisionamento de custos, gastos com manutenção e expansão da capacidade da infraestrutura por parte do Poder Público que diferenciam o tipo de política pública e o modo de atuação estatal adotados em cada período histórico.

---

[1] Não existe conceito unívoco de infraestrutura. Trata-se no presente artigo da infraestrutura material e econômica, ou seja, aquela relacionada com a prestação de serviços que satisfaçam as necessidades da sociedade. Para aprofundamento do tema, confira-se: CARVALHO, André Castro. *Direito da infraestrutura*: perspectiva pública. São Paulo: Quartier Latin, 2014, em especial p. 106-107 e p. 117.

O desenvolvimento de grandes obras relacionadas à prestação de serviços essenciais e a fundamental estruturação de setores de infraestrutura dependem de recursos vultosos e planejamento adequado. Na pauta política, usualmente recorre-se à "privatização",[2] conceito relacionado a preconceitos e ideologias e que envolve forte apelo emocional.[3]

Com a recente mudança de governo, a privatização de empresas estatais voltou a ter destaque no cenário brasileiro, sendo a "palavra da moda na gestão pública brasileira em 2019".[4] Os planos da equipe econômica envolvem a venda ou a liquidação de mais de 100[5] das atuais 135 estatais federais.[6]

O presente trabalho se volta a analisar especificamente a alienação de ativos das empresas estatais atuantes nos setores de infraestrutura.[7] Trata-se de uma das formas de desestatização previstas na legislação brasileira, ao lado da transferência da execução de serviços públicos

---

[2] É importante indicar que há vários sentidos para o vocábulo privatização, que podem ser consultados em SANTOS, António Carlos dos; GONÇALVES, Maria Eduarda; MARQUES, Maria Manuel Leitão. *Direito económico.* 4. ed. Coimbra: Almedina, 2001. p. 156 e seguintes. Para aprofundamento do tema confira-se também: MÂNICA, Fernando Borges. Sete formas possíveis de privatização no Brasil (e como podem ser implementadas). *Consultor Jurídico – Conjur,* artigo veiculado em 24.2.2019. Disponível em: https://www.conjur.com.br/2019-fev-24/fernando-manica-sete-formas-possiveis-privatizacao-brasil. Acesso em: 15 mar. 2019.

[3] ANUATTI NETO, Francisco; BAROSSI FILHO, Milton; CARVALHO, Antonio Gledson de; MACEDO, Roberto. Os efeitos da privatização sobre o desempenho econômico e financeiro das empresas privatizadas. *Revista Brasileira de Economia,* Rio de Janeiro, v. 59, n. 2, abr. 2005. p. 18.

[4] MÂNICA, Fernando Borges. Sete formas possíveis de privatização no Brasil (e como podem ser implementadas), cit.

[5] MUNIZ, Mariana; PERON, Isadora. Lewandowski deve liberar em 15 dias ação sobre privatizações. *Valor Econômico,* matéria veiculada em 19.2.2019. Disponível em: https://www.valor.com.br/brasil/6124309/ lewandowski-deve-liberar-em-15-dias-acao-sobre-privatizacoes. Acesso em: 14 mar. 2019.

[6] MINISTÉRIO DO PLANEJAMENTO, DESENVOLVIMENTO E GESTÃO; SECRETARIA DE COORDENAÇÃO E GOVERNANÇA DAS EMPRESAS ESTATAIS. *Boletim das Empresas Estatais Federais,* Brasília: MP, v. 7, n. 8, 3º trimestre de 2018. p. 4.

[7] Por alienação de ativos entende-se a "alienação, pela União, de direitos que lhe assegurem, diretamente ou através de outras controladas, preponderância nas deliberações sociais e o poder de eleger a maioria dos administradores da sociedade" (art. 2º, §1º, da Lei nº 9.491/97). Não se adentrará ao tema das modalidades operacionais para o processo de alienação, também previstas pela referida legislação, as quais podem ser alienação de participação societária e de controle acionário, preferencialmente com a pulverização de ações; abertura de capital; aumento de capital, com renúncia ou cessão, total ou parcial, de direitos de subscrição; dissolução de sociedades ou desativação parcial de seus empreendimentos, com a consequente alienação de ativos (art. 4º da Lei nº 9.491/97).

para a iniciativa privada e da transferência de bens públicos móveis e imóveis (art. 2º, §1º, da Lei nº 9.491/97).[8]

Existem estudos "nacionais e internacionais, que relatam melhorias alcançadas pela privatização, bem como estudos que desmitificam a superioridade do desempenho das entidades privadas em relação às entidades públicas",[9] mas dificilmente os planos de alienação de ativos das estatais são acompanhados de estudos técnicos que demonstrem dados mais precisos acerca da real situação econômico-financeira das estatais e que apresentem prospecções sobre as diversas alternativas que poderiam ser adotadas em detrimento da venda de participação acionária. A escolha por essa opção é pouco discutida.[10]

Um exemplo é a especulação acerca do Banco do Brasil, que teve lucro líquido ajustado de mais de R$13 bilhões em 2018, representando alta de cerca de 22% em relação a 2017, e lucro de quase R$4 bilhões somente no quarto trimestre, aumento de cerca de 20% em um ano.[11] Na *opinião* do novo presidente, "o fato de o banco ser estatal prejudica o desempenho e uma privatização traria mais eficiência à instituição".[12]

O processo de alienação de ativos das empresas estatais carece de estudos técnicos prévios. É imprescindível a identificação dos dados econômicos e financeiros que envolvem o desempenho das estatais para se avaliar se a política econômica governamental deverá

---

[8] Nos termos do Programa Nacional de Desestatização (PND), poderão ser objeto de desestatização: empresas, inclusive instituições financeiras, controladas direta ou indiretamente pela União, instituídas por lei ou ato do Poder Executivo; empresas criadas pelo setor privado e que, por qualquer motivo, passaram ao controle direto ou indireto da União; serviços públicos objeto de concessão, permissão ou autorização; instituições financeiras públicas estaduais que tenham tido as ações de seu capital social desapropriadas; e bens móveis e imóveis da União (art. 2º da Lei nº 9.491/97). O art. 2º, §1º, prevê as formas de desestatização, quais sejam: alienação, pela União, de direitos que lhe assegurem, diretamente ou através de outras controladas, preponderância nas deliberações sociais e o poder de eleger a maioria dos administradores da sociedade; transferência, para a iniciativa privada, da execução de serviços públicos explorados pela União, diretamente ou através de entidades controladas, bem como daqueles de sua responsabilidade; e transferência ou outorga de direitos sobre bens móveis e imóveis da União.

[9] CABRAL, Lorena Soares Laia; RODRIGUES, Erica Castilho; FONSECA, Alberto. Privatizar ou não privatizar? Uma análise longitudinal dos serviços de abastecimento de água no Brasil. *Engenharia Sanitária Ambiental*, Rio de Janeiro, v. 23, n. 4. p. 811, ago. 2018.

[10] VELASCO JUNIOR, Licínio. Privatização: mitos e falsas percepções. *In:* GIAMBIAGI, Fabio; MOREIRA, Maurício Mesquita (Org.). *A economia brasileira nos anos 90.* Rio de Janeiro: BNDES, 1999. p. 185.

[11] FURLAN, Flávia; MOREIRA, Talita. BB privatizado seria mais eficiente, afirma Novaes. *Valor Econômico*, matéria veiculada em 15.2.2019. Disponível em: https://www.valor.com.br/financas/6119483/bb-privatizado-seria-mais-eficiente-afirma-novaes. Acesso em: 14 mar. 2019.

[12] *Idem.*

ampliar ou reduzir investimentos e se isso deverá ser concretizado por meio da transferência da participação acionária pública para a titularidade da iniciativa privada. Essa análise deve abranger tanto os critérios de desempenho relacionados à eficiência, à lucratividade e ao gerenciamento da empresa quanto os parâmetros de qualidade, continuidade e acessibilidade dos serviços relacionados à finalidade da empresa estatal.

O artigo pretende, a partir do exame de dados empíricos acerca das privatizações que ocorreram no passado e sobre as empresas estatais que atuam no cenário econômico atual, questionar a justificativa genérica de busca da eficiência e, assim, propor a elaboração de estudo prévio à decisão de alienação de ativos das empresas estatais.[13]

2 O fenômeno da estatização no Brasil

A partir da década de 1930 e especialmente 1940, o Estado passou a investir elevados recursos em infraestrutura para o desenvolvimento de diversos setores econômicos, tais como o setor elétrico, de transportes, de petróleo, de saneamento, dentre outros.[14] Nesse contexto, houve a estruturação da atividade empresarial voltada à exploração de empreendimentos produtivos para o desenvolvimento nacional, por meio de empresas públicas e sociedades de economia mista.[15] O Estado adquire um papel relevante no exercício de atividades estratégicas.

As empresas estatais no Brasil surgiram para explorar monopólios rentáveis, possibilitando a geração de riqueza para o financiamento de atividades típicas do governo; e para promover a industrialização do país, criando a infraestrutura essencial para os serviços públicos, em razão da inexistência de empresas privadas interessadas.[16] A descentralização administrativa foi um mecanismo para impulsionar uma atuação

---

[13] O artigo presume a constitucionalidade e a legalidade das empresas estatais, nos termos da art. 173 da Constituição, ou seja, que a atividade econômica é explorada porque "necessária aos imperativos da segurança nacional ou a relevante interesse coletivo, conforme definidos em lei". Não será objeto do trabalho as empresas estatais que eventualmente tenham sido constituídas sem a devida fundamentação em relação à finalidade pública a ser atingida.

[14] PINTO JUNIOR, Mario Engler. *Empresa estatal*: função econômica e dilemas societários. 2. ed. São Paulo: Atlas, 2013. p. 19-20.

[15] *Idem, ibidem.*

[16] PINTO JUNIOR, Mario Engler. *Empresa estatal*: função econômica e dilemas societários, cit.. p. 14.

mais ágil do Estado.[17] De acordo com Marçal Justen Filho, nessa época prevaleceu a concepção de que as empresas estatais eram instrumento "tão desejável que nem caberia questionar as suas virtudes e seus defeitos".[18] Essa ideia foi alterada posteriormente, diante especialmente do desvirtuamento da atuação das estatais.[19]

A expansão do Estado na sua função empresária durou até a década de 1970, quando a reputação das empresas estatais foi prejudicada em razão da atribuição a elas da responsabilidade pelos principais desequilíbrios econômicos do país.[20] Mario Engler Pinto Júnior explica que a deterioração das empresas estatais brasileiras e de sua capacidade de gestão e desempenho decorreu de dois fatores:

> O primeiro deles consistia na insinuação de pretensões corporativistas desvinculadas do interesse público, que se traduziam na excessiva generosidade da política de pessoal, notadamente em matéria de fundo de pensão. Em boa medida, a representação do Estado nos conselhos de administração das companhias controladas favorecia o corporativismo. A segunda causa disfuncional decorre da imposição, por parte do Estado, de controles processuais padronizados típicos da administração direta, considerados demasiadamente centralizadores e burocratizantes, que tolhem a iniciativa empresarial e criam incentivos perversos, culminando por retirar da empresa estatal sua capacidade de responder a novos desafios.[21]

Em razão disso, a Administração Pública passou a enfrentar grandes desafios em relação a aspectos logísticos, operacionais, técnicos, econômicos, financeiros e acionários. Havia a necessidade de reformulação da forma de atuação pública e privada, e o resultado foi a opção por um modelo que valorizou a função regulatória do Estado.

---

[17] SOUTO, Marcos Juruena Villela. *Desestatização, privatização, concessões e terceirizações*. 2. ed. Rio de Janeiro: Lumen Juris, 1999. p. 1.

[18] JUSTEN FILHO, Marçal. *Estatuto jurídico das empresas estatais*: Lei 13.303/2016 – Lei das Estatais. São Paulo: 2016. p. 10.

[19] Inclusive, para Leonor Augusta Giovine Cordovil, "no caso brasileiro, uma das razões para a urgência das privatizações em diversos setores, como telecomunicações e energia elétrica, foi o mau uso das empresas estatais como instrumento de política econômica para a contenção da inflação" (*A intervenção estatal nas telecomunicações*: a visão do direito econômico. Belo Horizonte: Fórum, 2005. p. 197).

[20] PINTO JUNIOR, Mario Engler. *Empresa estatal*: função econômica e dilemas societários, cit.. p. 37.

[21] PINTO JUNIOR, Mario Engler. *Empresa estatal*: função econômica e dilemas societários, cit.. p. 48-49.

Diante da constatação da gestão ineficiente de recursos públicos e da obsolescência tecnológica, alavancou-se um processo de reforma da Administração Pública. O principal objetivo era diminuir o tamanho do Estado, especialmente em setores em que as atividades podiam ser exploradas de forma lucrativa pelas empresas privadas, com o intuito de tornar o Estado mais eficiente.[22] Mesmo assim, na década de 1980, havia 215 empresas estatais federais no Brasil, chegando a 258 na década de 1990.[23]

3 As privatizações no Brasil

O cenário alterou-se depois do ápice do número de estatais federais. Diversas empresas foram alienadas, em razão de a privatização ser comumente vista como "solução para a ineficiência da sociedade estatal, apta a aumentar a sua produtividade, eficiência, lucratividade".[24] Para Elena Landau e Patrícia Sampaio, em análise específica do setor elétrico brasileiro, a mudança do modelo vigente se deu em função da incapacidade do Estado de manter e ampliar a infraestrutura existente, assim como da ausência de crescimento econômico.[25]

Estima-se que, ao longo de toda a década de 1990, 119 empresas estatais tenham disso privatizadas, fazendo da "privatização brasileira uma das maiores em todo o mundo".[26]

Um dos grandes exemplos é a privatização ocorrida no setor de telecomunicações. A restruturação desse setor visava a estimular a expansão da infraestrutura (redes e serviços) e a competição, para garantir a ampliação do acesso da população aos serviços. Para isso era necessária a participação da iniciativa privada, cujos investimentos foram oportunizados por meio da criação do marco regulatório (Lei

---

[22] CORDOVIL, Leonor Augusta Giovine. *A intervenção estatal nas telecomunicações*: a visão do direito econômico, cit.. p. 188.

[23] REZENDE, José Francisco de Carvalho; FONTES FILHO, Joaquim Rubens. Indutores de alinhamento estratégico: comparações preliminares sobre valor entre empresas de capital privado e empresas estatais no Brasil. *Revista de Administração Pública*, Rio de Janeiro, v. 47, n. 3. p. 695-720, jun. 2013. p. 698.

[24] FIDALGO, Carolina Barros. *O Estado empresário*: das sociedades estatais às sociedades privadas com participação minoritária do Estado. São Paulo: Almedina, 2017. p. 131.

[25] LANDAU, Elena; SAMPAIO, Patrícia. Setor elétrico em uma visão introdutória. *In*: LANDAU, Elena. *Regulação jurídica do setor elétrico*. Rio de Janeiro: Lumen Juris, 2006. p. 4.

[26] PINHEIRO, Armando Castelar. Privatização no Brasil: por quê? Até onde? Até quando? *In*: GIAMBIAGI, Fabio; MOREIRA, Maurício Mesquita (Org.). *A economia brasileira nos anos 90*. Rio de Janeiro: BNDES, 1999. p. 178.

nº 9.472/1997).[27] A transferência das ações estatais para o setor privado e a adoção de técnicas gerenciais empresariais possibilitaram o fortalecimento do mercado e a redução dos índices de endividamento.

O processo de privatização resulta, portanto, do esgotamento da capacidade de investimento do Poder Público na manutenção e na ampliação das estruturas produtivas. A necessidade de se buscar a ampliação dos investimentos na iniciativa privada abre espaço para a alienação de ativos das empresas estatais, que não raras vezes possuem endividamento elevado. Com a redução da estrutura do Estado, torna-se possível o reequilíbrio de empresas deficitárias.[28]

De todo modo, a presença do Estado brasileiro na economia, por meio das empresas estatais, ainda é muito relevante. Dados recentes mostram que "o Brasil está no grupo de países em que as estatais têm peso importante – com faturamento total equivalente a cerca de 5% do PIB".[29] Dados de 2015 colocavam o Brasil em quarto lugar, atrás apenas de Índia (270), Hungria (370) e China (51.341), em número de estatais – considerando uma lista de 39 países compilada pela OCDE.[30] A Argentina contava com 59 estatais federais, a Colômbia com 39, a Alemanha com 71, a França com 51 e os Estados Unidos e o Reino Unido com 16 cada um.[31]

4 A eficiência na atuação das empresas estatais

O principal critério a ser analisado em relação à prestação da atividade estatal é o cumprimento da finalidade pública almejada de modo eficiente. Para Marçal Justen Filho, o essencial não é comparar se uma empresa estatal é mais ou menos eficiente que uma empresa privada; o relevante é saber se as estatais atingem padrões satisfatórios de eficiência.[32]

---

[27] CORDOVIL, Leonor Augusta Giovine. *A intervenção estatal nas telecomunicações*: a visão do direito econômico, cit.. p. 190.

[28] SOUTO, Marcos Juruena Villela. *Desestatização, privatização, concessões e terceirizações.* p. 15-16.

[29] MOTA, Camila Veras. Brasil tem empresas estatais demais? 5 perguntas sobre privatização. BBC NEWS BRASIL, matéria veiculada em 7.1.2019. Disponível em: https://www.bbc.com/portuguese/brasil-46538732. Acesso em: 13 mar. 2019.

[30] *Idem.*

[31] *Idem.*

[32] JUSTEN FILHO, Marçal. *Estatuto jurídico das empresas estatais*: Lei 13.303/2016 – Lei das Estatais, cit.. p. 9.

4.1 O princípio constitucional da eficiência

Desde 1998, com a Emenda Constitucional nº 19, o princípio da eficiência está formalmente consagrado na ordem constitucional brasileira, destacando-se uma vez mais que a função pública é voltada ao melhor atingimento das necessidades sociais. Desse modo, "não há dúvidas de que a intervenção do Estado na economia e a forma escolhida para esse fim devem atender ao princípio da eficiência".[33]

Assim, é imprescindível delimitar o que se entende por eficiência na gestão da empresa estatal. Não há dúvidas de que a sua atuação deve levar em conta o gerenciamento de vários elementos, tais como reputação, operação, gestão, adequabilidade ao objeto social, alcance das metas financeiras, atingimento da maior lucratividade possível, distribuição adequada de dividendos, enfim, um bom desempenho em geral.

Mas não é só isso: a atuação eficiente da empresa estatal envolve a adoção de mecanismos que permitam a obtenção do máximo possível de benefícios e rentabilidade mediante o emprego da menor quantidade de recursos públicos. Em outras palavras, a intervenção do Estado deve alocar do melhor modo possível os recursos existentes, possibilitando a concretização do objeto social e o atingimento do fim público com o menor custo possível e com a obtenção de lucros.[34]

Nesse sentido, podem ser citados alguns dados empíricos que demostram a existência de estatais eficientes. Segundo informações divulgadas pelo Governo Federal, oito empresas estatais federais possuem ações negociadas em bolsa de valores (Banco da Amazônia, Banco do Brasil, BB Seguridade, Banco do Nordeste, Eletrobras, Eletrobras Participações, Petrobras e Telebras), sendo que quatro delas compõem o índice Ibovespa. Nos 12 meses de 2017, o valor de mercado dessas estatais passou de R$382,1 bilhões para R$396,3 bilhões, representando um crescimento de 3,7%, ou seja, de R$14,1 bilhões.[35]

---

[33] FIDALGO, Carolina Barros. *O Estado empresário*: das sociedades estatais às sociedades privadas com participação minoritária do Estado, cit.. p. 130.

[34] Evidentemente a empresa estatal não deverá buscar a qualquer custo o menor gasto para a concretização de seus resultados, mas é imprescindível que haja uma escolha voltada à aplicação adequada dos recursos.

[35] MINISTÉRIO DO PLANEJAMENTO, DESENVOLVIMENTO E GESTÃO. SECRETARIA DE COORDENAÇÃO E GOVERNANÇA DAS EMPRESAS ESTATAIS. *Revista das Estatais em Foco*, Brasília: MP, v. 4. p. 21, jun. 2018.

4.2 Ausência de conclusão acerca do melhor desempenho das empresas privadas

Existe uma suposição de que as empresas privadas são mais eficientes que as estatais. Essa normalmente é a justificativa para a decisão política acerca da alienação de ativos das empresas estatais. Mas os estudos empíricos realizados sobre as diferenças de performance entre essas empresas não são conclusivos.[36] Inclusive, Armando Castelar Pinheiro enfatiza o seguinte:

> Ainda que haja vários motivos por que se deve esperar que isto ocorra, os diversos estudos que procuraram avaliar empiricamente o desempenho relativo de empresas estatais e privadas chegaram a resultados variados, ora favorecendo estas, ora aquelas, ora não encontrando diferenças estatisticamente significativas entre as eficiências dos dois grupos de empresas. No geral, ainda que se tenha observado uma ligeira vantagem para as empresas privadas, esta não parecia suficiente para justificar a popularidade dos programas de privatização sendo adotados em todo o mundo ou para dar substância às expectativas que estes têm despertado quanto à melhoria de desempenho das empresas.[37]

Um estudo realizado em 2005, após as grandes privatizações da década de 1990, analisou 102 empresas do setor produtivo que foram privatizadas e um grupo de controle de empresas listadas em bolsa formado por 20 empresas estatais e 158 empresas privadas.[38] O estudo se valeu de relatórios financeiros anuais das empresas entre os anos de 1987 e 2000. Os indicadores utilizados foram desempenho de lucratividade, eficiência operacional, investimento, produto, pagamento de dividendos, financeiros, pagamento de impostos. A conclusão obtida foi que as empresas se tornaram mais eficientes após a privatização sob a perspectiva do aumento da lucratividade e da eficiência operacional. Mas se chegou a conclusões efetivas quanto aos efeitos da privatização no tocante a investimento, nível de produção, pagamento de dividendos e recolhimento de impostos.

---

[36] PINHEIRO, Armando Castelar. Impactos microeconômicos da privatização no Brasil. *Pesquisa e Planejamento Econômico*, Rio de Janeiro: IPEA, v. 26, n. 3. p. 358, dez. 1996.

[37] PINHEIRO, Armando Castelar. Impactos microeconômicos da privatização no Brasil, cit.. p. 373.

[38] ANUATTI NETO, Francisco; BAROSSI FILHO, Milton; CARVALHO, Antonio Gledson de; MACEDO, Roberto. Os efeitos da privatização sobre o desempenho econômico e financeiro das empresas privatizadas, cit.

Em 2011, outro estudo pretendeu verificar se a rentabilidade das empresas estatais era diferente das empresas privadas, analisando-se as empresas listadas na Bovespa no período de 1995 a 2007. Os resultados indicaram que o desempenho da gestão determina o lucro das empresas, mas "o fato de a gestão ser pública ou privada não apresenta resultado estatisticamente significativo".[39]

Mais recentemente, em 2016, um estudo realizado no setor elétrico concluiu que empresas estatais e empresas privadas possuem performances similares e que não há diferença estatística significativa a ponto de indicar que a estrutura acionária da empresa seja capaz de determinar qual será a melhor estruturação da atuação do Estado. Ou seja, "a composição acionária não se mostra como característica diferenciadora de resultados, no que se refere à eficiência analisada por meio de indicadores econômico-financeiros".[40]

Portanto, o desempenho econômico das empresas brasileiras privatizadas não demonstra de modo efetivo um aumento de lucratividade e eficiência operacional na gestão das empresas.

4.3 O dever de eficiência das empresas estatais

Os parâmetros de eficiência das estatais, em comparação com as empresas privadas, são afetados porque essas empresas ficam vulneráveis aos desideratos políticos.[41] A ineficiência dessas empresas decorre normalmente da ausência de incentivos e controle adequado, do conflito entre as suas finalidades sociais e a sua rentabilidade, do seu eventual (comum) uso pelos políticos em benefício próprio ou

---

[39] NOSSA, Silvania Neris; GONZAGA, Rosimeri Pimentel; NOSSA, Valcemiro; RIBEIRO FILHO, José Francisco; TEIXEIRA, Aridelmo José Campanharo. Privatizar ou não? Eis a questão: um estudo empírico sobre a rentabilidade das empresas de economia mista e empresas privadas listadas na Bovespa no período de 1995 a 2007. *Revista de Administração Pública*, Rio de Janeiro, v. 45, n. 4. p. 1048, ago. 2011.

[40] CORREA, Alex; TAFFAREL, Marines; RIBEIRO, Flávio; MENON, Gelson. Análise de eficiência: uma comparação das empresas estatais e privadas do setor de energia elétrica brasileiro. *Revista Catarinense da Ciência Contábil*, v. 15, n. 46. p. 20, nov. 2016.

[41] Daí a importância da seleção rigorosa e técnica dos administradores das estatais. Não é porque se trata de uma empresa estatal que se deve permitir uma simples indicação política. É possível instituir critérios de seleção que considerem aspectos da capacidade e qualificação da equipe executiva. Isso não deve ser visto como uma exigência inerente apenas ao âmbito da iniciativa privada. O critério de boa seleção impõe-se à gestão pública. Para aprofundamento do tema, confira-se: MUSACCHIO, Aldo; LAZZARINI, Sergio G. *Reinventando o capitalismo de Estado*. O Leviatã nos negócios: Brasil e outros países. Tradução: Afonso Celso da Cunha Serra. São Paulo: Portfolio-Penguin, 2015. p. 164.

de outros empresários e da insuficiência da pressão para os gestores apresentarem resultados eficientes e positivos.[42][43] Mas a busca pela eficiência é inerente à empresa estatal, sob pena de desvio de finalidade no exercício da atuação dos administradores.[44]

As empresas estatais devem ser eficientes. O Estado constitui empresas estatais porque pretende "acolher um regime operacional ágil como o da empresa privada",[45] cuja estruturação possibilita maior margem de escolha na tomada de decisões gerenciais.[46]

A Companhia de Saneamento Básico do Estado de São Paulo, que presta serviços de água e esgoto no Estado de São Paulo, é um bom exemplo de empresa estatal eficiente. Tem lucratividade, mesmo estando exposta a vários riscos, tais como a dependência da concessão outorgada para captação de água; dependência de fontes de energia para condução de suas atividades; exposição a riscos climáticos; imposição de encargos para a captação de água.[47]

Trata-se de companhia aberta, com ações negociadas no Brasil desde 1997, sendo que desde 2002 participa do segmento mais seleto com regras de governança mais rígidas (Novo Mercado). Em 2018, 50,3% das ações ordinárias eram do Governo do Estado de São Paulo, 31,4% estavam em negociação na B3 e os 18,3% restantes na NYSE.[48]

---

[42] MUSACCHIO, Aldo; LAZZARINI, Sergio G. *Reinventando o capitalismo de Estado*. O Leviatã nos negócios: Brasil e outros países, cit.. p. 13.

[43] Mario Engler Pinto Junior explica que o usual desempenho inferior das empresas estatais decorre de três fatores: "(i) distorções relacionadas com a natureza pública dos direitos de propriedade do Estado, que seriam mal definidos e pouco protegidos; (ii) problema de agência característico das empresas de capital pulverizado e sem acionista controlador definido, em que os administradores (agentes) agem de forma descompromissada com a maximização do bem-estar dos acionistas (principais); e (iii) desvios de conduta típicos de gestores públicos e agentes políticos autointeressados, conforme apontado pela teoria da escolha pública (*public choice*)" (*Empresa estatal*: função econômica e dilemas societários, cit.. p. 55).

[44] MUSACCHIO, Aldo; LAZZARINI, Sergio G. *Reinventando o capitalismo de Estado*. O Leviatã nos negócios: Brasil e outros países, cit.. p. 169.

[45] BANDEIRA DE MELLO, Celso Antônio. *Prestação de serviços públicos e administração indireta*. 2. ed. São Paulo: RT, 1983. p. 96.

[46] FRAZÃO, Ana. O abuso de poder de controle na Lei das Estatais. *In*: NORONHA, João Otávio de; FRAZÃO, Ana; MESQUITA, Daniel Augusto (Coord.). *Estatuto jurídico das estatais*: análise da Lei nº 13.303/2016. Belo Horizonte: Fórum, 2017. p. 121.

[47] As informações constam do Formulário de Referência da Companhia de Saneamento do Estado de São Paulo. Disponível em http://site.sabesp.com.br/site/uploads/file/investidores/FRE%202018%20Versão%2010.pdf. Acesso em: 15 mar. 2019.

[48] Dados da Companhia de Saneamento do Estado de São Paulo, disponíveis em: http://www.sabesp.com.br/CalandraWeb/CalandraRedirect/?temp=4&proj=investidoresnovo&pub=T&db=&docid=1C3C5C495E396CD0832570DF006A4017&docidPai=1698C08F24239E5A8325768C00517EF8&pai=filho4&filho=neto-1. Acesso em: 15 mar. 2019.

Segundo dados públicos divulgados pela própria companhia,[49] seu patrimônio líquido aumentou nos últimos anos: era de cerca de R$13 bilhões em 2015, passou para cerca de R$15 bilhões em 2016 e R$17 bilhões em 2017. Seu ativo total também aumentou no mesmo período: de R$33 bilhões, para R$36 bilhões e para R$39 bilhões. No exercício de 2017, foram retidos quase R$2 bilhões, sendo cerca de R$125 milhões destinados à reserva legal e quase R$1,7 bilhão destinado à reserva de investimentos. O resultado líquido em 2017 foi de cerca de 2,5 bilhões. Os dividendos mínimos obrigatórios, que são regularmente pagos aos acionistas – inclusive ao Estado de São Paulo –, foram de quase R$600 milhões (24%). Em 2018, a sua receita operacional bruta foi de cerca de R$3 bilhões, a sua receita operacional líquida de quase R$ 4 bilhões e seu lucro líquido de R$565 milhões.[50]

5 Alienação de ativos das empresas estatais e eficiência

A mera transferência da titularidade acionária da empresa estatal, por meio da alienação de ativos, para a iniciativa privada não necessariamente garantirá o atingimento de melhores resultados financeiros e econômicos.

O setor de telecomunicações novamente pode ser utilizado como exemplo. A Oi S.A., resultado de duas empresas que nasceram a partir da privatização da Telebras em 1998, pediu recuperação judicial em 2016 e teve seu plano homologado em 2018.[51]

Trata-se da maior prestadora de serviços de telefonia fixa do Brasil (34,4% do mercado nacional), estando presente com no mínimo um serviço em todos os municípios brasileiros, atendendo aproximadamente 70 milhões de clientes, tendo perto de 50 milhões de clientes usuários de telefonia móvel, mais de 5 milhões de acessos à internet banda larga, mais de 1 milhão de assinaturas de TV, e tendo ações negociadas na B3 e na NYSE.

---

[49] As informações constam do Formulário de Referência da Companhia de Saneamento do Estado de São Paulo, cit. Acesso em: 15 mar. 2019.

[50] As informações foram divulgadas no release do 3º trimestre de 2018, referente aos resultados do período, da Companhia de Saneamento do Estado de São Paulo. AFFONSO, Rui de Britto Álvares; SAMPAIO, Mario de Azevedo de Arruda. *SABESP anuncia resultado do 3T18*. Disponível em: http://www.sabesp.com.br/sabesp/filesmng.nsf/6616342EE6F67D 12832583400004B3DD/$File/SBSP3_3T18_.pdf. Acesso em: 15 mar. 2019.

[51] Todas as informações acerca da recuperação judicial estão disponíveis para consulta em http://www.recuperacaojudicialoi.com.br/pecas-processuais/. Acesso em: 15 mar. 2019.

No pedido de recuperação judicial, a Oi declarou deter passivo total de mais de R$65 bilhões. Segundo dados divulgados pela própria empresa,[52] seu patrimônio líquido diminuiu drasticamente nos últimos anos: era de R$2 bilhões em 2015, de R$-6 bilhões em 2016 e R$-13 bilhões 2017. Seu resultado líquido apresentou melhora, mas se mantém negativo: R$-19 bilhões em 2015, R$-8 bilhões em 2016 e R$-6 bilhões em 2017. Nos exercícios de 2015, 2016 e 2017, não houve distribuição de dividendos em razão dos prejuízos. No final de 2018, a sua dívida líquida ainda era de R$11 bilhões e a bruta de R$30 bilhões, sendo que o seu resultado financeiro líquido consolidado foi de R$-1,5 bilhão.[53]

Além disso, os dados da ANATEL demonstram que a qualidade da prestação de serviços da Oi não é suficientemente satisfatória. A Oi não apresenta um elevado índice de desempenho de atendimento, cuja pontuação máxima é 100 e leva em consideração fatores de reclamação, reclamações reabertas, reclamações respondidas em cinco dias e reclamações respondidas no período.[54] A empresa não foi classificada como a melhor prestadora de serviços em nenhuma categoria, tendo ficado em 5º lugar nos serviços de banda larga fixa e de telefonia fixa local em 2018. A sua melhor pontuação foi 90,09 na categoria de telefonia móvel, e mesmo assim a classificação atingida foi o 4º lugar. Os registros de reclamações da Oi na ANATEL são muito elevados. Em 2017, o menor número foi na categoria de TV por assinatura, com mais de 40 mil reclamações registradas. A telefonia fixa local registrou mais de 400 mil reclamações.[55]

Nesse ponto é necessária a ressalva de que, a rigor, não é possível comparar a situação anterior à privatização desse setor com a

---

[52] As informações constam do Formulário de Referência da Oi S.A. Disponível em: https://www.oi.com.br/ri/conteudo_pt.asp?idioma=0&conta=28&tipo=43589 (Acesso em: 15 mar. 2019).

[53] As informações foram divulgadas no release do 3º trimestre de 2018, referente aos resultados do período, da Oi S.A. Disponível em https://www.oi.com.br/ri/conteudo_pt.asp?idioma=0&conta=28&tipo=43586 (Acesso em: 15 mar. 2019).

[54] Banda Larga Fixa: Oi tem 59,25 pontos em 5º lugar; Telefonia Móvel: Oi tem 90,09 pontos em 4º lugar; Telefonia Fixa Local: Oi tem 51,95 pontos em 5º lugar; TV por assinatura: Oi tem 87,22 pontos em 2º lugar. Fonte: site ANATEL. Disponível em: http://www.anatel.gov.br/consumidor/desempenho-do-atendimento-ida/nov-2018 (Acesso em: 17 mar. 2019).

[55] Telefonia celular pré-pago: Oi tem 62.235; Telefonia celular pós-pago: Oi tem 152.189; Telefonia fixa local: Oi tem 407.811; TV por assinatura: Oi tem 44.382; Banda larga fixa: Oi tem 227.723. Dados publicados em 7.1.2014, no site da ANATEL. Disponível em http://www.anatel.gov.br/consumidor/reclamacoes-na-anatel2/grupos-economicos. Acesso em: 15 mar. 2019.

realidade atual. O desenvolvimento da infraestrutura do setor de telecomunicações evidentemente ocorreu com a privatização, mas não se pode afirmar que decorreu simplesmente da alteração da composição acionária das empresas. As inovações oriundas do desenvolvimento tecnológico mundial e a criação do marco regulatório pelo governo brasileiro foram essenciais e tornam os cenários incomparáveis. Ainda, é um exemplo de um setor específico; as aferições acerca do exame dos dados referentes à situação financeira da empresa e à qualidade dos serviços prestados não se aplicam indistintamente a todos os setores de infraestrutura.

De qualquer modo, apesar das peculiaridades das transformações sofridas pelo setor de telecomunicações, é possível avaliar se as finalidades da prestação dos serviços são atingidas de modo satisfatório e se as infraestruturas utilizadas são adequadas. É justamente para isso que servem os indicadores de qualidade, pois a avalição mais importante é aquela realizada pelos próprios usuários.

Esses dados, aliados àqueles referentes à situação econômico-financeira da Oi, permitem afirmar que a alienação da participação acionária do Estado em determinada estatal não garante a melhoria da eficiência da empresa. O investimento na qualidade da gestão e na capacitação de pessoal para a adaptação aos ambientes mutáveis de mercado é muito mais importante para o atingimento de melhores resultados. Afinal, é a capacidade de adaptabilidade da empresa em relação aos problemas de gestão e aos impasses operacionais que torna a empresa eficiente – e competitiva nos setores em que houver competição.[56]

Assim, tendo em vista a ausência de correlação necessária entre a titularidade da participação acionária e a eficiência na gestão da empresa estatal, chamam atenção as razões pelas quais as privatizações ocorrem.[57] Nesse sentido, pode-se citar o caso da Companhia Estadual de Águas e Esgotos do Rio de Janeiro (CEDAE). Segundo análise de Mariana Berardinelli Vieira Braz Gonçalves, a empresa estatal vinha apresentando "sucessivos resultados positivos desde 2007, tendo sido

---

[56] PINTO JUNIOR, Mario Engler. *Empresa estatal*: função econômica e dilemas societários, cit.. p. 60.

[57] Sobre isso, Armando Castelar Pinheiro observa que "é interessante que tantos e tão significativos programas de privatização, que vêm virtualmente revolucionando o funcionamento de economias inteiras, tenham se baseado em preceitos teóricos e evidências empíricas tão frágeis" (Impactos microeconômicos da privatização no Brasil, cit.. p. 358).

recentemente avaliada em aproximadamente 7 bilhões de reais",[58] e mesmo assim a Lei Estadual nº 7.529/2007 aprovou a alienação da integralidade das suas ações à iniciativa privada.

6 A elaboração de estudo prévio à alienação de ativos das empresas estatais

A análise empreendida permite identificar e apresentar algumas sugestões que deveriam anteceder o processo de alienação de ativos de titularidade estatal à iniciativa privada nas empresas estatais atuantes no setor de infraestrutura. Evidentemente nenhuma das proposições é inédita, talvez até se traduzam em grandes obviedades. Mas, diante da relevância do assunto, nunca é demais reforçar a necessidade da busca pela análise de todos os impactos produzidos pela transformação societária e pela reformulação do papel do Estado em determinados setores, podendo ainda se aplicar a outros setores que não são objeto deste artigo.

A pesquisa realizada demonstra que é necessário avaliar todos os aspectos da gestão da empresa estatal, por meio da elaboração de estudo, previamente à tomada de decisão acerca da alienação de ativos. É preciso fazer um rigoroso levantamento de dados, não ao estilo publicístico, mas, sim, uma análise real, tal como uma auditoria financeira, operacional e societária. Somente uma análise efetiva da situação da empresa permitirá identificar seus pontos críticos e concluir se são fruto de gestão ineficiente ou da conjuntura econômica.

Apenas depois desse exame detalhado de dados e da estimativa de possíveis cenários em face da alienação dos ativos públicos é que se poderá cogitar da inclusão de determinada estatal no plano político de desestatização. Isso conterá a adoção de soluções imediatistas que visem eventualmente a conter crises fiscais ou elevado endividamento do Estado.

Não existem soluções ideais, e todas as escolhas perpassam pela definição de políticas públicas. Mas, a partir do momento em que se constitui uma empresa estatal, devidamente justificada por determinado interesse coletivo ou motivo de segurança nacional nos termos do art. 173 da Constituição, a alteração desse quadro deve ser bem

---

[58] Privatização da CEDAE: na contramão do movimento mundial de remunicipalização dos serviços de saneamento. *GEO-UERJ*, n. 31, dez. 2017. p. 89.

avaliada. Inclusive porque a adoção de práticas de governança e de melhoria de gestão pode permitir o atingimento de melhores índices de resultados e eficiência, tornando até mesmo desnecessária a alienação dos ativos estatais. Isso ocorreu com a SABESP, que passou a negociar as suas ações no Novo Mercado da Bovespa em 2002 e emitiu títulos conversíveis em moeda local para reduzir sua dependência em relação a empréstimos externos. De acordo com o então Secretário Estadual de Planejamento de São Paulo, André Franco Montoro Filho, "a adesão ao Novo Mercado foi apenas uma forma de melhorar a gestão da SABESP, sem precisar privatizar a empresa".[59]

O estudo prévio deve envolver um plano de ação. Ou seja, é necessário que sejam traçados parâmetros de análise que englobem questões estratégicas, operacionais, financeiras, de conformidade com o modelo de atuação do Estado, de confiabilidade da empresa e de relevância do setor em que a empresa está inserida. Isso deve ser cotejado com os dados referentes a desempenho, atingimento de metas, obtenção de lucros.

Ainda, destaca-se que o bom desempenho da estatal implica a necessidade de uma fundamentação ainda maior sobre a transferência de titularidade das ações do Estado. A mera alegação de interesse público ou de que se trata de política pública, sem embasamento legal, técnico, econômico, não pode ser reputada como suficiente. Não se pretende vincular a decisão de alienação de ativos apenas a uma simples verificação de que a empresa é deficitária ou tem um baixo desempenho. Essa escolha seria, em tese, mais fácil. Mas é possível, por exemplo, que haja a privatização de uma estatal lucrativa em decorrência de outros fatores, tais como modificações tecnológicas, alteração do modelo regulatório para dinamizar a atividade.[60]

As empresas estatais que atuam no setor de infraestrutura usualmente trabalham com faturamento e recursos elevados, que possuem grande impacto para a economia brasileira, para o Estado brasileiro. E o planejamento de uma alteração deve permitir a continuidade das atividades objeto das empresas estatais.

Portanto, privatizar não é um dilema. É muito mais uma questão de avaliação de estratégia e oportunidade e se há um custo-benefício

---

[59] MUSACCHIO, Aldo; LAZZARINI, Sergio G. *Reinventando o capitalismo de Estado*. O Leviatã nos negócios: Brasil e outros países, cit.. p. 134.

[60] CORDOVIL, Leonor Augusta Giovine. *A intervenção estatal nas telecomunicações*: a visão do direito econômico, cit.. p. 199.

nessa tomada de decisão.[61] Nessa linha, o economista-sênior da OCDE responsável pela área de monitoramento da economia brasileira, Jens Arnold, defende que "o país tem espaço, de um lado, para melhorar a estrutura de parte das empresas públicas e, de outro, para privatizar", de modo que "a privatização não deveria ser um debate ideológico, mas algo pragmático".[62]

A proposição do presente ensaio é instigar questionamentos que avaliem de melhor modo os índices de desempenho técnico e financeiro, para que a decisão pela alienação dos ativos das empresas estatais nos setores de infraestrutura seja tomada com as devidas cautelas. Uma decisão mais objetivada permite maior controle e, inclusive, maior debate por parte de toda a sociedade.

7 Conclusão

Nos próximos anos a tendência é que o tema da alienação de ativos de empresas estatais à iniciativa privada seja amplamente debatido, diante da agenda política atual. Houve discussões sobre o assunto no final do governo anterior, mas proposições legislativas não foram aprovadas.[63] Isso demonstra que mais do que aspectos meramente circunstanciais serão relevantes para a decisão acerca do assunto. Diversos especialistas manifestaram-se publicamente sobre a imposição de uma nova forma de atuação estatal,[64] o que demonstra que o tema é controverso e exige avaliação mais cautelosa antes da efetivação de medidas políticas, legislativas, regulatórias e jurídicas.

As consequências da tomada de decisão inapropriada acerca da transferência da titularidade pública das empresas estatais podem gerar danos irreversíveis, tanto em relação à manutenção e à ampliação

---

[61] MOTA, Camila Veras. Brasil tem empresas estatais demais? 5 perguntas sobre privatização, cit.

[62] *Idem.*

[63] Esse é o caso da MP nº 814/2017, que tratava de alterações referentes ao setor elétrico, dentre as quais constava a possibilidade de privatização do Sistema Eletrobras. Sobre o tema, confira-se a notícia, CHAGAS, Paulo Victor. *MP sobre privatização da Eletrobras é retirada da pauta da Câmara*, veiculada em 25.5.2018, pela Agência Brasil. Disponível: http://agenciabrasil.ebc.com.br/ politica/noticia/2018-05/mp-sobre-privatizacao-da-eletrobras-e-retirada-da-pauta-da-camara. Acesso em: 15 mar. 2019.

[64] O STF realizou audiência pública sobre transferência de controle acionário de empresas públicas, sociedades de economia mista e de suas subsidiárias ou controladas. As manifestações dos participantes podem ser acessadas na seção de notícias do dia 28.9.2018. Esse tema é objeto da ADI nº 5.624 (apensas as ADIs nºs 6.029, 5.924 e 5.846).

das infraestruturas quanto ao atingimento dos fins a que as atividades dessas estatais se propõem. Como se viu, estudos empíricos demonstram que o deslocamento da titularidade das ações para a iniciativa privada não necessariamente implicará o alcance de melhores resultados, contrariando o senso comum. Portanto, apenas a adoção de mecanismos e instrumentos técnicos adequados é que permitirá estabelecer uma decisão política e regulatória satisfatória.

Referências

AFFONSO, Rui de Britto Álvares; SAMPAIO, Mario de Azevedo de Arruda. *SABESP anuncia resultado do 3T18*. Disponível em: http://www.sabesp.com.br/sabesp/filesmng.nsf/6616342EE6F67D12832583400004B3DD/$File/SBSP3_3T18_.pdf. Acesso em: 15 mar. 2019.

ANATEL. *Reclamações por Grupos Econômicos*. Dados publicados em 7.1.2014. Disponível em: http://www.anatel.gov.br/consumidor/reclamacoes-na-anatel2/grupos-economicos. Acesso em: 15 mar. 2019.

ANATEL. *Desempenho do atendimento ao consumidor*. Disponível em: http://www.anatel.gov.br/consumidor/desempenho-do-atendimento-ida/nov-2018. Acesso em: 15 mar. 2019.

ANUATTI NETO, Francisco; BAROSSI FILHO, Milton; CARVALHO, Antonio Gledson de; MACEDO, Roberto. Os efeitos da privatização sobre o desempenho econômico e financeiro das empresas privatizadas. *Revista Brasileira de Economia*, Rio de Janeiro, v. 59, n. 2. p. 151-175, abr. 2005.

BANDEIRA DE MELLO, Celso Antônio. *Prestação de serviços públicos e administração indireta*. 2. ed. São Paulo: RT, 1983.

CABRAL, Lorena Soares Laia; RODRIGUES, Erica Castilho; FONSECA, Alberto. Privatizar ou não privatizar? Uma análise longitudinal dos serviços de abastecimento de água no Brasil. *Engenharia Sanitária Ambiental*, Rio de Janeiro, v. 23, n. 4. p. 811-822, ago. 2018.

CARVALHO, André Castro. *Direito da infraestrutura*: perspectiva pública. São Paulo: Quartier Latin, 2014.

CHAGAS, Paulo Victor. *MP sobre privatização da Eletrobras é retirada da pauta da* Câmara, veiculada em 25.5.2018, pela Agência Brasil. Disponível: http://agenciabrasil.ebc.com.br/ politica/noticia/2018-05/mp-sobre-privatizacao-da-eletrobras-e-retirada-da-pauta-da-camara. Acesso em: 15 mar. 2019.

CORDOVIL, Leonor Augusta Giovine. *A intervenção estatal nas telecomunicações*: a visão do direito econômico. Belo Horizonte: Fórum, 2005.

CORREA, Alex; TAFFAREL, Marines; RIBEIRO, Flávio; MENON, Gelson. Análise de eficiência: uma comparação das empresas estatais e privadas do setor de energia elétrica brasileiro. *Revista Catarinense da Ciência Contábil*, v. 15, n. 46. p. 09-23, nov. 2016.

FIDALGO, Carolina Barros. *O Estado empresário*: das sociedades estatais às sociedades privadas com participação minoritária do Estado. São Paulo: Almedina, 2017.

FRAZÃO, Ana. O abuso de poder de controle na Lei das Estatais. *In:* NORONHA, João Otávio de; FRAZÃO, Ana; MESQUITA, Daniel Augusto (Coord.). *Estatuto jurídico das estatais:* análise da Lei no 13.303/2016. Belo Horizonte: Fórum, 2017.

FURLAN, Flávia; MOREIRA, Talita. BB privatizado seria mais eficiente, afirma Novaes. *Valor Econômico,* matéria veiculada em 15.2.2019. Disponível em: https://www.valor.com.br/financas/6119483/bb-privatizado-seria-mais-eficiente- afirma-novaes. Acesso em: 14 mar. 2019.

GONÇALVES, Mariana Berardinelli Vieira Braz. Privatização da CEDAE: na contramão do movimento mundial de remunicipalização dos serviços de saneamento. *GEO-UERJ,* n. 31. p. 81-103, dez. 2017.

JUSTEN FILHO, Marçal. *Estatuto jurídico das empresas estatais:* Lei 13.303/2016 – Lei das Estatais. São Paulo: RT, 2016.

LANDAU, Elena; SAMPAIO, Patrícia. Setor elétrico em uma visão introdutória. *In:* LANDAU, Elena. *Regulação jurídica do setor elétrico.* Rio de Janeiro: Lumen Juris, 2006.

MÂNICA, Fernando Borges. Sete formas possíveis de privatização no Brasil (e como podem ser implementadas). *Consultor Jurídico* – Conjur, artigo veiculado em 24.2.2019. Disponível em: https://www.conjur.com.br/2019-fev-24/fernando-manica-sete-formas-possiveis-privatizacao-brasil. Acesso em: 15 mar. 2019.

MINISTÉRIO DO PLANEJAMENTO, DESENVOLVIMENTO E GESTÃO; SECRETARIA DE COORDENAÇÃO E GOVERNANÇA DAS EMPRESAS ESTATAIS. *Boletim das Empresas Estatais Federais,* Brasília: MP, n. 8. p. 4, 3º trimestre de 2018, v. 7, jun. 2018.

MINISTÉRIO DO PLANEJAMENTO, DESENVOLVIMENTO E GESTÃO; SECRETARIA DE COORDENAÇÃO E GOVERNANÇA DAS EMPRESAS ESTATAIS. *Revista das Estatais em Foco,* v. 4, Brasília: MP. p. 21, jun. 2018.

MOTA, Camila Veras. Brasil tem empresas estatais demais? 5 perguntas sobre privatização. BBC NEWS BRASIL, matéria veiculada em 7.1.2019. Disponível em: https://www.bbc.com/portuguese/brasil-46538732.

MUNIZ, Mariana; PERON, Isadora. Lewandowski deve liberar em 15 dias ação sobre privatizações. *Valor Econômico,* matéria veiculada em 19.2.2019. Disponível em: https://www.valor.com.br/brasil/6124309/ lewandowski-deve-liberar-em-15-dias-acao-sobre-privatizacoes. Acesso em: 14 mar. 2019.

MUSACCHIO, Aldo; LAZZARINI, Sergio G. *Reinventando o capitalismo de Estado.* O Leviatã nos negócios: Brasil e outros países. Tradução: Afonso Celso da Cunha Serra. São Paulo: Portfolio-Penguin, 2015.

NOSSA, Silvania Neris; GONZAGA, Rosimeri Pimentel; NOSSA, Valcemiro; RIBEIRO FILHO, José Francisco; TEIXEIRA, Aridelmo José Campanharo. Privatizar ou não? Eis a questão: um estudo empírico sobre a rentabilidade das empresas de economia mista e empresas privadas listadas na Bovespa no período de 1995 a 2007. *Revista de Administração Pública,* Rio de Janeiro, v. 45, n. 4. p. 1.031-1.154, ago. 2011.

PINHEIRO, Armando Castelar. Impactos microeconômicos da privatização no Brasil. *Pesquisa e Planejamento Econômico,* Rio de Janeiro: IPEA, v. 26, n. 3. p. 357-398, dez. 1996.

PINHEIRO, Armando Castelar. Privatização no Brasil: por quê? Até onde? Até quando? *In:* GIAMBIAGI, Fabio; MOREIRA, Maurício Mesquita (Org.). *A economia brasileira nos anos 90.* Rio de Janeiro: BNDES, 1999. p. 147-182.

OI. *Dados da Recuperação Judicial*. Disponível em: http://www.recuperacaojudicialoi.com. br/pecas-processuais/. Acesso em: 15 mar. 2019.

OI. *Relatórios Anuais*. Disponível em: https://www.oi.com.br/ri/conteudo_ pt.asp?idiom a=0&conta=28&tipo=43589. Acesso em: 15 mar. 2019.

OI. *Resultados Trimestrais*. Disponível em: https://www.oi.com.br/ri/conteudo_ pt.asp?i dioma=0&conta=28&tipo=43586. Acesso em: 15 mar. 2019.

PINTO JUNIOR, Mario Engler. *Empresa estatal*: função econômica e dilemas societários. 2. ed. São Paulo: Atlas, 2013.

REZENDE, José Francisco de Carvalho; FONTES FILHO, Joaquim Rubens. Indutores de alinhamento estratégico: comparações preliminares sobre valor entre empresas de capital privado e empresas estatais no Brasil. *Revista de Administração Pública*, Rio de Janeiro, v. 47, n. 3. p. 695-720, jun. 2013.

SABESP. *Formulário de Referência da Companhia de Saneamento do Estado de São Paulo*. Disponível em: http://site.sabesp.com.br/site/uploads/file/investidores/FRE%202018% 20Versão%2010.pdf. Acesso em: 15 mar. 2019.

SABESP. Disponível em: http://www.sabesp.com.br/CalandraWeb/CalandraRedirect/ ?temp=4&proj=investidoresnovo&pub=T&db=&docid=1C3C5C495E396CD0832570DF 006A4017&docidPai=1698C08F24239E5A8325768C00517EF8&pai=filho4&filho= neto-1. Acesso em: 15 mar. 2019.

SANTOS, António Carlos dos; GONÇALVES, Maria Eduarda; MARQUES, Maria Manuel Leitão. *Direito económico*. 4. ed. Coimbra: Almedina, 2001,

SOUTO, Marcos Juruena Villela. *Desestatização, privatização, concessões e terceirizações*. 2. ed. Rio de Janeiro: Lumen Juris, 1999.

VELASCO JUNIOR, Licínio. Privatização: mitos e falsas percepções. *In*: GIAMBIAGI, Fabio; MOREIRA, Maurício Mesquita (Org.). *A economia brasileira nos anos 90*. Rio de Janeiro: BNDES, 1999. p. 183-216.

Informação bibliográfica deste texto, conforme a NBR 6023:2018 da Associação Brasileira de Normas Técnicas (ABNT):

CARVALHO, Juliane Erthal de; TONIN, Mayara Gasparoto. Alienação de ativos das empresas estatais nos setores de infraestrutura. *In*: JUSTEN FILHO, Marçal; SILVA, Marco Aurélio de Barcelos (Coord.). *Direito da Infraestrutura*: estudos de temas relevantes. Belo Horizonte: Fórum, 2019. p. 157-176. ISBN: 978-85-450-0672-5.

ESTRUTURAÇÃO DE PROJETOS DE INFRAESTRUTURA: ANÁLISE CRÍTICA E PROPOSTA A RESPEITO DO PROCEDIMENTO DE MANIFESTAÇÃO DE INTERESSE – PMI

LAURO CELIDONIO GOMES DOS REIS NETO

MÁRIO SAADI

1 Introdução

Nos últimos tempos, muitas críticas têm sido realizadas à utilização do Procedimento de Manifestação de Interesse – PMI pela Administração Pública. As principais podem ser assim resumidas:

(i) haveria pouca conversão de PMIs em editais de licitação e/ou em contratos de concessão ou de Parceria Público-Privada – PPPs (*ou seja, PMIs seriam muito pouco eficientes para a Administração Pública, pois não gerariam bons projetos ou, ao menos, não seriam eficazes para gerar projetos contratados*);

(ii) os PMIs fariam com que houvesse assimetria de informações entre agentes privados que desenvolvem estudos em seu âmbito e aqueles que não o fazem, de maneira que haveria distorção no âmbito do certame (*ou seja, haveria algum tipo privilégio para as empresas que participam do PMI, em detrimento daquelas que não o fazem*).

Segundo Rodrigo Reis, dados fáticos evidenciariam o insucesso na utilização de PMIs. Por exemplo, com amostragem referente ao exercício de 2015, houve a seguinte constatação: (i) 160 projetos teriam tido PMIs publicados; 48 teriam chegado à fase de consulta pública; (iii) 42 teriam tido editais de licitação publicados; e (iv) 13 contratos teriam sido assinados.[1] Essa taxa de conversão de PMIs em projetos contratados teria caído ao longo dos anos: 83,33% em 2010; 46,88% em 2011; 29,41% em 2012; 8,7% em 2013; 8,47% em 2014; 8,13% em 2015; 2,88% em 2016.[2] Uma das conclusões a que se chega é a de que haveria "baixa qualidade dos projetos e estudos elaborados no âmbito de PMIs".[3]

Vera Monteiro explica que o mercado de estruturação de projetos ainda está em desenvolvimento no Brasil, havendo poucos especialistas e dificuldade de contratação de consultores pela Administração Pública, especialmente por questões orçamentárias. Como alternativa:

> [...] entes públicos, especialmente nas esferas estaduais e municipais, têm se valido do que se convencionou chamar de Procedimento de Manifestação de Interesse (PMI) e de Manifestação de Interesse Privado (MIP). Por meio deles, empresas privadas (geralmente potenciais licitantes) elaboram os estudos prévios à licitação. Contudo, os resultados não têm sido satisfatórios. A avaliação inicial é de que (a) muitos procedimentos são iniciados, mas poucos chegam a resultados satisfatórios, com licitações concluídas e contratos assinados; (b) a competição na licitação resta prejudicada quando potencial licitante é um dos estruturadores do projeto; (c) a precariedade do vínculo entre o privado e o público é um desestímulo à dedicação e à elaboração de projetos com qualidade, pois não há obrigações formalizadas entre as partes; e (d) quando há mais de um privado autorizado a elaborar estudos, o órgão público condutor do procedimento tem dificuldade para consolidar as informações e transformá-las em um projeto final satisfatório.[4]

No presente artigo, nossa intenção não é a de refutar tais afirmações. Apenas apresentamos outro ponto de vista. Nossas afirmações são as seguintes:

---

[1] Informações constantes de apresentação denominada "Panorama do Mercado Brasileiro de PPPs", datada de 22 de maio de 2018 e de propriedade da Radar PPP, slide 15 (disponível em: http://www.sinicesp.org.br/boletins/realizados/2018_05_22_ppp/apresentacao1.pdf. Acesso em: 7 fev. 2019).

[2] *Idem*, slide 16.

[3] *Idem ibidem*, slide 20.

[4] MONTEIRO, Vera. Aspectos legais da experiência brasileira na modelagem de concessão e propostas para melhorar as normas vigentes. *In*: IFC – International Finance Corporation. *Estruturação de Projetos de PPP e Concessão no Brasil (diagnóstico do modelo brasileiro e propostas de aperfeiçoamento)*, p. 203. Disponível em: https://web.bndes.gov.br/bib/jspui/handle/1408/7211. Acesso em: 6 fev. 2019.

(i) apesar das críticas que podem ser feitas ao instituto do PMI (*mas não só a ele, a qualquer outro tipo de matéria relacionada à Administração Pública, como licitações, agências reguladoras, ausência ou imposição de limite de gastos, reformas ministeriais, reforma da previdência, apenas para citar alguns exemplos, porque o cardápio seria praticamente interminável...*), ele tem sido corriqueiramente utilizado pela Administração Pública para a estruturação de projetos. Noutros termos: apesar de eventuais críticas, a prática demonstra que ainda se acredita em suas utilidades;

(ii) a baixa taxa de conversibilidade de ideias sobre projetos que a Administração Pública intenta contratar em concessões ou PPPs efetivamente contratadas não decorre propriamente do instituto do PMI. Há outras causas-raiz. Dentre elas, talvez a principal seja a dificuldade de planejamento pela própria Administração Pública, o que faz com que projetos divulgados (*e que muitas vezes passam, sim, pelo apoio apresentado pela iniciativa privada por meio de PMIs*) sejam discutidos em sede do PMI, porém não sejam levados a cabo pela Administração Pública (*apenas lembrando que é de sua responsabilidade – e de seu interesse – dar continuidade ao projeto após a finalização dos trabalhos em sede de PMI...*).

Para a demonstração desses pontos, nosso método é relativamente simples: analisar a tentativa de um município brasileiro fazer com que parcerias com a iniciativa privada saiam do papel. Exporemos aspectos gerais de pretensos projetos, a utilização do PMI para a viabilização dalguns deles e os resultados até então alcançados.

O Município escolhido é o de São Paulo. Como mero recorte temporal, selecionados os projetos divulgados pela municipalidade a partir de janeiro de 2017. Isso porque, desde então, o Município tentou colocar em marcha a realização de diversos projetos de desestatização, divulgando-os amplamente.

Ressaltamos, de antemão, que não fazemos críticas à Administração Municipal neste período ou em qualquer outro. Se o período de análise fosse maior, muito possivelmente os resultados seriam os mesmos; se a municipalidade fosse outra, também. Isso pelo simples fato de nossos Municípios (*e não só eles, também a grande maioria dos Estados e a própria União*) não serem prodígios na viabilização de projetos de PPPs, tampouco na execução de planos de concessão como verdadeiras políticas de Estado. A crítica é mais ampla que aquela que poderia ser traçada especificamente ao Município de São Paulo, enquanto a seleção feita decorre de mero recorte metodológico.

2 Projetos pretendidos no Município de São Paulo e início da problemática sobre a taxa de conversão de PMIs em projetos contratados

A lista inicial das intenções de projetos que seriam consolidados pela Prefeitura de São Paulo (entre 2017 e 2020) era de 55, divididos em cinco esferas: (i) serviços municipais; (ii) gestão municipal; (iii) infraestrutura urbana; (iv) ativos municipais; e (v) projetos urbanísticos.[5] Ou seja, intenções de projetos que iam desde a instituição de serviços de transportes para pessoas com deficiência e sistema de transporte hidroviário, passavam pelo enterramento de fiação pública e chegavam à requalificação do Vale do Anhangabaú, à melhoria do arquivo público municipal e das áreas e equipamentos do Complexo Desportivo Canindé.

Entretanto, conforme informações veiculadas no sítio eletrônico da Secretaria Municipal de Desestatização e Parcerias – SMDP,[6] apenas os seguintes projetos estariam atualmente em andamento:

(i) Baixos de Viadutos: requalificação, ativação e manutenção de baixos de viadutos, com foco nos viadutos da Lapa (Viaduto Elias Nagib), da Pompeia (Viaduto Missionário Manoel de Mello) e Antártica;

(ii) *Bus Rapid Transit* – BRT Radial Leste: implementação e manutenção de corredores BRT na Radial Leste de São Paulo, considerando a extensão de 28,8 km, distribuídos em três trechos, bem como manutenção e operação de paradas de embarque;

(iii) Campo de Marte: concepção, estruturação e implementação do projeto dos futuros Parque Campo de Marte e Museu Aeroespacial no Município de São Paulo, a serem concedidos à iniciativa privada;

(iv) Cemitérios: revitalização, modernização, operação, manutenção e gestão dos cemitérios e crematórios públicos municipais;

(v) Estacionamento Rotativo Pago: modernização e operação do serviço de estacionamento rotativo pago nas vias e logradouros públicos do Município de São Paulo;

(vi) Expansão WI-FI SP: estruturação do projeto Wi-fi SP, visando à implantação, operação e manutenção de pontos de acesso gratuito à internet via Wi-Fi, em localidades públicas no Município de São Paulo;

---

[5] Disponível em: https://www.prefeitura.sp.gov.br/cidade/secretarias/upload/chamadas/55_projetos_1521746502.pdf. Acesso em: 6 fev. 2019.

[6] Disponível em: https://www.prefeitura.sp.gov.br/cidade/secretarias/desestatizacao/. Acesso em: 6 fev. 2019.

(vii) Imóveis Desafetados: análise, seleção e obtenção de documentos de imóveis do Município de São Paulo e/ou de direitos reais a eles relativos, passíveis da realização de operação de alienação ou de operações utilizando veículos societários ou de mercado de capitais;

(viii) Limpeza Urbana: modernização, manutenção e operação integrada dos serviços de limpeza urbana, de gestão de resíduos sólidos e de serviços complementares;

(ix) Pacaembu: modernização, restauração, gestão, operação e manutenção do complexo composto pelo Estádio Municipal Paulo Machado de Carvalho e pelo seu Centro Poliesportivo;

(x) Parques: revitalização, modernização, operação, manutenção e gestão de parques municipais;

(xi) Piscinões: construção, requalificação, operação, manutenção, conservação e exploração comercial de 37 reservatórios de águas pluviais do Município de São Paulo;

(xii) Rede Semafórica: estruturação de parceria com a iniciativa privada para a modernização da rede semafórica da cidade de São Paulo;

(xiii) Mercado Santo Amaro: concessão para recuperação, reforma, requalificação, operação, manutenção e exploração do Mercado Municipal de Santo Amaro;

(xiv) Serviço Funerário: reestruturação da prestação dos serviços funerários do Município de São Paulo;

(xv) Sistema Único de Arrecadação Centralizada: gestão, operação e manutenção do Sistema Único de Arrecadação Centralizada das tarifas públicas cobradas dos usuários das Redes Municipal e Metropolitana de Transportes Coletivos de Passageiros do Estado de São Paulo;

(xvi) SP Turis: desestatização da Empresa SPTuris;

(xvii) Terminais de Ônibus Urbanos: administração, manutenção, conservação, exploração comercial e requalificação de 24 terminais de ônibus do Sistema de Transporte Coletivo Urbano de Passageiros, seus empreendimentos associados e seus perímetros de abrangência.

Da lista final de 17 projetos, 14 passaram pelo lançamento de PMIs para o recebimento de estudos e informações pela iniciativa privada, como detalhado a seguir:

(i) Baixos de Viadutos: submetido a Procedimento Preliminar de Manifestação de Interesse – PPMI, conforme o Edital de Chamamento Público nº 07/2018;

(ii) BRT Radial Leste: submetido a PMI, conforme o Edital de Chamamento Público 05/2018 e a Portaria SMDP 25, de 11 de maio de 2018;

(iii) Campo de Marte: submetido a PPMI, conforme o Edital de Chamamento Público 01/2018 e a Portaria SMDP 7, de 8 de fevereiro de 2018;

(iv) Cemitérios: submetido a PMI, conforme o Edital de Chamamento Público 03/2017 e a Portaria SMDP 20, de 23 de junho de 2017;

(v) Estacionamento Rotativo Pago: submetido a PPMI, conforme o Edital de Chamamento Público 04/2018 e a Portaria SMDP 13, de 20 de março de 2018;

(vi) Expansão WIFI SP: submetido a PPMI, conforme o Edital de Chamamento Público 04/2017 e a Portaria SMDP 26, de 9 de maio de 2017;

(vii) Limpeza Urbana: submetido a PMI, conforme o Edital de Chamamento Público 03/2018 e a Portaria SMDP 10, de 23 de fevereiro de 2018;

(viii) Pacaembu: submetido a PMI, conforme o Edital de Chamamento Público 02/2017 e a Portaria SMDP 16, de 31 de maio de 2017;

(ix) Parques: submetido a PMI, conforme o Edital de Chamamento Público 01/2017 e a Portaria SMDP 12, de 9 de maio de 2017;

(x) Piscinões: submetido a PMI, conforme o Edital de Chamamento Público 006/2018;

(xi) Rede Semafórica: submetido a PPMI, conforme o Edital de Chamamento Público 02/2018;

(xii) Serviço Funerário: submetido a PPMI, conforme o Edital de Chamamento Público nº 06/2017 e a Portaria SMDP 36, de 21 de setembro de 2017;

(xiii) Sistema Único de Arrecadação Centralizada: submetido a PMI, conforme o Edital Conjunto de Chamamento Público 01/2017 e a Portaria SMDP 32, de 28 de agosto de 2017;

(xiv) Terminais de Ônibus Urbanos: submetido a PMI, conforme o Edital de Chamamento Público 05/2017 e a Portaria SMDP 28, de 15 de agosto de 2017.

Aí está a evidência de nossa primeira afirmação. Apesar das críticas que podem ser feitas ao instituto do PMI, ele ainda tem sido corriqueiramente utilizado pela Administração Pública para a estruturação de projetos. Cerca de 82% das intenções de contratações de parcerias pelo Município de São Paulo passaram pela utilização do PMI. Porcentagem bastante expressiva, não há dúvidas.

A partir daí, outro dado, igualmente expressivo, chama-nos a atenção. Nenhum dos 17 projetos prioritários mencionados foi, até esta data,[7] efetivamente contratado pela Administração Municipal. *O problema decorreria da utilização do PMI?* Não exatamente.

3 Aprofundando a questão sobre a baixa taxa de conversão de PMIs

Como afirmamos, a baixa taxa de conversão de ideias de projetos em concessões ou PPPs efetivamente contratadas não decorre propriamente do instituto do PMI. Há outras causas-raiz. O PMI nada mais é do que forma de desenvolvimento de estudos, montagem de projetos. Sua contratação ou não escapa a ele.

Pegando o exemplo do Município de São Paulo, projetos podem não ter sido levados adiante pelo simples fato de os estudos no âmbito de PMIs terem demonstrado a inviabilidade de execução (*ou a viabilidade em bases que não seriam atrativas para o Município ou pelos parceiros privados*). Esta é uma hipótese a ser considerada. Estudos feitos em PMI passam por análises críticas (*de quem os faz e de quem os recebe...*). A efetiva contratação também deve passar por análise crítica. Esta pode ser uma causa de ausência de contratação, portanto.

E, em alguma medida, este ponto pode representar uma virtude do PMI: o fato de a Administração Pública conseguir trabalhar com informações sobre potenciais projetos, sem se utilizar de recursos marginais para sua viabilização, e chegar à constatação de que, de fato, não seria frutífero contratá-los.

O Tribunal de Contas da União, reverberando algumas das críticas que se faz ao PMI, já deixou de enxergar tais aspectos. No âmbito do Acórdão 1.873/2016, que tratou da análise do desenvolvimento de projetos no setor ferroviário, veiculou, no voto do Min. Walton Alencar Rodrigues, que:

> [n]o Brasil, os procedimentos de manifestação de interesse ganharam força nos últimos anos. Estima-se que, atualmente, até 50% dos projetos de infraestrutura das três esferas de governo sejam lançados por meio de PMIs. O grande número de editais de chamamento, porém, não encontra correspondência com o número de contratos assinados.

---

[7] Conclusão do artigo realizada em 7 de fevereiro de 2018.

Ao fim do procedimento, o Poder Público, que pretendia evadir-se dos custos de estruturação dos empreendimentos, mesmo sem obter os estudos pretendidos, acaba despendendo recursos públicos consideráveis na elaboração de estudos prévios; no estabelecimento do escopo, premissas e diretrizes do procedimento; e no acompanhamento e apoio às empresas autorizadas.[8]

O fato de alguns projetos não se desenvolverem passa, em nossa visão, por dois pontos positivos que o TCU deixou de lado: desenvolve-se algo a custo zero e não se contratam projetos, em verdade seria melhor efetivamente que não fossem contratados. Há maior eficiência para a gestão pública, portanto. Recursos públicos são poupados; maus projetos não vão adiante.

Além das razões citadas, podem existir outras. Questões institucionais podem inviabilizar a execução dos projetos. Por exemplo, não raro os projetos são objeto de análise prévia por Tribunais de Contas. No Município de São Paulo há decisões nesta esfera que interromperam os estudos em âmbito de PMI e que retiraram garantia pública prevista em minuta de edital de contrato de PPP, para mencionar poucos pontos sensíveis. Tais interferências podem inviabilizar a execução dos contratos, fazendo com que o número da tal taxa de conversibilidade aumente (*mas por razões totalmente alheias ao PMI...*).

Questões judiciais podem inviabilizar projetos. Discussões em audiências e consultas públicas podem expor vertentes até então não imaginadas. Projetos podem ser judicializados, editais de licitação questionados, qualificações econômico-financeiras e técnicas podem ser objeto de disputa. Suspensões de projetos por iniciativa de Tribunais de Contas podem ocorrer. A agenda política pode mudar. As motivações para a não execução de projetos são absolutamente diversas. Colocar tudo nas costas do PMI é simplificar demais a questão.

Outra hipótese que levantamos é o fato de haver pouca preocupação, em geral, com o planejamento das contratações de parcerias pela Administração Pública no país. Fernando Vernalha parece ir na mesma linha, assim resumindo a discussão:

> A questão é que, seja para contratar consultorias, seja para desencadear PMIs, as administrações precisam estar minimamente capacitadas. Isso só será possível a partir da existência de planejamentos administrativos

---

[8] Acórdão 1.873/2016, TCU, Plenário, Processo 028.129/2014-8, Rel. Min. Walton Alencar Rodrigues, sessão de 20. jul. 2016, fl. 07.

bem elaborados, que explorem as oportunidades de negócios voltados à satisfação das necessidades locais.

Infelizmente, as iniciativas de projetos surgem sem respaldo em planejamento ou estudo prévio que se exigiria de uma administração pública responsável. Mais do que isso, os PMIs surgem aos montes sem qualquer perspectiva de como terminarão.

Não seria exagero dizer que uma das causas de tantos PMIs – e de tantos PMIs natimortos – é a possibilidade de serem posteriormente revogados ou arquivados pelas administrações, o que lhes retira o incentivo para serem previdentes.

O problema central, no entanto, é a falta de qualificação técnica dos quadros administrativos, que tem ensejado ou o risco de captura do interesse público pelo interesse das empresas ou o risco de ineficácia dos PMIs. Sem a capacitação mínima para desencadear, conduzir e decidir os PMIs, as administrações ficam vulneráveis à ascendência técnica das consultorias contratadas pelas empresas, quando não acabam desistindo dos projetos.[9]

Utilizando-nos novamente do exemplo paulistano, foi divulgada agenda ampla, sem a instituição de plano específico, sem a previsão de ações e sem agenda para que projetos começassem a sair do papel. Foi editada uma lei, é verdade (Lei Municipal nº 16.703, de 04 de outubro de 2017, que disciplina concessões e permissões de serviços, obras e bens públicos que serão realizadas no âmbito do Plano Municipal de Desestatização – PMD), mas que dá pouca efetividade para intenção tão complexa. Precisamos de mais.

4 Uma proposta: a necessária vinculação entre planejamento e PMIs

Como prática oposta, fazemos uma sugestão: a realização de Planejamento de Execução de Parcerias (*em âmbito municipal ou estadual, por exemplo...*) como medida de necessária à execução de projetos. Ela teria ampla aderência constitucional, vale dizer: o art. 174 da CF/1988 prevê que, "[c]omo agente normativo e regulador da atividade econômica, o Estado exercerá, na forma da lei, as funções de fiscalização, incentivo e planejamento, sendo este determinante para o setor público

---

[9] VERNALHA, Fernando. *Novos desafios ao PPI; a vez dos municípios. In*: INFRADebate. Disponível em: http://www.agenciainfra.com/blog/infradebate-novos-desafios-ao-ppi-a-vez-dos-municipios-por-fernando-vernalha/. Acesso em: 6 fev. 2019.

e indicativo para o setor privado". O planejamento das parcerias, bem realizado, seria impositivo para a Administração Pública e daria visão clara à iniciativa privada sobre as efetivas intenções de contratação.

O Planejamento de Execução de Parcerias seria iniciado com a publicação de ato normativo (*decreto, por exemplo*), com os projetos prioritários e horizonte de execução. Talvez algo mais simples, plausível, realista e aderente às necessidades da população surtisse mais efeitos do que um rol extenso, cuja execução completa seria difícil, desgastante, custosa. Por que não a tentativa de execução, como sugestão, de dois projetos por ano? Por que não dar enfoque a necessidades prementes da população (*num município, por exemplo, focar em algo como iluminação pública, saúde, educação, saneamento básico e moradias*)? Cada um deles seria estudado e contratado dentro de um exercício. Esta seria a agenda. Ao longo de quatro anos, se tudo desse certo, teríamos cerca de oito projetos contratados. Nada mal.

Ao lado da divulgação da agenda, seriam divulgadas as ações específicas. Determinado projeto seria estudado por meio de PMI. Outro seria desenvolvido por certa secretaria. Outro, com o apoio de algum mecanismo internacional. Outro, com o apoio de bancos nacionais de fomento. Outro, por empresa estatal dedicada a desestatizações. Seria preciso dar foco e atribuir responsabilidades.

Por fim, poderia ser feito esforço para o desenvolvimento de pacto pelas parcerias. Entes públicos dalguma forma envolvidos com a execução dos empreendimentos também estariam centrados na agenda, comprometidos com prazos e centrados na realização de sugestões, concretas e factíveis, para que os projetos fossem colocados de pé. Seria uma boa maneira de se avançar.

Como sugestão, esses aspectos poderiam ser tratados em decreto, editado a cada ano pelo chefe do Poder Executivo Municipal, de forma a dar mais concretude às previsões contidas na Lei Municipal nº 16.703/2017. O decreto indicaria os projetos prioritários para aquele determinado exercício (ou para período um pouco maior de tempo, se necessário, especialmente em função da complexidade de determinada outorga que se pretenda realizar) que deveriam ser assim tratados por todos os agentes públicos envolvidos com a sua viabilização.

O decreto também mencionaria as medidas necessárias para sua viabilização, as interações que seriam necessárias (com a iniciativa privada, com o Tribunal de Contas, com o Ministério Público, com órgãos ambientais e de defesa do patrimônio) para viabilização dos projetos.

Por fim, indicaria o *status* dos projetos desenvolvidos em anos anteriores, a previsão de realização de todas as etapas de novos projetos e o quadro-geral (*período de implantação, serviços prestados, investimentos realizados etc.*) daqueles já contratados. Todas essas atribuições poderiam ficar a cargo da Secretaria Municipal de Desestatização e Parcerias, à qual cabe executar o Plano Municipal de Desestatização (art. 11 da Lei Municipal nº 16.703/2017).

A própria utilização do PMI poderia ser revista, nesse contexto. Por que não dar novas utilidades ao instituto? Por que não o dotar de maior plástica, menos burocracia? Hoje ele pode ser utilizado, em suma, para a modelagem de concessões, em geral, e de parcerias público-privadas em sentido estrito. Especificamente no Município de São Paulo, o Decreto nº 57.678, de 4 de maio de 2017, prevê que o PMI pode "subsidiar a Administração Pública Municipal na estruturação de empreendimentos objeto de concessão ou permissão de serviços públicos, de parceria público-privada, de permissão, concessão, arrendamento ou concessão de direito real de uso de bens públicos" (art. 1º).

Em país ainda tão carente de adoção de soluções nos mais diversos segmentos de infraestrutura, ampliar a utilização do PMI, especialmente para que haja análises mais amplas, com soluções de problemas advindos de outros modelos contratuais, pode ser uma boa alternativa. Como exemplo, poderia ser utilizado para a modelagem de grandes obras públicas, capazes de gerar ganhos econômico-sociais e impactar positivamente o caixa do Estado. Tais obras, em boa medida, se assemelham aos modelos contratuais da concessão de obra pública e da concessão de direito real de uso de bens públicos, espécies de contratos que já podem ser objeto de PMI no Município de São Paulo.

Questão inerente à implantação de obras e ao desenvolvimento de concessões é a existência de bons projetos. Por que não utilizar o PMI para eles também? A iniciativa privada desenvolve projetos (*conceituais, básicos, executivos...*) para demonstrar as melhores soluções e os melhores conceitos sobre determinado empreendimento. Caso seja utilizado para a solução efetivamente adotada pela Administração Pública, o agente que desenvolve os trabalhos é ressarcido e pode participar da futura licitação. É um bom incentivo para que boas ideias sejam apresentadas, especialmente quando os pontos a serem implementados já estiverem inseridos no decreto que regulamentaria o Plano Municipal de Desestatização.

Esses são apenas alguns pontos que poderiam ser trabalhados caso a utilização do PMI fosse ampliada. Há a necessidade de experimentalismo em campo no qual nossa sociedade ainda é carente: a infraestrutura. Boas ideias podem advir do apoio sério, institucionalizado, da iniciativa privado. Novas formas de financiamento de projetos, novos mecanismos de garantias, novas fórmulas de contratação, adoção de contratos atípicos para desenvolvimento de projetos, estes são apenas alguns dos poucos assuntos que ainda merecem maior atenção.

A adoção do Plano Municipal de Desestatização acompanhada da edição de decretos anuais sobre os passos de sua implementação, juntamente com modificações na utilização do PMI, representam, em conjunto, um plano perfeito? Por certo que não. Nada o é, mas nos parece uma boa sugestão. É preciso caminhar. O Município de São Paulo pode ser protagonista nesse trilhar.

Veja-se que essa sugestão estaria em linha com toda a estruturação do Programa de Parcerias de Investimentos – PPI, realizado com base na Lei Federal nº 13.334, de 13 de setembro de 2016, e tem funcionado dessa forma. Ele é regulamentado por meio de decretos (art. 4º da Lei nº 13.334), que, nos termos e limites das leis setoriais e da legislação geral aplicável, definem: (i) as políticas federais de longo prazo para o investimento por meio de parcerias em empreendimentos públicos federais de infraestrutura e para a desestatização; (ii) os empreendimentos públicos federais de infraestrutura qualificados para a implantação por parceria; (iii) as políticas federais de fomento às parcerias em empreendimentos públicos de infraestrutura dos Estados, do Distrito Federal ou dos Municípios.

Ao ministério setorial ou órgão com competência para formulação da política setorial cabe, com o apoio da Secretaria do PPI, a adoção das providências necessárias à inclusão do empreendimento no âmbito do PPI (art. 11 da Lei nº 13.334). Para a estruturação dos projetos, o órgão ou entidade competente poderá, sem prejuízo de outros mecanismos previstos na legislação (art. 12 da Lei nº 13.334): (i) utilizar a estrutura interna da própria Administração Pública; (ii) contratar serviços técnicos profissionais; (iii) abrir chamamento público; (iv) receber sugestões de projetos; (v) celebrar diretamente com o Fundo de Apoio à Estruturação de Parcerias contrato de prestação de serviços técnicos profissionais especializados.

5 Conclusão

O PMI é apenas um dos mecanismos inseridos na caixa de ferramentas da Administração Pública para a estruturação de parcerias, em geral, incluindo concessões comuns e PPPs. Pode ser utilizado ou não, a depender da necessidade da Administração Pública, da identificação de determinado potencial projeto pela iniciativa privada, da relevância de apresentação de contribuições por outros interessados. As decisões precisam ser bem orientadas, os estudos precisam ser diligenciados, revisados. Com isso, pode-se eliminar o ponto referente à segunda crítica quanto ao PMI: a de que necessariamente gera favorecimento em favor deste ou daquele agente.

Críticas são, obviamente, bem-vindas. Sobre o que quer que seja. Assim é que o pensamento evolui, a prática é aprimorada, o desenvolvimento chega, os resultados são experimentados. Doutro lado, o descarte completo de algo é de pouca utilidade. *Os administrativistas, nós criticamos aspectos da Lei nº 8.666/1993, por exemplo. Mas ainda cremos na utilidade do instituto da licitação.* Por aquela ser ruim, iremos simplesmente descartá-la? Não nos parece ser a melhor saída...

O mesmo talvez se passe com o PMI. É passível de melhora? *Claro que sim* Deve ser descartado? *Parece-nos que não.* Deve ser bem utilizado. O que não passa necessariamente pela demonização deste ou daquele instituto, mas – e este é o resumo do argumento – pela melhoria do planejamento da contratação de parcerias, em geral, pela Administração Pública.

A existência duma ampla gama de instrumentos jurídicos para viabilizar uma gestão pública eficiente é útil. Para cada problema, uma solução. Para cada enfretamento, os meios necessários. Pode ser que o PMI seja um deles. Pode ser que não. Não há mal nenhum nisso. Tampouco bem intrínseco.

Com a manutenção de velhas práticas, será difícil avançar. Uma meta. Um plano. Os meios necessários. A realidade a se enfrentar. Os pés no chão. Talvez assim consigamos progredir. Com PMI ou não, pouco importa.

Referências

MONTEIRO, Vera. Aspectos legais da experiência brasileira na modelagem de concessão e propostas para melhorar as normas vigentes. *In*: IFC – International Finance Corporation. *Estruturação de Projetos de PPP e Concessão no Brasil (diagnóstico do modelo brasileiro e propostas de aperfeiçoamento).* Disponível em: https://web.bndes.gov.br/bib/jspui/handle/1408/7211. Acesso em: 6 fev. 2019.

REIS, Rodrigo. Panorama do Mercado Brasileiro de PPPs. Apresentação datada de 22 de maio de 2018. Disponível em: http://www.sinicesp.org.br/boletins/realizados/2018_05_22_ppp/apresentacao1.pdf. Acesso em: 7 fev. 2019.

VERNALHA, Fernando. Novos desafios ao PPI; a vez dos municípios. *In*: INFRADebate. Disponível em: http://www.agenciainfra.com/blog/infradebate-novos-desafios-ao-ppi-a-vez-dos-municipios-por-fernando-vernalha/. Acesso em: 6 fev. 2019.

Informação bibliográfica deste texto, conforme a NBR 6023:2018 da Associação Brasileira de Normas Técnicas (ABNT):

REIS NETO, Lauro Celidonio Gomes dos; SAADI, Mário. Estruturação de Projetos de Infraestrutura: análise crítica e proposta a respeito do Procedimento de Manifestação de Interesse – PMI. *In*: JUSTEN FILHO, Marçal; SILVA, Marco Aurélio de Barcelos (Coord.). *Direito da Infraestrutura*: estudos de temas relevantes. Belo Horizonte: Fórum, 2019. p. 177-190. ISBN: 978-85-450-0672-5.

APLICAÇÃO DE EXCEÇÃO DE CONTRATO NÃO CUMPRIDO ÀS SUBCONTRATAÇÕES NO ÂMBITO DE CONTRATOS DE CONCESSÃO

LUCAS DE MOURA RODRIGUES

1 Concessão e subcontratação (em sentido amplo)

Como regra, as disposições legais aplicáveis às concessões estabelecem a obrigação de o concessionário executar diretamente o objeto do contrato de concessão. No entanto, seria descabido supor que o concessionário devesse desempenhar pessoalmente todas e quaisquer atividades correspondentes ao contrato.

É inevitável (e lícito) que os concessionários recorram a terceiros para executarem ao menos parte dos serviços ou obras relativos ao contrato de concessão.[1] A prática poderá ter lugar toda vez que os custos decorrentes de o concessionário desempenhar, por conta própria, a atividade superarem o da sua execução por terceiros (observados, é claro, os limites legais para tanto).

Referida prática segue precisamente a própria razão de ser da concessão e da opção do Poder Público pelo exercício delegado da atividade.[2] Especialização e otimização das despesas (lógica que preside a concessão) é exatamente o que justifica a opção do Poder Público

---

[1] JUSTEN FILHO, Marçal. *Teoria geral das concessões de serviço público*. São Paulo: Dialética, 2003. p. 519-520. Cf., ainda, MARQUES NETO, Floriano Peixoto de Azevedo. A admissão de atestados de subcontratada nomeada nas licitações para concessão de serviços públicos. *In: Revista Trimestral de Direito Público – RTDP*, Belo Horizonte, n. 53, 2011.

[2] RIBEIRO, Mauricio Portugal. *Comentários à Lei de Parceria Público-Privada*: fundamentos econômico-jurídicos. 1. ed. São Paulo: Malheiros, 2010. p. 88-94.

pela concessão e, por extensão, depois de celebrado o contrato, o que se espera do concessionário na execução dos serviços e obras.

2 Espécies de subcontratação (em sentido amplo)

De modo geral, as (sub)contratações de terceiros pelo concessionário no âmbito de contratos de concessão costumam ser reunidas sob três espécies: (1) cessão da concessão, (2) subconcessão e (3) subcontratação (em sentido restrito).[3]

2.1 Cessão de concessão

Em resumo, considera-se cessão de concessão a transferência da posição jurídica do concessionário para o terceiro.[4] O terceiro sucede o cedente nos direitos e obrigações relativos ao contrato de concessão – o que não ocorre na subconcessão e na subcontratação (em sentido restrito).

A distinção entre as espécies de (sub)contratação de terceiros pelo concessionário pode ser esclarecida com o auxílio de critérios de transferência total e parcial (critério quantitativo) ou inexistente (critério qualitativo) da execução do próprio objeto do contrato de concessão.

2.2 Subconcessão

Subconcessão designa a transferência de *parte* da execução do próprio objeto do contrato de concessão para o terceiro.[5]

O subconcedente cede os *principais* serviços e obras sob sua responsabilidade para o terceiro (critério qualitativo), mas *não* o faz na sua totalidade (critério quantitativo). Cedê-los integralmente implicaria transferir a própria posição jurídica do concessionário para o terceiro, o que se enquadraria como cessão de concessão.

---

[3] JUSTEN FILHO, Marçal. *Teoria geral das concessões de serviço público*. São Paulo: Dialética, 2003. p. 519.

[4] JUSTEN FILHO, Marçal. *Teoria geral das concessões de serviço público*. São Paulo: Dialética, 2003. p. 528.

[5] *Id. Ibid.*, p. 522-523.

2.3 Subcontratação (em sentido restrito): objeto do presente trabalho

Por fim, subcontratação (em sentido restrito) também se refere à transferência de serviços e obras relativos ao contrato de concessão.[6] Porém (e ainda sob o prisma dos critérios qualitativo e quantitativo), não se trata de ceder o desempenho das *principais* atividades correspondentes ao contrato (critério qualitativo), nem, por óbvio, de o fazer na sua totalidade (critério quantitativo). O subcontratante mantém a responsabilidade pela execução das "tarefas essenciais e nucleares atinentes ao fornecimento das utilidades que compõem o serviço público concedido".[7]

O presente trabalho se volta especificamente à aplicação da exceção de contrato não cumprido às subcontratações (em sentido restrito).

3 Subcontratação (em sentido restrito): relação de Direito Privado ou de Direito Administrativo?

A transferência ou não da execução do próprio objeto do contrato de concessão (isto é, o critério qualitativo referido) tem relação direta com o regime jurídico aplicável às (sub)contratações de terceiros pelo concessionário.

3.1 Contrato administrativo

Em obra seminal, Fernando Dias Menezes de Almeida, após criticar a teoria tradicional do contrato administrativo ante sua insuficiência para explicar adequadamente o fenômeno em todas as suas manifestações, aponta "os parâmetros do que se entende deva ser uma nova formulação teórica acerca do contrato administrativo, reposicionando-a em relação ao objeto dos contratos, com especial atenção para sua evolução em decorrência do aumento de complexidade do fenômeno contratual constatado no Direito positivo".[8]

---

[6] *Id. Ibid.*, p. 520.

[7] *Id. Ibid.*, p. 519.

[8] ALMEIDA, Fernando Dias Menezes de. *Contrato Administrativo*. São Paulo: Quartier Latin, 2001. p. 348.

A tradicional definição do contrato administrativo como aquele celebrado com o Poder Público e necessariamente sujeito às chamadas "cláusulas exorbitantes" não descreve bem o fenômeno. As prerrogativas de ação unilateral e (ou) autoexecutória do Poder Público têm mais relação com o regime jurídico aplicável ao contrato administrativo do que com a definição dessa espécie de contrato em si.[9]

A imprecisão ou o equívoco da teoria tradicional do contrato administrativo são reforçados por disposições legais que estabelecem as referidas prerrogativas como inerentes a essa espécie de contrato (art. 58, da Lei nº 8.666/1993). Fernando Dias Menezes de Almeida explica:

> Está por trás desta opção de política legislativa a ideia de que as prerrogativas de Direito público são decorrência tão somente da presença da Administração como parte na relação convencional, independentemente de seu objeto.
>
> Com efeito, já se observou que, no Brasil, o regime jurídico vigente acaba por tender a universalizar um critério orgânico de aplicação do regime de Direito público aos contratos da Administração, ou seja, uma aplicação pelo simples fato da presença da Administração como parte da relação.[10]

O contrato administrativo só *eventualmente* vem acompanhado da prerrogativa de ação *unilateral*. Há, por exemplo, autoexecução de decisão por *acordo* entre as partes. A aplicação da prerrogativa de ação unilateral se dá apenas de maneira acidental como um instrumento *possível* para o desempenho da função pública (objetivo do contrato).[11]

Por isso mesmo, a ausência da prerrogativa de ação unilateral não desnatura o contrato administrativo. A própria autoexecutoriedade da ação administrativa (esta sim a nota distintiva do regime jurídico dessa espécie de contrato) pode, ela própria, como prerrogativa orientada ao desempenho da função pública, ser pontualmente afastada caso a caso para melhor consecução do objetivo do contrato de concessão em questão. Para fins de conservação da natureza administrativa do contrato, o importante é que a prerrogativa de ação autoexecutória remanesça pelo menos em *potência*,[12] como uma possibilidade. E, no que

---

[9] *Id. Ibid.*, p. 320-321.

[10] ALMEIDA, Fernando Dias Menezes de. *Contrato Administrativo*. São Paulo: Quartier Latin, 2001. p. 354.

[11] *Id. Ibid.*, p. 352-353.

[12] *Id. Ibid.*, p. 353.

importa para o presente trabalho, a *aplicabilidade* dessa prerrogativa tem relação direta com o objeto do contrato em questão (em especial, com o interesse público relativo ao desempenho das atividades).

Assim, de um modo ou de outro, uma explicação adequada do fenômeno do contrato de administrativo e do regime jurídico a ele aplicável deve inevitavelmente se reportar ao objeto do contrato em questão. O contrato deve ser definido como administrativo (e, como *consequência* disso, o regime de Direito Público deve ser aplicado) segundo seu *objeto*. Não o contrário. Fernando Dias Menezes de Almeida novamente explica com maestria tudo o que se vem de expor:

> O regime 'especial' de Direito público que a ele [contrato administrativo] se associa diz com a natureza do objeto contratual; e não com o contrato em si.
>
> (...)
>
> Das proposições acima, decorre que um contrato, celebrado pela Administração no desempenho de sua função pública, ainda que não contenha certas prerrogativas de ação unilateral no seu regime específico – ou seja, no regime que diz respeito à dinâmica da execução das cláusulas contratuais – pode ainda assim ser explicado teoricamente como contrato administrativo, com o sentido de que: a) é genericamente contrato porque comunga da mesma essência do contrato enquanto categoria jurídica geral; b) é especificamente administrativo porque sofre potencialmente a incidência do regime de Direito público autoexecutório inerente à ação Administrativa, acompanhado, em distintos graus, de prerrogativas de ação unilateral (e não porque tal regime necessariamente esteja incorporado ao modo de ser da relação contratual).
>
> A diferença específica, frise-se, está no regime autoexecutório que potencialmente segue a Administração, pelo simples fato de ser o Estado a agir. Sim, potencialmente, porque há se de admitir que, voluntária e justificadamente, a Administração possa deixar de exercê-lo, ou mesmo comprometer-se juridicamente a deixar de exercê-lo, por exemplo, levando eventual questão à apreciação judicial, do mesmo modo que já se aceita hoje que a Administração possa consentir com levar eventual questão ao juízo arbitral.
>
> (...)
>
> (...) contrato administrativo há de ser compreendido como elemento pertencente ao gênero próximo contrato porque comunga da mesma essência do contrato enquanto categoria jurídica geral; e como possuidor da diferença específica administrativa porque sofre potencialmente a incidência do regime de Direito público autoexecutório inerente à ação administrativa, acompanhado, em distintos graus, de prerrogativas de ação unilateral.

E o critério da incidência desse regime há de ser o objeto contratual e não a simples presença da Administração na relação. Há que se buscar na natureza do objeto contratual [relacionado à função pública] a razão de ser do regime.[13]

3.2 Subcontratação (em sentido restrito) como relação de Direito Privado (art. 25, §2º, da Lei nº 8.987/1995)

Assim, o regime de Direito Público aplicável especificamente aos contratos de concessão se vincula mais precisamente ao seu objeto. Quando muito, esse regime só poderia teoricamente acompanhar as espécies de (sub)contratação que implicassem a transferência da execução do próprio objeto do contrato de concessão. Fora dessas hipóteses nem se poderia cogitar da aplicação das prerrogativas do Poder Público.

As espécies de (sub)contratação que, por definição, não impliquem ceder "tarefas essenciais e nucleares" atinentes ao contrato de concessão estão de rigor excluídas do regime de Direito Público. São regidas pelo Direito Privado. Esse é precisamente o caso da subcontratação (em sentido restrito) – objeto do presente trabalho.

Nesse sentido, a disposição legal segundo a qual as contratações de terceiros pelo concessionário para desenvolvimento de atividades acessórias ou complementares ao objeto do contrato de concessão serão regidas pelo Direito Privado (art. 25, §2º, da Lei nº 8.987/1995) é mera expressão formal e redundante de uma normativa que já seria aplicável pela própria natureza dessa espécie de (sub)contratação. Seja como for, pela sua literalidade, a disposição reforça a validade dessas conclusões e garante sua aplicação.

4 Aplicação da exceção de contrato não cumprido

Uma das consequências mais relevantes da distinção entre os regimes de Direito Público e Privado diz precisamente com a aplicação da chamada "exceção de contrato não cumprido". Por ela, faculta-se a um contratante recusar-se licitamente a adimplir as suas obrigações quando o outro não tenha cumprido com a sua parte do contrato.

---

[13] ALMEIDA, Fernando Dias Menezes de. *Contrato Administrativo*. São Paulo: Quartier Latin, 2001. p. 350 e 353-355.

4.1 Aplicação da exceção de contrato não cumprido em concessão

No âmbito dos contratos administrativos, de início, não se admitia a aplicação da referida exceção em caso de inadimplemento do Poder Público em desfavor do contratado. Isso se justificaria pela supremacia do interesse público sobre os particulares.[14]

O regime de Direito Público avançou juntamente com a concepção sobre o princípio da supremacia do interesse público para admitir a aplicação da exceção referida em hipóteses restritas (art. 78, XIV e XV, da Lei nº 8.666/1993).[15]

A exceção de contrato não cumprido mereceu regramento específico mais rigoroso nos contratos de concessão. Pela lei, não poderia o concessionário interrompê-lo ou paralisá-lo sem provimento jurisdicional favorável transitado em julgado (art. 39, *caput* e parágrafo único, da Lei nº 8.987/1995). Antes disso, a interrupção e (ou) paralisação só seria legalmente permitida "por razões de ordem técnica ou de segurança das instalações" e "por inadimplemento do usuário" (art. 6º, §3º, I e II, da Lei nº 8.987/1995). O tratamento diferenciado nos contratos de concessão se justificaria pelo princípio da continuidade dos serviços públicos.

Porém, a aplicação da exceção de contrato não cumprido recebe progressivamente menos resistência mesmo no âmbito dos contratos de concessão, sobretudo por parte da doutrina. Admite-se sua interrupção e (ou) paralisação sem provimento jurisdicional favorável transitado em julgado em casos de "impossibilidade material de cumprimento do contrato pelo particular",[16] como quando "a atuação do concessionário pressupuser, causalmente, a execução de certa prestação pelo poder concedente", ou então quando "a manutenção do serviço, em face do inadimplemento do poder concedente, for hábil a acarretar o desaparecimento do concessionário ou o sacrifício de interesses fundamentais" (art. 478, do Código Civil).[17]

---

[14] BACELLAR FILHO, Romeu Felipe. O direito administrativo, a arbitragem e a mediação. *In*: DI PIETRO, Maria Sylvia Zanella *et al.* (Org.). *Coleção doutrinas essenciais*: direito administrativo, v. 4. São Paulo: Revista dos Tribunais, 2012. p. 1.334.

[15] MUKAI, Toshio. O princípio da continuidade do serviço público. *In*: DI PIETRO, Maria Sylvia Zanella *et al.* (Org.). *Coleção doutrinas essenciais*: direito administrativo, v. 5, São Paulo: Revista dos Tribunais, 2012. p. 160-162.

[16] BACELLAR FILHO, Romeu Felipe. O direito administrativo, a arbitragem e a mediação. *In*: DI PIETRO, Maria Sylvia Zanella *et al.* (Org.). *Coleção doutrinas essenciais*: direito administrativo, v. 4. São Paulo: Revista dos Tribunais, 2012. p. 1.334.

[17] JUSTEN FILHO, Marçal. *Teoria geral das concessões de serviço público*. São Paulo: Dialética, 2003. p. 609-610. Cf., ainda, JUSTEN FILHO, Marçal. *Curso de Direito Administrativo*. 13.

Trata-se de verdadeira garantia em favor do concessionário, da sua higidez financeira e da propriedade privada, como vedação ao enriquecimento ilícito e ao confisco.[18]

4.2 Aplicação da exceção de contrato não cumprido nas subcontratações (em sentido restrito) em concessão

Eventuais objeções à aplicação da exceção de contrato não cumprido só têm lugar, quando muito, no âmbito dos contratos administrativos. Nos contratos privados, sua incidência é de ampla aceitação. Decorre diretamente do disposto no art. 476, do Código Civil.

Esse é precisamente o caso das subcontratações (em sentido restrito), seja pelo seu objeto (que, por definição, não inclui "tarefas essenciais e nucleares" atinentes ao contrato de concessão), seja pela própria literalidade do art. 25, §2º, da Lei nº 8.987/1995 (segundo o qual "os contratos celebrados entre a concessionária e os terceiros (...) reger-se-ão pelo direito privado, não se estabelecendo qualquer relação jurídica entre os terceiros e o poder concedente").[19]

Em regra, em caso de interrupção e (ou) suspensão pelo subcontratado dos serviços ou obras sob sua responsabilidade que prejudique a adequada execução do contrato de concessão, é o concessionário (subcontratante) e não o terceiro quem responde perante o Poder Público.[20]

---

ed. rev., atual. e ampl. São Paulo: Thomson Reuters Brasil, 2018. p. 729; JUSTEN FILHO, Marçal. *Comentários à lei de licitações e contratos administrativos.* 17. ed. rev., atual. e ampl. São Paulo: Revista dos Tribunais, 2016. p. 1.312-1.313; CRETELLA JÚNIOR, José. Concessão de serviço público – sucessão e subconcessão. *In:* DI PIETRO, Maria Sylvia Zanella *et al.* (Org.). *Coleção doutrinas essenciais:* direito administrativo, v. 5. São Paulo: Revista dos Tribunais, 2012. p. 1.025-1.026; MUKAI, Toshio. O princípio da continuidade do serviço público. *In:* DI PIETRO, Maria Sylvia Zanella *et al.* (Org.). *Coleção doutrinas essenciais:* direito administrativo, v. 5. São Paulo: Revista dos Tribunais, 2012. p. 160-162; e SUNDFELD, Carlos Ari. *Reequilíbrio da concessão quando é o caso e como fazer.* Pareceres, v. 2, mar. 2013. p. 65-76.

[18] JUSTEN FILHO, Marçal. *Comentários à lei de licitações e contratos administrativos.* 17. ed. rev., atual. e ampl. São Paulo: Revista dos Tribunais, 2016. p. 1.305, 1.307-1.308 e 1.312-1.313.

[19] Discussão mais detalhada sobre a natureza privada da subcontratação teve lugar nos tópicos 2.3 e 3 do presente trabalho, aos quais se reporta em favor da brevidade da exposição.

[20] JUSTEN FILHO, Marçal. *Comentários à lei de licitações e contratos administrativos.* 17. ed. rev., atual. e ampl. São Paulo: Revista dos Tribunais, 2016. p. 1.263. Cf., ainda, MARQUES NETO, Floriano Peixoto de Azevedo. A admissão de atestados de subcontratada nomeada nas licitações para concessão de serviços públicos. *In: Revista Trimestral de Direito Público – RTDP,* Belo Horizonte, n. 53, 2011.

Cabem apenas algumas ressalvas à disposição segundo a qual as subcontratações (em sentido restrito) não estabelecem *qualquer* relação entre o terceiro e o poder concedente. Inevitavelmente, remanescem posições jurídicas do poder concedente com relação ao terceiro.

Trata-se de situação que, não obstante, se supõe ocorrer em qualquer subcontratação (em sentido restrito), mesmo aquelas celebradas fora do âmbito da execução de um contrato administrativo. As hipóteses não se distinguem. Aplicam-se aqui as considerações de Fernando Dias Menezes de Almeida no sentido de que a presença do Poder Público na relação não tem, por si só, efeito sobre o regime jurídico a ela aplicável.[21]

Para além dessas posições jurídicas do Poder Concedente com relação ao terceiro em razão da subcontratação (em sentido restrito), só o que resta é o próprio poder de polícia. A ocupação temporária[22] e a requisição[23] de bens (art. 5º, XXV, da Constituição) são os instrumentos à disposição do Poder Público para intervir nas atividades do subcontratado nesses casos. Porém, a limitação da autonomia privada por esses meios é atividade administrativa apta a se exercer indistintamente sobre todos os cidadãos, de maneira desvinculada de qualquer relação contratual e orientada ao desempenho da função pública da Administração. Não é distintiva de nenhum regime jurídico aplicável.

Em suma, nenhuma das possíveis relações entre o terceiro e o Poder Concedente tem o condão de desnaturar o regime de direito privado aplicável às subcontratações (em sentido restrito).

Assim, eventual posição jurídica do poder concedente com relação ao terceiro (quando há) nem sequer se mostra teoricamente apta a produzir alguma consequência relevante sobre a aplicação da exceção de contrato não cumprido às subcontratações (em sentido restrito) – objeto do presente trabalho.

---

[21] V. tópico 3.1 do presente trabalho.

[22] *"Ocupação temporária consiste no apossamento, mediante ato administrativo unilateral, de bem privado móvel ou imóvel para uso temporário, em caso de iminente perigo público, com o dever de restituição no mais breve espaço de tempo possível e o pagamento da indenização pelos danos eventualmente produzidos. (...) uma questão teórica relevante seria a 'ocupação de direitos'.* Embora a estranheza provocada por questões linguísticas, não seria incompatível com a natureza do instituto que o ato estatal versasse sobre bens incorpóreos" (Cf. JUSTEN FILHO, Marçal. *Curso de Direito Administrativo.* 13. ed. rev., atual. e ampl. São Paulo: Thomson Reuters Brasil, 2018. p. 544-545).

[23] *"A requisição de bens consiste numa modalidade especial de ocupação temporária de bens, fundada no art. 5º, XXV, da CF/1988, que se verifica quando um bem, necessário à satisfação de situação de urgência, é consumível por natureza. Nesse caso, a 'ocupação' do bem acarretará seu* desaparecimento, de modo que é possível estimar, desde logo, a impossibilidade de sua restituição" (Cf. JUSTEN FILHO, Marçal. *Curso de Direito Administrativo,* 13. ed. rev., atual. e ampl. São Paulo: Thomson Reuters Brasil, 2018. p. 546).

4.3 Entendimento jurisprudencial sobre o regime jurídico aplicável às subcontratações (em sentido restrito) em concessão

Não obstante, os tribunais pátrios (e o Tribunal de Justiça do Estado de São Paulo, em particular) vêm reiteradamente manifestando entendimento diverso do exposto.

Como forma de viabilizar seus empreendimentos, os recentes contratos de concessão do Aeroporto Internacional de Guarulhos e do Aeroporto Internacional de Viracopos facultam expressamente a (sub)contratação de terceiros pelos concessionários, inclusive para explorarem financeiramente espaços físicos da área concedida mediante pagamento ao concessionário (subcontratante).

Antes das concessões, o uso de alguns espaços já era objeto de contrato entre os terceiros e a Infraero, que, não obstante, foi *sucedida* pelos concessionários nessas (sub)contratações. Houve transferência total da posição jurídica da Infraero para os concessionários.[24]

No que importa para a presente discussão, em um desses casos (processo nº 1013984-22.2015.8.26.0000), a demanda projetada de usuários não se confirmou durante a execução da (sub)contratação em questão e frustrou a estimativa inicial de receita com a execução dos referidos contratos.

O incidente motivou o ajuizamento de ação de revisão contratual pelo terceiro.

Sem se discutir o mérito do referido pleito, fato é que, no curso da apelação interposta nessa ação de revisão contratual, instaurou-se conflito de competência entre as Câmaras de Direito Público e de Direito Privado. Discutia-se se a (sub)contratação em questão, celebrada no âmbito de contrato de concessão, sofria influxo do regime de Direito Público ou se restava regida pelo Direito Privado.

Não obstante a Infraero tenha sido sucedida pelo concessionário, o Órgão Especial do TJSP concluiu pela aplicação do regime de Direito Público aos contratos para uso das áreas concedidas. Entendeu se tratar de contrato de concessão de uso de bem público para a prestação de serviços de interesse público (farmácia), apesar da aparência de contrato de locação. Considerou irrelevante a natureza privada dos sucessores (concessionários) sob a justificativa de que a (sub)contratação em

---

[24] V. tópico 2.1 do presente trabalho.

questão foi celebrada no âmbito de contrato de concessão (ao qual se aplica o regime de Direito Público).[25]

Conflito de competência instaurado no curso do processo nº 0010526-80.2014.8.26.0084 (em circunstâncias similares às do caso acima) teve a mesma solução, a indicar que se trata possivelmente de uma jurisprudência do TJSP em formação.

4.4 Críticas ao entendimento jurisprudencial sobre o regime jurídico aplicável às subcontratações (em sentido restrito) em concessão

Nos casos em questão, as (sub)contratações de terceiros pelos concessionários se deram no âmbito de contratos de concessão de aeroportos. O objeto das licitações que os precedeu era a contratação de empresa para o desempenho de atividades de ampliação, manutenção e exploração das infraestruturas aeroportuárias como um todo. Não se tem notícia de que se tratasse de licitações para a concessão de uso dos espaços físicos específicos do complexo aeroportuário (concessão de uso de bem público, no entendimento do TJSP).

Independentemente de um alegado interesse público na prestação dos serviços relativos a esses supostos contratos de concessão de uso do bem público, fato é que o desempenho dessas atividades, uma vez inseridas no âmbito dos contratos de concessão dos aeroportos, há ser analisado no contexto geral de execução desses contratos.

Nesse contexto, a prestação dos referidos serviços (*v.g.*, farmácia) não assume qualquer aspecto essencial na ampliação, manutenção e exploração da infraestrutura aeroportuária.[26] A execução do objeto dos contratos de concessão dos aeroportos prescinde da prestação daqueles serviços.

Sob esse ângulo, a (sub)contratação de terceiros pelo concessionário para exploração de espaços físicos da área concedida assume a forma de uma subcontratação (em sentido restrito). Sujeita-se ao regime de Direito Privado e admite a exceção de contrato não cumprido. Para esse propósito, ao contrário do alegado pelo TJSP, é irrelevante que os

---

[25] TJSP – CC nº 0059252-41.2017.8.26.0000, Órgão Especial, Rel. Des. João Carlos Saletti, Data do julgamento: 28.2.2018, Data de publicação: 1.3.2018.

[26] JUSTEN FILHO, Marçal. *Comentários à lei de licitações e contratos administrativos*. 17. ed. rev., atual. e ampl. São Paulo: Revista dos Tribunais, 2016. p. 1.265-1.266.

concessionários dos aeroportos estejam sujeitos ao regime de Direito Público.[27]

O próprio fato de o Poder Público ter inserido o uso dos espaços físicos específicos do complexo aeroportuário, de modo *complementar* à remuneração dos concessionários no âmbito dos contratos de concessão dos aeroportos, pressupõe a não essencialidade do uso desses espaços. Faz inclusive questionar a verdadeira natureza desses contratos como de uso de bem público (e não de locação).

Não se ignora o entendimento de que as concessões de aeroportos constituem, em si, espécies análogas às concessões de uso de bem público.[28] Porém, as concessões de uso de bem público são regidas, pelo menos subsidiariamente, pela Lei nº 8.987/1995,[29] na qual estão amparadas todas as conclusões do presente trabalho.

Nessa medida, o entendimento não prejudica o raciocínio apresentado no presente tópico. O uso de espaços físicos específicos do complexo aeroportuário constituiria atividade complementar no contexto geral de execução de um contrato de concessão de uso de toda a infraestrutura aeroportuária.

5 Conclusões

As considerações feitas anteriormente estão a assentar a ausência de óbices normativos à aplicação da exceção de contrato não cumprido às subcontratações (em sentido restrito) no âmbito de contratos de concessão.

Por definição, tais espécies de (sub)contração (em sentido amplo) não implicam a transferência da execução do próprio objeto do contrato de concessão para o terceiro. Em razão disso, não estão sujeitas ao regime de Direito Público aplicável a esses contratos, que se vincula ao seu objeto. São regidas pelo Direito Privado, no qual a incidência da exceção de contrato não cumprido é de ampla aceitação.

Em caso de interrupção e (ou) suspensão pelo subcontratado dos serviços ou obras sob sua responsabilidade que prejudique a adequada execução do contrato de concessão, os instrumentos à disposição do Poder Público para intervir nas atividades do subcontratado (ocupação

---

[27] V. tópico 3.2 do presente trabalho.

[28] MARQUES NETO, Floriano Peixoto de. *Concessões*. 1. ed. Belo Horizonte: Fórum, 2015. p. 213.

[29] *Id. Ibid.*, p. 265.

temporária e requisição de bens) não derivam da relação contratual, mas de fora dela. Não desnaturam o regime de Direito Privado aplicável às subcontratações (em sentido restrito).

A disposição legal segundo a qual as contratações de terceiros pelo concessionário para desenvolvimento de atividades acessórias ou complementares ao objeto do contrato de concessão serão regidas pelo direito privado (art. 25, §2º, da Lei nº 8.987/1995) é mero reforço a essas conclusões hauridas da própria natureza das subcontratações (em sentido restrito).

Salvo melhor juízo, os entendimentos diversos que os tribunais vêm manifestando se apoiam sobre premissas equivocadas e, em razão disso, não têm o condão de alterar as conclusões sobre a aplicação da exceção de contrato não cumprido às (sub)contratações em questão.

Referências

ALMEIDA, Fernando Dias Menezes de. *Contrato Administrativo*. São Paulo: Quartier Latin, 2001.

BACELLAR FILHO, Romeu Felipe. O direito administrativo, a arbitragem e a mediação. *In*: DI PIETRO, Maria Sylvia Zanella *et al*. (Org.). *Coleção doutrinas essenciais*: direito administrativo, v. 4. p. 1315-1341.

CRETELLA JÚNIOR, José. Concessão de serviço público – sucessão e subconcessão. *In*: DI PIETRO, Maria Sylvia Zanella *et al*. (Org.). *Coleção doutrinas essenciais*: direito administrativo, v. 5, São Paulo: Revista dos Tribunais, 2012. p. 1.015-1.030.

JUSTEN FILHO, Marçal. *Comentários à lei de licitações e contratos administrativos*. 17. ed. rev., atual. e ampl. São Paulo: Revista dos Tribunais, 2016.

JUSTEN FILHO, Marçal. *Curso de Direito Administrativo*. 13. ed. rev., atual. e ampl. São Paulo: Thomson Reuters Brasil, 2018.

JUSTEN FILHO, Marçal. *Teoria geral das concessões de serviço público*. São Paulo: Dialética, 2003.

MARQUES, Fábio Ferraz. *A prestação privada de serviços públicos no Brasil*, 2009, 143 p. Dissertação (Mestrado em Direito) – Faculdade de Direito da Universidade de São Paulo, São Paulo, 2009.

MARQUES NETO, Floriano Peixoto de Azevedo. A admissão de atestados de subcontratada nomeada nas licitações para concessão de serviços públicos. *In*: *Revista Trimestral de Direito Público – RTDP*, Belo Horizonte, n. 53, 2011.

MARQUES NETO, Floriano Peixoto de. *Concessões*. 1. ed. Belo Horizonte: Fórum, 2015.

MUKAI, Toshio. O princípio da continuidade do serviço público. *In*: DI PIETRO, Maria Sylvia Zanella *et al*. (Org.). *Coleção doutrinas essenciais*: direito administrativo, v. 5. São Paulo: Revista dos Tribunais, 2012. p. 155-163.

RIBEIRO, Mauricio Portugal. *Comentários à Lei de Parceria Público-Privada*: fundamentos econômico-jurídicos. 1. ed. São Paulo: Malheiros, 2010.

Informação bibliográfica deste texto, conforme a NBR 6023:2018 da Associação Brasileira de Normas Técnicas (ABNT):

RODRIGUES, Lucas de Moura. Aplicação de exceção de contrato não cumprido às subcontratações no âmbito de contratos de concessão. *In*: JUSTEN FILHO, Marçal; SILVA, Marco Aurélio de Barcelos (Coord.). *Direito da Infraestrutura*: estudos de temas relevantes. Belo Horizonte: Fórum, 2019. p. 191-204. ISBN: 978-85-450-0672-5.

GARANTIA CONTRATUAL EM CONTRATOS DE CONCESSÃO DE SERVIÇO PÚBLICO

MARÇAL JUSTEN FILHO

1 A exigência de garantia nos contratos de concessão de serviço público

A ausência de normas gerais sobre os contratos de concessão de serviço público conduziu, durante muito tempo, à aplicação daquelas pertinentes aos contratos administrativos em geral. A Lei nº 8.987/1995 eliminou a lacuna e foi sucedida por muitos outros diplomas, que versaram sobre contratos em setores específicos. Esse diploma não dispôs de modo mais detalhado sobre a questão da garantia. No entanto, a prática burocrática continuou a exigir a prestação de garantias adicionais aos contratos de concessão de serviço público, tal como se o tema fosse disciplinado pela Lei nº 8.666/1993. Esse enfoque reflete um equívoco que precisa ser superado.

2 O instituto da garantia contratual

O instituto da garantia obrigacional não é uma construção própria do Direito Administrativo. Encontra as suas origens na teoria geral das obrigações e se relaciona diretamente com a responsabilidade do devedor.

2.1 A ilimitação da responsabilidade patrimonial

Como regra, a responsabilidade abrange a totalidade dos bens integrantes do patrimônio do devedor. O CPC estabelece que o credor tem direito de obter satisfação de seu crédito mediante a apropriação de todo e qualquer bem ou direito economicamente avaliável de titularidade do devedor. A regra está prevista no art. 789, assim redigido: "O devedor responde com todos os seus bens presentes e futuros para o cumprimento de suas obrigações, salvo as restrições estabelecidas em lei".

Mas a lei admite restrições à responsabilidade patrimonial do devedor – hipótese excepcional e limitada.

2.2 A ausência de coexistência necessária dos dois aspectos

Segundo a doutrina, as obrigações usualmente apresentam as duas facetas (débito e responsabilidade). No entanto, há hipóteses em que se verifica a dissociação entre elas. Existem obrigações destituídas do aspecto da responsabilidade. Embora o devedor seja obrigado a cumprir uma prestação, o seu inadimplemento não autoriza o credor a obter a satisfação compulsória de sua pretensão. Assim se passa nas chamadas "obrigações naturais", a que se referem os arts. 882 e 883 do Código Civil.

Por outro lado, algumas obrigações são destituídas do aspecto do débito,[1] configurando-se apenas como fonte de responsabilidade. Em tais hipóteses, um sujeito vincula o seu patrimônio à satisfação de débito alheio. Há um devedor "principal", que é titular tanto de débito como de responsabilidade. Mas há um outro devedor, que assume apenas a responsabilidade. Se o devedor principal inadimplir o débito, o credor poderá exigir a satisfação de crédito também em face do devedor "responsável".

Esse enfoque apresenta a vantagem de evidenciar que a situação jurídica de responsabilidade produzida por uma determinada obrigação pode ser *ampliada* por meio de outros institutos.[2] Isso significa que um contrato pode atribuir a um terceiro a posição jurídica equivalente não propriamente ao débito, mas à responsabilidade.

---

[1] Mantenho uma restrição a esse enfoque. No entanto, não existe pertinência em aprofundar o tratamento da questão nesse estudo.

[2] Toma-se em vista, nessa passagem, apenas a obrigação de garantia em favor de terceiro. Outras ponderações se impõem relativamente à hipótese, por exemplo, de hipoteca do bem do próprio devedor.

2.3 Garantias pessoais e garantias reais

As garantias podem configurar-se como pessoais ou reais. As primeiras envolvem uma vinculação patrimonial genérica de um terceiro à satisfação de eventual direito do sujeito titular de um crédito em virtude de relação jurídica com o devedor principal. As obrigações reais produzem a afetação de um bem específico, de titularidade do devedor principal ou de um terceiro, à satisfação do direito do credor.

A garantia pessoal produz o efeito de agregar um outro sujeito à condição de responsável, tomando em vista a existência de uma relação obrigacional específica. Então, existem duas relações jurídicas distintas. Em uma delas, há a constituição de débito e responsabilidade para um determinado sujeito. Uma segunda relação jurídica produz o efeito de atribuir a um outro sujeito a responsabilidade pela satisfação do crédito.

Na hipótese de garantia real, um bem específico e determinado, de propriedade do devedor principal ou de terceiro, é afetado à satisfação do direito do credor, na hipótese de eventual inadimplemento. As principais figuras atinentes à garantia real são a hipoteca, o penhor e a alienação fiduciária em garantia.

3 A responsabilidade do particular em face da Administração

No seu relacionamento com a Administração, o particular responde com a integralidade de seu patrimônio pelas prestações assumidas e não adimplidas de modo regular. Aplicam-se as regras comuns atinentes à responsabilidade em geral, com acréscimos atinentes a certos privilégios quando o crédito for de titular da Fazenda Pública.

Cabe ao particular cumprir espontaneamente a prestação objeto de seu débito, no tempo, modo e prazo devidos. Assim se passa inclusive na hipótese de penalidade pecuniária, em que o infrator é notificado para pagar o valor da multa em determinado prazo.

Se o particular não cumprir espontaneamente a prestação devida, a Administração será investida do poder jurídico de exigir compulsoriamente a satisfação de seu crédito, mediante a apropriação de bens do patrimônio do devedor.

O particular responde civilmente com a integralidade de seu patrimônio por todas as obrigações assumidas perante a Administração, decorrentes de eventos verificados no âmbito de licitações e ao longo de contratos administrativos.

Isso significa que a garantia contratual prestada pelo particular não se destina a vincular o seu patrimônio à satisfação de eventual crédito da Administração. A simples existência da obrigação implica a vinculação patrimonial ilimitada do particular.

4 As contratações administrativas

Reconhece-se que os contratos administrativos podem configurar-se como contratos de colaboração e ou como contratos de delegação.[3]

4.1 Os contratos administrativos de colaboração

Os contratos administrativos impõem às partes a realização de uma prestação específica, muitas vezes tendo por objeto um bem econômico único. Nesse caso, o contrato tem uma função econômica essencialmente de troca, de modo que a sua execução implica a transferência recíproca entres as partes da titularidade de um bem ou serviço (comutatividade). Dito de outro modo, a causa jurídica da obrigação assumida por uma parte consiste na obtenção da prestação a ser executada pela outra.

Nos contratos de colaboração, a prestação a cargo do particular é executada diretamente em face da Administração Pública, ainda nas hipóteses em que o objeto executado seja necessário à satisfação de interesses de terceiros. O contrato de colaboração propicia um relacionamento limitado e restrito entre as partes, destinado a exaurir-se num prazo usualmente exíguo. Mesmo nas hipóteses de contratos de maior duração (como serviços contínuos), é viável a predeterminação muito rigorosa quanto a prazos, deveres e regras aplicáveis à execução contratual.

Os contratos de colaboração comportam disciplina precisa e exaustiva das condições quanto à sua execução. Isso não elimina o cabimento de modificações – que apresentam um cunho de inerência à contratação administrativa. No entanto, a modificação se constitui num evento anômalo.

---

[3] A terminologia varia de acordo com a preferência do doutrinador. Tenho optado pelas expressões "contrato de colaboração" e "contrato de delegação" desde há muito. Outros especialistas adotam vocabulário diverso, mas o entendimento professado é idêntico.

4.2 Os contratos administrativos de delegação

Os contratos administrativos de delegação apresentam uma amplitude muito extensa, compreendendo prestações de diversa natureza e com objeto heterogêneo.

Esses contratos propiciam uma forma de financiamento pelos particulares para a execução de obras e serviços de interesse coletivo.

Isso significa a imposição de obrigações de conteúdo econômico relevante, pertinentes à execução de obras e à prestação de serviços destinados a satisfazer (de modo direto ou indireto) as necessidades coletivas. Esses investimentos serão amortizados e remunerados mediante a exploração pelo particular de um empreendimento, envolvendo riscos muito mais amplos do que num contrato de colaboração.

Ademais, esse tipo de contrato é um instrumento para a atribuição em favor de um particular do desempenho de atribuições de titularidade da Administração. Em algumas hipóteses, é previsto que a remuneração do particular será proveniente de pagamentos realizados por terceiros.

Há uma característica marcante dos contratos de delegação, relacionada com a comunhão de interesses entre Administração Pública e particular contratado. O objeto do contrato de delegação consiste numa atividade destinada a satisfazer necessidades coletivas. Isso será obtido mediante uma atuação própria do particular contratado, mas no desempenho de atribuições de titularidade estatal. Por isso, a atuação do particular consiste num meio material de o Estado cumprir seus deveres em face de terceiros.

Logo, o desempenho satisfatório pelo particular se constitui não apenas no adimplemento das suas obrigações contratuais, mas também se configura como o cumprimento pelo Estado de deveres de sua competência em face dos usuários. Dito de outro modo, é essencial para o Estado que o particular contratado obtenha sucesso e execute de modo satisfatório as obrigações assumidas.

Essas características impõem um regime contratual caracterizado por renegociações continuadas e reiteradas. As condições iniciais estabelecidas não se destinam a contemplar todas as regras quanto ao objeto e ao relacionamento entre as partes. É indispensável uma adaptação permanente, que reconduza as partes às condições originalmente concebidas. Portanto, as "modificações" da disciplina contratual não apresentam um cunho de extraordinariedade. São inerentes e indispensáveis à preservação das finalidades buscadas pelas partes.

5 Os contratos de colaboração e a garantia contratual

A Lei nº 8.666, que disciplina os contratos de colaboração no direito brasileiro, contempla o maior número de referências à garantia contratual.

5.1 O requisito de participação na licitação

É pertinente assinalar que a Lei nº 8.666 alude à garantia como exigência para o interessado participar na licitação. O art. 31 trata do assunto como um dos requisitos de habilitação e autoriza a exigência de:

> III - garantia, nas mesmas modalidades e critérios previstos no *caput* e §1º do art. 56 desta Lei, limitada a 1% (um por cento) do valor estimado do objeto da contratação.

O dispositivo relaciona-se à responsabilização do licitante em caso de violação a deveres pré-contratuais. Portanto, a garantia ora examinada não se configura como um requisito de habilitação propriamente dita, sendo melhor qualificada como um requisito de participação no certame.[4]

5.2 A previsão de garantia no tocante ao contrato na Lei nº 8.666

O art. 40 da Lei nº 8.666, ao disciplinar o ato convocatório da licitação, não alude à garantia. Isso evidencia que a garantia não se constitui numa solução necessária, que deva constar de todo e qualquer edital.

A adoção de garantia contratual está prevista no art. 55, inc. VI, que determina que o contrato deve dispor sobre "as garantias oferecidas

---

[4] Defendo a diferenciação entre os requisitos de habilitação e os requisitos de participação na licitação. Aqueles consistem em demonstração da titularidade pelo licitante de evidência quanto à sua confiabilidade e das condições subjetivas para executar a prestação objeto do contrato licitado. Já os requisitos de participação na licitação são exigências legais ou editalícias orientadas a assegurar a participação dos licitantes em igualdade de condições, com observância de formalidades que permitam o desenvolvimento regular da disputa. Assim, por exemplo, há regras quanto ao local, horário e forma de apresentação das propostas. Mas os requisitos de participação envolvem não apenas questões formais como também aspectos relacionados com temas de direito material.

para assegurar sua plena execução, quando exigidas". O art. 56 impõe o seguinte:

> A critério da autoridade competente, em cada caso, e desde que prevista no instrumento convocatório, poderá ser exigida prestação de garantia nas contratações de obras, serviços e compras.
>
> §1º Caberá ao contratado optar por uma das seguintes modalidades de garantia:
>
> I - caução em dinheiro ou em títulos da dívida pública, devendo estes ter sido emitidos sob a forma escritural, mediante registro em sistema centralizado de liquidação e de custódia autorizado pelo Banco Central do Brasil e avaliados pelos seus valores econômicos, conforme definido pelo Ministério da Fazenda;
>
> II - seguro-garantia;
>
> III - fiança bancária.
>
> ....

Portanto, a prestação da garantia não se constitui em exigência necessária à contratação administrativa. Admite-se a existência do contrato administrativo *sem* a prestação da garantia.

5.3 As finalidades buscadas

Como regra, a prestação de garantia nos contratos administrativos não se destina a demonstrar a titularidade de recursos do particular para executar a obrigação assumida. Existe uma presunção quanto à disponibilidade de bens do particular contratado para satisfazer as obrigações assumidas perante a Administração Pública.

A licitação compreende uma etapa específica de habilitação. Os arts. 27 a 31 da Lei nº 8.666 estabelecem presunção *absoluta* de que todos os sujeitos que preencham os requisitos de habilitação verificados pela Administração dispõem de condições – inclusive econômico-financeiras – para executar o objeto da contratação.

Anote-se que, se o preenchimento dos requisitos de qualificação econômico-financeira fosse insuficiente para proteger a Administração, a Lei teria determinado a obrigatoriedade da prestação de garantias em todas as contratações administrativas. Mas essa não foi a solução legislativa.

Nem se contraponha que a exigência da garantia constituiria uma cautela adicional, justificada em vista da indisponibilidade do interesse público. Esse argumento foi proscrito pelo art. 37, inc. XXI, da Constituição:

> ressalvados os casos especificados na legislação, as obras, serviços, compras e alienações serão contratados mediante processo de licitação pública que assegure igualdade de condições a todos os concorrentes, com cláusulas que estabeleçam obrigações de pagamento, mantidas as condições efetivas da proposta, nos termos da lei, *o qual somente permitirá as exigências de qualificação técnica e econômica indispensáveis à garantia do cumprimento das obrigações.* (original sem grifo)

A conclusão quanto a esse tópico reside em que a garantia contratual se destina a reduzir riscos e incertezas quanto à satisfação do crédito eventualmente titularizado pela Administração Pública, tal como a simplificação na satisfação de dívidas não honradas tempestivamente pelo particular contratado.

5.4 O precedente do TCU

É relevante assinalar que o TCU teve oportunidade de apreciar questão similar, reconhecendo a viabilidade de solução alternativa em hipótese de inviabilidade de prestação de garantia contratual nos termos da Lei nº 8.666. Os trechos do julgado reproduzidos permitem compreender a questão:

> No tocante à garantia contratual, identificou-se que foi utilizada carta de fiança emitida pela empresa..., modalidade que não consta do rol exaustivo de garantias admitidas no § 1º do art. 56 da Lei nº 8.666/1993, quais sejam: caução em dinheiro ou em títulos da dívida pública, seguro-garantia e fiança bancária.
>
> ... A construtora, por seu turno, afirma que a circunstância de estar em regime de recuperação judicial impossibilita a formalização de seguro-garantia ou de fiança fornecida por instituição bancária e que, ademais, não dispõe de condições financeiras de providenciar a garantia em forma de caução em dinheiro.
>
> ... Diante disso, defende a aplicação ao presente caso de uma interpretação extensiva do art. 56, §1º, inciso III, da Lei nº 8.666/1993, com a finalidade de validar a modalidade de garantia prestada.
>
> ... Parece lógico inferir que empresas em recuperação judicial encontrem dificuldades na obtenção de garantias, provavelmente maiores que as enfrentadas por outros concorrentes, mas, não lhes sendo impossível a apresentação das salvaguardas elencadas no § 1º do art. 56 da Lei nº 8.666/1993, uma flexibilização da interpretação do regramento

significaria a concessão a essas empresas de prerrogativas e distinções não previstas em lei que certamente implicariam o ferimento do princípio da isonomia.

... 22. Nesse contexto, sendo fortes os indícios de que a paralisação das obras acarretará prejuízos à Administração, e diante da mencionada dificuldade de a contratada, no atual momento, formalizar um contrato de fiança bancária ou seguro-garantia ou apresentar caução em dinheiro, a Secex/PE sugere que a garantia de execução seja satisfeita por meio da retenção de valores nos pagamentos devidos à contratada, até o limite de 5% do montante pactuado.

...

De minha parte, não vejo óbices a tal encaminhamento.

...

Convém, portanto, com vistas a evitar esse tipo de ocorrência em novas contratações, dar ciência à universidade de que a fiança bancária disposta no art. 56, § 1º, inciso III, da Lei nº 8.666/1993 deve ser emitida por instituição financeira autorizada a operar pelo Banco Central do Brasil.

... Veja-se ainda o entendimento do Tribunal trazido pela Unidade Técnica, expresso no voto condutor do Acórdão 859/2006-Plenário, segundo o qual 'o agente público que deixa de exigir da contratada a prestação das garantias contratuais, conforme previsto no art. 56 da Lei nº 8.666/1993, responde pelos prejuízos decorrentes de sua omissão, bem como às penas previstas nos arts. 57 e 58 da Lei 8.443/1992' (Acórdão 2.467/2017, Plenário, rel. Min. José Múcio Monteiro).

No caso, o TCU reconheceu a possibilidade, em situações excepcionais, de garantia distinta daquelas autorizadas no art. 56 da Lei nº 8.666. Afirmou que o essencial reside na exigência de uma garantia idônea, que seja apta a produzir resultado equivalente àquele inerente às modalidades previstas na Lei nº 8.666.

Ademais, o TCU reconheceu que a adoção de uma solução distinta daquela prevista na Lei nº 8.666 não configurava uma infração autônoma, punível em si mesma. Somente se poderia cogitar de algum ato reprovável nos casos em que a garantia não fosse idônea e que algum prejuízo efetivo para a Administração viesse a ocorrer.

6 As Leis sobre concessão e a garantia contratual

A garantia contratual relativamente aos contratos de delegação de serviço público não comporta tratamento jurídico idêntico ao aplicável aos contratos de colaboração.

6.1 A disciplina da Lei nº 8.987/1995

A Lei nº 8.987 não contemplou disciplina detalhada sobre o tema das garantias contratuais.[5] Os seus termos são muito mais gerais, sem qualquer alusão a modalidades específicas de garantias. O art. 18 desse diploma versa sobre o edital de licitação e prevê a seguinte solução:

> O edital de licitação será elaborado pelo poder concedente, observados, no que couber, os critérios e as normas gerais da legislação própria sobre licitações e contratos e conterá, especialmente:
>
> ...
>
> XV - nos casos de concessão de serviços públicos precedida da execução de obra pública, os dados relativos à obra, dentre os quais os elementos do projeto básico que permitam sua plena caracterização, bem assim as garantias exigidas para essa parte específica do contrato, adequadas a cada caso e limitadas ao valor da obra;
>
> ...

O dispositivo não dispõe sobre modalidade de garantia, restringindo-se a formular regra geral sobre o assunto – ainda que, no seu *caput*, tenha aludido à observância dos critérios e normas gerais da "legislação própria sobre licitações e contratos".

Já o art. 23, parágrafo único, da Lei nº 8.987 prevê o seguinte:

> Os contratos relativos à concessão de serviço público precedido da execução de obra pública deverão, adicionalmente:
>
> ...
>
> II - exigir garantia do fiel cumprimento, pela concessionária, das obrigações relativas às obras vinculadas à concessão.

6.2 A disciplina da Lei nº 11.079/2004

A Lei das Parcerias Público-Privadas referiu-se às garantias a serem prestadas pelo particular, fixando que o tema deveria constar do instrumento contratual. O art. 5º fixou o seguinte:

---

[5] Não é cabível examinar, de modo detalhado, todas as leis que trataram de contratos de concessão de serviço público no direito brasileiro. Pode-se afirmar que as linhas gerais previstas na Lei nº 8.987 foram seguidas nas leis específicas.

As cláusulas dos contratos de parceria público-privada atenderão ao disposto no art. 23 da Lei nº 8.987, de 13 de fevereiro de 1995, no que couber, devendo também prever:

...

VIII – a prestação, pelo parceiro privado, de garantias de execução suficientes e compatíveis com os ônus e riscos envolvidos, observados os limites dos §§3º e 5º do art. 56 da Lei nº 8.666... e, no que se refere às concessões patrocinadas, o disposto no inciso XV do art. 18 da Lei nº 8.987...;.

Nesse dispositivo, há uma distinção de tratamento entre a concessão administrativa e a concessão patrocinada, determinando-se a submissão daquela ao regime do art. 56 da Lei nº 8.666. Essa solução reflete a própria natureza da concessão administrativa, que pode comportar a execução da prestação de modo direto à Administração Pública, com remuneração integralmente proveniente dos cofres públicos.

6.3 A ausência de aplicação direta da Lei nº 8.666

As regras constantes das Leis que disciplinam a concessão de serviços públicos não preveem a aplicação direta e integral das regras da Lei nº 8.666 relativamente a garantias contratuais.

Tomando em vista o teor dos dispositivos legais, há somente uma referência à aplicação direta do art. 56 (aliás, dos §§ 3º e 5º do referido artigo) da Lei nº 8.666 ao âmbito de contratos de delegação. Essa única referência envolve a concessão patrocinada, que é uma modalidade muito peculiar de parceria público-privada.

Nos demais casos, as Leis de Concessão de Serviço Público contêm referência genérica ao tema da garantia. Mais ainda, esses diplomas não especificam as modalidades de garantia reputadas como cabíveis, remetendo a questão ao tratamento do ato convocatório.

Daí se segue que, em face dos textos legislativos, não existe fundamento para subordinar a garantia dos contratos de concessão de serviço público ao regime da Lei nº 8.666.

Por outro lado, não existe nenhuma previsão quanto à restrição das modalidades de garantia admissíveis para contratos de concessão de serviço público. Não está previsto que as únicas modalidades de garantia admissíveis seriam a caução (de dinheiro ou de títulos da dívida pública), a fiança bancária ou o seguro-garantia.

Não se contraponha que a delimitação das modalidades de garantia seria uma decorrência da exigência das garantias. Essa solução hermenêutica é incompatível com a natureza de dispositivos de cunho restritivo. O art. 56 da Lei nº 8.666 estabelece que, nas contratações disciplinadas pelo referido diploma, *somente* podem ser admitidas as modalidades de garantia referidas num elenco exaustivo.

Em se tratando de contratos *não subordinados* à Lei nº 8.666, a restrição apenas incidiria se tivesse ocorrido expressa remissão da lei disciplinadora do tema. Ou seja, não é cabível estender às concessões de serviço público disciplinadas pelas Leis nº 8.987 e nº 10.233 as restrições constantes da Lei nº 8.666.

6.4 Ainda a orientação estritamente literal

Mais ainda, a adoção de interpretação rigorosamente literal conduziria à comprovação da ausência de restrição às modalidades de garantia. A Lei nº 8.666 estabeleceu que a garantia contratual depende de avaliação discricionária da Administração. No entanto, o texto literal da Lei nº 8.987 induz uma orientação distinta.

Nos arts. 18, inc. XV, e 23, parágrafo único, inc. II, a Lei nº 8.987 adotou terminologia que indica a obrigatoriedade da exigência de garantia contratual nas hipóteses em que a concessão envolver a execução de obras.

Ora, a exigência obrigatória da garantia contratual configura disciplina diferente daquela prevista na Lei nº 8.666. Esse diploma determina, de modo literal, que a prestação da garantia depende de uma avaliação discricionária da Administração. Logo, ter-se-ia de reconhecer que as Leis de Concessão teriam adotado um regime jurídico distinto daquele constante da Lei nº 8.666, relativamente ao tema da garantia contratual. Logo, não caberia aplicação subsidiária da Lei nº 8.666 relativamente às garantias para concessões de serviço público. Nesse caso, também não se aplicaria a restrição às modalidades aceitáveis de garantia contratual, eis que o elenco restritivo consta da Lei nº 8.666.

Se a Lei nº 8.666 for aplicável para dispor sobre garantias contratuais, então existirá competência discricionária para a Administração exigir ou não exigir a dita garantia.

7 A interpretação lógico-sistemática

É cabível recorrer a outros elementos normativos para determinar o conteúdo e a vontade da lei relativamente a uma certa situação. Mas esse modelo hermenêutico implica considerar a generalidade das questões envolvidas. Essa é a solução mais consentânea com a complexidade das questões jurídicas. No caso examinado, a interpretação lógico-sistemática impõe o reconhecimento da viabilidade de o concessionário oferecer garantias contratuais diversas daquelas autorizadas na Lei nº 8.666.

7.1 Os contratos de concessão e as garantias contratuais

As características dos contratos de delegação de serviço público são incompatíveis com a concepção restritiva constante da Lei nº 8.666 relativamente às garantias e suas modalidades.

A disciplina das garantias contratuais no âmbito das concessões de serviço público não se submete estritamente às regras da Lei nº 8.666. Não é casual que as Leis de Concessões pertinentes ao caso examinado silenciem sobre uma disciplina taxativa do tema e remetam a questão ao tratamento do edital.

7.2 A inaplicabilidade da concepção de "Project Finance"

O primeiro aspecto reside em que os contratos de colaboração são incompatíveis com o modelo de "Project Finance",[6] que se configura como uma das soluções mais satisfatórias para empreendimentos de longo prazo na área de infraestrutura.

O instrumento do "Project Finance" pode ser definido em termos muito simples do seguinte modo:

> *Project finance* é o financiamento longo prazo para infraestruturas, projetos industriais e serviços público utilizando uma estrutura financeira destituída de garantias ou com garantias limitadas. As dívidas e os investimentos utilizados para financiar o projeto são amortizados por

---

[6] A expressão "Project finance" é difundida no vocabulário financeiro. A tradução para o vernáculo acarreta a diluição do significado. Tem-se utilizado a expressão "financiamento de projeto", apta a propiciar compreensão equivocada. Talvez a terminologia mais precisa seja algo como "projeto autogarantido".

meio do fluxo de caixa gerado pelo projeto. O financiamento de projeto é uma estrutura de dívida que se alicerça primariamente no fluxo de caixa do projeto para o pagamento, tomando-se o patrimônio, direitos e rendimentos do projeto como uma garantia secundária.[7]

Num contrato de colaboração, no âmbito da Lei nº 8.666, o particular contratado não recebe uma remuneração em virtude da exploração da infraestrutura executada. Cabe à própria Administração desembolsar os valores devidos ao particular como contrapartida pelo empreendimento.

Uma característica essencial para empreendimentos tipicamente objeto de concessões de serviço público reside na estruturação de um empreendimento apto a gerar os resultados necessários para a amortização de todos os investimentos realizados. Isso conduz à desnecessidade de garantias externas ao empreendimento.

A possibilidade de exploração empresarial do empreendimento pelo concessionário permite uma estrutura financeira muito mais satisfatória. Os recursos necessários ao empreendimento são captados no mercado financeiro como uma modalidade de investimento.

Um dos aspectos mais relevantes relativamente à questão se relaciona com a redução dos custos financeiros relativamente aos contratos de delegação. A inexistência de garantias específicas, a serem prestadas por instituição seguradora ou bancária em favor da Administração, permite a redução dos custos do empreendimento e conduz à ampliação da eficiência na aplicação dos recursos necessários.

Não caberia contrapor que os empreendimentos desenvolvidos no modelo *Project Finance* comportariam limitação da responsabilidade apenas em face dos credores comuns e que a Administração disporia de preferências diferenciadas.

É evidente que não existe um modelo padronizado legislativamente para *Project Finance*. Nada impede que a Administração Pública exija garantias diferenciadas em favor dos seus créditos. Mas isso se traduzirá na elevação de custos do empreendimento. O modelo de

---

[7] Tradução livre do signatário. No original: *"Project finance is the (funding) financing of long-term infrastructure, industrial projects, and public services using a non-recourse or limited recourse financial structure. The debt and equity used to finance the project are paid back from the cash flow generated by the project. Project financing is a loan structure that relies primarily on the project's cash flow for repayment, with the project's assets, rights and interests held as secondary collateral"* (definição disponível em: https://www.investopedia.com/terms/p/projectfinance.asp. Acesso em: 15 mar. 2019).

Project Finance destina-se a ampliar a eficiência na exploração dos recursos econômicos.

Mais precisamente, a tese reside na ausência de obrigatoriedade da exigência de garantias, inclusive em face da Administração Pública, nos contratos de delegação de serviço público. A redação dos dispositivos da Lei nº 8.987 deve ser interpretada na acepção de que será exigida a garantia se a Administração reputar que essa é a solução mais adequada em vista da complexidade do objeto contratual a ser executado.

7.3 A questão do prazo para amortização dos investimentos

Outro aspecto relevante refere-se às diferenças decorrentes do prazo de vigência dos contratos de colaboração e dos contratos de delegação.

A Lei nº 8.666 dispõe sobre contratações de curto prazo. A regra geral do *caput* do art. 57 é a limitação ao prazo de vigência dos créditos orçamentários. Quando muito, admitem-se prazos mais delongados relativamente a projetos diferenciados. Mesmo assim, o prazo de vigência contratual não costuma ultrapassar cinco anos.

Já os contratos de concessão de serviços públicos apresentam prazos muito maiores. É usual a contratação por mais de 15 anos. Há hipóteses em que o prazo pode atingir 50 anos. As diferenças no tocante ao prazo são muito significativas para fins de garantia. Quanto maior o prazo, tanto maior é o risco assumido pelo garantidor. Isso amplia os custos pertinentes.

Em muitos casos, a garantia é outorgada com prazo determinado. Isso conduz à necessidade de sua renovação periódica, o que amplia os custos de transação. Nem se olvide que as variações ocorridas ao longo do tempo podem afetar a viabilidade da própria garantia.

A diferença no tocante ao prazo relaciona-se diretamente com a perspectiva de amortização dos investimentos. Os contratos de colaboração envolvem o direito de o contratado receber o pagamento do preço. As condições quanto ao tempo e ao modo de pagamento estão previstas de antemão e se configuram como um direito do particular em face da Administração.

Isso facilita a contratação de garantias em face de terceiros, eis que existe a perspectiva de liquidação da dívida num prazo determinado e delimitado. A instituição seguradora ou bancária dispõe de condições para avaliar os riscos envolvidos. Os custos de transação para garantias contratuais são muito mais reduzidos em contratos de colaboração do que se passa relativamente aos contratos de delegação.

7.4 A necessidade de flexibilidade quanto ao tema

As considerações anteriores evidenciam a necessidade de flexibilidade no tocante à disciplina das garantias relativamente a contratos de delegação. É fundamental tomar em vista a comunhão dos interesses entre Poder Concedente e concessionário, visando a promover o serviço público mais satisfatório. Isso significa a vedação à adoção de soluções que, embora assegurem uma vantagem potencial à Administração Pública, resultem em oneração dos usuários.

7.5 Ainda a incompletude dos contratos de concessão

É inviável determinar antecipadamente todas as circunstâncias e características do relacionamento jurídico concreto estabelecido entre Poder Concedente e concessionário. Os eventos da realidade impõem inovações que exigem a complementação das regras originalmente estabelecidas.

7.6 Ainda a constante renegociação das condições

Outra circunstância se relaciona com a adequação das condições originalmente pactuadas em vista da variação das condições da realidade.

8 Conclusão: a ausência de soluções uniformes e predeterminadas

Esses são os fatores principais que impõem a adoção das soluções economicamente mais eficientes no tocante às garantias em favor do Poder Concedente. Não existe fundamento jurídico para a aplicação simplista das normas da Lei nº 8.666, tal como se a concessão de serviço público se constituísse em uma modalidade de contrato de obra e serviço de engenharia.

São admissíveis as soluções que propiciem à Administração a garantia da satisfação de seus créditos, respeitada a proporcionalidade das exigências, especificamente para evitar que a garantia em face de eventos incertos produza efeitos onerosos desnecessários e excessivos – os quais se traduzirão em elevação das tarifas a serem pagas pelos usuários do serviço público.

Não existe vedação legal a que, num determinado caso concreto, a Administração adote solução consistente em não exigir garantia contratual específica para as obrigações contratuais assumidas. Mas também não existe um elenco legal de modalidades de garantia admissíveis para concessões de serviços públicos. Podem ser adotadas garantias contratuais não consistentes em caução em dinheiro ou em títulos, fiança bancária ou seguro-garantia. Se estiverem presentes os requisitos para a exigência da prestação da garantia, o fundamental será a satisfatoriedade da solução. Podem ser prestadas outras modalidades de garantia, distintas daquelas referidas na Lei nº 8.666.

Informação bibliográfica deste texto, conforme a NBR 6023:2018 da Associação Brasileira de Normas Técnicas (ABNT):

JUSTEN FILHO, Marçal. Garantia contratual em contratos de concessão de serviço público. *In*: JUSTEN FILHO, Marçal; SILVA, Marco Aurélio de Barcelos (Coord.). *Direito da Infraestrutura*: estudos de temas relevantes. Belo Horizonte: Fórum, 2019. p. 205-221. ISBN: 978-85-450-0672-5.

A REVISÃO DA REGULAÇÃO DA GERAÇÃO DISTRIBUÍDA DE PEQUENO PORTE

MARÇAL JUSTEN NETO

CAMILA BATISTA RODRIGUES COSTA

1 Introdução

A produção de energia elétrica pelos próprios consumidores vem crescendo extraordinariamente. Se o ritmo for mantido, dentro de duas décadas o total de energia produzida de forma conectada diretamente na rede de conexão (geração distribuída) irá superar a soma da energia gerada pelas usinas de Itaipu, Jirau e Santo Antônio.[1]

A possibilidade de o consumidor produzir sua própria energia surgiu a partir da Resolução Normativa nº 482/2012 da ANEEL, que disciplina a minigeração e a microgeração distribuídas. A regulação instituiu um sistema de compensação entre o montante de energia produzida e consumida.

Há evidentes benefícios proporcionados pela geração distribuída: ampliação da matriz energética, descentralização da produção, redução de custos para os consumidores-geradores, redução de custos de geração e transmissão e ganhos de sustentabilidade ambiental.

Mas o rápido crescimento da geração distribuída acendeu o alerta do regulador e dos agentes do setor. Há impactos aos concessionários de distribuição e aos demais consumidores, que não produzem energia.

---

[1] Segundo estimativas da ANEEL, a geração distribuída pode atingir potência instalada de 22 GW até 2035. BRASIL. ANEEL. *Relatório de Análise de Impacto Regulatório nº 0004/2018-SRD/SCG/SMA/ANEEL.* Revisão das regras aplicáveis à micro e minigeração distribuída, fl. 47 e 48.

A expansão da geração distribuída conforme as regras do atual modelo de compensação pode causar prejuízos estimados em R$ 72 bilhões aos consumidores de energia nos próximos 15 anos. É preciso responder à seguinte questão: quem paga a conta?

A ANEEL iniciou processo de revisão normativa da RN nº 482/2012. O presente estudo se destina a examinar a revisão da regulação da geração distribuída de pequeno porte.

2 O setor elétrico brasileiro

A exploração dos serviços de energia elétrica no Brasil é segregada em quatro segmentos: geração, transmissão, distribuição e comercialização.

A geração da energia elétrica é o processo de transformação de qualquer forma de energia em energia elétrica. A transmissão é o transporte da energia do gerador até as subestações de distribuição e os consumidores de alta tensão ou a interligação entre sistemas de geração. A distribuição é o fornecimento da energia das subestações para os consumidores de baixa e média tensão. A comercialização é a compra e venda de energia elétrica em ambientes próprios.

A distribuição e a transmissão de energia elétrica são monopólios naturais. Não há concorrência entre os agentes que exploram tais segmentos.[2]

A geração de energia pode ter a natureza jurídica de serviço público pela essencialidade, competência da União Federal para a sua exploração e preponderância da regência pelas normas de Direito Público (CF, art. 176).

Mas a geração de energia também pode ter natureza jurídica de atividade econômica em sentido estrito.[3] Nesse caso, há geradores que produzem e comercializam energia elétrica nos Ambientes de Contratação Regulada (ACR) ou de Contratação Livre (ACL).

No ACR atuam os geradores, distribuidores e comercializadores por meio de leilões de energia com o estabelecimento do preços e contratos registrados na Câmara de Comercialização de Energia

---

[2] GIACOBBO, Daniela Garcia. A geração distribuída é um segmento estratégico ao setor elétrico brasileiro? *In*: ROCHA, Fábio Amorim da (Coord.). *Temas relevantes no direito de energia elétrica*: Tomo VIII. Rio de Janeiro: Synergia, 2018. p. 6.

[3] FAGUNDES, Maria Aparecida de Almeida Pinto S. Os novos rumos do direito da eletricidade, *Revista de Direito Administrativo – RDA*, Rio de Janeiro: Renovar, v. 224, p. 15, 2001.

Elétrica – CCEE. Já o ACL é composto pelas geradoras, comercializadoras e consumidores livres e especiais. A negociação é livre e o preço é acordado entre as partes.

3 A geração distribuída

A referência inicial à geração distribuída no Direito brasileiro surgiu no Decreto nº 5.163/2004, como uma alternativa para as distribuidoras adquirirem energia de empreendimentos conectados diretamente à sua rede, eliminando-se a necessidade de uso das linhas de transmissão.

Mas a evolução tecnológica permitiu a produção de energia elétrica também pelo próprio consumidor, de forma descentralizada e com conexão direta à rede de distribuição (para consumo local ou remoto).

A geração distribuída é, portanto, a energia produzida por centrais geradoras conectadas diretamente à rede de distribuição.[4]

Surge daí a figura do consumidor-gerador,[5] aquele agente que, além de consumir a energia, é responsável também pela produção.

3.1 A geração distribuída de pequeno porte

A RN nº 482/2012 da ANEEL disciplina a geração distribuída de pequeno porte,[6] estabelecendo condições para a conexão à rede de distribuição e as regras do sistema de compensação de energia elétrica.

---

[4] Acompanhamos, assim, a definição proposta por ACKERMANN, Thomas; ANDERSSON, Göran; SÖDER, Lennart. Distributed generation: a definition. *Electric Power Systems Research*, Oxford, Volume 57, Issue 3, p. 195-204, 2001. No mesmo sentido, MORENO, Natália de Almeida. Geração distribuída: principais desafios regulatórios. *In*: ROCHA, Fábio Amorim da (Coord.). *Temas relevantes no direito de energia elétrica*: Tomo IV. Rio de Janeiro: Synergia, 2015. p. 300. A ANEEL formula a seguinte definição técnica para a geração distribuída: "Centrais geradoras de energia elétrica, de qualquer potência, com instalações conectadas diretamente no sistema elétrico de distribuição ou através de instalações de consumidores". BRASIL. ANEEL. *Procedimentos de Distribuição de Energia Elétrica no Sistema Elétrico Nacional – PRODIST*, p. 29. Disponível em: http://www.aneel.gov.br/documents/656827/14866914/ M%C3%B3dulo1_Revis%C3%A3o10/f6c63d9a-62e9-af35-591e-5fb020b84c13. Acesso em: 11 mar. 2019.

[5] A expressão é referida por DAVID, Solange; SAIDEL, Marco Antonio. Geração distribuída no Brasil – ampliação da participação do consumidor e tecnologia. *In*: ROCHA, Fábio Amorim da (Coord.). *Temas relevantes no direito de energia elétrica*: Tomo VII. Rio de Janeiro: Synergia. 2017. p. 328. Em língua inglesa, o equivalente ao consumidor-gerador é denominado *prosumer*.

[6] Considerando que, para os fins do presente artigo, não há relevância na distinção do porte da instalação geradora, a expressão "geração distribuída de pequeno porte" é empregada para se referir tanto a mini quanto a microgeração distribuída.

A microgeração distribuída é a geradora de energia elétrica com potência instalada de até 75 kW que utilize cogeração qualificada ou fontes renováveis (art. 2º, inc. I da RN nº 482/2012).

A minigeração distribuída é a geradora de energia elétrica com potência instalada acima de 75 kW e de até 5 MW que utilize cogeração qualificada ou fontes renováveis (art. 2º, inc. II da RN nº 482/2012).

A cogeração qualificada é aquela produzida por central termelétrica que atenda aos requisitos de racionalidade energética estabelecidos pela Resolução Normativa nº 235/2006. As fontes renováveis são basicamente hidráulica, solar, biomassa e eólica.

A fonte solar fotovoltaica é responsável por quase a totalidade da geração distribuída de pequeno porte no Brasil. Em contrapartida, existem apenas três termelétricas movidas a combustíveis fósseis qualificadas como cogeração qualificada e que produzem geração distribuída.

3.2 A energia autoconsumida e a energia injetada

A energia produzida pela geração distribuída pode sofrer duas destinações: consumo simultâneo à geração (energia autoconsumida) ou a injeção da energia na rede de distribuição.[7]

Se o consumo é simultâneo à geração, a energia é consumida internamente na unidade e não há injeção da energia na rede. Esse montante de energia não é nem sequer registrado pelo medidor, resultando em redução imediata da demanda. Essa hipótese não se enquadra no sistema de compensação.

A energia gerada que não é imediatamente consumida é injetada na rede de distribuição, ficando disponível para o mercado. A quantidade de energia injetada é convertida em créditos, que serão utilizados pelo consumidor-gerador conforme o sistema de compensação (v. item 3.5).

3.3 A geração local e a geração remota

A geração distribuída local é aquela autoconsumida ou compensada pela própria unidade geradora. A geração remota é integralmente injetada na rede de distribuição para ser compensada por outra unidade.

---

[7] Como a fonte mais significativa depende da irradiação solar, a simultaneidade se verifica apenas durante o dia e varia conforme a localização e o perfil da unidade consumidora.

A geração distribuída remota surgiu a partir de uma revisão que alterou a RN nº 482/2012. A Resolução Normativa nº 687/2015 ANEEL introduziu as modalidades de "geração compartilhada" e "autoconsumo remoto". Isso permitiu a instalação da geração distribuída de pequeno porte em local distinto da unidade consumidora, desde que dentro da mesma área de concessão ou permissão.

A geração compartilhada é a "reunião de consumidores, dentro da mesma área de concessão ou permissão, por meio de consórcio ou cooperativa, composta por pessoa física ou jurídica, que possua unidade consumidora com microgeração ou minigeração distribuída em local diferente das unidades consumidoras nas quais a energia excedente será compensada" (art. 2º, VII, da RN nº 482/2012).

O autoconsumo remoto é "caracterizado por unidades consumidoras de titularidade de uma mesma pessoa jurídica, incluídas matriz e filial, ou pessoa física que possua unidade consumidora com microgeração ou minigeração distribuída em local diferente das unidades consumidoras, dentro da mesma área de concessão ou permissão, nas quais a energia excedente será compensada" (art. 2º, VIII, da RN nº 482/2012).

Ambas as modalidades ocorrem em local distinto da unidade consumidora e a diferenciação se encontra na dissociação entre o produtor e o consumidor.

Na geração compartilhada, o consumidor não é o único detentor do empreendimento de geração distribuída. Nesse caso, há benefícios econômicos com a redução do investimento inicial e a partilha dos custos de operação e manutenção.

3.4 Os benefícios da geração distribuída

Existem diversos benefícios decorrentes da geração distribuída de energia, tais como: diversificação das formas de produção de energia, maior sustentabilidade ambiental, aproximação das geradoras às unidades de consumo, redução de custos de geração e transmissão, economia para os consumidores e redução de perdas elétricas e riscos sistêmicos.

O sistema elétrico brasileiro depende da geração de energia por grandes usinas hidrelétricas. O estímulo à geração distribuída é uma alternativa para a diversificação da matriz elétrica e a redução do risco de esgotamento da produção de energia hidráulica.

Os empreendimentos de grande porte ocupam grandes áreas e geram enormes impactos ambientais. Apesar de as usinas hidrelétricas utilizarem fonte limpa e renovável, o impacto ambiental causado pelos grandes empreendimentos hidrelétricos é severo. A geração distribuída utiliza empreendimentos de pequeno porte e essencialmente fontes renováveis. Assim, a geração distribuída é alternativa ambientalmente mais sustentável, o que justifica o seu incentivo também sob esse aspecto.

A produção da energia de forma descentralizada por empreendimentos próximos das unidades consumidoras reduz perdas elétricas e riscos sistêmicos. A proximidade também evita a necessidade de ampliação do sistema de transmissão.

Há especialmente ganhos econômicos ao consumidor-gerador. O custo do investimento financeiro para a instalação dos equipamentos é compensado com a redução do pagamento da tarifa.

Por todas essas razões é que a regulação inicial da ANEEL teve por finalidade reduzir barreiras de entrada e facilitar a adoção de sistemas de geração de energia por consumidores residenciais e pequenos estabelecimentos comerciais e industriais.

3.5 O sistema de compensação de energia elétrica

A atual sistemática prevê um mecanismo de compensação (*net metering*) ao consumidor-gerador pela energia produzida, do seguinte modo: "sistema no qual a energia ativa injetada por unidade consumidora com microgeração ou minigeração distribuída é cedida, por meio de empréstimo gratuito, à distribuidora local e posteriormente compensada com o consumo de energia elétrica ativa". O consumidor-gerador não é remunerado em espécie pela energia produzida.

Podem aderir ao sistema de compensação os consumidores que possuem unidade com micro ou minigeração distribuída, integrante de empreendimento de múltiplas unidades consumidores e caracterizados como geração compartilhada e autoconsumo remoto.

Pela energia gerada injetada na rede, o consumidor-gerador aufere benefício por meio de créditos que serão compensados com a energia consumida depois. A energia injetada no sistema de distribuição é cedida a título de empréstimo gratuito. Nos casos em que há geração além da potência consumida, não há pagamento pela energia excedente. O consumidor-gerador terá crédito de energia para compensar e abater do consumo em meses subsequentes.

3.6 Remuneração da rede e tarifas

A definição normativa da geração distribuída estabelece o requisito de conexão à rede de distribuição. Ao injetar energia na rede, o consumidor-gerador utiliza a rede de distribuição de energia.

Apesar da utilização da rede de distribuição, a atual regulação da geração distribuída prevê a isenção de componentes tarifários no montante da energia gerada e injetada no sistema elétrico.

Essa opção de isenção tarifária deriva de decisão do regulador com enfoque econômico. A finalidade da regra é a redução dos entraves para a geração distribuída e de incentivo da fonte fotovoltaica – a fonte mais utilizada na geração distribuída. A não incidência de componentes da tarifa propicia benefícios econômicos e atrai o consumidor para gerar sua própria energia.

O art. 7º da RN nº 482/2012 estabelece a forma de faturamento da energia elétrica nas unidades consumidoras integrantes do sistema de compensação. A compensação incide integralmente nos componentes da tarifa (Tarifa de Uso do Sistema de Distribuição – TUSD e Tarifa de Energia – TE).

A TUSD é o valor determinado pela ANEEL para o faturamento mensal do usuário pelo uso do sistema de distribuição de energia elétrica – pelo transporte da energia (art. 2º, LXXV, "b", da RN nº 414/2010).

A TE é o valor determinado pela ANEEL para o faturamento mensal do usuário pelo consumo de energia elétrica – pela geração da energia (art. 2º, LXXV, "a", da RN nº 414/2010).

Assim, na geração distribuída de pequeno porte não há pagamento de componentes da tarifa pela injeção da energia na rede de distribuição.

3.7 Os resultados atingidos pela regulação

As escolhas regulatórias da ANEEL para incentivo à expansão da geração distribuída foram bem-sucedidas. A projeção da potência instalada projetada para o final de 2019 foi atingida ainda em 2018, conforme se extrai de gráfico elaborado pela agência.[8]

---

[8] BRASIL. ANEEL. *Relatório de Análise de Impacto Regulatório n° 0004/2018-SRD/SCG/SMA/ANEEL*. Revisão das regras aplicáveis à micro e minigeração distribuída, fl. 9.

Há quase 100 mil unidades consumidoras da energia produzida por meio da geração distribuída. Mas o crescimento exponencial da geração distribuída de pequeno porte gerará impactos no sistema elétrico nacional – com potencial de afetar aqueles consumidores que não geram energia.

4 A alteração da regulação

Diante desse cenário, a ANEEL decidiu promover a alteração da regulação vigente sobre a geração distribuída de energia de pequeno porte por meio de uma revisão normativa. Houve consulta pública (CP nº 10/2018-ANEEL) e estudos que subsidiaram uma análise de impacto regulatório das alterações ao regime da RN nº 482/2012.

O relatório de análise de impacto regulatório foi submetido a audiência pública (AP nº 001/2019-ANEEL). Haverá ainda outras rodadas de discussão até a redação final de uma resolução normativa. A estimativa da ANEEL é de que a nova regulação entre em vigor a partir de 2020.

4.1 A necessidade de revisão da regulação

Não existe regulação perfeita. A incerteza quanto ao atingimento dos resultados pretendidos é uma característica inerente à regulação. Há vasta produção acadêmica acerca das falhas regulatórias e da produção de efeitos indesejados ou imprevistos pelos reguladores.[9]

---

[9] A própria ANEEL reconhece as limitações do regulador mesmo no processo de revisão regulatória: "A adoção de premissas inadequadas, a utilização de valores que não reflitam a realidade nas variáveis, assim como a possibilidade de erros de cálculo podem ter

As causas das falhas regulatórias são múltiplas: desde defeitos na concepção original das estratégias regulatórias, passando pelo *creative compliance* e até mesmo pela mera evolução dos fatos e da conjuntura sobre a qual incidem as normas.

A ANEEL está se valendo de técnica regulatória destinada a corrigir os problemas identificados. É uma metodologia que reconhece a incapacidade de se antever com precisão todos os resultados derivados da regulação, tal como observa a doutrina:

> Considerando os limites do nosso conhecimento e compreensão, uma estratégia chave, portanto, não é responder a grandes cenários, mas sim aplicar abordagens graduais de tentativa e erro para promover mudanças regulatórias.[10]

Ou seja, a conclusão é de que a regulação não deve ser entendida como uma conclusão definitiva acerca das regras mais apropriadas para atingir determinado objetivo, mas sim como um processo dinâmico em permanente aperfeiçoamento. Se a realidade dos fatos e os próprios objetivos se alteram ao longo do tempo, é necessário que a regulação seja ajustada.

Portanto, a estratégia adotada pela ANEEL no tocante à geração distribuída é de promoção de revisões periódicas para o aprimoramento e correções de falhas detectadas na regulação original, evitando que se perpetue a normativa ultrapassada.

4.2 A constante revisão da regulação

A percepção de que as falhas são inerentes à regulação conduziu ao surgimento, há muito tempo, de diversos movimentos defendendo a redução da regulação, a rerregulação e a regulação inteligente.

Marçal Justen Filho sintetiza os argumentos desses movimentos: "Em última análise, tem de promover-se a revisão da regulação para adotar novas regras mais satisfatórias".[11]

---

impactado os resultados apresentados". BRASIL. ANEEL. *Relatório de Análise de Impacto Regulatório nº 0004/2018-SRD/SCG/SMA/ANEEL*. Revisão das regras aplicáveis à micro e minigeração distribuída, fl. 49.

[10] BALDWIN, Robert; CAVE, Martin; LODGE Martin. *Understanding regulation*: theory, strategy, and practice. 2. ed. New York: Oxford University Press, 2012. p. 75.

[11] JUSTEN FILHO, Marçal. *O direito das agências reguladoras independentes*. São Paulo: Dialética, 2002. p. 44.

É essa a iniciativa conduzida no âmbito da revisão normativa da RN nº 482/2012. A conduta da ANEEL de instituir processos de revisão normativa ao longo dos últimos anos evidencia a preocupação da agência com a qualidade da regulação. É desejável que se promovam ajustes periódicos à regulação, desde que se adotem as medidas necessárias para preservar a segurança jurídica.

Em 2015, a ANEEL promoveu a revisão da regulação sobre geração distribuída (RN nº 687/2015) e continua monitorando os resultados efetivos, bem como o seu impacto para todo o sistema elétrico. Em média, a revisão normativa tem ocorrido entre períodos de quatro anos. É preciso buscar o equilíbrio para permitir que os agentes se adaptem e tenham certeza quanto ao conteúdo e ao alcance das regras.

O procedimento adotado pela ANEEL para promover a revisão da RN nº 482/2012 adotou uma série de boas práticas de regulação. A agência instaurou um amplo debate com os interessados, realizando consulta pública, audiência pública, seminário internacional e uma série de reuniões para explicar as propostas de alteração. Ou seja, conferiu-se transparência ao processo e se admitiu a participação de terceiros. Foi elaborada também uma análise de impacto regulatório, que é um instrumento essencial para a avaliação da mudança regulatória, testando os diversos cenários possíveis.

Ao mesmo tempo, a ANEEL teve a preocupação de mitigar os riscos de insegurança jurídica ao propor, desde logo, a adoção de regras de transição, seja qual for a alteração regulatória adotada.

4.3 Os problemas da regulação atual

A iniciativa de promover a revisão normativa surgiu da identificação da necessidade de ajustes e aperfeiçoamentos da regulação atual. A sistemática de compensação integral funcionou de modo efetivo para incentivar o aumento da geração distribuída.

Mas o atual cenário é distinto daquele panorama inicial. Os objetivos regulatórios são distintos, o que é algo natural. Ao defender a regulação inteligente ("*smart regulation*") como uma regulação melhor, Robert Baldwin destaca o seguinte:

> Mudar da "criação para a revisão" reconhece que muitos aspectos da regulação mudam continuamente. Os agentes regulatórios (reguladores e regulados) variam no tempo, tanto em número quanto em natureza e,

além disso, mercados, desafios regulatórios, contextos políticos e sociais e preferências mudam. Como resultado, não se pode presumir que os objetivos regulatórios permanecem estáticos.[12]

Agora, existe o risco de que a regulação cause distorções e produza efeitos indesejados. Há sobretudo um impacto econômico causado pela geração distribuída sobre os consumidores cativos e todo o setor elétrico. A mudança da regulação visa a corrigir essas distorções e gerar incentivos para a consolidação da geração distribuída assegurando o equilíbrio do sistema.

4.3.1 O impacto sobre o uso da rede de distribuição

Um dos problemas mais sérios da regulação atual é a ausência de contribuição do consumidor-gerador de energia distribuída para a remuneração do uso do sistema de distribuição. O consumidor-gerador não arca com todos os custos decorrentes do uso da rede de distribuição.

Esse efeito não era despercebido desde a criação do marco regulatório,[13] mas foi desconsiderado enquanto a geração distribuída não representava uma parcela significativa do mercado. O surgimento das modalidades de geração remota e geração compartilhada levou ao aumento do uso da rede por parte dos geradores-consumidores. A ampliação de sua utilização produz consequências mais significativas.

Ainda que o consumidor pague o custo de disponibilidade,[14] isso é insuficiente para fazer frente a outros custos decorrentes da geração distribuída. O investimento necessário para a conexão da instalação de geração-distribuída, por exemplo, atualmente integra o Encargo de Responsabilidade da Distribuidora – ERD.

---

[12] BALDWIN, Robert. Is better regulation smarter regulation? *Public Law* (Autumn). p. 485-511, ISSN 0033-3565, p. 13.

[13] Por ocasião da revisão da regulação anterior, que culminou na edição da RN nº 687/2015, Natália de Almeida Moreno já alertava: "No sistema atual, portanto, a geração distribuída faz o distribuidor perder dinheiro, até porque este, além de ver a sua remuneração reduzida proporcionalmente à redução da demanda por energia do sistema, tem ainda de investir em infraestrutura adequada ao suporte técnico e de pessoal das operações e à resiliência da rede de transporte" (Geração distribuída: principais desafios regulatórios. *In*: ROCHA, Fábio Amorim da (Coord.). *Temas relevantes no direito de energia elétrica*: Tomo IV. Rio de Janeiro: Synergia, 2015. p. 318).

[14] O consumidor conectado em baixa tensão (tipo B) arca somente com o custo de disponibilidade, valor mínimo devido pela conexão ao sistema (art. 7º da RN nº 482/2012 e art. 98 da RN nº 414/2010).

Além disso, cabe à distribuidora o dever de dimensionar o sistema em face da energia injetada pela microgeração distribuída, realizando melhorias ou reforços necessários (art. 5º, §6º, da RN nº 482/2012). A distribuidora arca ainda com o ônus da imprevisibilidade de instalações de novas conexões.

Outro efeito decorrente da geração de energia pelos consumidores é a redução do mercado das distribuidoras. Essa redução não é acompanhada proporcionalmente pela redução dos custos de manutenção do sistema. Ou seja, há custos fixos que incidem e são redistribuídos conforme o número de consumidores.

4.3.2 O impacto sobre os demais consumidores

O cenário descrito pode causar graves distorções. Parcela do custo da infraestrutura de distribuição será repassada aos demais consumidores (não geradores), que passarão a subsidiar o uso do sistema pelos consumidores-geradores.

Com a ampliação da geração distribuída, essa relação tende a se agravar, culminando com o desequilíbrio econômico-financeiro dos contratos de concessão de distribuição e o aumento da conta a ser paga pelos consumidores por meio dos processos de revisão tarifária.

Conforme as estimativas da ANEEL, o prejuízo para os demais consumidores chegará ao montante de R$ 72 bilhões em um período de 15 anos caso seja mantida a regulação atual.[15]

Em contrapartida, é possível argumentar que o incremento da tarifa será por si só um incentivo adicional à implantação de geração distribuída. Ou seja, é preciso considerar também esse impacto para o cálculo da vantajosidade da migração para a geração distribuída: quanto mais cara for a tarifa de energia, há mais incentivos para que usuários adotem a geração distribuída.

Porém, nem todos os consumidores dispõem de condições de optar pela geração distribuída. Em muitos casos, não é uma questão de escolha. Portanto, o impacto da elevação da tarifa pode causar efeitos perversos, atingindo sobretudo usuários de menor renda.[16]

---

[15] A ANEEL considerou que a manutenção do sistema de compensação integral (Alternativa 0) causará um prejuízo de R$4,7 bilhões em razão da geração distribuída local e de R$68 bilhões em razão da geração distribuída remota até 2035 (BRASIL. ANEEL. *Relatório de Análise de Impacto Regulatório n° 0004/2018-SRD/SCG/SMA/ANEEL*. Revisão das regras aplicáveis à micro e minigeração distribuída, fls. 33, 40 e 49).

[16] Segundo os cálculos da ANEEL, a instalação de equipamentos de geração distribuída é viável economicamente para unidades consumidoras com renda mínima superior a cinco

4.3.3 O impacto sobre a racionalização do consumo

O sistema de compensação integral de créditos pode não se configurar o mecanismo mais eficiente para incentivar a racionalização do consumo de energia elétrica.

A única destinação da energia produzida pelo consumidor-gerador é para seu consumo simultâneo ou conversão em créditos para compensar o consumo futuro, limitado a um período de tempo (5 anos). Ainda que haja mecanismos para assegurar a instalação de equipamentos com a potência adequada ao consumo da unidade (art. 4º, §1º, da RN nº 482/2012), é possível considerar hipóteses em que a produção de energia será superior ao consumo e mais do que suficiente para gerar créditos.[17] Haverá então um excedente de energia que não será aproveitado pelo consumidor-gerador – eventualmente, mesmo os créditos serão excedentes.[18]

Nessa hipótese, há um duplo efeito negativo da regulação atual: não há incentivos para a ampliação da produção nem para a racionalização do consumo. Ambos os cenários são ineficientes.

Uma possível solução regulatória seria a introdução de mecanismo de comercialização da energia excedente. Ou seja, o consumidor-gerador passaria a poder vender a energia produzida – e não apenas utilizar créditos para compensar do seu consumo. Essa alternativa foi sugerida durante a consulta pública, mas aparentemente não está entre as prioridades da ANEEL para esse processo de revisão regulatória.[19]

4.4 As alterações propostas

A revisão normativa conduzida pela ANEEL tem viés eminentemente econômico. O cerne da discussão é a modificação das regras

---

salários mínimos (BRASIL. ANEEL. *Relatório de Análise de Impacto Regulatório nº 0004/2018-SRD/SCG/SMA/ANEEL*. Revisão das regras aplicáveis à micro e minigeração distribuída, fl. 30).

[17] Embora menos comum, isso poderá acontecer tanto pela redução do consumo quanto pela instalação de central geradora com potência superior à disponibilizada para a unidade consumidora (art. 4º, §2º, da RN nº 482/2012).

[18] Caso haja expiração de créditos, o montante correspondente será revertido em prol da modicidade tarifária (art. 7º, inc. XII, da RN nº 482/2012).

[19] A sugestão de criação de mecanismo de comercialização de excedente de energia da geração distribuída de pequeno porte foi encaminhada pela ABRACEEL – Associação Brasileira dos Comercializadores de Energia. O tema foi tratado de modo sucinto no relatório da análise de impacto regulatório da ANEEL (fl. 54), com a transferência para os agentes interessados da responsabilidade de propor um modelo completo.

do sistema de compensação; em outras palavras, a valoração da energia injetada na rede pela geração distribuída.

No modelo atual, a compensação da energia é integral. Ou seja, o consumidor-gerador paga apenas a tarifa da diferença entre a energia consumida e a energia produzida e não arca com o custo das componentes tarifárias.

Os modelos discutidos na revisão da regulação, denominados pela ANEEL de "alternativas", variam conforme o repasse ao consumidor-gerador das componentes. A descrição a seguir é extraída do relatório de análise de impacto regulatório da ANEEL:[20]

- *Alternativa 0* – Cenário atual: a compensação da energia injetada na rede se dá por todas as componentes da TUSD e da TE.

- *Alternativa 1* – Incide Fio B: a componente Transporte Fio B incidiria sobre toda a energia consumida da rede. As demais componentes tarifárias continuariam incidindo sobre a diferença entre a energia consumida e a energia injetada na rede.

- *Alternativa 2* – Incide Fio A e Fio B: as componentes referentes ao transporte (Fio A e Fio B) incidiriam sobre toda a energia consumida da rede. As demais parcelas da tarifa continuariam incidindo sobre a diferença entre a energia consumida e a energia injetada na rede.

- *Alternativa 3* – Incide Fio A, Fio B e encargos: equivalente à alternativa anterior, mas incluindo a parcela de encargos da TUSD entre as componentes que seriam aplicáveis a todo o consumo de energia registrado na unidade.

- *Alternativa 4* – Incide toda a TUSD: com esta alternativa, as componentes da TE incidiriam sobre a diferença entre a energia consumida e a energia injetada na rede, de maneira que a TUSD continuaria incidindo sobre toda a energia consumida da rede.

- *Alternativa 5* – Incide toda a TUSD e os encargos e demais componentes da TE: neste caso, apenas a componente de Energia da TE incidiria sobre a diferença entre a energia consumida e a energia injetada na rede. As demais componentes tarifárias incidiriam sobre toda a energia consumida da rede.

---

[20] BRASIL. ANEEL. *Relatório de Análise de Impacto Regulatório n° 0004/2018-SRD/SCG/SMA/ANEEL*. Revisão das regras aplicáveis à micro e minigeração distribuída, fl. 15.

4.5 Ainda a necessidade de assegurar a expansão da geração distribuída

A correção das distorções identificadas não pode ser feita sob pena de se sacrificar a expansão da geração distribuída. Apesar do rápido crescimento, a geração distribuída ainda não atingiu seu status ótimo. Portanto, o "remédio" da revisão da regulação não pode ser tão intenso a ponto de inibir ou estagnar o setor.

Uma das medidas concebidas pela ANEEL é a introdução de gatilhos para a alteração das regras de compensação. Assim, a proposta é que as mudanças se tornem efetivas apenas após o decurso de prazo ou o atingimento de determinada potência instalada de geração distribuída – a escolha do critério do "gatilho" ainda não foi feita.

A proposta defendida pela agência na análise de impacto regulatório é a da aplicação da Alternativa 1 para a geração distribuída local e da Alternativa 3 para a geração distribuída remota.[21]

Ou seja, haverá a manutenção da isenção de TE e TUSD para a geração distribuída local. A geração distribuída remota passará a arcar com parte dos componentes da TUSD. A justificativa para essa opção de diferenciação da incidência de componente da tarifa é o maior impacto gerado em razão de injeção total do montante da energia gerada de forma remota na rede.

Segundo as estimativas da ANEEL, isso seria suficiente para manter a atratividade econômica de novas instalações de geração distribuída a fim de se atingir o objetivo de 22 GW de potência instalada no prazo de 15 anos. Mas o consumidor-gerador de forma remota assumiria parcela da TUSD, atualmente repassada para os demais consumidores que não integram a geração distribuída.

Os estudos da revisão de regulação consideraram a racionalidade meramente econômica dos agentes para proceder à instalação de sistemas de geração distribuída. Embora seja esse o fator mais relevante, não é de se descartar a decisão tomada com base em outros fatores, especialmente ligados à sustentabilidade e eficiência energética.[22]

---

[21] Isso não significa que esse será o modelo final adotado no novo marco regulatório. Trata-se da recomendação da ANEEL ainda durante a fase de audiência pública, que será submetida aos interessados e poderá sofrer modificações.

[22] Embora seja presumível que o benefício econômico seja o principal vetor para a migração para a geração distribuída, é preciso registrar que não há dados empíricos acerca disso. Segundo uma autora, "Não há estudos que considerem quais fatores motivadores levam os atores a adotarem as operações da geração distribuída" (CARLEY, Sanya. Distributed Generation: An Empirical Analysis of Primary Motivators. *Energy Policy*, v. 37, n. 5, p. 1648-1659, 2009, tradução livre do inglês).

Ou seja, é possível cogitar que haja interesse de usuários de adotar a geração distribuída por considerarem uma forma de contribuição ao meio ambiente – mesmo quando os benefícios econômicos não forem tão evidentes.

4.6 Outros efeitos da revisão da regulação

Além de manter a viabilização da expansão da geração distribuída e considerar adequadamente os seus impactos tarifários, a revisão da regulação tem de levar em conta efeitos acessórios inerentes a qualquer alteração normativa.

Se por um lado é desejável que a regulação seja atualizada em face da realidade, por outro há um risco de insegurança de sua constante alteração. Isso gera incertezas aos agentes do setor e pode desestimular condutas ativas para a mudança de determinado regime.

Essa característica é ainda mais relevante quando parte da regulação é destinada diretamente aos usuários de energia elétrica, potenciais consumidores-geradores, cujo acesso às informações técnicas é mais reduzido. Uma das medidas para reduzir esse impacto é a adoção de um regime de transição e regras claras ao longo dos anos – tema do próximo subitem.

Outra é a busca pela redução da complexidade das regras, de modo que sejam facilmente compreendidas pelos destinatários da regulação – sobretudo pelos consumidores.

A própria ANEEL já identificou na avaliação de impacto regulatório que a norma atual é considerada complexa e gera muitas dúvidas.[23] Portanto, uma das metas fundamentais do regulador deve ser a simplificação da sistemática e a divulgação, de forma transparente, dessas regras ao maior universo de usuários.

4.7 Regime de transição

A instituição de um regime de transição para alterações regulatórias que interfiram sobre direitos não é apenas uma boa prática de regulação. A recente alteração da Lei de Introdução às Normas do Direito Brasileiro – LINDB introduziu regra que impõe a previsão de

---

[23] BRASIL. ANEEL. *Relatório de Análise de Impacto Regulatório nº 0004/2018-SRD/SCG/SMA/ ANEEL*. Revisão das regras aplicáveis à micro e minigeração distribuída, fl. 23.

regime de transição "quando indispensável para que o novo dever ou condicionamento de direito seja cumprido de modo proporcional, equânime e eficiente e sem prejuízo aos interesses gerais" (art. 23). A proposta da ANEEL atende a esse preceito. A revisão da regulação vem acompanhada da recomendação para que as regras atuais sejam mantidas durante um período para os atuais geradores-consumidores, que pode chegar a um prazo de carência de até 25 anos. Mesmo a alteração das regras para novos entrantes prevê mudanças graduais, com "gatilhos" previamente definidos e comunicados. Isso reforça a segurança jurídica e, ao mesmo tempo, funciona como incentivo para a ampliação do mercado de geração distribuída.

5 Conclusão

A geração distribuída de pequeno porte é ainda um fenômeno recente no setor elétrico brasileiro, que não atingiu uma década.

A principal finalidade na criação do marco regulatório foi a redução das barreiras de entrada e o incentivo à implantação de unidades de geração de energia pelos próprios consumidores – o que produz uma série de benefícios aos usuários e ao sistema elétrico como um todo.

A expressiva expansão da geração distribuída nos últimos anos evidencia que a regulação produziu alguns dos resultados esperados. Mas os objetivos são dinâmicos e se alteram conforme a realidade. Há um consenso de que a manutenção das regras atuais produzirá um aumento da potência instalada de energia gerada pelos consumidores-geradores – mas em detrimento dos demais consumidores.

É preciso avaliar o custo-benefício da geração distribuída para todo o sistema elétrico. Não é razoável que o ônus recaia preponderantemente sobre os consumidores que não produzem energia, considerando que eles aproveitarão apenas indiretamente os benefícios proporcionados.

A revisão normativa proposta pela ANEEL é uma forma de corrigir eventuais falhas e aprimorar a regulação a partir dos resultados identificados e do comportamento do mercado.

O desafio que se põe é o ajuste equilibrado da regulação, preservando os benefícios da expansão da geração distribuída, mas evitando que os consumidores que não geram energia sejam excessivamente onerados.

Referências

ACKERMANN, Thomas; ANDERSSON, Göran; SÖDER, Lennart. Distributed generation: a definition. *Electric Power Systems Research*, Oxford, Volume 57, Issue 3, p. 195-204, 2001.

BALDWIN, Robert. Is better regulation smarter regulation? *Public Law* (Autumn). p. 485-511, ISSN 0033-3565.

BALDWIN, Robert; CAVE, Martin; LODGE Martin. *Understanding regulation*: theory, strategy, and practice. 2. ed. New York: Oxford University Press, 2012.

BALDWIN, Robert. *The Oxford Handbook of Regulation*. New York: Oxford University Press, 2010.

BRASIL. ANEEL. *Nota Técnica nº 0062/2018-SRD/SCG/SRM/SGT/SRG/SMA/ANEEL*, de 25 de maio de 2018. Abertura de consulta pública para o recebimento de contribuições visando o aprimoramento das regras aplicáveis à micro e minigeração distribuída. Disponível em: http://www.aneel.gov.br/consultas-publicas?p_p_id=consultaspublicas visualizacao_WAR_AudienciasConsultasPortletportlet&p_p_lifecycle=2&p_p_state= normal&p_p_mode=view&p_p_cacheability=cacheLevelPage&p_p_col_id=column-2&p_p_col_count=1&_consultaspublicasvisualizacao_WAR_AudienciasConsultas Portletportlet_documentoId=4575&_consultaspublicasvisualizacao_WAR_Audiencias ConsultasPortletportlet_tipoFaseReuniao=fase&_consultaspublicasvisualizacao_WAR_ AudienciasConsultasPortletportlet_jspPage=/html/consultas-publicas-visualizacao/ visualizar.jsp. Acesso em: 11 mar. 2019.

BRASIL. ANEEL. *Procedimentos de Distribuição de Energia Elétrica no Sistema Elétrico Nacional – PRODIST*. Disponível em: http://www.aneel.gov.br/documents/ 656827/14866914/M%C3%B3dulo1_Revis%C3%A3o10/f6c63d9a-62e9-af35-591e-5fb020b84c13. Acesso em: 11 mar. 2019.

BRASIL. ANEEL. *Relatório de Análise de Impacto Regulatório nº 0004/2018-SRD/SCG/ SMA/ANEEL*. Revisão das regras aplicáveis à micro e minigeração distribuída – Resolução Normativa nº 482/2012. Anexo da Nota Técnica nº 0108/2018-SRD/ SCG/SMA/ANEEL. Processo nº 48500.004924/2010-51. Disponível em: http:// www.aneel.gov.br/audiencias-publicas?p_p_id=audienciaspublicasvisualizacao_ WAR_AudienciasConsultasPortletportlet&p_p_lifecycle=2&p_p_state=normal&p_p_ mode=view&p_p_cacheability=cacheLevelPage&p_p_col_id=column-2&p_p_col_ count=1&_audienciaspublicasvisualizacao_WAR_AudienciasConsultasPortletportlet_ documentoId=42675&_audienciaspublicasvisualizacao_WAR_AudienciasConsultas Portletportlet_tipoFaseReuniao=fase&_audienciaspublicasvisualizacao_WAR_ AudienciasConsultasPortletportlet_jspPage=%2Fhtml%2Faudiencias-publicas-visualizacao%2Fvisualizar.jsp. Acesso em: 11 mar. 2019.

BRONWEN, Morgan; YEUNG, Karen. *An introduction to law and regulation*. New York: Cambridge University Press, 2007.

CARLEY, Sanya. Distributed Generation: An Empirical Analysis of Primary Motivators. *Energy Policy*, v. 37, n. 5, 2009. p. 1648-1659.

DAVID, Solange; SAIDEL, Marco Antonio. Geração distribuída no Brasil – ampliação da participação do consumidor e tecnologia. *In*: ROCHA, Fábio Amorim da (Coord.). *Temas relevantes no direito de energia elétrica*: Tomo VII. Rio de Janeiro: Synergia. 2017.

FAGUNDES, Maria Aparecida de Almeida Pinto S. Os novos rumos do direito da eletricidade, *Revista de Direito Administrativo – RDA*, Rio de Janeiro: Renovar, v. 224, p. 1-29, 2001.

GIACOBBO, Daniela Garcia. A geração distribuída é um segmento estratégico ao setor elétrico brasileiro? *In*: ROCHA, Fábio Amorim da (Coord.). *Temas relevantes no direito de energia elétrica*: Tomo VIII. Rio de Janeiro: Synergia, 2018.

JUSTEN FILHO, Marçal. *O direito das agências reguladoras independentes*. São Paulo: Dialética, 2002.

MORENO, Natália de Almeida. Geração distribuída: principais desafios regulatórios. *In*: ROCHA, Fábio Amorim da (Coord.). *Temas relevantes no direito de energia elétrica*: Tomo IV. Rio de Janeiro: Synergia, 2015.

Informação bibliográfica deste texto, conforme a NBR 6023:2018 da Associação Brasileira de Normas Técnicas (ABNT):

JUSTEN NETO, Marçal; COSTA, Camila Batista Rodrigues. A revisão da regulação da geração distribuída de pequeno porte. *In*: JUSTEN FILHO, Marçal; SILVA, Marco Aurélio de Barcelos (Coord.). *Direito da Infraestrutura*: estudos de temas relevantes. Belo Horizonte: Fórum, 2019. p. 223-241. ISBN: 978-85-450-0672-5.

REFLEXÕES SOBRE OS SISTEMAS COMPARTILHADOS DE MOBILIDADE URBANA E A VIABILIDADE DO *CARSHARING*

MARINA KUKIELA

1 Introdução

Em 2018, a Associação Nacional das Empresas de Transportes Urbanos elaborou o documento que ficou conhecido como a Carta de Brasília. Tratando da crise no transporte coletivo urbano, a Carta chama atenção para a gravidade do problema e propõe algumas mudanças.

Com mais de 1.800 empresas operando no Brasil, e transportando mais de 34 milhões de passageiros por dia, o setor vem sofrendo impactos negativos de duas frentes. De um lado, a crise nas contas públicas tem gerado o descumprimento dos contratos de concessão por parte dos Municípios.[1] Do outro lado, segundo dados coletados pela Associação, no período de 2014 a 2017, o setor amargou uma perda de 20% da demanda. Essa situação seria "resultado de uma política equivocada do governo federal que incentivou a propriedade e o uso dos automóveis, provocando o crescimento vertiginoso dos congestionamentos urbanos".[2]

Ou seja, estamos diante de um problema causado, ao fim e ao cabo, pela quantidade de carros particulares e pelo mau uso deles. Veículos transportando apenas uma pessoa e ocupando um imenso espaço nas vias, que muitas vezes não podem mais ser ampliadas,

---

[1] Estima-se que entre 2014 e 2016 10% das empresas encerraram suas atividades, enquanto 30% enfrentam alto grau de endividamento e risco de insolvência.

[2] Carta de Brasília, março de 2018. Disponível em: https://www.ntu.org.br/novo/Noticia Completa.aspx?idArea=10&idSegundoNivel=107&idNoticia=957. Acesso em: 11 mar. 2019.

causam imensos transtornos no dia a dia urbano. As cidades brasileiras não foram planejadas para absorver essa demanda e os grandes centros já amargam uma situação caótica.

É passado o momento de se repensar as políticas de mobilidade urbana. É preciso encontrar meios para reduzir o impacto causado pela precarização do sistema de transporte coletivos de um lado e pela multiplicação de carros de outro.

Esse caminho passa por repensar a estruturação dos sistemas tradicionais e incentivar modais alternativos de transporte. É nesse último ponto o foco do presente trabalho.

2 Economia do compartilhamento

A economia compartilhada surgiu em um contexto de crise financeira mundial, excesso de bens de propriedade individual (ocasionado por uma sociedade extremamente consumista) e grandes avanços tecnológicos.[3] Estes fatores, atrelados à mudança de consciência e comportamento das novas gerações,[4] fizeram surgir uma nova modalidade de consumo.

Em um cenário de contrastes, de escassez (falta de recursos financeiros) de um lado e abundância (de bens de propriedade individual já em circulação/uso) de outro, "a eficiência econômica não está atrelada à propriedade de bens, mas ao seu uso temporário e compartilhado por diversas pessoas".[5] Some-se a isso o *boom* das tecnologias disruptivas e chega-se perto do que estamos vivenciando hoje.

A sociedade, o mercado e, consequentemente, o Direito têm que se adaptar a essa nova era. Não há outra opção.[6]

---

[3] RIBEIRO, Leonardo Coelho. A instrumentalidade do direito administrativo e a regulação das novas tecnologias disruptivas. Regulatória. *In*: FREITAS, Rafael Véras de; RIBEIRO, Leonardo Coelho; FEIGLESON, Bruno (Coord.). *Regulação e novas Tecnologias*. 1 Reimpressão. Belo Horizonte: Fórum, 2018. p. 72-73.

[4] O "ter" perde força e o "valor" de um bem está hoje mais atrelado à sua utilidade Além disso, a confiança ganha peso em um arranjo institucional que gera os incentivos adequados para promovê-la. Prova disso é que a grande maioria de plataformas que utilizam sistemas de economia compartilhada (como Uber e AirBnb) possui nos comentários e avaliações dos usuários (de ambas as pontas) uma valiosa ferramenta.

[5] MARQUES NETO, Floriano de Azevedo; FREITAS, Rafael Véras de. Uber, Whatsapp, Netflix: Os novos quadrantes da *publicatio* e da assimetria regulatória. *In*: FREITAS, Rafael Véras de; RIBEIRO, Leonardo Coelho; FEIGLESON, Bruno (Coord.). *Regulação e novas Tecnologias*. 1 Reimpressão. Belo Horizonte: Fórum, 2018. p. 22.

[6] A respeito do desafio de adaptação do modelo jurídico às inovações tecnológicas, Marçal Justen Filho assim discorre: "A grande dificuldade reside, portanto, em assegurar

3 Compartilhamento de modais alternativos

Como não poderia deixar de ser, em um cenário de crise do transporte coletivo tradicional, as mudanças causadas pela nova era da economia compartilhada não tardaram a chegar ao setor da mobilidade urbana. Práticas do novo paradigma da mobilidade já podem ser encontradas em diversas cidades pelo mundo e englobam medidas como o compartilhamento de bicicletas, patinetes e carros.[7]

Segundo pesquisas encomendadas por empresas que atuam no setor, quase 40% das viagens de carro nas cidades são de menos de 5 km e, portanto, potencialmente substituíveis por uma forma alternativa de transporte.

O presente trabalho tratará dos três modais alternativos, bicicletas, patinetes e carros elétricos, com enfoque neste último, tendo em vista justamente a sua maior complexidade e menor popularidade no Brasil.

3.1 Bicicletas[8]

A ascensão do sistema de compartilhamento de bicicletas mostrou o potencial de empresas que investem em mobilidade limpa, prática e alternativa. Tendo sido pioneiras nesse ramo, o compartilhamento de bicicletas já é uma realidade no mundo e está implementado em diversas cidades brasileiras.

O site *Bike Share Map*[9] lista diversos programas de compartilhamento de bicicletas, com um mapa interativo mostrando em tempo real como está o fluxo em mais de 390 cidades.

---

mecanismos que permitam a constante adaptação do direito aos novos tempos. A ordem jurídica necessita contemplar soluções para colocar um sistema normativo tendencialmente estático em conexão com as inovações existentes. Esse processo de adequação não pode comprometer a função intrínseca da ordem jurídica formal" (Serviços de interesse econômico geral no Brasil: os invasores. *In*: WALD, Arnoldo; JUSTEN FILHO, Marçal; PEREIRA, Cesar Augusto Guimarães (Coord.). *O Direito Administrativo na Atualidade*. Estudos em homenagem ao centenário de Hely Lopes Meireles. São Paulo: Malheiros, 2017. p. 788).

[7] Outro exemplo são os sistemas de restrição de acesso aos centros urbanos, vinculando-os aos pedágios de circulação já implantados em cidades como Londres e Bogotá.

[8] Para um estudo detalhado a respeito da implantação de sistemas de bicicleta compartilhada, confira-se o Guia de Planejamento do Sistema de Bicicletas Compartilhadas, elaborado pelo Instituto de Política de Transporte e Desenvolvimento (ITDP). Disponível em: https://www.itdp.org/wp-content/uploads/2013/12/ITDP-Brasil_Guia-de-Planejamento-de-Sistemas-de-Bicicletas-Compartilhadas.pdf. Acesso em: 11 mar. 2019.

[9] Disponível em: http://bikes.oobrien.com/#zoom=3&lon=-60&lat=25. Acesso em: 26 jan. 2019.

Em São Paulo e no Rio de Janeiro, o sistema foi inicialmente explorado por meio de bicicletas que ficavam estacionadas em estações (*docks*). Considerando os custos de implantação, esse modelo foi (e em alguns casos ainda é) explorado por meio de parcerias público-privadas envolvendo a Prefeitura, a empresa que cuidava efetivamente da operação e algum patrocinador (geralmente grandes bancos).

Após a regulamentação do modal[10] e sua inclusão no Plano Diretor de diversas cidades, a exploração por meio de sistemas *dock-free*[11] foi viabilizada, reduzindo-se expressivamente os custos de implantação. Isso permitiu que diversas empresas passassem a explorá-lo, aumentando a quantidade de bicicletas, a eficiência e a competitividade da operação.

3.2 Patinetes elétricos

Ainda não regulamentado pelo CONTRAN,[12] este modal, mais recente se comparado às bicicletas, ainda é novidade em várias cidades brasileiras, mas já tem sido considerado pelos usuários mais fácil e eficiente do que aquele.

De acordo com reportagem da Época Negócios, duas *startups* do Vale do Silício (Lime e Bird) foram as pioneiras no cenário internacional e hoje estão avaliadas em US$ 1,1 bilhão (R$ 4,26 bilhões) e US$ 2 bilhões (R$ 7,75 bilhões), respectivamente[13] – o que mostra o potencial do setor.

No Brasil, a Yellow foi a pioneira e opera em cidades como Belo Horizonte, Brasília, Campinas, Curitiba, Florianópolis, Porto Alegra,

---

[10] Em São Paulo ela se deu pelo Decreto Municipal nº 57.889, de 21 de setembro de 2017.

[11] Nesse modelo, não há um local específico para pegar ou deixar a bicicleta. Através de um sistema de GPS e de fotos tiradas pelos usuários no momento em que encerram a corrida, as bicicletas podem ser facilmente encontradas pelo aplicativo (que também serve para desbloqueá-la). Essa tecnologia já é usada nos mais modernos sistemas de compartilhamento de bicicletas e é apontada entre as vantagens que levaram esse tipo de serviço a um *boom* na China.

[12] A Resolução nº 465, de 27 de novembro de 2013, do CONTRAN trata das bicicletas elétricas, equiparando-as às bicicletas comuns desde que atendidas certas especificações. Desse modo, ainda será necessário verificar uma regulamentação específica aos patinetes elétricos para se estabelecer, em função de suas características (peso, velocidade e a potência da bateria), se eles podem circular em ciclofaixas e ciclovias. Neste meio tempo, as companhias de engenharia de tráfego das cidades não têm considerado o patinete elétrico um veículo regulamentado (assim como ocorre com os skates), de modo que por ora monitora-se apenas sua circulação, com a fiscalização da postura do condutor (caso ele não cruze a via na faixa de segurança, por exemplo).

[13] Disponível em: https://epocanegocios.globo.com/Brasil/noticia/2018/12/patinetes-eletricos-revolucao-no-transporte-ou-novo-pesadelo-urbano.html. Acesso em: 14 jan. 2019.

Recife, Rio de Janeiro, São José dos Campos, São Paulo e Vitória. Porém, com a expansão do mercado, em diversas cidades já há concorrência e tudo leva a crer que novos entrantes surgirão em breve.

4 *Carsharing*: uma aposta em meio a incertezas

Considerando que este é o foco do presente trabalho, far-se-á um breve histórico a respeito da operação de compartilhamento de carros comuns, para depois tratar mais em detalhes do *carsharing* envolvendo carros elétricos.

4.1 Breve histórico

A primeira iniciativa de compartilhamento de carros comuns (*carsharing*) foi implantada em Zurique, em 1948, por uma cooperativa. No Brasil, a Zazcar[14] foi a primeira plataforma a oferecer o serviço, na cidade de São Paulo, a partir de 2010. Hoje, conta com uma frota própria de mais de 130 automóveis comuns, que ficam localizados em estacionamentos privados espalhados pela cidade.

Assim como nas plataformas mais recentes, a cobrança também é por tempo e os preços variam conforme o pacote contratado. No modelo "livre", por exemplo, a cobrança mínima é de R$ 20,00.

Outro modelo de operação é oferecido pela empresa Moobie. Neste caso, a locação acontece entre os usuários, por meio do aplicativo (no mesmo modelo do *AirBnb*). A Moobie gerencia os pagamentos e faz uma curadoria para garantir a segurança dos usuários. Neste caso, a ideia é aproveitar uma frota existente, mas subutilizada.

4.2 Modelos de operação

As locações de carros geralmente são cobradas por tempo e com um limite de quilometragem. Conforme bem esquematizou Lidyane Barros, em sua dissertação apresentada na Escola Politécnica da USP em dezembro de 2017, há diversos modelos de operação que podem ser divididos quanto aos locais de retirada e devolução dos veículos:

---

[14] O sistema funciona até hoje e recentemente passou a oferecer o serviço de aluguel para motoristas de Uber. Mais informações disponíveis em: https://www.zazcar.com.br/uber#top. Acesso em: 22 jan. 2019.

1. *Round-trip*: tradicional, faz-se a reserva com antecedência, retira-se e devolve-se o veículo no mesmo lugar. É o que mais se assemelha à locação tradicional. Ex.: Zazcar (Brasil).
2. *Point to point station-based*: mais flexível, retira-se e devolve-se o veículo em estações espalhadas pela cidade. Ex.: Autolib (França) e VAMO (Brasil – Fortaleza).
3. *Free floating*: retira-se e devolve-se o veículo em locais onde é permitido estacionar, na rua. Ex.: Car2Go; DriveNow (Europa e EUA) e Urbano (Brasil – São Paulo).

4.3 Pioneirismo estrangeiro

O sistema *Autolib*, implantado em Paris, em 2011, funciona até hoje como referencial para o mundo, por ter sido o primeiro de grande escala, organizado no sistema *point to point station-based*. Com uma operação inicial de 250 carros e estações disponíveis para o público em geral, o programa de *carsharing* elétrico foi operado pelo grupo Bolloré, por meio de uma parceria público-privada com a Prefeitura de Paris.

O sistema, que funcionava em 45 cidades da região metropolitana de Paris, com mais de 2.000 carros, encerrou sua operação em junho de 2018 (quase cinco anos antes do termo final do contrato).[15] De acordo com a Bolloré, a operação, que era financiada pela própria tarifa cobrada dos usuários, mostrou-se insustentável financeiramente.[16]

Segundo a empresa, apesar dos cerca de 100 mil usuários inscritos, houve um prejuízo acumulado de mais de 200 milhões de euros ao longo do contrato. A soma foi cobrada da Prefeitura, que recusou qualquer pagamento. Pouco tempo depois, o contrato foi oficialmente encerrado. Tem-se notícia que a Bolloré acionou a Prefeitura de Paris perante os tribunais administrativos da capital, mas a questão ainda está longe de ser solucionada.

Em outros países, a Car2Go, da Mercedez-Benz,[17] é responsável pela maior operação em escala global. Tendo iniciado sua operação em 2009, na Alemanha, o sistema opera via *free floating*, o que o diferencia

---

[15] Disponível em: http://www.leparisien.fr/info-paris-ile-de-france-oise/transports/autolib-paris-et-sa-banlieue-resilient-leur-contrat-avec-bollore-21-06-2018-7786122.php. Acesso em: 12 mar. 2019.

[16] Foi utilizado o modelo *Délégation de Service Public* – DSP.

[17] Outras montadoras também operam no setor: BMW através do ReachNow, a GM pelo Maven e a Audi pelo Audi-on-Demand.

enormemente da estrutura parisiense. Hoje em dia, a empresa opera em mais de 25 cidades em países da Europa e também na China e nos Estados Unidos, com uma frota superior a 14 mil carros.

4.4 Experiências nacionais

4.4.1 Iniciativas em menor escala

Em Recife, a iniciativa está sendo desenvolvida sob o nome de "Carro Leve", um projeto piloto no âmbito do Porto Leve (projeto de sustentabilidade que se situa dentro do Parque Tecnológico Porto Digital).[18] Com cinco estações e mensalidades no valor de R$ 30,00, a ideia é testar a operação antes de implantá-la em escala comercial.

Dentre as empresas privadas que operam projetos menores, o cenário está em constante mudança. A Urbano entrou em operação no início de 2019 na cidade de São Paulo. Ofertando carros elétricos (BMW i3) e convencionais (*Smart ForTwo*) em sistema *free floating*,[19] a cobrança é feita por tempo de utilização. Nos primeiros meses de operação, mais de mil usuários já se cadastraram, o que confirma o interesse e o potencial de expansão do negócio.

4.4.2 Iniciativas em maior escala com envolvimento direto do Poder Público

O projeto pioneiro (que também é o único em formato *point to point station-based*) foi implantado em Fortaleza. Além dessa experiência exitosa, serão objeto de breve análise os projetos desenvolvidos nas cidades do Rio de Janeiro e Curitiba.[20] Em ambas, o projeto de *carsharing* elétrico de escala não chegou a ser implantado – mas é justamente do fracasso dessas iniciativas que se pretende retirar alguns ensinamentos.

---

[18] Mais informações estão disponíveis em: http://ww2.mobilicidade.com.br/portoleve/carroleve/home.aspx. Acesso em: 12 mar. 2019.

[19] Os veículos da Urbano ficam estacionados nas ruas em áreas predeterminadas (chamadas de *home zones*) de aproximadamente 1 km2. Dentro dessas áreas, o usuário inicia e finaliza suas corridas, reservando e desbloqueando o veículo pelo aplicativo.

[20] Ainda em cidades como Porto Alegre, São Paulo, Brasília, Belo Horizonte e Recife há estudos em andamento, mas o governo não assumiu um papel de protagonista no desenvolvimento dos projetos.

4.4.2.1 Fortaleza

No Brasil, o sistema VAMO[21] – Veículos Alternativos para Mobilidade – foi o primeiro a ser implementado, na cidade de Fortaleza (CE). Alocado dentro das diretrizes do Plano de Ações Imediatas em Transporte e Trânsito (PAITT) e do departamento da Secretaria de Conservação e Serviços Públicos (SCSP), o programa teve início em 2014 e busca promover a redução na emissão de poluentes dentro da matriz de transportes.

Com vinte carros e mais de dez pontos de retirada e devolução espalhados pela cidade, a interação com os usuários é feita via aplicativo. As estações e os veículos estão mapeados em tempo real, e é possível fazer uma reserva prévia por até 15 minutos.[22]

A idealização do sistema, assim como sua regulação e o seu planejamento técnico, ocorreu (e ocorrem até hoje) por parte da Prefeitura de Fortaleza, através de uma parceria público-privada tripartite, envolvendo a Serttel, empresa aprovada no chamamento público que cuida da operação do sistema (em tarefas como a manutenção dos veículos, gerenciamento dos usuários), e um patrocinador (empresa do ramo de planos de saúde).

A estruturação do programa foi feita de tal modo que o investimento inicial, manutenção etc., não envolvam quaisquer custos por parte do Poder Público.

Importante destacar ainda uma diferença relevante entre os modelos parisiense e fortalezense: enquanto o sistema do *Autolib* era financiado pela própria tarifa cobrada, em Fortaleza[23] esta ainda não é suficiente para sustentar o sistema, que conta com aportes do operador e do patrocinador.

4.4.2.2 Curitiba

O projeto piloto começou em 2013, por uma parceria entre a Itaipu Binacional, a Renault-Nissan, a URBS e o Instituto de Pesquisa Planejamento Urbano (IPCC) de Curitiba e o *Center of Engineering and*

---

[21] Disponível em: http://www.vamofortaleza.com/. Acesso em: 14 jan. 2019.

[22] Além disso, outra vantagem para os usuários é que os carros elétricos compartilhados podem estacionar nas vagas de Zona Azul gratuitamente.

[23] Paga-se R$ 15,00 pelo passe mensal, valor este que é convertido em tempo de uso. O tempo adicional é cobrado por frações: para até trinta minutos, R$ 15,00, até uma hora R$ 20,00, até duas horas R$ 30,00, etc.

Product Development. O objetivo inicial era implantar o sistema como frota alternativa para a própria Prefeitura de Curitiba, reduzindo custos e servindo de modelo alternativo para incentivo e conscientização da população. Na segunda fase do projeto, o objetivo era disponibilizar 600 carros para a população. Para isso, em dezembro de 2015 foi lançado um PMI com o fim de captar interessados.[24]

Com dois estudos apresentados, a Prefeitura elegeu ambos para basear a implantação do sistema de *carsharing* elétrico em Curitiba. Ocorre que, na etapa de elaboração do edital, não se chegou a nenhuma conclusão sobre o modelo ideal (concessão ou parceria público-privada). Pelo que, com o fim da gestão municipal que estava à frente da iniciativa, em dezembro de 2016, o projeto foi paralisado e os carros devolvidos a Itaipu e à Renault-Nissan.

4.4.2.3 Rio de Janeiro

Fracassada a ideia inicial de firmar uma parceria direta com a Bolloré, empresa responsável pelo *Autolib*, a Prefeitura do Rio de Janeiro lançou um PMI com o objetivo de receber todos os estudos necessários para implantar uma parceria público-privada.

Foram recebidas cinco propostas e em fevereiro de 2015 um consórcio gerido pela empresa Radar PPP foi selecionado. A estruturação do projeto prosseguiu, contando inclusive com uma audiência pública. Em abril de 2016 o PMI se encerrou com a entrega dos documentos e a publicação do edital.[25]

No entanto, em junho de 2016, o Tribunal de Contas do Município do Rio de Janeiro interviu[26] e apenas após o cumprimento das recomendações feitas pela Corte é que o edital foi republicado e o certame teve início. No entanto, o novo chamamento restou frustrado, não tendo aparecido nenhum interessado.

4.4.2.4 Breve análise comparativa

Uma diferença básica entre os projetos de cada cidade está na dimensão da operação. Em Curitiba, previa-se 600 carros. No Rio de

---

[24] Edital de chamamento disponível em: http://multimidia.curitiba.pr.gov.br/2015/00175254. pdf. Acesso em: 14 mar. 2019.

[25] Edital de Concorrência nº 05/2016.

[26] Procedimento administrativo nº 024/000004/2016.

Janeiro, estipulou-se uma operação com 100 carros, 50 estações de recarga e a disponibilização de 200 vagas exclusivas ao sistema. Já em Fortaleza, os números iniciais eram significativamente menores: 15 carros, 10 estações de recarga com média de 4 vagas de estacionamento exclusivas em cada.

Em termos de mecanismos utilizados para implantação do programa, é interessante notar que em Fortaleza o PMI não foi adotado. Em seu lugar, foi lançado um edital de chamamento público para conhecer e avaliar os interessados em firmar um Termo de Autorização para a implantação, operação e manutenção do sistema. Nota-se também que aquele edital não previu nenhuma outorga.

Já em Curitiba e no Rio de Janeiro houve PMI. No caso do procedimento fluminense, chegou-se a um modelo de PPP com previsão de pagamento de outorga ao Município (além do valor de ressarcimento dos estudos estipulados do PMI, que também seriam pagos pelo concessionário que vencesse a concorrência).[27] Em Curitiba, por mais que o PMI tenha resultado em dois estudos, houve impasse na hora de se definir o modelo da licitação principal.

No que diz respeito à sustentabilidade financeira do sistema, ambos os editais previam patrocínios privados e o uso de exploração publicitária nos carros elétricos e nas estações, como complemento aos proventos que viriam da cobrança de taxas de adesão e da tarifa paga pelo usuário.

Quanto ao tempo de concessão ou autorização para operação e implantação, no edital de Fortaleza a vigência do contrato era de 12 meses e no do Rio de Janeiro, de 5 anos – ambos prorrogáveis.

Como se pode perceber, há diversas diferenças entre os projetos. E todas elas parecem se relacionar com a função que o projeto assumiu em cada cidade. Como bem explicou Lidyane Barros em sua dissertação:

> O modelo de operação que tenta suprir as demandas dos usuários e as lacunas do sistema de transporte e trânsito da cidade no curto prazo é uma abordagem que visualiza a iniciativa como uma solução do problema de mobilidade urbana. Dentro desta perspectiva, faz sentido ter grandes dimensionamentos da operação e um projeto que demande habilidades na articulação de vários *stakeholders*, altos investimentos e cronograma dilatado, o que aconteceu em Curitiba e Rio de Janeiro, onde o serviço foi definido por meio de pesquisas de origem e destino (p. 111).

---

[27] Tal fato isolado pode ser um dos principais motivos para a frustração do certame de 2017.

Já os gestores do VAMO acreditam que o *carsharing* não é capaz de solucionar o problema da mobilidade urbana em curto prazo. Assim, a implantação do serviço está muito mais ligada à ideia de que o projeto serve como referência para estimular novos comportamentos no uso do carro e para induzir a cultura do compartilhamento.

Em suma, a breve análise destes casos não nos permite afirmar os motivos que levaram ao insucesso dos projetos de Curitiba e Rio de Janeiro. No entanto, pode-se imaginar que fatores como o nível de rigor das exigências contratuais (frota mínima, tempo de operação etc.), atrelados ao risco financeiro (outorga ao Município somada ao ressarcimento dos estudos desenvolvidos no PMI), acabaram sendo sérios limitadores, aumentando o temor dos possíveis interessados na operação.

4.5 Vantagens

As vantagens[28] do *carsharing*, em uma esfera individual, dizem respeito à redução de custos e à ampliação de mobilidade e conveniência. Além disso a transparência dos custos (o preço cobrado já inclui tudo) e a relação custo-benefício (deixa-se de gastar com seguro, reparos, combustível e evita-se a perda da depreciação) são benefícios evidentes desta opção face ao carro particular.

Assim, o *carsharing* funciona enquanto modal complementar, preenchendo uma lacuna, a depender da necessidade por flexibilidade e da distância percorrida. A figura ilustra essa situação:[29]

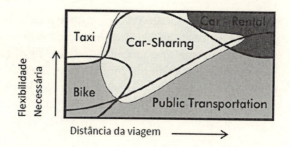

---

[28] Tais vantagens dependem do tamanho da operação que será implantada e do nível de adesão obtido. No entanto, ao menos no que concerne às vantagens individuais (relacionadas à facilidade no transporte e ao custo benefício do modal quando comparado ao carro individual), é possível dizer que elas são bem consistentes.

[29] BARROS, Lidyane Stephane da Silva. Compartilhamento de carros elétricos: análise de incertezas em iniciativas públicas de mobilidade urbana. p. 52.

Fonte: Millard-Ball et al. (2005)

Na esfera local (municipal), o principal benefício é a diminuição na frota de veículos rodando nas vias, o que ajuda a reduzir o fluxo de trânsito. Um carro compartilhado retira, em média, de nove a 13 automóveis das ruas, segundo o relatório *Shared Mobility and the Transformation of Public Transit*.[30]

O mesmo estudo comprovou ainda a ideia segundo a qual o compartilhamento de modais alternativos tem servido como substituto dos carros privados, complementando o transporte público tradicional.

Segundo a pesquisa realizada, os serviços ofertados pelos aplicativos são usados com mais frequência para viagens nos horários em que o transporte público é pouco frequente ou não está disponível. Quando questionados, os usuários explicaram que no seu dia a dia, por motivos diversos, os modais compartilhados substituem mais as viagens individuais com automóveis particulares do que os trajetos feitos por meio de transporte público.

Além disso, o estudo observou que, desde que o compartilhamento de modais alternativos foi facilitado, muitas pessoas postergaram ou até mesmo desistiram da ideia de comprar um carro próprio. Ainda, a utilização do transporte coletivo somada aos modais alternativos fez com que as famílias gastassem menos com transporte.[31]

De mais a mais, em uma escala global, e considerando-se principalmente os carros elétricos, é necessário destacar a vantagem da redução das emissões poluentes, com impacto ambiental direto – além da economia gerada pelo desenvolvimento de centros urbanos mais eficientes.[32]

Por fim, apesar de utópica no cenário nacional atual, não se pode deixar de considerar a possibilidade de integração entre o transporte coletivo comum (trem, metrô e ônibus) e os modais alternativos. O que se convencionou chamar de intermobilidade, já é realidade em países estrangeiros. Na cidade de Bordeaux, por exemplo, as estações de bicicleta estão estrategicamente localizadas próximas às estações de

---

[30] Shared Mobility and the Transformation of Public Transit Disponível em: https://www.apta.com/resources/reportsandpublications/Documents/APTA-Shared-Mobility.pdf. Acesso em: 01 mar. 2019.

[31] *Shared Mobility and the Transformation of Public Transit*. Disponível em: https://www.apta.com/resources/reportsandpublications/Documents/APTA-Shared-Mobility.pdf. Acesso em: 11 mar. 2019.

[32] O detalhamento desta análise, com uma comparação entre as vantagens mais sólidas e mais "especulativas" (pois de difícil demonstração), pode ser conferido na dissertação de Lidyane Barros (p. 49).

trem e ônibus. Dessa forma, é possível completar o trajeto do transporte coletivo com elas. Além disso, a possibilidade de se obter passes mensais (tanto para o transporte coletivo comum como para as bicicletas, por exemplo) torna a opção extremamente vantajosa (financeiramente) ao usuário.

Assim, após a implantação destes modais alternativos, o objetivo será alcançar a integração entre eles. Deste modo, certamente haverá redução efetiva de carros particulares, tornando realidade o propósito maior de reorganizar a mobilidade urbana nos grandes centros.

4.6 Desafios

Se por um lado as vantagens são inegáveis, de outro, o simples fato de que o projeto de *carsharing* depende do fator político já é em si um desafio.

Ao mesmo tempo em que o desinteresse político não permite que o projeto sequer inicie, é justamente a vontade política de promovê-lo que estimulará sua adoção, por meio, por exemplo, do aumento de tributos relacionados à propriedade do veículo particular (IPVA, impostos sobre combustíveis) ou de incentivos que facilitem o serviço de compartilhamento (autorização para instalação de estações em locais e/ou reserva de vagas de fácil acesso, restrição à circulação de carros particulares em locais centrais etc.).

Além disso, o incentivo governamental é relevante quando se tem em mente o nível de investimento e a estrutura necessária para preparar os centros urbanos e o mercado energético para a viabilização de *carsharing* em larga escala.

Em paralelo destaca-se a necessidade de desenvolvimento tecnológico para a implementação de plataformas de *carsharing* – tanto mais relevante quando se fala em veículos elétricos, que dependem de medição de baterias que não podem ser recarregadas em qualquer lugar, tendo em vista infraestrutura existente.

Para melhor compreender a pluralidade de desafios relacionada a um projeto de *carsharing* estão a seguir elencados os principais pontos destacados por Lidyane Barros, após entrevistas com gestores públicos e *stakeholders* privados envolvidos na implantação desses sistemas nas cidades brasileiras:

- Definição dos elementos-chave da operação (número de carros e de vagas, localização das estações, limite territorial de abrangência do sistema etc.).

- Desenvolvimento de um sistema computacional que seja capaz de operar on-line a conexão entre os veículos, as estações e os aplicativos dos celulares.
- Contratação ou desenvolvimento dos serviços de suporte à operação (manutenção, limpeza, fornecimento energético para as recargas, rastreamento etc.). Problema adicional pelo fato de se tratar de carros importados.
- Questões relacionadas à segurança dos veículos (roubos, acidentes e avarias) e dos usuários. Some-se a isso a dificuldade de encontrar seguros para carros elétricos compartilhados no mercado brasileiro.[33]
- Controvérsias entre os *stakeholders* públicos e privados. Interesses conflitantes podem fazer com que as propostas acabem sendo inconciliáveis – um exemplo foi a discordância da Secretaria de Transportes do Rio de Janeiro, que negou a possibilidade de os carros elétricos transitarem nas vias exclusivas para ônibus, uma vez que isso prejudicaria as metas de velocidade média dos ônibus públicos nos corredores.
- Indefinição sobre o nível de aceitação e adesão dos usuários. Isso dificulta o cálculo da taxa de ocupação e consequentemente a precificação do serviço.
- Longo tempo necessário para o desenvolvimento e implantação do projeto aumenta o risco de descontinuidade (foi o que aconteceu em Curitiba). Ou seja, com fortes disparidades de interesse e opiniões político-partidárias, é comum que um novo prefeito reestabeleça diretrizes e mude o encaminhamento de projetos não concluídos.
- Incerteza a respeito da sustentabilidade financeira do projeto uma vez que há um alto custo de implantação.[34]

---

[33] A título de curiosidade, durante a PMI da cidade do Rio de Janeiro, diversas seguradoras foram consultadas e apenas uma se dispôs a apresentar um produto compatível.

[34] Como bem explicou a autora: "Nos casos estudados, as fases iniciais, em que há trâmites internos nas prefeituras, são marcadas por estratégias de convencimento e persuasão para conseguir colocar o projeto dentro do portfólio das cidades. Os altos custos necessários para a operação dão ao projeto uma percepção de inviável e, consequentemente, torna mais difícil o aporte público. A aparência de inviabilidade se explica, dentre outros elementos, pelo fato de demanda, o número de usuários e a taxa de ocupação do sistema serem pouco previsíveis e, por conseguinte, sua viabilidade econômica fica pouco mensurável. [...] esse é um dos principais desafios do sistema – encontrar um modelo que se autossustente e viabilize os negócios. Para isso, na ausência de subsídios do governo, como acontece no Brasil, tem se recorrido a esquemas de patrocínio para complementar os recursos obtidos a partir da cobrança de tarifa do usuário, já que a receita obtida não é insuficiente para manter a operação" (p. 92-93).

Todos esses pontos são relevantes e de difícil solução. Não sendo fácil eliminá-los, passa-se a tratar de um mecanismo presente no ordenamento brasileiro e que permite a facilitação do diálogo entre os *stakeholders* e o desenvolvimento de estratégias para driblar, e possivelmente solucionar, os problemas apontados.

5 O Procedimento de Manifestação de Interesse (PMI) como instrumento para reduzir as incertezas

Tendo em vista os desafios inerentes à operação do *carsharing* elétrico, é desnecessário dizer que a opção por desenvolver estudos antes de implantar o sistema é uma escolha lógica.

Assim, é preciso levantar informações para preencher lacunas de conhecimento dos gestores públicos, de modo a viabilizar a estruturação de um projeto realista e coerente. É justamente aqui que a utilização de um mecanismo disponível no ordenamento pátrio pode colaborar com a redução das incertezas inerentes a um projeto de *carsharing* em grande escala.[35]

5.1 Breves noções acerca do PMI

O Procedimento de Manifestação de Interesse é um instrumento por meio do qual os particulares submetem à Administração Pública estudos com potencial interesse público, anteriormente à etapa licitatória. Trata-se de mecanismo útil tanto para os casos relacionados a mercados restritos, com poucos competidores, como para aqueles onde o Estado não detém recursos (financeiros e intelectuais) necessários para conceber por si só e isoladamente os empreendimentos que serão contratados.

Na esfera federal, o Decreto nº 8.428/2015 detalha o procedimento a ser adotado. As regras específicas serão definidas caso a caso, no edital de chamamento. No entanto, é importante que estas não sejam muito rigorosas de modo a não burocratizar excessivamente o PMI, transformando-o em uma licitação que serve para preparar outra licitação. Por outro lado, a definição de regras específicas é necessária

---

[35] Para os projetos de menor escala, como o Urbano já em operação em São Paulo, por exemplo, o PMI não se mostra uma ferramenta tão útil. Sua vantajosidade aumenta quanto maior for a operação pretendida.

e vantajosa, pois confere transparência e segurança aos atos que serão praticados.[36]

As etapas do procedimento são as seguintes:

1. Abertura por meio de publicação de edital de chamamento público. A entidade responsável estabelece o conteúdo das contribuições que serão prestadas e publica-se a solicitação por meio de edital;[37]

2. Cadastramento por parte dos interessados e autorização por parte da Administração para que os particulares apresentem seus projetos. Importante destacar que a autorização tem caráter precário, sem assunção de risco por parte do ente público (do mesmo modo, é facultado ao particular desistir – art. 7º do Decreto nº 8.428/2015). Diferentemente do que ocorre em outros países,[38] aqui a autorização não confere vantagem alguma ao particular encarregado do projeto, no futuro (e eventual) processo licitatório. Findo o PMI, a Administração também não está obrigada a instaurar a licitação.

3. Entrega das contribuições por parte dos particulares e avaliação, seleção e eventual aprovação das contribuições por parte da entidade responsável. Os critérios de avaliação serão aqueles fixados no edital, observando-se o que dispõe o art. 10 do Decreto nº 8.428/2015.

5.2 Vantagens

As vantagens da adoção do PMI são diversas. Economiza-se tempo e recursos, desonerando-se o erário com o desenvolvimento de

---

[36] REISDORFER, Guilherme F. Dias. Soluções contratuais público-privadas: os procedimentos de manifestação de interesse (PMI) e as propostas não solicitadas (PNS). *In*: JUSTEN FILHO, Marçal; SCHWIND, Rafael Wallbach (Coord.). *Parcerias público-privadas*: reflexões sobre os 10 anos da Lei 11.079/2004. São Paulo: Revista dos Tribunais, 2015. p. 191 e ss.

[37] Há também as Propostas Não Solicitadas (PNS), que consistem em uma forma de PMI espontâneo, em que o particular detalha melhor o empreendimento, investimentos e prazos necessários para implementação e demonstra a sua relevância antes de haver manifestação da Administração. Se a PNS é aprovada, passa-se ao chamamento público, de iniciativa do ente estatal, similar à etapa inicial da PMI, para que outros sujeitos interessados apresentem suas contribuições e uma delas seja escolhida para subsidiar a futura licitação (p. 193-194).

[38] Por brevidade, destaca-se aqui o sistema do *Swiss Challenge*. Aplicado em países como Filipinas, Bangladesh e Índia, esta modalidade garante o direito de preferência na licitação – ou seja, o particular que apresentou o melhor projeto pode cobrir a proposta do licitante classificado em primeiro lugar (GROTTI; SAADI, p. 173).

projeto de interesse público bancados e conduzidos por particulares. Além disso, é muito provável que, ao final do procedimento, os instrumentos elaborados sejam mais confiáveis, uma vez que foram resultado de uma análise prévia pelos *stakeholders* privados e de uma interação com o poder público.

Ao fim e ao cabo, a vantagem é estabelecer um mecanismo de interação entre os particulares e a Administração, deixando que projetos mais complexos e que demandam conhecimentos específicos sejam estruturados por aqueles, sob supervisão desta.

5.3 Inconvenientes

O principal inconveniente do PMI parece ser a dose de incerteza que ele carrega. Afinal, é inerente ao procedimento a desvinculação da Administração Pública – expressamente prevista em diversos dispositivos do Decreto nº 8.428/2015.[39] Assim, como é impossível ter certeza da realização do processo de licitação após a apresentação dos estudos pelo interessado autorizado, é compreensível que os empresários tenham certa desconfiança.[40]

Além disso, a margem de liberdade dos administradores para estabelecer as regras e critérios de avaliação do PMI funciona tanto como uma vantagem como também como um inconveniente. Burocratizar em excesso o procedimento, ou torná-lo demasiadamente complexo, certamente pode acabar afastando os possíveis interessados.

Por fim, há ainda o risco de desvios éticos.

Para evitar tais inconvenientes é preciso que o Estado tome todas as cautelas necessárias, dispondo claramente as regras do jogo – que não devem ser nem excessivas nem muito restritivas, para que os particulares sintam-se seguros e interessados em contribuir.

A seriedade e o engajamento do ente público na forma como conduz o PMI servirão como régua de confiança ao particular no que diz respeito à futura licitação.[41]

---

[39] Notadamente os arts. 7º, II, "a"; 11 e 12, II.

[40] No entanto, como bem apontaram Dinorá Grotti e Mario Saadi, após uma análise empírica de vários PMIs: "ainda que haja um grau de incerteza inerente ao resultado do procedimento de manifestação de interesse e a assunção de relativo risco [...] a iniciativa privada tem nele se engajado". (O Procedimento de Manifestação de Interesse... *In*: JUSTEN FILHO, Marçal; SCHWIND, Rafael Wallbach (Coord.). *Parcerias público-privadas*: reflexões sobre os 10 anos da Lei 11.079/2004. São Paulo: Revista dos Tribunais, 2015. p. 168).

[41] REISDORFER, p. 203-204.

6 Conclusão

Vulnerabilidades são inerentes e inevitáveis em projetos inovadores. No entanto, a ideia do presente trabalho foi fornecer alguns elementos para permitir a reflexão a respeito do *carsharing*, enquanto modal alternativo apto a colaborar na reorganização da mobilidade urbana dos grandes centros.

É claro que nem o *carsharing*, nem as bicicletas e os patinetes elétricos são a solução definitiva para os problemas de mobilidade. Qualquer melhoria efetiva passará pelo uso integrado destes modais com os meios de transporte tradicional. É necessário, portanto, o envolvimento do Poder Público, que não pode mais ser omisso e precisa tomar atitudes concretas para repensar a mobilidade urbana. Os modelos tradicionais não foram projetados para a nossa realidade e precisam ser ajustados.

A missão é árdua. É necessário investimento de recursos financeiros e intelectuais e a conciliação de interesses públicos e privados. No entanto, dentre os erros e acertos verificados no breve estudo dos casos apresentados é possível perceber que há sim gestores públicos e empreendedores privados dispostos a buscar soluções.

Justamente neste intuito é que o PMI aparece como um mecanismo adequado. É certo de que se trata de um instrumento para buscar soluções, e não de uma solução em si, mas o PMI, nos moldes previstos no ordenamento, parece ser uma ferramenta útil para o desenvolvimento e implantação de projetos de *carsharing* em maior escala.

Através da criação de consórcios com expertises complementares, a interação entre os setores público e privado pode realmente funcionar. Para isso, tanto a estruturação do PMI precisa ser bem-feita, como também, ao elaborar os estudos e avaliá-los, as partes privadas e o Poder Público devem ter em mente de que se trata de uma operação pioneira. Assim, instrumentos contratuais flexíveis[42] e uma implantação gradual da operação são desejáveis, pois permitirão ajustes no dimensionamento ideal do projeto, diminuindo os riscos e incertezas apontados anteriormente.

---

[42] Por exemplo, com relação à sustentabilidade financeira do projeto, um certo grau de flexibilidade é desejável pois apenas com a efetiva implantação do sistema será possível acompanhar a demanda, de modo que a possibilidade de revisão sazonal da política tarifária de modo a reduzir o risco dos *stakeholders*.

Referências

BARROS, Lidyane Stephane da Silva. Compartilhamento de carros elétricos: análise de incertezas em iniciativas públicas de mobilidade urbana. Dissertação (Mestrado em Engenharia de Produção). Escola Politécnica, Universidade de São Paulo, 2017.

GROTTI, Dinorá Adelaide Musetti; SAADI, Mário. O Procedimento de Manifestação de Interesse. *In*: JUSTEN FILHO, Marçal; SCHWIND, Rafael Wallbach (Coord.). *Parcerias público-privadas*: reflexões sobre os 10 anos da Lei 11.079/2004. São Paulo: Revista dos Tribunais, 2015.

JUSTEN FILHO, Marçal. Serviços de interesse econômico geral no Brasil: os invasores. *In*: WALD, Arnoldo; JUSTEN FILHO, Marçal; PEREIRA, Cesar Augusto Guimarães (Coord.). *O Direito Administrativo na Atualidade*. Estudos em homenagem ao centenário de Hely Lopes Meirelles. São Paulo: Malheiros, 2017.

MARQUES NETO, Floriano de Azevedo; FREITAS, Rafael Véras de. Uber, Whatsapp, Netflix: Os novos quadrantes da *publicatio* e da assimetria regulatória *In*: FREITAS, Rafael Véras de; RIBEIRO, Leonardo Coelho; FEIGLESON, Bruno (Coord.). *Regulação e novas Tecnologias*. 1ª Reimpressão. Belo Horizonte: Fórum, 2018.

REISDORFER, Guilherme F. Dias. Soluções contratuais público-privadas: os procedimentos de manifestação de interesse (PMI) e as propostas não solicitadas (PNS). *In*: JUSTEN FILHO, Marçal; SCHWIND, Rafael Wallbach (Coord.). *Parcerias público-privadas*: reflexões sobre os 10 anos da Lei 11.079/2004. São Paulo: Revista dos Tribunais, 2015.

RIBEIRO, Leonardo Coelho. A instrumentalidade do direito administrativo e a regulação das novas tecnologias disruptivas. *In*: FREITAS, Rafael Véras de; RIBEIRO, Leonardo Coelho; FEIGLESON, Bruno (Coord.). *Regulação e novas Tecnologias*. 1 Reimpressão. Belo Horizonte: Fórum, 2018.

Informação bibliográfica deste texto, conforme a NBR 6023:2018 da Associação Brasileira de Normas Técnicas (ABNT):

KUKIELA, Marina. Reflexões sobre os sistemas compartilhados de mobilidade urbana e a viabilidade do *carsharing*. *In*: JUSTEN FILHO, Marçal; SILVA, Marco Aurélio de Barcelos (Coord.). *Direito da Infraestrutura*: estudos de temas relevantes. Belo Horizonte: Fórum, 2019. p. 243-261. ISBN: 978-85-450-0672-5.

OS ACORDOS SUBSTITUTIVOS DE SANÇÃO NO ÂMBITO DOS PROJETOS DE INFRAESTRUTURA

MÔNICA BANDEIRA DE MELLO LEFÈVRE

1 Considerações iniciais

A execução de projetos de infraestrutura usualmente pressupõe que a Administração e os particulares estabeleçam relações jurídicas de longa duração, que envolvem a realização de investimentos de elevada monta e o cumprimento de obrigações de diversas ordens. É natural que, com o passar do tempo, surjam eventuais impasses relacionados à inobservância de obrigações contratuais, legais ou regulamentares – os quais, em última análise, podem vir a autorizar a imposição de sanções pelo agente estatal competente.

Ocorre que a dinamicidade das relações contemporâneas, cada vez mais complexas e permeadas pelo espírito de cooperação, por vezes exige que a atuação administrativa imperativa e unilateral seja reconfigurada em prol de soluções mais céleres e eficientes.

É precisamente dentro deste contexto que se inserem os acordos substitutivos de sanção. Por meio de tais ajustes, a Administração opta por transacionar com o particular para atingir as finalidades públicas pretendidas, substituindo o resultado da competência sancionatória que lhe cabe por um acordo de vontades, que consolida o conjunto de direitos e obrigações considerado satisfatório por ambas as partes diante do caso concreto.

As considerações que se seguem têm por finalidade situar estes acordos no ordenamento jurídico pátrio para, em seguida, tratar de alguns dos seus possíveis reflexos no que diz respeito a projetos de infraestrutura.

2 A consagração normativa da consensualidade

A possibilidade de celebração de acordos entre a Administração e os particulares está inserida num cenário mais amplo de reconfiguração das relações jurídicas, marcado pela gradativa valorização da consensualidade. Na medida em que a realização dos fins públicos passa a depender cada vez mais do estabelecimento de relações baseadas na cooperação, no consenso e na composição de interesses, verifica-se a consolidação de um ambiente que dá margem à adoção de formas concertadas de atuação.

2.1 A abertura à consensualidade

O estabelecimento de relações consensuais marca a gradativa evolução de um modelo de atuação centrado na autoridade e instrumentalizado por meio de atos unilaterais e imperativos para um modo de agir que prestigia o diálogo e a ponderação de interesses. Decorre, portanto, da relativização da imperatividade em prol de uma maior eficácia e eficiência da atuação administrativa.

Apesar de a caracterização da consensualidade variar significativamente de autor para autor, há certa convergência na doutrina quanto ao reconhecimento dos vetores que resultaram na sua ascensão. Destacam-se, dentre estes, a democracia substantiva (verificada a partir de uma maior participação da sociedade no processo de definição das políticas públicas e no próprio exercício das funções administrativas[1]), a contratualização (decorrente da crescente utilização, pela Administração, de arranjos contratuais mais flexíveis e consentâneos com a realidade atual[2]) e a própria consagração do princípio da eficiência (tido como sinônimo de boa administração[3] e como comando de otimização das decisões administrativas[4]).

O consenso é visto, ademais, como um mecanismo de governança pública.

---

[1] OLIVEIRA, Gustavo Justino de. Administração pública democrática e efetivação de direitos fundamentais. Fórum Administrativo – FA, v. 8, p. 7-20, 2008. p. 17 e ss.

[2] MARQUES NETO, Floriano de Azevedo. Do contrato administrativo à administração contratual. *Revista do Advogado*, v. 107, p. 74-81, dez. 2009. p. 79.

[3] FREITAS, Juarez. *Discricionariedade administrativa e o direito fundamental à boa administração pública*. São Paulo: Malheiros, 2007. p. 20 e ss.

[4] PALMA, Juliana Bonacorsi de. *Sanção e acordo na administração pública*. São Paulo: Malheiros, 2015. p. 119 e ss.

Partindo do pressuposto de que a governança pode ser entendida como um modelo de gestão que se destina a instrumentalizar e assegurar a eficiência da ação estatal,[5] a adoção de soluções negociadas em tese permite que o desenvolvimento das atividades administrativas supere algumas das disfuncionalidades que permeavam a típica atuação burocrática, impositiva e unilateral.

A complexidade da sociedade contemporânea e os diversos interesses que a compõem determinam a adoção de mecanismos mais democráticos, que propiciem o acordo entre os diferentes sujeitos envolvidos na ação administrativa (agentes públicos e cidadãos-administrados) sobre as bases que irão reger o seu relacionamento. Os particulares começam a participar mais ativamente do processo de formação da vontade estatal, de modo que o agir administrativo passa a considerar mecanismos que tomam por base a negociação e o acordo de vontades.

2.2 A gradativa evolução da consensualidade no ordenamento jurídico

Não parece adequado afirmar que a utilização de mecanismos que privilegiam o consenso consiste em fenômeno recente.[6] Contudo, é a partir da década de 1990 que se observa uma crescente preocupação com a eficiência da atuação administrativa e com o desenvolvimento de alternativas mais flexíveis, que possam atender aos anseios da sociedade de maneira mais eficaz.

---

[5] Para Jacques Chevallier: "A governança é sustentada por uma lógica diversa daquela que governa o direito: enquanto que este último se exprime no imperativo sob a forma de comandos obrigatórios provenientes de uma autoridade investida do poder de decisão e segundo regras fixadas para sua elaboração, a governança provém de uma *abordagem pluralista e interativa* da ação coletiva. Trata-se de obter, pela virtude da troca, compromissos aceitáveis, levando em consideração a complexidade dos problemas e a existência de poderes múltiplos. A governança implica, ao mesmo tempo, a ampliação do círculo dos atores associados aos procedimentos decisórios e a procura sistemática de soluções do tipo consensual (A Governança e o Direito. *Revista de Direito Público da Economia – RDPE*, ano 3, n. 12, p. 129-146, out./dez. 2005. p. 131).

[6] Note-se que o diploma normativo que disciplina o processo de desapropriação amigável (Decreto-Lei nº 3.365), por exemplo, foi promulgado em 1941. Portanto, num primeiro momento, a consensualidade afirmava-se a partir dos acordos celebrados no âmbito do decreto-lei referido e também dos termos de compromisso em matéria ambiental (previstos nas Leis nº 6.938/1981 e nº 6.902/1981), que autorizavam a redução da multa a ser imposta ao infrator nos casos em que este assumisse a obrigação de adotar medidas destinadas a cessar e corrigir a degradação identificada.

É possível observar a gradual abertura normativa à consensualidade sob a óptica do aumento quantitativo da previsão de mecanismos negociais, bem como do alargamento do rol de setores cuja disciplina jurídica passou a prever a atuação administrativa consensual – circunstância esta que projetou uma relevante pauta de alteração de leis administrativas, penais e processuais civis.[7]

A partir da edição do Código de Defesa do Consumidor (Lei nº 8.078/1990), a celebração de acordos passou a encontrar relevante amparo na Lei de Ação Civil Pública (Lei nº 7.347/1985), cujas disposições foram durante muito interpretadas como uma espécie de permissivo genérico para a celebração de acordos pela Administração. A previsão constante do §6º do artigo 5º consagrou a possibilidade de eventuais ajustes entre os agentes administrativos e os particulares virem a ser firmados extrajudicialmente, sem a necessidade de intervenção jurisdicional.[8]

A partir de então, diversos outros diplomas legais e regulamentares passaram a dispor sobre o cabimento da celebração de acordos.

Podem ser tomados como exemplo os termos de compromisso no setor antitruste e no mercado de valores mobiliários (Leis nº 8.884/1994 e nº 9.457/1997), os compromissos de cessação de conduta junto ao CADE (Lei nº 12.529/2011), os acordos de leniência previstos na Lei Anticorrupção (Lei nº 12.846/2013, regulamentada pelo Decreto nº 8.420/2015) e os acordos para a autocomposição de conflitos no âmbito da Administração Pública (Lei nº 13.140/2015).

As leis instituidoras das agências reguladoras independentes e a atividade de regulação setorial que lhes cabe também permitem verificar a importância conferida a instrumentos destinados a assegurar a transparência na sua atuação e a permeabilidade a mecanismos de interlocução com os entes regulados. Ao longo dos anos, foram editadas várias regulamentações específicas com vistas a disciplinar o objeto de eventuais ajustes, os requisitos mínimos a serem observados, a autoridade competente para a sua celebração, as cláusulas obrigatórias do acordo, as penalidades aplicáveis em caso de descumprimento do compromisso firmado, dentre outros assuntos.[9]

---

[7] PALMA, Juliana Bonacorsi de. *Sanção e acordo na administração pública*, p. 192.

[8] O referido dispositivo prevê o seguinte: "Os órgãos públicos legitimados poderão tomar dos interessados compromisso de ajustamento de sua conduta às exigências legais, mediante combinações, que terá eficácia de título executivo extrajudicial".

[9] Resolução nº 629/2013, da ANATEL; Resolução nº 3.259/2014, da ANTAQ (alterada pela Resolução nº 6/2016); Resolução nº 688/2017 da ANP; Resoluções nº 5.083/2016 e nº 5.823/2018, da ANTT; Resolução nº 472/2018, da ANAC.

O novo Código de Processo Civil (Lei nº 13.105/2015) igualmente estabeleceu regras que prestigiam o consenso e se destinam a auxiliar e estimular a autocomposição. Institui-se regra expressa no sentido de que "o Estado promoverá, sempre que possível, a solução consensual dos conflitos" (§2º do artigo 3º) – diretriz esta que é endereçada não apenas ao Poder Judiciário, mas também à Administração Pública, enquanto principal "cliente" da prestação jurisdicional.[10] Por conseguinte, a plena observância de tal disposição abarca não apenas a possibilidade de composição de interesses no âmbito do litígio, mas também a adoção de postura preventiva frente à sua instauração.

Nessa esteira, o artigo 174 previu a criação, por parte da União, Estados, Distrito Federal e Municípios, de câmaras de mediação e conciliação destinadas à solução consensual de conflitos no âmbito administrativo. O rol exemplificativo do dispositivo estabelece a possibilidade de se dirimir conflitos envolvendo órgãos ou entidades da Administração (inciso I), bem como de se avaliar a admissibilidade dos pedidos de resolução de controvérsias mediante conciliação (inciso II) e de se promover, quando cabível, a celebração de termo de ajustamento de conduta (inciso III). Além de estabelecer obrigação cogente, tal previsão amplia o escopo da consensualidade para todas as esferas da Administração.

Ao que se infere, a crescente positivação de normas que consagram soluções consensuais evidencia a consolidação de um ambiente altamente favorável à adoção de mecanismos que primam pelo diálogo e pela composição de interesses.

2.3 A Lei de Introdução às Normas do Direito Brasileiro: consolidação normativa da consensualidade administrativa

Com a promulgação da Lei nº 13.655/2018, foram acrescidas à Lei de Introdução às Normas do Direito Brasileiro (Decreto-Lei nº 4.5657/1942) disposições sobre segurança jurídica e eficiência na criação e aplicação do Direito Público.

---

[10] REISDORFER, Guilherme F. Dias. A aplicação subsidiária do novo Código de Processo Civil aos processos administrativos. *In*: TALAMINI, Eduardo (Coord.). *Processo e Administração Pública*. Salvador: Juspodivm, 2016. p. 590.

Dentre as normas gerais previstas, merece destaque o artigo 26, que introduziu efetivo permissivo genérico para a atuação consensual da Administração Pública. Estabeleceu-se que a "autoridade administrativa poderá, após oitiva do órgão jurídico e, quando for o caso, após realização de consulta pública, e presentes razões de relevante interesse geral, celebrar compromisso com os interessados" com o objetivo de eliminar irregularidade, incerteza jurídica ou situação contenciosa na aplicação do Direito Público.

O referido compromisso deve buscar soluções proporcionais, equânimes, eficientes e compatíveis com os interesses gerais (inc. I), sem conferir desoneração permanente de eventual obrigação ou condicionar o exercício de direito já reconhecido (inc. II). Além disso, deve necessariamente prever as obrigações de cada uma das partes, o prazo para o seu cumprimento e as sanções aplicáveis em caso de inobservância das condições consensualmente pactuadas (inc. III).

Consequentemente, é possível identificar uma espécie de vinculação negativa à lei em matéria de consensualidade. Tendo em vista que os mecanismos consensuais de atuação passam a encontrar inequívoco amparo no ordenamento,[11] a Administração apenas estará impedida de empregá-los nas hipóteses em que se verificar a existência de expressa vedação legal nesse sentido.[12]

Ainda que o texto da LINDB consolide, de certa forma, as disposições que já constavam de normas esparsas, a sua relevância é manifesta.

Por um lado, a redação normativa torna superada a noção de que as pretensões administrativas sempre envolveriam interesses e direitos indisponíveis, não passíveis de transação. Por outro, afasta quaisquer dúvidas quanto à ampla margem existente para a celebração de acordos

---

[11] Vale dizer que significativa parcela da doutrina já destacava o cabimento da celebração de acordos independentemente da existência de específica previsão legal ou regulamentar. Segundo a lição de Fernando Dias Menezes de Almeida, "está implícita no poder de decidir unilateralmente e de ofício a opção por se decidir de modo consensual com o destinatário da decisão" (*Contrato Administrativo*. São Paulo: Quartier Latin, 2012. p. 302). Assim como quaisquer outros mecanismos de atuação administrativa, os acordos encontram na lei o seu fundamento de validade, quer seja porque estão abarcados pelos preceitos que norteiam o sistema jurídico pátrio ou porque derivam da própria regra de competência legalmente estabelecida, correspondendo ao resultado de certo procedimento de decisão adotado pelo agente administrativo.

[12] Não se nega a existência de diplomas normativos que afastam a possibilidade de utilização de instrumentos consensuais diante de determinadas hipóteses específicas. É o que ocorre, por exemplo, no âmbito da Lei nº 8.429/1992, que veda a transação, acordo ou conciliação nas ações de improbidade administrativa (nos termos do §1º do artigo 17).

entre a Administração e os particulares, consagrando expressamente tal modelo de atuação para os órgãos e entes públicos das três esferas federativas e conferindo maior efetividade e segurança aos ajustes firmados. Conforme destacam Sérgio Guerra e Juliana Bonacorsi de Palma:

> Reconhecendo a insegurança jurídica no tratamento dos acordos administrativos, apesar da profusão de normas regulamentares dispondo sobre acordos especiais, a LINDB buscou conferir o *mínimo regulamentar* ao compromisso nela previsto na tentativa de conferir clareza e previsibilidade sobre o regime jurídico aplicável. Em seu art. 26, §1º, são previstos requisitos de validade, vedações e cláusulas obrigatórias aos compromissos, tornando não apenas mais certa a dinâmica de celebração desses acordos e de sua margem de negociação, mas principalmente permitindo uma modelagem de maior qualidade [...].[13]

Em linhas gerais, ao consolidar a dinâmica da atuação consensual administrativa, o artigo 26 da LINB propicia segurança jurídica à celebração dos acordos e garante compromissos mais eficientes à sociedade e ao alcance dos objetivos fundamentais consagrados pela Constituição.

3 Os acordos substitutivos de sanção

O descumprimento de obrigações pelos particulares envolvidos no desenvolvimento dos diferentes setores de infraestrutura pode desencadear a instauração de processo sancionatório e a consequente aplicação de penalidades. Cabe, portanto, examinar os acordos substitutivos em face desse contexto.

3.1 A competência sancionatória da Administração Pública

A natureza funcional das competências estatais, que devem necessariamente orientar-se à satisfação das necessidades coletivas, acarreta a vedação à omissão.[14] O agente competente tem a obrigação

---

[13] GUERRA, Sérgio; PALMA, Juliana Bonacorsi de. Art. 26 da LINDB – Novo regime jurídico de negociação com a Administração Pública. *Revista de Direito Administrativo*, p. 135-169, nov. 2018. Disponível em: http://bibliotecadigital.fgv.br/ojs/index.php/rda/article/view/77653/74316. Acesso em: 11 mar. 2019. p. 160.

[14] JUSTEN FILHO, Marçal. *Curso de direito administrativo*. 13. ed. São Paulo: RT, 2018. p. 59.

de exercer o conjunto de atribuições necessárias à realização dos fins constitucionalmente eleitos.

No que diz respeito ao regime sancionatório, deve haver uma atuação formal e institucionalizada da Administração com o objetivo de verificar a adequação das condutas dos particulares frente ao regramento normativo aplicável. Cabe fiscalizar os comportamentos e apurar a ocorrência de infrações a deveres de diversas ordens para, se for o caso e nos exatos limites cominados em lei, impor a punição correspondente.

Vista como um instrumento necessário à manutenção da ordem pública e à convivência social harmônica e produtiva, a prerrogativa sancionatória é usualmente reconduzida à noção de poder de polícia. De todo modo, mesmo que se admita o emprego do poder estatal com o objetivo de restringir e condicionar liberdades e direitos individuais em prol de interesses coletivos, impende reconhecer a excepcionalidade dessa situação diante das garantias constitucionalmente asseguradas. Daí porque o sancionamento dos particulares somente pode ser exercido sob estrita reserva legal.[15]

Consoante lição de Rafael Munhoz de Mello, "ao atribuir à Administração Pública competência para impor a sanção administrativa, a lei determina que tal atividade sancionadora seja praticada no exercício da função administrativa, que se diferencia das demais funções estatais, inclusive da jurisdicional, por força do seu regime jurídico".[16]

Significa dizer que o exercício de tal competência tem de observar os limites e valores consagrados no ordenamento. Há que se ter como premissa que o sancionamento precisa ser compatível com a gravidade da conduta comissiva ou omissiva que lhe deu origem, devendo considerar os danos que dela provierem, as circunstâncias agravantes ou atenuantes, os antecedentes do sujeito que praticou o ato infracional e a dosimetria das penalidades de mesma natureza anteriormente aplicadas (nos termos dos §§1º e 2º do artigo 22 da LINDB).

Cumpre destacar, ademais, que o descumprimento de uma determinada obrigação nem sempre deve ensejar a automática imposição da sanção supostamente cabível. A imperiosa aplicação dos princípios da proporcionalidade e da razoabilidade alia-se à dimensão finalística

---

[15] MOREIRA NETO, Diogo de Figueiredo. *Curso de direito administrativo*. 16 ed. Rio de Janeiro: Forense, 2014. p. 438.

[16] MELLO, Rafael Munhoz de. Sanção administrativa e o princípio da culpabilidade. *Revista de Direito Administrativo e Constitucional*, ano 5, n. 22, p. 25-57, out./dez. 2005. p. 28.

da atuação administrativa para determinar a devida ponderação das circunstâncias específicas do caso concreto.

As competências sancionatórias são exercidas por uma multiplicidade de órgãos e entes administrativos, abrangendo tanto a Administração direta (em suas diferentes esferas) como a indireta (entes reguladores autônomos), a depender do âmbito de atribuições que lhes foram legalmente conferidas.

No que concerne aos projetos de infraestrutura, há que se reconhecer a importância do papel exercido pelas agências reguladoras. Ao assumir atividades relacionadas à regulação setorial, tais entidades encampam não só o poder de editar normas abstratas infralegais, mas também o de adotar decisões discricionárias e compor conflitos.

Sob esse enfoque, as prerrogativas conferidas aos entes reguladores no que se refere à imposição de sanções têm por finalidade permitir que o comportamento dos agentes econômicos possa ser conformado aos fins ínsitos ao setor regulado, de modo a contribuir para o seu desenvolvimento e para o progresso do país.

3.2 O cabimento dos acordos substitutivos

A atuação estatal há de ser interpretada sob a lógica da instrumentalidade. O conjunto de poderes, direitos e deveres conferidos ao titular da função pública apenas se legitima em razão das finalidades que devem nortear a sua atuação, pelo que tem de ser entendido como verdadeiro instrumento de concretização das necessidades coletivas e de promoção dos direitos fundamentais.[17]

Trata-se de raciocínio integralmente aplicável no que tange ao exercício dos poderes sancionatórios e aos acordos substitutivos de sanção.

O desempenho das competências administrativas, incluindo aquelas de natureza punitiva, não pode ser visto como um fim em si mesmo. Nas hipóteses em que o caráter instrumental da prerrogativa sancionatória não estiver presente – ou seja, quando a aplicação da penalidade prevista em lei não se revelar adequada para o efetivo

---

[17] "A função é um poder instrumentalizado como meio de realizar interesses transcendentes e indisponíveis para o titular [...] No âmbito público, os poderes jurídicos são instituídos e exercitados para a satisfação dos direitos fundamentais e a promoção da democracia. Existe um vínculo direto, imediato e inafastável entre as atividades regidas pelo direito público e a satisfação dos direitos fundamentais e a democracia" (JUSTEN FILHO, Marçal. *Curso de direito administrativo*, p. 59-60).

alcance dos objetivos estatais pretendidos – há que se reconhecer a ausência de óbice ao afastamento da decisão unilateral e imperativa da Administração.

A imposição de sanção não se justifica por si só. O sancionamento consiste somente em um dos meios (e não o único) para tutelar os interesses da coletividade e coibir o descumprimento de deveres legais, contratuais ou regulamentares. Nada impede que os modelos de conduta tidos como proibidos ou desejáveis sejam melhor conformados mediante a adoção de outros mecanismos que não a aplicação da penalidade.

Tendo como pressuposto que o agente competente deve buscar a solução que melhor atenda aos fins públicos, a substituição do ato unilateral por um mecanismo negocial passa a ser vista como uma alternativa plenamente cabível e devidamente amparada pelo ordenamento jurídico, inclusive à luz da previsão constante do artigo 26 da LINDB.

É necessário prestigiar a prevalência dos fins sobre os meios legais, evitando que a mera subsunção da regra jurídica à situação concreta (no caso, a aplicação da lei que estabelece a competência sancionatória) contrarie os objetivos maiores do ordenamento. Logo, admite-se que a Administração deixe de exercer a sua atividade punitiva em prol de outras medidas consideradas mais eficientes ou menos danosas em face do caso concreto e dos fins públicos buscados, com o intuito de privilegiar, por exemplo, a célere resolução de uma determinada controvérsia, a aderência do particular a um comportamento desejado ou a prevenção da reincidência frente a uma dada conduta reprovável.

Ainda que a medida punitiva esteja expressamente cominada na legislação, "há que se perquirir se não há alternativa adequada e menos desvantajosa em todos esses aspectos práticos", uma vez que é vedada ao agente "a opção de uma conduta que cause gravames desnecessários ao particular".[18] É imprescindível que a margem de escolha que recai sobre o comportamento administrativo considere a solução que melhor atenda às finalidades públicas que se almeja atingir, sem que sejam transpostos os limites estritamente necessários para o alcance de tais objetivos.

Como aponta Enrique Alonso Garcia, "é irracional que algo que pretenda ser um meio para alcançar um fim, na realidade, não tenha nada a ver com a consecução desse mesmo fim".[19]

---

[18] MOREIRA, Egon Bockman. *Processo administrativo.* 2. ed. Malheiros: São Paulo, 2003. p. 81.

[19] GARCÍA, Enrique Alonso. La interpretación de la Constitución, p. 207 *apud* OSÓRIO, Fábio Medina. *Direito administrativo sancionador.* 2. ed. São Paulo: RT, 2005. p. 226.

Diante dessa conjuntura, o acordo substitutivo corresponde ao módulo convencional que resulta na substituição da decisão sancionatória unilateral da Administração por uma solução consensualmente acordada entre as partes, permitindo que o agente público e o cidadão definam, de comum acordo, as balizas que irão reger o seu relacionamento. Consiste, pois, em uma alternativa ao desempenho imperativo da atuação administrativa punitiva.

Significa que, embora detenha a competência para impor uma determinada penalidade particular, independentemente de consenso, a Administração Pública opta por substituir o exercício desse poder por um acordo de vontades.

Convém ressalvar que não se trata propriamente do afastamento da norma geral e abstrata que prevê a aplicação de sanções diante de uma dada circunstância.

A celebração do acordo não importa em renúncia ao exercício de competências, tampouco em omissão quanto ao desempenho de poderes estatais. A prerrogativa sancionatória continua existindo, mas o agente estatal opta por deixar de exercê-la para adotar uma via consensual, impondo a si próprio certos condicionantes e contando com a colaboração do particular para formar a sua convicção e definir as bases da ordem que reputam desejável. A rigor, a solução consensual corresponde à adoção de um determinado procedimento de decisão: ao invés de decidir unilateralmente, a Administração Pública prefere contar com a colaboração do particular destinatário do provimento administrativo para compor o conjunto de direitos e obrigações que irá pautar o relacionamento existente entre as partes.[20]

Conforme esclarece Floriano de Azevedo Marques Neto, ao tratar dos acordos substitutivos de sanção firmados no âmbito dos órgãos reguladores:

> Obviamente não se trata de simplesmente admitir um direito, opção ou uma faculdade absoluta de o regular abdicar da aplicação de uma penalidade.
>
> Evidentemente que o emprego de vias alternativas mais eficientes não pode ser confundido ou equiparado à mera arbitrariedade em

---

[20] MENEZES DE ALMEIDA, Fernando Dias. *Contrato Administrativo*, p. 302. Nesse mesmo sentido, Pierpaolo Grauso indica que os acordos substitutivos carregam em si próprios a disciplina que irá pautar as condutas do particular e do agente estatal, apresentando-se como um resultado procedimental alternativo aos provimentos administrativos unilaterais (*Gli accordi della pubblica amministrazione con i privati*. Milão: Giuffrè, 2007. p. 64).

abandonar ou descuidar do poder-dever de sancionar, no sentido mais amplo, ou seja, de oferecer resposta eficiente e dissuasiva à violação ocorrida.

Eis porque o abandono da aplicação da sanção [isto é, sua substituição pelo acordo de vontades] deve ser necessariamente precedido do sopesamento das diversas alternativas colocadas à disposição do regulador para executar plenamente suas competências regulatórias, das quais a sancionatória não é senão uma das facetas. Deverá tratar-se de uma decisão consciente, motivada, revestida de objetividade, moralidade, impessoalidade e dos demais atributos de que deve ser revestido um ato administrativo.[21]

Em síntese, a opção pelo acordo substitutivo pressupõe um juízo de ponderação destinado a avaliar, a partir das particularidades de cada caso, a solução mais consentânea com o devido alcance dos fins públicos. Em se constatando que a solução negocial consiste no mecanismo mais adequado para a efetiva consecução das finalidades públicas, não há que se falar (*a priori*) em eventual disposição dos interesses postos à cura dos agentes estatais. Pelo contrário, o ajuste estará precisamente assegurando que tais interesses possam ser atendidos de modo mais eficiente, mais duradouro, mais rápido ou com menores custos.

4 Os acordos substitutivos no âmbito de projetos de infraestrutura

Ao tratar dos benefícios da consensualidade administrativa, Diogo de Figueiredo Moreira Neto destaca que as formas concertadas de atuação "contribuem para aprimorar a governabilidade (eficiência); propiciam mais freios contra o abuso (legalidade); garantem a atenção a todos os interesses (justiça); proporcionam decisão mais sábia e prudente (legitimidade); desenvolvem a responsabilidade das pessoas (civismo); e tornam os comandos estatais mais aceitáveis e facilmente obedecidos (ordem)".[22]

---

[21] MARQUES NETO, Floriano de Azevedo; CYMBALISTA, Tatiana Matiello. Os Acordos Substitutivos do Procedimento Sancionatório e da Sanção. *Revista Eletrônica de Direito Administrativo Econômico – REDAE*, n. 27, p. 12, ago./out. 2011. Disponível em: http://www.direitodoestado.com/revista/REDAE-27-AGOSTO-2011-FLORIANO-AZEVEDO-TATIANA-MATIELLO.pdf. Acesso em: 11 mar. 2019. p. 12.

[22] MOREIRA NETO, Diogo de Figueiredo. *Mutações do direito administrativo*. Rio de Janeiro: Renovar, 2000. p. 41.

A celebração de acordos entre a Administração e os particulares apresenta, de fato, potenciais virtudes relacionadas à celeridade e eficiência, bem como à facilitação do desempenho da função administrativa. Mas isso não significa que o emprego de mecanismos consensuais – tais como os acordos substitutivos de sanção – deva ser tido como uma solução universal, tampouco determina a sua absoluta prevalência sobre outros meios de ação administrativa.

É imperioso que a competência sancionatória seja considerada a partir da avaliação objetiva dos efetivos benefícios do modelo consensual de atuação. Não se pode admitir que a utilização de tais compromissos seja banalizada, vindo a transformá-los em instrumentos de arbítrio, moeda de troca com fins político-partidários ou até mesmo eventual subterfúgio para mascarar práticas de corrupção.[23]

O emprego do consenso nem sempre consistirá na melhor alternativa, representando, em todo e qualquer caso, a opção mais adequada. Há que se compreender a instrumentalidade do acordo de vontades em relação à persecução das finalidades públicas e à concretização do direito em geral.

A título de exemplo, é perfeitamente possível que a Administração entenda que as condições ofertadas pelo particular no bojo de eventual negociação são insuficientes ou inadequadas para o alcance das finalidades pretendidas. Também não se pode desconsiderar a hipótese de o agente constatar que os objetivos públicos serão melhor atendidos por meio do exercício de sua prerrogativa imperativa de atuação. Em casos tais, resta claro que inexiste justificativa para que a via consensual seja prestigiada em detrimento da imposição da sanção, por meio de ato administrativo unilateral.

A despeito dessas ressalvas, convém assinalar a importância do acordo substitutivo de sanção enquanto instrumento destinado a viabilizar o atendimento a relevantes necessidades de interesse coletivo no âmbito de projetos de infraestrutura.

O desenvolvimento dos diversos setores de infraestrutura tende a ser insuscetível de realização mediante a atuação isolada do Poder Público. O ente estatal via de regra não dispõe dos recursos e (ou) condições necessárias para tanto, dependendo da colaboração dos particulares para a implantação e gestão de infraestruturas essenciais ao progresso nacional.

---

[23] GUERRA, Sérgio; PALMA, Juliana Bonacorsi de. Art. 26 da LINDB – Novo regime jurídico de negociação com a Administração Pública, p. 166.

Sob esse aspecto, os acordos substitutivos inserem-se perfeitamente no contexto que se instaura a partir da consolidação de um ambiente favorável ao consenso e permeado pelo espírito de colaboração entre as partes público e privada. Na medida em que o ajuste firmado consolida o plexo de direitos e obrigações tido como satisfatório por ambas as partes diante do caso concreto, tal mecanismo tem a potencialidade de solucionar o impasse de forma mais célere, permitindo o sopesamento dos diversos interesses envolvidos com vistas a selecionar a solução mais eficiente e adequada diante das circunstâncias havidas.

Sob outro enfoque, a substituição de provimentos administrativos de natureza coercitiva por compromissos estabelecidos de maneira negocial tende a resultar em soluções mais efetivas. Isto porque os acordos consensualmente firmados usualmente apresentam uma taxa de cumprimento espontâneo maior do que aquela decorrente das decisões unilateralmente impostas aos administrados.[24]

Tome-se como exemplo uma multa imposta unilateralmente por um determinado agente regulador. O ato administrativo que apura a ocorrência da infração e aplica a sanção correspondente é passível de questionamento administrativo e judicial. O particular terá a prerrogativa de questionar não só a ocorrência do fato considerado reprovável, mas também a regularidade do processo administrativo sancionatório, o cabimento da sanção e o valor da penalidade cominada.

Não seria exagerado afirmar que esse cenário é um tanto mais complexo no que diz respeito a projetos de infraestrutura. A multiplicidade de atividades e obrigações que lhes são inerentes se soma à pulverização normativa (caracterizada por diversos diplomas esparsos) para dar margem a impasses relacionados à própria validade e existência do dever jurídico pretensamente inobservado. Enquanto a Administração pretende exigir o cumprimento de determinada obrigação, o particular reputa que o regramento normativo existente não lhe atribui tal ônus.

Tais discussões podem se estender durante anos e ter um resultado desfavorável à Administração Pública e aos interesses por ela tutelados.

---

[24] MARCUS, Richard. L. *et al. Civil procedure*: a modern approach. 5. ed. St. Paul: West Publishing, 2009. p. 105. Nesse mesmo sentido: ARAGÃO, Alexandre Santos de. A consensualidade no direito administrativo: acordos regulatórios e contratos administrativos. *Revista de Direito do Estado – RDE*, n. 1, p. 155-173, jan./mar. 2006. p. 157.

Como ressalvam Carlos Ari Sundfeld e Jacintho Arruda Câmara, o acordo substitutivo produz "a extinção de processo administrativo ou judicial *de resultado incerto* como contrapartida da assunção pela prestadora, de *obrigações certas e exigíveis*. É uma permuta de incerteza por certeza, isto é, de *possíveis direitos* por *deveres inquestionáveis*".[25]

A substituição da penalidade pelo acordo de vontades tende a permitir que a conduta praticada pelo infrator seja readequada mais rapidamente, assegurando a integral reparação dos danos e possibilitando o estabelecimento de ações que previnam novas ocorrências e garantam a implantação das infraestruturas necessárias ao desenvolvimento do país.

Outra dimensão da solução consensual corresponde à possibilidade de o compromisso substituir a aplicação da sanção pela realização de investimentos no próprio setor. Nessa hipótese, ao invés de simplesmente suportar a penalidade, o particular assumiria obrigações capazes de proporcionar melhorias e de criar ou ampliar infraestruturas já existentes, a depender do objeto do acordo e dos fins públicos tidos como prioritários pela Administração.

Em face desse cenário, e tendo como premissa que o Poder Público tem o dever de adotar a alternativa mais satisfatória possível para o efetivo alcance de suas finalidades, o acordo substitutivo de sanção pode permitir soluções mais céleres, eficientes e consentâneas às especificidades de cada caso concreto – vantagens estas que adquirem renovada importância diante da relevância e das peculiaridades ínsitas aos diferentes setores de infraestrutura.

5 Considerações finais

Conclusivamente, e sem que se tenha a pretensão de exaurir o enfrentamento da matéria ou de identificar todos os possíveis reflexos frente aos projetos de infraestrutura, destaca-se que os acordos substitutivos consistem em importantes instrumentos de que dispõem os agentes estatais para viabilizar o atendimento das necessidades coletivas. Uma vez verificada que a solução consensual é a mais adequada para o devido atingimento dos fins públicos, é plenamente

---

[25] SUNDFELD, Carlos Ari; CÂMARA, Jacintho Arruda. Acordos substitutivos nas sanções regulatórias. *Revista de Direito Público da Economia – RDPE*, ano 9, n. 34, p. 133-151, abr./jun. 2011. p. 144.

possível substituir o exercício da prorrogativa sancionatória unilateral pelo compromisso negocialmente estabelecido.

A celebração do acordo não significa, portanto, a desconsideração da competência sancionatória, constituindo apenas uma maneira alternativa de decidir e concretizar os objetivos que dão origem ao poder punitivo da Administração.

Nesse prisma, a legitimidade dos acordos depende da instauração de processo administrativo que evidencie o seu cabimento (à luz dos benefícios derivados do ajuste) e formalize o acordo de vontades entre as partes público e privada, de forma a apresentar a justificação racional das condições consensualmente delineadas.

Referências

ARAGÃO, Alexandre Santos de. A consensualidade no direito administrativo: acordos regulatórios e contratos administrativos. *Revista de Direito do Estado – RDE*, n. 1, p. 155-173, jan./mar. 2006.

CHEVALLIER, Jacques. A Governança e o Direito. *Revista de Direito Público da Economia – RDPE*, ano 3, n. 12, p. 129-146, out./dez. 2005.

FREITAS, Juarez. *Discricionariedade administrativa e o direito fundamental à boa administração pública*. São Paulo: Malheiros, 2007.

GUERRA, Sérgio; PALMA, Juliana Bonacorsi de. Art. 26 da LINDB - Novo regime jurídico de negociação com a Administração Pública. *Revista de Direito Administrativo*, p. 135-169, nov. 2018. Disponível em: http://bibliotecadigital.fgv.br/ojs/index.php/ rda/article/view/77653/74316. Acesso em: 11 mar. 2019.

GRAUSO, Pierpaolo. *Gli accordi della pubblica amministrazione con i privati*. Milão: Giuffrè, 2007.

JUSTEN FILHO, Marçal. *Curso de direito administrativo*. 13. ed. São Paulo: RT, 2018.

LEFÈVRE, Mônica Bandeira de Mello. *A vinculatividade e o controle dos acordos substitutivos da decisão administrativa*. 2018. Dissertação (Mestrado em Direito) – Faculdade de Direito, USP, São Paulo, 2018.

MARCUS, Richard. L. *et al*. *Civil procedure*: a modern approach. 5. ed. St. Paul: West Publishing, 2009.

MARQUES NETO, Floriano de Azevedo. Do contrato administrativo à administração contratual. *Revista do Advogado*, v. 107, p. 74-81.

MARQUES NETO, Floriano de Azevedo; CYMBALISTA, Tatiana Matiello. Os Acordos Substitutivos do Procedimento Sancionatório e da Sanção. *Revista Eletrônica de Direito Administrativo Econômico – REDAE*, n. 27, p. 12, ago./out. 2011. Disponível em: http://www.direitodoestado.com/ revista/REDAE-27-AGOSTO-2011-FLORIANO-AZEVEDO-TATIANA-MATIELLO.pdf Acesso em: 11 mar. 2019.

MELLO, Rafael Munhoz de. Sanção administrativa e o princípio da culpabilidade. *Revista de Direito Administrativo e Constitucional*, ano 5, n. 22, p. 25-57, out./dez. 2005.

MENEZES DE ALMEIDA, Fernando Dias. *Contrato Administrativo*. São Paulo: Quartier Latin, 2012.

MOREIRA NETO, Diogo de Figueiredo. *Curso de direito administrativo*. 16 ed. Rio de Janero: Forense, 2014.

MOREIRA NETO, Diogo de Figueiredo. *Mutações do direito administrativo*. Rio de Janeiro: Renovar, 2000.

MOREIRA, Egon Bockman. *Processo administrativo*. 2. ed. Malheiros: São Paulo, 2003.

OLIVEIRA, Gustavo Justino de. Administração pública democrática e efetivação de direitos fundamentais. *Fórum Administrativo — FA*, v. 8, p. 7-20, 2008.

OSÓRIO, Fábio Medina. *Direito administrativo sancionador*. 2. ed. São Paulo: RT, 2005.

PALMA, Juliana Bonacorsi de. *Sanção e acordo na administração pública*. São Paulo: Malheiros, 2015.

REISDORFER, Guilherme F. Dias. A aplicação subsidiária do novo Código de Processo Civil aos processos administrativos. *In*: TALAMINI, Eduardo (Coord.). *Processo e Administração Pública*. Salvador: Juspodivm, 2016.

SUNDFELD, Carlos Ari; CÂMARA, Jacintho Arruda. Acordos substitutivos nas sanções regulatórias. *Revista de Direito Público da Economia – RDPE*, ano 9, n. 34, p. 133-151, abr./jun. 2011.

Informação bibliográfica deste texto, conforme a NBR 6023:2018 da Associação Brasileira de Normas Técnicas (ABNT):

LEFÈVRE, Mônica Bandeira de Mello. Os acordos substitutivos de sanção no âmbito dos projetos de infraestrutura. *In*: JUSTEN FILHO, Marçal; SILVA, Marco Aurélio de Barcelos (Coord.). *Direito da Infraestrutura*: estudos de temas relevantes. Belo Horizonte: Fórum, 2019. p. 263-279. ISBN: 978-85-450-0672-5.

ASPECTOS JURÍDICOS AMBIENTAIS E REGULATÓRIOS DO APROVEITAMENTO ENERGÉTICO DO BIOGÁS: UMA CONTRIBUIÇÃO AOS MODELOS DE NEGÓCIO

RAFAEL FERREIRA FILIPPIN

1 Introdução

O texto apresenta a seguir algumas reflexões oriundas da experiência obtida em alguns casos concretos nos quais foi necessário o aprimoramento dos modelos de negócio inicialmente arquitetados para o aproveitamento energético do biogás, em vista de questões jurídicas ambientais e regulatórias que surgiram no decorrer do planejamento e formalização desses empreendimentos.

Em razão disso, o texto contribui para o debate da comunidade jurídica, que enfrenta desafios semelhantes no dia a dia da atividade da advocacia, mas também interessa a empreendedores e investidores que analisam a viabilidade de seus projetos, assim como serve para sensibilizar as autoridades dos mais variados setores quanto às dificuldades burocráticas que o aproveitamento do biogás enfrenta.

De início, são feitas algumas considerações sobre o proveito do biogás em si. Neste ponto, o texto é essencialmente interdisciplinar, isto é, promoveu a articulação de conceitos de diversas disciplinas,[1] o que permitiu um diálogo diferente da que seria possível somente com a análise de normas jurídicas. Em seguida, são feitas as ponderações propriamente jurídicas. Ao final, as conclusões indicam quais os pontos

---

[1] FLORIANI, 2000. p. 100.

mais sensíveis, para os quais se deve dedicar maior atenção quando do planejamento e formalização dos modelos de negócios.

2 O biogás no contexto da transição energética

O biogás é uma mistura de substâncias gasosas, predominantemente dióxido de carbono e metano, a qual obtida a partir do processo da biodigestão, isto é, da ação de um conjunto de bactérias anaeróbias, a certas temperaturas, que degradam a biomassa, ou melhor, decompõem a matéria orgânica complexa em substâncias mais simples.[2] Ou seja, o biogás é um recurso oriundo do ciclo natural do carbono, que é o fluxo desse elemento químico na natureza, que ocorre nas interações entre a atmosfera, os oceanos, a superfície dos continentes e a biosfera.[3]

O biogás tem poder calorífico que pode servir diretamente para o aquecimento, bem como combustível para geradores de energia elétrica, assim como também pode passar por um processo de refino, de modo a se obter o biometano,[4] o qual é substituto renovável de vários combustíveis fósseis.[5]

Com efeito, o aproveitamento do biogás se insere num processo de transição energética, iniciado a partir da década de 1970, em razão das crises do petróleo, e que consiste na substituição paulatina dos combustíveis fósseis por fontes renováveis, baseadas nos ciclos naturais movimentados pela energia solar, seja por meio do aquecimento de massas atmosféricas e oceânicas, seja pela acumulação bioquímica proporcionada pela fotossíntese. Mas essa transição não ocorre somente por causa da escassez do petróleo, é fruto também dos avanços tecnológicos, que se tornam mais acessíveis do ponto de vista financeiro.[6]

A propósito, no estado atual da tecnologia, o biometano pode deslocar, isto é, substituir ou complementar de maneira viável economicamente o uso de gás natural canalizado, gás natural veicular, gás liquefeito de petróleo e até mesmo o óleo diesel, em especial nas regiões que estão localizadas atividades econômicas que produzem grandes quantidades de biomassa, como a agricultura e a pecuária, e cujo

---

[2] DREGER, 2017. p. 17.
[3] SEVÁ FILHO, 2003. p. 351.
[4] BLEY, 2014. p. 43.
[5] SOUZA, 2016. p. 81.
[6] BARBALHO, 1987. p. 311.

abastecimento de energia (elétrica e combustíveis fósseis) é realizado por meio de complexas e dispendiosas operações logísticas.[7]

Do ponto de vista econômico, o aproveitamento do biogás vem se mostrando atraente[8] nessas regiões mencionadas em vista dos preços praticados por distribuidoras de energia elétrica aos consumidores cativos, bem como pelos distribuidores de combustíveis fósseis. O custo do investimento para a produção e aproveitamento do biogás e do biometano, tais como a aquisição de biodigestores, geradores ou ainda a conversão de equipamentos etc., é compensado pela economia de recursos financeiros que seriam utilizados no pagamento das tarifas de energia elétrica e na aquisição de combustíveis fósseis. Ou seja, é uma escolha (*tradeoff*) respaldada por um incentivo econômico.[9] Outrossim, o aproveitamento energético do biogás depende também da previsibilidade da sua oferta e da estabilidade da demanda do mercado para que sejam realizados os investimentos suficientes e necessários.[10]

Além disso, o aproveitamento energético do biogás é estimulado também pelas obrigações que certas atividades econômicas têm de dar tratamento final adequado aos seus resíduos sólidos e efluentes líquidos, de modo que ganhos com o aproveitamento energético fazem frente aos custos com o equacionamento dessa questão nitidamente ambiental.[11]

De fato, o aproveitamento energético desse recurso natural e renovável (biomassa) que era classificado ou como resíduos sólidos ou efluentes líquidos contribui não só para a transição energética como também para incrementar o processo econômico, na medida em que rompe com uma prática arcaica[12] de desconsiderar essa matéria-prima. Com efeito, há dados do Ministério da Agricultura e Pecuária no sentido de que o aproveitamento energético da biomassa até então considerada resíduo pode gerar dez vezes mais ocupação de mão de obra que a utilização de combustíveis fósseis.[13]

---

[7] BIASI, 2018. p. 43.
[8] SOUZA, 2017. p. 107.
[9] MANKIW, 2009. p. 7.
[10] GONÇALVES, 2017. p. 18.
[11] BRASIL, 2016. p. 28.
[12] FURTADO, 2005. p. 238.
[13] PEREIRA, 2014. p. 119.

3 O contexto normativo aplicável aos empreendimentos de biogás

O Direito vem perdendo algumas de suas características clássicas, como a generalidade e a abstratividade[14] e vem sendo produzido de modo um tanto customizado para os mais variados setores da economia, a fim de que as peculiaridades e especificidades próprias de cada um possam ser reguladas de forma mais satisfatória aos olhos dos agentes de mercado e da sociedade.

Por sua vez, essas normas específicas devem ser interpretadas e aplicadas sempre levando em consideração o contexto normativo no qual estão inseridas. Afinal, o Direito "não é um conglomerado caótico de normas", mas "um conjunto harmônico de normas coordenadas".[15]

Assim sendo, o Direito aplicável ao aproveitamento energético do biogás está inserido e organizado em sistemas, cujo ponto de partida e fundamento são as normas constitucionais. Por sua vez, a Constituição de 1988 institui no art. 170 que a ordem econômica está fundada na livre-iniciativa, mas deve ser atribuído tratamento diferenciado às atividades econômicas segundo o seu maior ou menor impacto ambiental.

Ou seja, há uma autorização constitucional a que o aproveitamento energético do biogás tenha tratamento específico e diferenciado em relação aos combustíveis fósseis e às fontes convencionais de energia elétrica. A Constituição de 1988 ainda institui competência legislativa privativa para a União em matéria de energia, mas em seu art. 24 estabelece a competência legislativa concorrente, em matéria de produção e consumo, meio ambiente, vigilância sanitária etc., na qual os estados federados podem e devem legislar em várias matérias, de forma a suplementar a legislação de alcance nacional, isto é, mantendo sintonia com as normas presentes nas leis das políticas nacionais do meio ambiente (Lei Federal nº 6.938/1981), da gestão de recursos hídricos (Lei Federal nº 9.433/1997) e da gestão de resíduos sólidos (Lei Federal nº 12.305/2010), dentre outras, na medida em que essas leis de alcance nacional instituem normas gerais as quais os estados federados podem adaptar às suas peculiaridades regionais por meio de legislação estadual.

Dentre vários aspectos do Sistema Nacional do Meio Ambiente, a Lei Federal nº 6.938/1981 institui o conceito de responsabilidade civil

---

[14] ZAGREBELSKI, 2002. p. 37.

[15] MAXIMIANO, 2011. p. 104-105.

pelos impactos ambientais causados pelas atividades econômicas e, também, institui os conceitos de poluidor direto e indireto, na esteira do chamado princípio jurídico do poluidor-pagador. Além disso, institui o princípio da prevenção e os instrumentos da avalição de impactos e o licenciamento ambiental, como o processo de análise pelo qual se emite um ato administrativo constitutivo do direito de empreender licitamente.

Na esteira dos preceitos da Política Nacional do Meio Ambiente, a Lei Federal nº 12.305/2010 institui normas que atribuem ao gerador de resíduos (poluidor direto e indireto) a obrigação de dar tratamento e destinação final adequada. Esta é uma responsabilidade compartilhada entre os membros de uma determinada cadeia produtiva, a qual pode ser obrigada pelos órgãos ambientais a elaborar planos de gerenciamento de resíduos sólidos para coordenar seus esforços conjuntos para a destinação final adequada de resíduos.

Dentre as alternativas disponíveis de destinação final adequada aos geradores está o aproveitamento energético da reciclagem, que é o processo de transformação dos resíduos, por meio do qual se alteram as suas propriedades físicas, químicas ou biológicas, o que faz com que passem a ser insumos para outras fases da cadeia produtiva. No que toca ao tema do biogás, a biodigestão da biomassa é uma espécie de reciclagem. Afinal a biomassa, enquanto resíduo das mais variadas atividades econômicas, se for lançada diretamente no ambiente sem tratamento, caracteriza-se como poluição, a qual degrada a qualidade ambiental, pois altera adversamente as suas características.

Ademais, tanto quem exerce diretamente a atividade econômica e lança a biomassa no ambiente quanto quem toma parte da cadeia produtiva dessa atividade são solidariamente responsáveis pelos efeitos adversos do lançamento dos resíduos sem tratamento e devem repará-los. Ou seja, ao levar em consideração que todos aqueles que percebem vantagem pecuniária numa certa cadeia produtiva devem ser responsabilizados pelos eventuais efeitos adversos causados, o Direito Ambiental brasileiro e os seus aplicadores estão dando tratamento diferenciado às atividades econômicas conforme o seu respectivo impacto ambiental, obedecendo assim ao art. 170 da Constituição de 1988.

Por outro lado, a reparação desses danos ambientais pode ocorrer na forma de compensação ambiental, como a que ocorre no contexto de procedimentos administrativos de licenciamento ambiental por exemplo. Em outras palavras, no caso específico dos empreendimentos de aproveitamento energético do biogás, o conjunto de agentes econômicos que fazem parte da sua respectiva cadeia produtiva percebe vantagem pecuniária com a atividade que gera a biomassa como resíduo. Isto é, são os poluidores diretos e indiretos que podem ser instados administrativamente a reparar o dano ambiental que seria causado pelo lançamento dessa biomassa no ambiente, por meio da adoção de medidas mitigatórias e compensatórias durante o seu processo de licenciamento ambiental. Desse modo, os instrumentos da Política Nacional do Meio Ambiente são utilizados para regular o comportamento dos agentes econômicos de modo a estimular o uso da biomassa para a produção do biogás.

Quanto à aplicabilidade destes dispositivos da Política Nacional de Gestão de Resíduos Sólidos aos geradores de biomassa, é interessante notar, em primeiro lugar, que o conceito de responsabilidade solidária é incorporado por meio da noção de responsabilidade compartilhada entre os vários membros de uma determinada cadeia produtiva. Esta responsabilidade pode ser implementada por meio dos planos de gerenciamento de recursos hídricos dos empreendimentos ou ainda por meio de acordos setoriais ou termos de compromisso firmados entre os representantes da cadeia produtiva e os órgãos ambientais. Quanto aos termos de compromisso, eles estão previstos também no art. 5º, §6º, da Lei Federal nº 7.347/1985 e no art. 79A da Lei Federal nº 9.605/1998 e, segundo Decreto Federal nº 6.514/2008, têm efeitos na esfera civil e administrativa, bem como extinguem as responsabilidades dos geradores quando são integralmente cumpridos. Neste caso, parecem ser uma ferramenta flexível para aqueles empreendimentos que necessitam de ajustes em sua gestão de resíduos sólidos.

Portanto, os geradores de biomassa, isto é, qualquer dos membros da cadeia produtiva que gera biomassa em alguma de suas fases, podem e devem ser instados a elaborar os planos de gerenciamento de resíduos sólidos de forma harmônica com a dos demais membros, ou ainda pactuar acordos setoriais ou ainda termos de compromisso para passar a reciclar a sua biomassa.

Dessa forma, os órgãos ambientais podem usar as normas da Lei Federal nº 12.305/2010 para estimular um comportamento adequado dos agentes econômicos, com vistas a fazer com que o resíduo (biomassa) passe a ser disponível para a produção do biogás e o seu respectivo aproveitamento energético.

Além disso, as normas de alcance nacional que regulam o acesso e o uso da água (Lei Federal nº 9.433/1997) definem que aqueles empreendimentos que lançam efluentes nos cursos d'água, como local de disposição final de seus resíduos líquidos ou sólidos diluídos, são usuários de recursos hídricos e, por conta disso, necessitam de outorga de uso, isto é, de um ato administrativo emitido pelo ente federativo que detém o domínio do curso d'água em questão e que permite o uso de certa vazão de água para diluir os efluentes em determinado período de tempo, uma vez que essa diluição altera os parâmetros de qualidade e ou de enquadramento desses cursos d'água.

Ademais, esses empreendimentos que lançam efluentes também estão sujeitos à cobrança pelo uso dos recursos hídricos, uma espécie de compensação ambiental de cunho pecuniário que serve para compensar o ente federativo que detém o domínio do curso d'água pela indisponibilidade daquela quantidade de água durante um certo período de tempo, na medida em que os recursos hídricos têm reconhecido o seu valor econômico.

No caso específico da cadeia produtiva do biogás, os geradores de biomassa que lançam seus resíduos para diluição nos cursos d'água só podem fazê-lo mediante outorga e, caso haja a possibilidade de ocorrência de grave degradação ambiental, essa outorga para os geradores da biomassa pode ser suspensa ou até mesmo negada. Outrossim, podem evidentemente sofrer a cobrança pelo uso dos recursos hídricos para diluição de seus efluentes.

Por outro lado, aqueles geradores de biomassa que deixarem de lançar efluentes para serem diluídos nos cursos d'água, uma vez que destinam esses resíduos para a reciclagem da cadeira produtiva do biogás, têm o direito de não sofrer a cobrança pelo uso dos recursos hídricos, pois deixaram o seu impacto para a qualidade e, consequentemente, para a oferta e disponibilidade de recursos hídricos.

Assim sendo, as ferramentas de gestão dos recursos hídricos previstas na Lei Federal nº 9.433/1997 podem e devem ser utilizadas para regular o comportamento dos agentes econômicos de modo a estimular o uso da biomassa para a produção do biogás.

A par das normas ambientais, há lei de alcance nacional específica sobre biocombustíveis, além de regulamentos que definem o biogás e o biometano e suas especificações. Ademais, há as normas estaduais que regulam o serviço público de distribuição de gás canalizado, que é uma atividade material do estado federado, o qual deve exercê-lo diretamente ou por meio de concessionários, com o objetivo de satisfazer as necessidades coletivas de energia sob um regime jurídico parcialmente público e que, por sua vez, é uma atribuição constitucionalmente definida no art. 25, §2º, da Constituição da República de 1988.

A Lei Federal nº 9.847/1999 define que é competência da Agência Nacional do Petróleo, Gás Natural e Biocombustíveis fiscalizar a produção, importação, exportação, transporte, transferência, armazenagem, estocagem, distribuição, revenda e comercialização de biocombustíveis, inclusive a construção e operação das instalações e equipamentos dedicados a essas atividades, assim como realizar a avaliação de conformidade e certificação da qualidade dos biocombustíveis, autorizar as operações e impor sanções diante da constatação de infrações administrativas.

Por sua vez, o biogás e o biometano podem ser classificados como biocombustíveis, os quais fazem parte da matriz energética brasileira, como preconiza a Lei Federal nº 9.478/1995, a qual reafirma na política nacional de apoio e fomento à produção e utilização dos biocombustíveis assim definidos (conforme a redação dada pela Lei Federal nº 12.490/2011):

Art. 6º (...) XXIV - Biocombustível: substância derivada de biomassa renovável, tal como biodiesel, etanol e outras substâncias estabelecidas em regulamento da ANP, que pode ser empregada diretamente ou mediante alterações em motores a combustão interna ou para outro tipo de geração de energia, podendo substituir parcial ou totalmente combustíveis de origem fóssil; (...).

A indústria de biocombustível é definida no mesmo diploma normativo como sendo o conjunto de atividades econômicas que incluem a produção, importação, exportação, transferência, transporte, armazenagem, comercialização, distribuição, avaliação de conformidade e a certificação de qualidade dos biocombustíveis. E, por sua vez, a produção de biocombustível está em sintonia com as definições de reciclagem e de biodigestão tratadas acima, que se consubstanciam na transformação de biomassa renovável, de origem vegetal ou animal, em combustível.

A Lei Federal nº 9.478/1995 ainda institui que qualquer empresa ou consórcio de empresas constituídas sob as leis brasileiras com sede e administração no País poderá obter autorização da Agência Nacional do Petróleo, Gás Natural e Biocombustíveis – ANP para exercer as atividades econômicas da indústria de biocombustíveis. Por sua vez, a ANP, no exercício de sua competência de regulamentar e fiscalizar os biocombustíveis, editou a Resolução nº 8/2015 na qual definiu expressamente o biogás e o biometano derivados da biomassa da seguinte maneira:

Art. 3º Para os fins desta Resolução ficam estabelecidas as seguintes definições:

I - Biogás: gás bruto obtido da decomposição biológica de produtos ou resíduos orgânicos;

II - Biometano: biocombustível gasoso constituído essencialmente de metano, derivado da purificação do Biogás; (...)

IV - Resíduos agrossilvopastoris: os gerados nas atividades agropecuárias e silviculturais, incluídos os relacionados a insumos utilizados nessas atividades, de acordo com a Lei 12.305, de 2 de agosto de 2010;

V - Resíduos comerciais: resíduos de estabelecimentos comerciais e prestadores de serviços, de acordo com a Lei 12.305, de 2 de agosto de 2010.

Além disso, essa resolução ainda estabelece os padrões e especificações que devem ser seguidos para a produção e comercialização do biometano derivado de biomassa, bem como para a sua mistura e distribuição em conjunto com o gás natural veicular ou com o gás natural, desde que nas especificações apropriadas.

Em vista dessa possibilidade indicada, de se misturar o biometano ao gás natural, vale mencionar também a Lei Federal nº 11.909/2009, que institui normas de alcance nacional para as atividades econômicas com o gás natural que vinculam os produtores, comercializadores e distribuidores de biometano se misturarem-no ao gás natural. Ademais, as definições de consumo próprio e autoprodutor podem ser aplicáveis, por analogia, à situação dos autoprodutores de biometano, ainda mais quando há projetos de lei em trâmite no Congresso Nacional que equiparam a gás natural todos os biocombustíveis que a ANP especificar, a exemplo do biometano.

Essa equiparação levará a uma discussão muito intensa sobre os dutos dedicados de transporte de biometano. A polêmica reside no fato de que os Estados geralmente instituem regime de monopólio para as concessões de gás canalizado em seus territórios. Essa situação, que fazia sentido num outro contexto constitucional anterior, pode levar a que a iniciativa privada seja simplesmente impedida de edificar dutos dedicados de transporte de biometano, ou ainda seja obrigada a repassar gratuitamente às concessionárias os dutos dedicados, numa nítida violação da garantia fundamental à desapropriação prévia e em dinheiro (art. 5º, XXIV, da Constituição de 1988).

Além das regras federais e de alcance nacional, é oportuno lembrar iniciativas dos Estados da federação que instituíram preceitos normativos específicos para o biogás e o biometano. Por exemplo, o Estado de Pernambuco instituiu uma política estadual para o enfrentamento das mudanças climáticas por meio da Lei Estadual nº 14.090/2010, na qual menciona o apoio ao aproveitamento energético do biogás, sem no entanto especificar instrumentos ou programas, mas, por outro lado, autorizando incentivos fiscais de forma genérica.

Por sua vez, o Estado do Rio de Janeiro editou a Lei Estadual nº 6.361/2012, a qual denominou de política estadual de gás natural renovável e que também tem um conjunto de normas programáticas. No entanto, há nesta lei estadual também a permissão às concessionárias estaduais de distribuição de gás canalizado de incluir o biometano (denominado de gás natural renovável) em sua rede, mas com um teto de até 10% do volume total de gás natural distribuído no território do Estado, não incluído aí o gás destinado às termelétricas. Além disso, há o Decreto Estadual nº 44.855/2014, no qual o Poder Público fluminense define parâmetros máximos para o cálculo do preço do biometano que pode ser praticado pelas concessionárias.

Já o Estado de São Paulo editou o Decreto Estadual nº 58.659/2012, por meio do qual instituiu um programa de fomento de adição progressiva de percentuais mínimos de biometano na matriz energética do Estado.

O Estado do Rio Grande do Sul instituiu uma política estadual do biometano por meio da Lei Estadual nº 14.864/2016, na qual regulou o programa gaúcho de incentivo à geração e utilização do biometano. Este texto legislativo institui diretrizes, definições e objetivos gerais, num conjunto de normas programáticas, cuja concretização depende necessariamente de providências além do texto legislativo. Ademais, a lei gaúcha ainda faz referência expressa a regulamentos federais e repete normas de alcance nacional, além de criar o programa e seu comitê gestor. Mas o principal vetor de fomento, isto é, de apoio econômico do Estado à atividade privada é a criação de um edital de chamamento público para aquisição de biometano por parte da Companhia de Gás do Estado do Rio Grande do Sul – SULGÁS.

Mais recentemente, o Estado de Santa Catarina promulgou a Lei Estadual nº 17.542/2018 e o Estado do Paraná, a Lei Estadual nº 19.500/2018. Estes dois diplomas normativos vão mais além do que os anteriores, pois avançam em questões como a autorização para várias formas de fomento, regras específicas para o licenciamento ambiental e vigilância sanitária dos empreendimentos, instituindo ainda a autorização para os incentivos fiscais. Ou seja, os Estados estão avançando na sofisticação dos instrumentos previstos especificamente e de forma customizada para a atividade econômica do aproveitamento energético do biogás.

Além das regras estaduais, alguns municípios já legislaram também sobre biogás, mas nos limites de suas competências legislativas, isto é, segundo os interesses locais (cf. o art. 30 da Constituição de 1988) e, geralmente, versando sobre o aproveitamento do biogás oriundo de aterros sanitários. É o caso da Lei Municipal nº 7.338/1996 de Ribeirão Preto, da Lei Municipal nº 4512/2007 de Americana, da Lei Ordinária nº 11.268/2004 de Curitiba, da Lei Municipal nº 4.828/2006 de Rondonópolis, da Lei Municipal nº 1.759/1984 de Maringá, dentre outras de Municípios que, na maior parte das vezes, instituíram apenas normas programáticas.

Em síntese, esse é o conjunto de normas dos empreendimentos cujos modelos de negócios que visam o aproveitamento energético do biogás devem observar durante a sua concepção e planejamento. Mas há pontos específicos que merecem maior atenção.

4 Outras questões jurídicas específicas

Os empreendimentos de aproveitamento energético de biogás podem, evidentemente, ter vários arranjos, o que acarreta a existência de muitos modelos diferentes de negócios. A diferenciação entre eles começa pela modalidade de aproveitamento, se será realizada para a produção de energia elétrica ou se haverá o refino do biogás para a produção do biometano.

Se o aproveitamento será para a geração de energia elétrica, isso se dá geralmente na modalidade de micro e minigeração distribuída, a qual é regulada pela Resolução Normativa nº 482/2012 da Agência Nacional de Energia Elétrica – ANEEL e alterações posteriores. As modalidades previstas variam conforme a potência do gerador (microgeração igual ou menor que 75 kW e minigeração entre 75 kW e 5 MW). Essa norma regulamentar instituiu o sistema de compensação (*net metering*) pelo qual o consumidor cativo do sistema de distribuição de energia elétrica também pode produzir e injetar, para usar no mesmo local (carga) ou em outro, de sua propriedade (autoconsumo remoto) ou de terceiros (geração compartilhada) mediante contrato e informação à distribuidora que faz o papel de administrar o sistema.

Já o aproveitamento para o refino de biometano geralmente demanda grandes concentrações de biomassa, de várias fontes diferentes, para que haja escala e, assim, seja justificado o investimento maior do que é necessário para o refino em relação à queima para a geração de energia elétrica. O transporte de biomassa (resíduos) é algo controlado tanto pelo órgão ambiental, por meio do licenciamento, quanto pela vigilância sanitária, que tem competência para autorizar a operação. As operações com biometano demandam também a vistoria dos bombeiros, que avaliam a segurança contra incêndios e outras emergências das instalações de armazenamento e transporte.

Ainda para o modelo de negócio com o biometano é relevante o Acordo de Paris, o qual foi firmado no âmbito da Convenção Quadro das Nações Unidas sobre Mudança Climática e foi promulgado em 5 de junho de 2017 no Brasil, por meio da publicação do Decreto Federal nº 9.073/2017. Essa norma internacional lançou as bases suficientes e necessárias para a instituição da RENOVABIO, institucionalizada por meio da Lei Federal nº 13.576/2017, cujos instrumentos jurídicos preveem o estabelecimento de metas para os distribuidores de combustíveis, as quais podem ser cumpridas, na prática, por meio de contratos de longo prazo de aquisição de biocombustíveis (como o biometano) ou por meio da aquisição de títulos denominados CBIOS (créditos de descarbonização), os quais podem ser emitidos por empreendedores (produtores ou importadores) de biocombustíveis (como o biometano) devidamente certificados. A propósito, a definição da meta de cada distribuidor e o método de certificação foram objeto de recente regulamentação (o Decreto Federal nº 9.308/2018 e a Resolução nº 578/2018 da ANP).

Independentemente da modalidade de aproveitamento, se da energia elétrica, se do biometano, a localização dos empreendimentos geralmente é definida por questões logísticas, em especial da matéria-prima (biomassa) disponível para a biodigestão. Entretanto, o segundo passo para avaliar a viabilidade da localização do aproveitamento é a verificação do espaço territorial onde se pretende realizar o aproveitamento. Se for um espaço rural, as atividades industriais, como é o caso do aproveitamento energético do biogás, devem ser localizadas, segundo determina o Estatuto da Terra, em espaços devidamente aprovados pelo Instituto Nacional de Colonização e Reforma Agrária – INCRA, que autoriza isso por meio de um procedimento instruído segundo a Instrução Normativa nº 17-b/1980.

No espaço urbano, essa autorização cabe ao Município, que decide conforme o seu zoneamento urbano, geralmente instituído em lei municipal. As edificações necessárias ao aproveitamento devem ser precedidas de alvará de construção (ou de reforma no caso de empreendimentos já existentes) e, após a execução das obras, é necessária a vistoria (ou "habite-se") para que seja averbada a construção na matrícula existente no Registro de Imóveis. Além da questão urbanística propriamente dita, os municípios também emitem o alvará de localização e funcionamento dos empreendimentos em sua fase de operação e é comum exigirem a apresentação dos atos administrativos emitidos por outras agências de fiscalização (Bombeiros, órgão ambiental, vigilância etc.).

Aliás, a localização, a instalação e a operação desses empreendimentos devem ser precedidas pelo licenciamento ambiental. Como o aproveitamento energético do biogás ocorre em geral em locais já licenciados para outras atividades, essa etapa é facilitada. O raciocínio vale para a emissão de outorga de uso dos recursos hídricos, que é avaliada no nível estadual, com raras exceções. Todavia, para a instalação de plantas novas e para que haja conversão do uso do solo, o procedimento completo de licenciamento ambiental geralmente é exigido conforme a Resolução nº 237/1997 do Conselho Nacional do Meio Ambiente – CONAMA ou ainda segundo a norma regulamentar estadual ou local. Segundo a tipologia do Decreto Federal nº 8.437/2015, que regulamentou a Lei Complementar nº 140/2011, esse licenciamento de plantas de biogás ou de biometano incumbe aos Estados e, em havendo normas estaduais permitindo, aos Municípios.

Além dessas questões ambientais e regulatórias mais evidentes, há ainda o arranjo societário, fiscal e contratual dos empreendimentos que têm desdobramentos do ponto de vista regulatório e ambiental. Afinal, é comum encontrar empreendimentos de aproveitamento energético de biogás organizados na forma de sociedades de propósito específico, a fim de organizar os interesses dos agentes econômicos envolvidos nessa operação: o gerador da biomassa, o proprietário do imóvel onde o empreendimento se localiza, o investidor dos equipamentos e o consumidor da energia. Evidentemente que cada caso é um caso. Afinal, um agente econômico pode realizar mais de uma dessas funções ou todas ao mesmo tempo. Assim sendo, no momento da definição dos contratos que formalizarão o modelo de negócio adotado, devem ser previstos com muita clareza as etapas e os tempos necessários para o licenciamento, instalação e início da operação dos empreendimentos, pois nem sempre a licença ambiental de operação, por exemplo, será emitida em nome de quem instalou o empreendimento.

A propósito, a ANEEL definiu alguns modelos de negócios para empreendimentos de micro e minigeração distribuída (os quais abrangem o aproveitamento energético do biogás) por meio do Ofício Circular nº 10/2017-SDR/ANEEL e do Ofício nº 0362/2016, prevendo que proprietários de imóveis e investidores de equipamentos de geração devem manter contratos de locação com os consumidores da energia gerada nesses arranjos. Em outras palavras, havendo mais de um agente econômico para cada um dos papéis previsto no modelo de negócio, é preciso rever a estrutura dos contratos.

Outra questão relativa aos modelos de negócios que necessita ser criteriosamente avaliada, pois tem repercussão regulatória, ambiental e fiscal, é a divisão artificial dos empreendimentos. Por exemplo, dividir os geradores de energia elétrica incialmente previstos em sociedades de propósito específicas distintas, para aproveitar eventuais normas que dispensam o licenciamento ambiental para empreendimentos de menor potência ou ainda incentivos fiscais para empreendimentos com potência de até 1 MW (Convênio nº 16/2015 do Conselho Nacional de Política Fazendária – CONFAZ) ou ainda para classificar o empreendimento como micro ou minigeração distribuída é algo nitidamente ilícito. A Resolução nº 482/2012 da ANEEL (com redação dada pela Resolução ANEEL nº 687/2015), por exemplo, proíbe essa divisão artificial:

> Art. 4º. §3º É vedada a divisão de central geradora em unidades de menor porte para se enquadrar nos limites de potência para microgeração ou minigeração distribuída, devendo a distribuidora identificar esses casos, solicitar a readequação da instalação e, caso não atendido, negar a adesão ao Sistema de Compensação de Energia Elétrica.

As boas práticas de licenciamento ambiental também impedem que o empreendimento seja fatiado e licenciado em partes, uma vez que o órgão licenciador tem competência técnica (discricionária) para levar em consideração os efeitos sinérgicos do empreendimento com aqueles que estão localizados na sua área de influência, conforme a Resolução nº 01/1986 do CONAMA. Ou melhor, dividir os processos de licenciamento artificialmente não impede que o órgão ambiental avalie a todos em conjunto e, mais, desconsidere a dispensa e exija o processo completo de licenciamento. E, caso o órgão ambiental não perceba isso de imediato, pode vir a constatar esse fato mais tarde, o que expõe o empreendedor ao risco de uma autuação por instalar e operar o empreendimento sem licença ambiental.

Do ponto de vista tributário fiscal, existe risco semelhante, pois a autoridade fiscal pode desconsiderar o modelo de negócio apresentado pelo empreendedor e declarar a existência de uma outra relação jurídica tributável e, assim, autuar e cobrar os respectivos tributos.

Ou seja, a concepção do modelo de negócio, a sua respectiva formalização em contratos e o planejamento das etapas devem levar em consideração todas essas balizas expostas, do contrário, muito provavelmente, o empreendimento de aproveitamento energético do biogás terá dificuldades para operar.

5 Conclusões

A literatura específica consultada para a elaboração deste texto mostra que o biogás é uma alternativa energética muito atraente do ponto de vista ambiental e econômico para algumas atividades já em operação. De fato, a biodigestão é um fenômeno natural que pode ser controlado por meio da adoção de uma tecnologia acessível e disponível, com efeitos positivos para o empreendedor e para o ambiente.

Todavia, a escolha do modelo de negócio pelo qual o empreendimento para o aproveitamento energético do biogás será organizado é algo bastante delicado, o qual deve ser avaliado criteriosamente, caso a caso, com a colaboração do profissional do Direito desde o momento da sua concepção, passando pela fase de planejamento e culminando com a sua execução, pois as consequências jurídicas ambientais, regulatórias e fiscais de cada detalhe podem acarretar restrições impeditivas à realização e operação do empreendimento.

Referências

BARBALHO, Arnaldo Rodrigues. *Energia e desenvolvimento no Brasil*. Rio de Janeiro: ELETROBRAS, 1987.

BIASI, Carlos Antônio Ferraro et al. *Energias renováveis na área rural da região sul do Brasil*. Foz do Iguaçu: Itaipu Binacional, 2018.

BLEY JR., Cícero. *Biogás*: a energia invisível. 2. ed. Foz do Iguaçu: CIBIOGÁS e ITAIPU BINACIONAL, 2014.

BRASIL. Secretaria Nacional de Saneamento Ambiental. Probiogás. *Barreiras e propostas de soluções para o mercado de biogás no Brasil*. Brasília: Ministério das Cidades, 2016.

DREGER, Iara. *Biogás*: contribuição ecoeconômica: produção compartilhada ou condominial de biogás para pequenas propriedades rurais. Riga: Novas Edições Acadêmicas, 2017.

FLORIANI, Dimas. Marcos Conceituais para o Desenvolvimento da Interdisciplinaridade *In*: PHILIPPI JR., Arlindo *et al*. *Interdisciplinaridade em Ciências Ambientais*. São Paulo: Signus Editora, 2000. p. 95-108.

FURTADO, Celso. *Formação Econômica do Brasil*. 32. ed. São Paulo: Companhia Editora Nacional, 2005.

GALVÃO, Rodrigo Regis de Almeida. O biogás do agronegócio: transformando o passivo ambiental em ativo energético e aumentando a competitividade do setor. *Boletim de Conjuntura do Setor Energético*. FGV Energia, p. 04-06, mar. 2017.

GONÇALVES, Felipe (Coord.). Biocombustíveis. *Cadernos FGV Energia*, ano 4, n. 8, ago. 2017.

MANKIW, N. Gregory. *Introdução à Economia*. Trad. Allan Vidigal Hastings. São Paulo: Cengage Learning, 2009.

MAXIMILIANO, Carlos. *Hermenêutica e Aplicação do Direito*. São Paulo: Forense, 2011.

PEREIRA, Thulio Cícero Guimarães (Org.) *Energias Renováveis*: Políticas Públicas e Planejamento Energético. Curitiba: COPEL, 2014.

SEVÁ Filho, Oswaldo *et al*. Renovação e Sustentação da Produção Energética. *In*: CAVALCANTI, Clóvis (Org.). *Desenvolvimento e natureza*: estudos para uma sociedade sustentável. 4. ed. São Paulo: Cortez, 2003. p. 345-365.

SOUZA, Marilia *et al*. *Oportunidades da Cadeia Produtiva de Biogás para o Estado do Paraná*. Curitiba: Senai/PR, 2016.

ZAGREBELSKY, Gustavo. *El derecho* dúctil: Ley, derechos, justicia. Trad. Marina Gascón. 4. ed. Madrid: Trotta, 2002.

Informação bibliográfica deste texto, conforme a NBR 6023:2018 da Associação Brasileira de Normas Técnicas (ABNT):

FILIPPIN, Rafael Ferreira. Aspectos jurídicos ambientais e regulatórios do aproveitamento energético do biogás: uma contribuição aos modelos de negócio. *In*: JUSTEN FILHO, Marçal; SILVA, Marco Aurélio de Barcelos (Coord.). *Direito da Infraestrutura*: estudos de temas relevantes. Belo Horizonte: Fórum, 2019. p. 281-296. ISBN: 978-85-450-0672-5.

LIBERDADE DE PREÇOS NOS TERMINAIS PORTUÁRIOS: O CASO DOS PREÇOS *AD VALOREM*

RAFAEL WALLBACH SCHWIND

1 Introdução

Recentemente, tem-se discutido sobre a possibilidade de terminais portuários cobrarem preços cujo montante é calculado em função do valor da mercadoria armazenada. Trata-se dos chamados preços *ad valorem*.[1]

A questão está em discussão no Tribunal de Contas da União. Acórdão proferido pelo Plenário daquela Corte no dia 2 de outubro de 2018 (Acórdão nº 2.310/2018-Plenário), embora não tenha concluído pela irregularidade de tais cobranças, manifestou dúvidas acerca do seu cabimento, o que ainda deverá ser analisado em maior profundidade, de acordo com a própria decisão.

Neste breve artigo, pretende-se examinar a questão sob o ponto de vista da regulação do setor portuário. Busca-se examinar os possíveis fundamentos contrários à cobrança e saber se as normas incidentes sobre o setor contêm alguma vedação em relação à cobrança de preços *ad valorem*. Pretende-se também fazer um breve exercício sobre o que ocorreria se tais cobranças viessem a ser vedadas.[2]

---

[1] A rigor, tal prática não é nova. Ocorre há décadas. De todo modo, os questionamentos são recentes, daí a atualidade do tema.

[2] Como perceberá o leitor, o exame aqui realizado será de cunho eminentemente prático. Não há nenhuma pretensão de esgotar a matéria. Pretende-se apenas contribuir para a análise do tema.

2 Os preços *ad valorem*

Inicialmente, é necessário compreender o que são os chamados preços *ad valorem*.

Em regra, os terminais portuários cobram (i) preços fixados em valores absolutos e também (ii) preços estabelecidos em um percentual sobre o valor CIF da mercadoria.

Preços fixados em valores absolutos são aqueles expressos em unidade monetária (por exemplo, "x" reais).

Já os preços estabelecidos em um determinado percentual sobre o valor CIF da mercadoria são os preços *ad valorem*. São fixados não propriamente em uma unidade monetária ("x" reais), mas em um determinado percentual sobre o valor da mercadoria que será movimentada ou armazenada pelo terminal.

A sigla CIF significa *Cost, Insurance and Freight*, ou seja, "Custo, Seguro e Frete". Quando o importador contrata esse tipo de frete, o fornecedor é responsável por todos os custos e riscos com a entrega da mercadoria, inclusive o seguro marítimo e frete. Sua responsabilidade só termina quando a mercadoria chega ao porto de destino apontado pelo comprador.

O frete CIF é utilizado em oposição ao frete FOB (ambas, denominações presentes nos Incoterms, que são normas aplicáveis a trocas comerciais). Na contratação de frete FOB (*free on board*), que pode ser traduzido como "livre a bordo", o comprador assume todos os riscos e custos com o transporte da mercadoria assim que ela é colocada a bordo do navio. A obrigação do fornecedor é a de colocar a mercadoria a bordo, no porto de embarque designado pelo importador.

Portanto, as duas modalidades relacionam-se com o pagamento de frete no transporte marítimo de mercadorias. Ora o comprador arca com os custos do frete, ora o fornecedor.

3 Colocação do problema

O problema que se coloca diz respeito à compatibilidade (ou não) dos preços *ad valorem* com as normas que regem a exploração de terminais portuários no Brasil.

A questão foi discutida, ainda que de passagem, pelo Acórdão nº 2.310/2018-Plenário do TCU. Tal acórdão foi proferido em processo de auditoria operacional que tinha por objeto "avaliar os principais pontos de ineficiência nos serviços portuários, que resultam em aumento de custo e de tempo no trâmite da carga". Dentro desse objeto amplo, um dos pontos dizia respeito "à regulação da ANTAQ na análise de abusividade de preços e tarifas cobrados dos usuários".

De acordo com o acórdão, um descontentamento dos usuários de portos no Brasil diria respeito "à cobrança de serviços prestados pelos terminais para armazenamento de carga por meio da cobrança de alíquota *ad valorem*, em adição à cobrança por unidade de contêiner já cobrada na movimentação da carga, conceito que, *lato sensu*, engloba a armazenagem".

Supostamente, esse tipo de cobrança "vem sendo incrementada desde a edição da Resolução nº 2.389/2012 [da ANTAQ], e não encontra paralelo em outros países".

De acordo com o relatório técnico que orientou o voto, a origem das cobranças *ad valorem* remontaria aos tempos coloniais. Elas tinham como intuito incrementar a arrecadação de tributos nos entrepostos comerciais. No entanto, ainda segundo o relatório, "o preço da movimentação do contêiner, a grosso modo, não depende do valor da mercadoria nele carregada". Esta seria "uma das grandes vantagens do contêiner, por permitir padronização no manuseio e agilidade nas operações portuárias", o que explica o fenômeno da "conteinerização dos últimos trinta anos no mundo todo".

O relatório também afirma que, "nos casos em que cargas valiosas estão acondicionadas em contêineres, seguros sobre as mercadorias são contratados para dar solução a possíveis avarias decorrentes de movimentações imprecisas".

O relatório reconhece que a ANTAQ "preza pela liberdade de preços, não se opondo, *a priori*, por mudanças nas unidades de cobrança. A regra da Resolução nº 3.274/2014 é exigir a publicidade dos preços em tabelas dos terminais previamente publicadas, deixando a cargo do terminal a unidade da respectiva cobrança". Portanto, reconhece-se que a ANTAQ não veda a cobrança de preços *ad valorem*.

Após análise do relatório, o voto condutor do acórdão manifestou ter dúvidas (note-se, não foi taxativo) quanto à legitimidade da cobrança por meio de preços *ad valorem*, uma vez que tal forma de cobrança "não guarda correlação com os custos da armazenagem e movimentação do contêiner, mas sim com o valor de mercado da carga nele contida, o que poderia assumir o caráter de imposto".

Além disso, o voto condutor afirmou que tal constatação (de ausência de relação entre o preço e o custo do serviço prestado) "não se coaduna com o movimento de padronização mundial de carga por meio de contêineres". E concluiu: "o custo de movimentação de contêiner independe do valor da mercadoria nele carregada, o que configura uma de suas grandes vantagens. Nos casos em que cargas valiosas estão acondicionadas em contêineres, o proprietário da carga contrata seguros sobre as mercadorias para resguardar-se de prejuízo diante de possíveis avarias decorrentes de movimentações imprecisas".

Indo adiante, o voto ainda consignou que a cobrança de preços *ad valorem* "vai em aparente rota de colisão com preceito da Lei nº 10.233/2001, art. 11, inc. IV, no sentido que os usuários paguem pelos custos dos serviços prestados em regime de eficiência. Além disso, ao que tudo indica, a cobrança se dá em adição à tarifa por unidade de contêiner já praticada na movimentação da carga, conceito que, *lato sensu*, engloba a armazenagem".

Ao final, o voto deixou de acolher a proposta sugerida no relatório, de emitir recomendação à ANTAQ para que regulamente a prática da cobrança desse preço, por entender que a situação demanda uma atuação específica do TCU, por meio de exame adequado do tema. Assim, consignou que "deve ser melhor avaliada a legalidade da aplicação de alíquota *ad valorem* sobre o valor da mercadoria e não sobre o tamanho do contêiner, bem como a possível caracterização de duplicidade de taxação sobre o serviço de movimentação de carga e a ofensa ao princípio do pagamento pelos custos dos serviços em regime de eficiência, igualmente por meio do processo apartado que proponho para melhor investigação desses fatos".

4 Fundamentos que possivelmente levariam à impossibilidade de cobrança de preços *ad valorem*

Do exposto no Acórdão nº 2.310/2018-Plenário do TCU, extraem-se alguns possíveis fundamentos que levariam à impossibilidade de cobrança de preços *ad valorem*.

Primeiro, o preço da movimentação, "a grosso modo", não dependeria do valor da mercadoria movimentada, o que seria uma decorrência do fenômeno da conteinerização.

Segundo, quando a carga é valiosa, há a contratação de seguros para avarias, do que se depreende que seria descabida a cobrança de um preço *ad valorem*.

Terceiro, o art. 11, inciso IV, da Lei nº 10.233 vedaria a cobrança de preços que não tivessem relação com os custos dos serviços prestados em regime de eficiência.

Quarto, afirmou-se que o preço *ad valorem* seria uma cobrança adicional ao preço cobrado por unidade movimentada, o que poderia levar à conclusão de que seria um valor cobrado em duplicidade.

5 Questão prévia: possível incompetência do TCU para a análise da matéria

Antes de prosseguir, é necessário destacar que há uma possível incompetência do TCU para proferir determinações sobre a legalidade ou não da cobrança de preços *ad valorem* pelos terminais portuários.

Os Tribunais de Contas não são órgãos jurisdicionais. Não se destinam a compor conflitos nem a dizer qual o direito aplicável ao caso concreto. Ainda que exerçam a relevante atividade de controle, os efeitos jurídicos de tal competência não são os mesmos que decorrem da função jurisdicional do Estado.

A rigor, os Tribunais de Contas, por exercerem atividade de controle, não são órgãos imparciais. Eles tomam o partido da defesa das contas e dos cofres públicos, na defesa dos interesses da Administração Pública.[3]

Além disso, os Tribunais de Contas possuem limites às suas competências. A Constituição Federal, no art. 70, atribuiu aos Tribunais de Contas a fiscalização quanto à "legalidade, legitimidade, economicidade, aplicação das subvenções e renúncia de receitas". No entanto, tais competências não envolvem o poder de rever o mérito dos atos administrativos ou de invadir o âmbito de competências da autoridade que praticou o ato. Os órgãos de fiscalização não se substituem aos fiscalizados.

Mesmo no âmbito de sua atividade fiscalizatória, cabe aos Tribunais de Contas a fiscalização "contábil, financeira, orçamentária, operacional e patrimonial da União e das entidades da administração direta e indireta". É com essa limitação que devem ser compreendidas as competências previstas nos vários incisos do art. 71 da Constituição Federal.

Por tudo isso, parece-nos que não cabe aos Tribunais de Contas expedir determinações sobre as formas de cobrança de preços pelos terminais portuários. Os titulares de terminais portuários são empresas

---

[3] JUSTEN FILHO, Marçal. *Comentários à Lei de Licitações e Contratos Administrativos*. 16. ed. São Paulo: RT, 2014. p. 1208.

privadas que não integram a Administração Pública, nem mesmo indireta. Ainda que os terminais possuam relações jurídicas com a Administração Pública, seja por meio de contratos de arrendamento (no caso dos terminais arrendados), seja por meio de autorizações (no caso dos terminais privados), o fato é que o controle da sistemática de preços não se insere no âmbito das competências atribuídas pela Constituição Federal aos Tribunais de Contas.

Os terminais portuários cobram preços livremente estabelecidos, ainda que regulamentados pela agência reguladora do setor (ANTAQ) – a essa questão se retornará mais adiante. As contraprestações cobradas são pagas pelos usuários dos terminais. Não se trata de subvenção ou qualquer outra modalidade de dispêndio de recursos públicos.

Mesmo no caso dos terminais arrendados, o fato de os terminais em si serem bens da União (por se inserirem nas poligonais dos portos organizados[4]) não justifica que os Tribunais de Contas expeçam determinações sobre a sistemática de cobrança de preços ou sobre outros aspectos de índole comercial na exploração da atividade, uma vez que tal matéria não se insere na fiscalização "contábil, financeira, orçamentária, operacional e patrimonial da União e das entidades da administração direta e indireta" (art. 70 da Constituição Federal).

Caso se reconheça alguma competência do TCU no estabelecimento de determinações nessa seara, seria a de expedir recomendações para uma utilização mais eficiente de terminais que integram o patrimônio da União. No entanto, a definição sobre a forma de se promover uma utilização mais econômica caberá à ANTAQ e ao Ministério ao qual a agência se vincula (Ministério da Infraestrutura). São essas autoridades que possuem a competência de regular o setor portuário levando em conta todas as complexidades inerentes, de modo global, e não de modo distanciado da regulação como um todo.

De nenhum modo, por exemplo, empresas titulares de terminais portuários poderiam ser atingidas por um eventual entendimento do TCU no sentido de que a cobrança de preços *ad valorem* seria inadequada. Do contrário, estar-se-ia admitindo que os Tribunais de Contas estabeleçam limitações ao exercício da política comercial dos titulares de terminais portuários, o que não faz sentido.

De toda forma, ainda que se admita que o TCU faça recomendações e determinações à ANTAQ sobre a forma de regulação do setor

---

[4] Na forma do art. 2º, inciso I, da Lei nº 12.815.

portuário (o que não parece inserir-se nas competências da Corte), haveria uma relação de controle e fiscalização dos órgãos da Administração (mais precisamente da ANTAQ, que integra a estrutura da União tal como o TCU). Ou seja, haveria um possível conflito interno à própria Administração Pública Federal e ao qual os titulares de terminais portuários seriam alheios.

De qualquer modo, as observações acerca da possível incompetência do TCU para expedir recomendações e determinações sobre a cobrança de preços *ad valorem* por terminais portuários merecem um estudo específico e não são objeto deste artigo.

Feitas essas observações, passa-se a examinar os fundamentos que possivelmente levariam ao descabimento da cobrança de preços *ad valorem*.

6 A questão da técnica de movimentação

O primeiro fundamento contrário à cobrança de preços *ad valorem* é o de que a fixação do preço da movimentação, "a grosso modo", não dependeria do valor da mercadoria movimentada, o que seria uma decorrência do fenômeno da conteinerização.

Ao que parece, reputa-se que, para o terminal portuário, como a movimentação de contêineres não apresentaria nenhuma técnica diferenciada em função do valor da carga colocada em tais invólucros, não faria sentido estabelecer preços diferenciados em função do valor da carga.

Contudo, tal afirmação parece-nos partir de uma premissa equivocada, a qual pressupõe que a facilitação da movimentação e da armazenagem afastaria a cobrança de preços *ad valorem*.

Ainda que a conteinerização tenha propiciado uma marcante facilitação no trânsito das cargas, o terminal portuário assume a responsabilidade pelas cargas que passam por ele ou ficam ali armazenadas. Isso faz com que haja um risco adicional em relação a cargas mais valiosas, o que contribui para o aumento de custos dos terminais portuários – por exemplo, na contratação de seguros.

Em outras palavras, a existência de cargas mais valiosas gera responsabilidades maiores ao terminal portuário e aumenta os seus custos. Existe uma lógica, portanto, para que haja a cobrança de um preço de armazenagem que seja calculado em função do valor da carga armazenada, ainda que não haja o emprego de técnicas diferenciadas em função do valor da mercadoria armazenada.

Essa lógica é presente, por exemplo, no transporte e na armazenagem de mercadorias em geral. É muito comum que empresas de transporte de cargas, inclusive por outras vias (rodoviárias, por exemplo), estabeleçam preços que aumentem à medida que as cargas sejam mais valiosas. O mesmo acontece na armazenagem de cargas nos aeroportos. Tabelas de preços praticados pelos aeroportos concedidos à iniciativa privada, por exemplo, deixam bem claro que a armazenagem é cobrada em preços que são calculados em função do valor CIF da mercadoria.[5] A lógica é que a existência de uma responsabilidade maior leva a riscos e custos mais ampliados.

Até se poderia pensar em uma sistemática na qual a responsabilidade do terminal portuário ficaria limitada a certos montantes máximos, independentemente do valor da carga inserida nos contêineres. No entanto, não é esta a lógica adotada.

Sendo assim, a cobrança de preços *ad valorem* possui uma lógica intrínseca, que não é afastada pela facilitação técnica gerada pelo fenômeno da conteinerização.

7 A contratação de seguros para avarias

O segundo fundamento contrário à cobrança de preços *ad valorem* é o de que, quando a carga é valiosa, há a contratação de seguros para avarias, do que se depreende que seria descabida a cobrança de um preço *ad valorem*.

No entanto, tal fundamento na realidade confirma a viabilidade da cobrança de preços *ad valorem*.

Não se pode confundir o seguro contratado pelo importador ou pelo transportador com o seguro contratado pelo terminal portuário (decorrente das responsabilidades inerentes à atividade do terminal, que é diversa daquela que cabe ao armador marítimo). A possibilidade de o transportador e o importador contratarem seguros não afasta o fato de que o terminal portuário também contrata esse tipo de proteção, uma vez que possui responsabilidades e obrigações em nome próprio.

Tendo um custo com seguros, cabe ao terminal portuário definir como pretende exercer a precificação dos seus serviços. A existência de

---

[5] É o que acontece, por exemplo, no aeroporto do Galeão, conforme tabela de preços prevista em seu sítio eletrônico na internet: http://www.riogaleaocargo.com/tarifas/ (acesso em: 18 mar. 2019). A prática é a mesma na generalidade dos aeroportos no tocante à armazenagem de cargas.

contratações de seguros por terceiros acaba sendo irrelevante para a definição sobre o cabimento ou não da cobrança de preços *ad valorem*.

8 A questão da relação entre valor da mercadoria e custos do serviço

O terceiro fundamento contrário à cobrança de preços *ad valorem* seria decorrente da previsão contida no art. 11, inciso IV, da Lei nº 10.233. Tal dispositivo vedaria a cobrança de preços que não tivessem relação com os custos dos serviços prestados em regime de eficiência.

Partindo-se do pressuposto de que os custos do terminal portuário não apresentam nenhuma variação em função do valor das mercadorias, a cobrança de preços calculados em um percentual do valor CIF da carga seria indevida.

No entanto, tal fundamento decorre de algumas premissas equivocadas.

O primeiro equívoco consiste em interpretar o art. 11, inciso IV, da Lei nº 10.233 como sendo uma regra que estabelece que os preços devem corresponder aos custos dos serviços ou que eles devam necessariamente ser proporcionais a tais custos.

No entanto, tal entendimento é equivocado, por vários motivos.

A uma, porque o art. 11 da Lei nº 10.233 estabelece apenas *princípios gerais* do gerenciamento da infraestrutura e da operação dos transportes aquaviário e terrestre. Não se trata de regras proibitivas, e sim da previsão de princípios gerais, cuja aplicação concreta depende de detalhamento.

A duas, porque a regra contida no inciso IV do art. 11 é de redação bastante singela, incapaz de apreender e dar conta de toda a complexidade existente na fixação de preços pelos terminais portuários. Ler o inciso IV do art. 11 da Lei nº 10.233 como sendo uma regra absoluta de que os preços devem derivar diretamente dos custos dos serviços prestados seria ignorar toda a complexidade da precificação dos serviços portuários. Há diversos fatores que devem ser levados em conta, dentro da política comercial dos terminais portuários, que podem fazer com que um determinado preço específico não corresponda diretamente aos custos inerentes. A esse fator se retornará adiante, ao fazermos considerações sobre a necessidade de se observar os espaços de liberdade que a legislação assegura aos terminais portuários para o exercício de suas políticas comerciais.

A três, porque, como já foi mencionado, a movimentação e armazenagem de cargas mais valiosas pode gerar custos adicionais aos terminais portuários, justamente em função das responsabilidades assumidas. Os custos com seguros são um exemplo disso, conforme já mencionado. Assim, a previsão do inciso IV do art. 11 da Lei nº 10.233 não constitui óbice por si só à possibilidade de cobrança de preços calculados em percentual sobre o valor CIF das mercadorias.

A quatro, porque o próprio inciso IV do art. 11 da Lei nº 10.233 estabelece uma cláusula de abertura, ao prever que, "sempre que possível", os usuários deverão pagar pelos custos dos serviços prestados em regime de eficiência. Ao estabelecer isso, o dispositivo reconhece que, em certos casos, as contraprestações devidas pelos usuários poderão não ter relação direta com os custos da atividade especificamente desempenhada.

O segundo equívoco que decorre da leitura estreita do inciso IV do art. 11 da Lei nº 10.233 reside no fato de que seria possível (e cabível) vincular preços a custos de modo objetivo e direto.

Na verdade, qualquer tentativa de vincular preços a custos acabará resultando em discussões intermináveis. Isso porque, ainda que fosse possível estabelecer com precisão cartesiana quais seriam os custos de um determinado serviço (o que é questionável, ainda mais quando o prestador desempenha diversos serviços em paralelo e de forma integrada, como ocorre nos terminais portuários), o preço cobrado pelo serviço jamais poderá ser igual ao custo da sua prestação. Nenhum agente econômico cobra preços que servirão apenas para cobrir os seus custos. Se os preços servissem apenas para cobrir os custos de uma atividade, o agente econômico na verdade trabalharia sem a perspectiva de obter um resultado positivo.

Assim, deveria haver uma margem de lucro que o prestador poderia cobrar acima dos custos de prestação do serviço. No entanto, não há nenhum parâmetro para se definir qual seria a margem de lucro adequada. Nem tal assunto seria passível de regulação. Por isso que se afirma que a vinculação de preços a custos levaria a discussões intermináveis, ainda que se admitisse que os preços não devessem corresponder exatamente aos custos de prestação do serviço.

Outro problema insuperável seria a necessidade de se verificar com exatidão quais os custos de prestação do serviço. Afinal, se os preços devessem corresponder aos custos, caberia ao regulador promover uma fiscalização detalhada dos custos do prestador, de modo a poder definir quais seriam os preços cabíveis. No entanto, é inviável que o regulador fiscalize em detalhes os custos de todos os prestadores de serviços portuários.[6]

Há ainda um terceiro problema, que diz respeito aos incentivos envolvidos. Se o prestador tiver a garantia de que os seus custos serão cobertos, não haverá incentivo nenhum a que seja eficiente e promova, por exemplo, a redução dos seus custos. A evolução dos sistemas de precificação já comprovou que a fixação de preços pelos custos dos serviços não é a solução mais adequada e acaba levando a ineficiências e custos mais elevados, que acabam prejudicando os próprios usuários dos serviços – mesmo nos casos de prestação em regime de concorrência no mercado.[7]

Há ainda outros fatores que não podem ser desconsiderados. A Lei nº 10.233 foi editada muito antes da atual Lei dos Portos (Lei nº 12.815, de 2013), que regula em mais detalhes o setor portuário. A nova lei dos portos promoveu uma refundação do marco regulatório do setor, estabelecendo regras novas e uma competição ainda mais acirrada no mercado de portos, inclusive estabelecendo uma competição aberta entre terminais arrendados e terminais privados.[8] É evidente que a Lei nº 10.233 continua aplicável, mas os seus princípios gerais devem ser compatibilizados com as demais normas que tratam do setor portuário, inclusive a Lei nº 12.815.

Por todos esses fatores, não nos parece possível extrair da previsão do inciso IV do art. 11 da Lei nº 10.233 uma regra que estabeleça que os preços cobrados pelos terminais portuários em contraprestação pelos serviços que prestam devem ser equivalentes, iguais ou proporcionais aos custos de prestação de tais serviços. Muito menos se pode extrair da norma uma vedação à cobrança de preços *ad valorem*.

---

[6] Já tivemos a oportunidade de expor essa impossibilidade em detalhes em obra específica sobre a remuneração de concessionários: SCHWIND, Rafael Wallbach. *Remuneração do concessionário*: concessões comuns e parcerias público-privadas. Belo Horizonte: Fórum, 2010. p. 82-87. Confiram-se também: ANDRADE, Thompson Almeida. Tarifação em serviços de saneamento: reflexões técnicas ensejadas pela Lei nº 11.445/2007. *In*: CORDEIRO, Berenice de Souza (Coord.). *Lei Nacional de Saneamento Básico*: perspectivas para as políticas e a gestão dos serviços públicos. v. 3. Brasília: Ministério das Cidades, 2009. p. 493; e JUSTEN FILHO, Marçal. *Teoria geral das concessões de serviço público*. São Paulo: Dialética, 2003. p. 353.

[7] SCHWIND, Rafael Wallbach. *Remuneração do concessionário*: concessões comuns e parcerias público-privadas, p. 85-87.

[8] Sobre o assunto, confira-se: PEREIRA, Cesar; SCHWIND, Rafael Wallbach. O marco regulatório do setor portuário brasileiro. *In*: PEREIRA, Cesar; SCHWIND, Rafael Wallbach (Coord.). *Direito portuário brasileiro*. 2. ed. Belo Horizonte: Fórum, 2018. p. 29-58.

O sentido do inciso IV do art. 11 da Lei nº 10.233 parece ser o de estabelecer um princípio geral de racionalidade e lógica na fixação de preços. Com base na norma em questão, pode-se defender que a previsão de preços ilógicos e irracionais seria descabida. Mas concluir a partir da norma que a cobrança de preços *ad valorem* seria ilegal ou de algo modo irregular não é possível.

9 Os preços *ad valorem* como uma cobrança em duplicidade

O último fundamento contrário à cobrança é o de que o preço *ad valorem* seria uma cobrança adicional ao preço cobrado por unidade movimentada, o que poderia levar à conclusão de que seria um valor cobrado em duplicidade.

No entanto, também esse fundamento não merece acolhida.

Os terminais portuários realizam cobranças especificadas de acordo com as tabelas de preços previamente publicadas com certa antecedência.

O fato de haver certas cobranças por unidade movimentada não significa que haja a impossibilidade de cobrar por outros serviços prestados à mesma unidade de carga.

Normalmente, a armazenagem é cobrada por meio de preços *ad valorem*, e outros serviços são cobrados em valores expressos em reais. A cobrança de preços *ad valorem* e de preços em reais para um mesmo contêiner, portanto, não significa que esteja havendo cobranças indevidas ou em duplicidade. Trata-se de contraprestações devidas por serviços diferentes, que não se confundem entre si.

10 A necessidade de se observar os espaços de liberdade assegurados aos terminais portuários: a questão do exercício da política comercial

Além do que foi exposto até aqui, há ainda outro fator relevante, que diz respeito à sistemática de preços que foi adotada pela regulação incidente sobre o setor portuário – e que garante espaços amplos de liberdade aos terminais portuários para instituírem as suas respectivas políticas comerciais.

10.1 O estabelecimento da liberdade de preços como regra no setor portuário

De fato, a análise dos questionamentos relacionados aos preços *ad valorem* deve ter por pressuposto fundamental que a liberdade de preços foi estabelecida como regra geral no setor portuário.

Não há nenhum dispositivo legal ou infralegal que estabeleça, por exemplo, que os preços cobrados pelos terminais portuários devam ser necessariamente previstos nos contratos de arrendamento (no caso de terminais arrendados) ou nas autorizações (no caso de terminais privados), nem que devam ter certos limites máximos ou regras fixas de atualização. São preços fixados em regime de ampla e aberta concorrência no mercado.

A Lei nº 12.815 (Lei dos Portos) contém apenas duas previsões. O art. 3º, II, prevê a modicidade e a publicidade dos preços como uma diretriz da exploração dos portos e o art. 5º, IV, estabelece que os contratos de concessão e arrendamento devem ter previsões sobre revisão e reajuste de "tarifas" (nada menciona a respeito de *preços* cobrados por terminais portuários em regime de concorrência).

A Lei nº 10.233 em nenhum momento estabelece que os terminais portuários deverão ter os seus preços fixados pelas autoridades. Há disposições genéricas sobre tarifas e preços, e previsões expressas sobre liberdade de preços para autorizatários.

Dadas essas premissas legais, a ANTAQ optou por uma regulação que consagra expressamente a *liberdade na fixação de preços pelos terminais portuários*.

O art. 5º da Resolução nº 2.389 da ANTAQ, de 2012, prevê que os serviços não contemplados no *Box Rate* (que é uma cesta de serviços com preço prefixado entre o terminal e o armador portuário), quando demandados ou requisitados pelos clientes ou usuários do terminal, "obedecerão às condições de prestação e remuneração livremente negociadas com o operador portuário ou divulgadas em tabelas de preços de serviços, observadas as condições comerciais estipuladas no contrato de arrendamento".

Já a Resolução nº 3.274 da ANTAQ, de 2014, prevê que os terminais devem observar a modicidade, adotando preços em bases justas, transparentes e não discriminatórias aos usuários e que reflitam a complexidade e os custos das atividades, observando os preços-teto quando estabelecidos pela ANTAQ (art. 3º, VII).

Portanto, a regra geral é a liberdade na fixação de preços. As resoluções em questão não preveem que o poder público deverá estabelecer os preços cobrados pelos terminais ou de algum modo controlá-los previamente. A fixação de preços-teto é prevista como uma exceção, a ser adotada pontualmente, apenas quando necessária. No mais, a ANTAQ deve zelar pela observância de certos preceitos, como o da modicidade, transparência e não discriminação, mas de nenhum modo isso significa a possibilidade de que haja intervenções na própria fixação de preços.

Especificamente em relação aos preços *ad valorem*, não há nenhuma vedação normativa à sua adoção.

10.2 A possibilidade de exercício de política comercial pelos terminais portuários

Pode-se dizer, então, que é permitida aos titulares de terminais portuários a adoção de decisões de política comercial no tocante à fixação dos preços.

O exercício de uma política comercial pelo titular de um terminal portuário consiste no conjunto de decisões tomadas pelo prestador com o objetivo de ampliar as vantagens econômicas obtidas com a exploração do serviço.

Num regime de flexibilidade na fixação de preços, procura-se reforçar e ampliar o âmbito de extensão das decisões de política comercial do terminal portuário, permitindo-lhe cobrar preços da forma e nos valores que ele considere mais eficazes para a ampliação dos seus lucros privados.

Além disso, há uma presunção do ordenamento no sentido de que a liberdade na fixação de preços gera efeitos positivos. Trata-se, por exemplo, de um importante instrumento para possibilitar a concorrência no setor portuário. Sem liberdade de preços, a concorrência no setor portuário ficaria praticamente anulada. Não teria efeito prático nenhum.

A instituição da concorrência, aliás, é justamente o que permite uma alteração no foco da regulação estatal. Em lugar do controle estatal intenso e exaustivo sobre o sistema e seus operadores, a regulação estatal busca instituir a concorrência nos campos em que ela é possível,[9] dentro do que se pode compreender como *concorrência eficaz*.[10]

---

[9] Nos setores em que a concorrência não poderia ser aplicada a toda e qualquer atividade, a sistemática utilizada foi a de separar as atividades e instituir competição naquelas em que

A possibilidade do exercício de uma política comercial na fixação de preços constitui, em última análise, uma decisão estatal de política pública. O Estado atribui espaços de liberdade para que o terminal portuário exerça decisões relacionadas aos preços que se orientem pela lógica privada de política comercial.

10.3 A liberdade empresarial como limite à ingerência administrativa

Nesse contexto, pode-se afirmar que há um princípio geral de que a Administração deve respeitar os espaços de autonomia gerencial conferidos pelo ordenamento aos terminais portuários.

Havendo um espaço de liberdade empresarial para que os terminais exerçam decisões relativas à fixação de preços, a Administração não poderá ter ingerência sobre as opções do prestador. Do contrário, sequer haveria motivo para conferir liberdade aos terminais.

A identificação de um modelo regulador pautado pela definição de espaços de liberdade ao terminal portuário consiste em um *critério de interpretação* das cláusulas gerais de atribuição de competências – inclusive de natureza normativa – à Administração.

Há, portanto, um sentido negativo na regulação dos setores caracterizados pela flexibilidade na fixação de preços, como é o caso do

---

isso fosse possível (mecanismo conhecido por *unbundling*). Acerca do tema, confiram-se: ARAGÃO, Alexandre Santos de. Serviços públicos e concorrência. *Revista de Direito Público da Economia – RDPE*, n. 2, p. 59-124, abr./jun. 2003. p. 82-86; DUTRA, Pedro. Desagregação e compartilhamento do uso de rede de telecomunicações. *Revista de Direito Administrativo – RDA*, n. 226, p. 139-140; JUSTEN FILHO, Marçal. *Teoria Geral das Concessões de Serviço Público*, p. 41.

[10] Segundo Javier García de Enterría, o objetivo assumido pelo Direito da Concorrência é "la denominada competencia 'funcional' o 'praticable' o 'eficaz': un nivel de competencia mínimo, que varía en función del sector económico en cuestión, pero que resulte suficiente para producir los benefícios más relevantes que tradicionalmente se vinculan a los fenómenos competitivos: mantener precios y costes por debajo de los que caracterizan a las situaciones de monopolio, estimular la reducción de costes y de precios, así como fomenta la utilización y asignación eficiente de los factores de producción" (La regulación del sector eléctrico: intervención normativa sobre el mercado y defensa de la competencia. *In:* ÁLVAREZ-VALDÉS y VALDÉS, Manuel *et al. Regulación Sectorial y Competencia*. Madrid: Civitas, 1999. p. 112). Segundo o doutrinador, portanto, o conceito de concorrência eficaz ou funcional não é preciso nem determinado uma vez que o fenômeno da concorrência não se apresenta com as mesmas características em todos os setores econômicos. Mesmo assim, o conceito de concorrência eficaz é útil para demonstrar que o legislador não busca de modo nenhum a concorrência perfeita, idêntica para todos os mercados, e sim a concorrência que deve ser valorada em função de cada setor econômico e de seu próprio marco regulador.

setor portuário. Trata-se da impossibilidade de a Administração exercer atuação que ofenda os espaços de liberdade conferidos aos prestadores. Há uma garantia dos terminais portuários frente a ingerências indevidas da Administração.

O efeito da liberdade empresarial na regulação de serviços de interesse coletivo foi bem exposto por Carlos Ari Sundfeld e Jacintho Arruda Câmara.[11] Os doutrinadores entendem que há nos serviços de utilidade pública dois modelos reguladores muito diferentes, denominados por eles de "modelo político" e "modelo técnico". No "modelo político", a autoridade reguladora recebe um poder de conformação de largo espectro, que não encontra limite em qualquer direito à liberdade empresarial do prestador. Já no "modelo técnico", a autoridade reguladora recebe um poder de conformação setorial limitado pelos espaços de liberdade empresarial assegurados por lei. A distinção entre os dois modelos, portanto, está centrada na existência ou não de liberdade empresarial. Segundo eles, o regime de liberdade de preços é um dos mecanismos que refletem a existência de espaços de liberdade empresarial. Assim, conforme explicam os doutrinadores, qualquer regulamento editado pela Administração não poderá ignorar esses espaços de liberdade conferidos aos prestadores, sob pena de ofensa à lei que regula o setor.

Com base nessas observações, Carlos Ari Sundfeld e Jacintho Arruda Câmara concluem que, "para a interpretação dessas cláusulas gerais de competência reguladora dos serviços públicos, é essencial identificar qual é, segundo a lei, o modelo regulador setorial. Se o modelo for técnico – não político – a interpretação deve se pautar pelo objetivo de garantir a plena vigência dos espaços de liberdade empresarial que foram criados pela lei".[12]

10.4 A flexibilidade na fixação de preços e o caso dos preços *ad valorem*

Tais conclusões aplicam-se com perfeição ao regime dos terminais portuários.

---

[11] Da regulação política à regulação técnica: o efeito da liberdade empresarial nos serviços públicos. *Revista de Direito Público da Economia – RDPE*, Belo Horizonte, ano 7, n. 26, p. 55-62, abr./jun. 2009.

[12] Da regulação política à regulação técnica: o efeito da liberdade empresarial nos serviços públicos. *Revista de Direito Público da Economia – RDPE*, Belo Horizonte, ano 7, n. 26, p. 55-62, abr./jun. 2009. p. 62.

Os terminais portuários têm liberdade na fixação de preços. Tal liberdade se reflete na definição dos montantes cobrados e na sistemática de cobrança. Se um terminal portuário entender que é mais adequado cobrar preços de armazenagem calculados em um percentual sobre o valor da mercadoria armazenada, inclusive com flutuações desse percentual ao longo do período de armazenagem, trata-se de uma decisão privada de política comercial, que não encontra óbice em nenhuma norma que trata do assunto.

11 Possíveis efeitos de uma eventual proibição de cobrança de preços *ad valorem*

Do exposto até aqui, conclui-se que não há motivo algum para se proibir a cobrança de preços *ad valorem* por terminais portuários.

De todo modo, admitindo-se por hipótese que se pretenda vedar esse tipo de cobrança, pode-se antecipar algumas possíveis decorrências, potencialmente negativas.

Em primeiro lugar, os titulares de terminais portuários poderão alegar que tiveram indevidamente afetada a sua margem de liberdade para o exercício de política comercial. Poderá haver pleitos de indenização e até mesmo de reequilíbrio econômico-financeiro (estes últimos no tocante a terminais arrendados).

Em segundo lugar, pode-se estimar que, com a eventual proibição da cobrança de preços *ad valorem*, haja o incremento de preços cobrados dos titulares de cargas menos valiosas, o que pode ser prejudicial a pequenos importadores e benéfico a grandes importadores.

Um fator relevante é que, caso se alterem as normas aplicáveis de modo a se proibir a cobrança de preços *ad valorem*, deverá haver alguma regra de transição, com um período para que os terminais portuários adaptem a sua sistemática de cobrança (inclusive por aplicação do art. 23 da LINDB). Não será possível simplesmente a supressão de preços *ad valorem* de imediato. A tabela de preços é um todo complexo, e a alteração em um determinado preço pode acabar tendo reflexos em outros itens da tabela.

Ademais, é evidente que eventuais alterações normativas para o futuro não teriam efeitos pretéritos. Do contrário, haveria ofensa à garantia constitucional da irretroatividade das normas (CF/88, art. 5º, inciso XXXVI) e à boa-fé dos terminais portuários (que cobram preços *ad valorem* há décadas, sem qualquer impugnação ou questionamento).

12 Conclusões

Nossas conclusões específicas foram expostas ao longo dos tópicos anteriores. As conclusões gerais são as de que a cobrança de preços *ad valorem* (i) apresenta uma lógica racional que permite afirmar que não se trata de uma prática aleatória ou sem sentido; (ii) não ofende as normas que regem o setor portuário, (iii) constitui prática consolidada, inclusive em outras atividades (como na armazenagem de cargas em aeroportos, por exemplo) e (iv) insere-se nos espaços de liberdade garantidos aos terminais portuários pelas normas que regem o setor.

Informação bibliográfica deste texto, conforme a NBR 6023:2018 da Associação Brasileira de Normas Técnicas (ABNT):

SCHWIND, Rafael Wallbach. Liberdade de preços nos terminais portuários: o caso dos preços *ad valorem*. *In:* JUSTEN FILHO, Marçal; SILVA, Marco Aurélio de Barcelos (Coord.). *Direito da Infraestrutura*: estudos de temas relevantes. Belo Horizonte: Fórum, 2019. p. 297-314. ISBN: 978-85-450-0672-5.

A CIDADE PARA AS PESSOAS ATRAVÉS DA ESTAÇÃO DE METRÔ: ÍNDICE DE CAMINHABILIDADE PARA O ENTORNO DA ESTAÇÃO ELDORADO, GRANDE BELO HORIZONTE

RENATA R. NUNES DE CARVALHO

PAULA VIEIRA GONÇALVES DE SOUZA

1 Introdução

Belo Horizonte, capital de Minas Gerais, possui uma população da ordem de 2,5 milhões de habitantes (2015) e demandas crescentes em mobilidade urbana. A expansão da cidade tem sido abordada pelo planejamento municipal e regional com políticas orientadas ao pedestre e priorizando modais coletivos, tais como a criação do MOVE, sistema de *Bus Rapid Transit*, e pedestrianizações em regiões com alto tráfego de pedestres, sobretudo em áreas comerciais (ICLEI, 2017).

Os dados mais recentes sobre a divisão modal em Belo Horizonte mostram uma conformação em que as porcentagens de transporte público, deslocamentos a pé e carros particulares são similares, conforme gráfico (FIG. 1) (ICLEI, 2017).

Figura 1 – Divisão Modal em Belo Horizonte

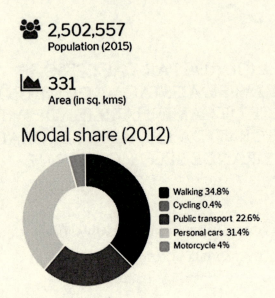

Fonte: ICLEI, 2017.

A inexpressividade do sistema de metrô na matriz de transportes de Belo Horizonte, no entanto, é um tópico pouco abordado nos levantamentos estatísticos e na literatura técnica.

Esse desequilíbrio, com o predomínio díspar do transporte rodoviário e frequentemente, individual, resulta na saturação das vias e, na escala das cidades, na redução da participação do modo a pé.[1] Como alternativa, tem-se incentivado a multimodalidade. No caso das cidades, a Política Nacional de Mobilidade Urbana (PNMU) prioriza os modos de transporte coletivos e os individuais não motorizados, de forma socialmente inclusiva e ecologicamente sustentável (BRASIL, 2004). O transporte metroviário, entendido como um modal coletivo de alta capacidade, adéqua-se à conjuntura metropolitana e às diretrizes da PNMU.

---

[1] Para Jan Gehl, o carro espreme a vida urbana para fora do espaço público (ANTUNES, 2011. p. 1). O arquiteto é autor do livro *Cidades para Pessoas* (2010) e defensor do desenho urbano que prioriza os espaços térreos e parte do ponto de vista do pedestre.

Em Fronteiras/redes, Mitchell (2003) faz uma analogia entre o significado das fronteiras e redes no campo virtual e no campo da cidade. O autor aplica o arquétipo da rede à realidade da arquitetura e do urbanismo, nos termos da relação entre espaços, do transporte e circulação de informações, evidenciando a proximidade entre o transporte coletivo e as redes informacionais. Essa realidade é manifesta, por exemplo, na proliferação de aplicativos de mobilidade urbana em tempo real.

Para Mitchell (2003), a evolução das cidades é representada pela transição da 'cidade murada' para a 'cidade rede'. A primeira caracteriza-se pela fronteira que a enclausura e protege, enquanto a segunda caracteriza-se por sua conectividade. Uma analogia pode ser tecida com relação à capital mineira Belo Horizonte, planejada por Aarão Reis e inaugurada em 1896. O plano original caracterizava-se pela Avenida do Contorno, a delimitação do crescimento urbano, e pela dimensão simbólica de se transferir uma capital colonial para uma capital republicana (SEGAWA, 2014). Hoje, verifica-se uma expansão da malha urbana que suplantou os limites originais, havendo múltiplas centralidades e eixos de conexão, como o Anel Viário que conecta à cidade cinco rodovias federais (AGÊNCIA RMBH, 2011).

Em 2010, foi elaborado o Plano de Mobilidade Urbana de Belo Horizonte (PlanMob-BH).[2] No PlanMob-BH são estabelecidas propostas baseadas num transporte coletivo mais atraente. A primeira estratégia, implantar uma rede estruturante do transporte coletivo, apoia-se na associação entre o corredor de *Bus Rapid Transit* (BRT) e a expansão do sistema metroviário. Soma-se a esse contexto de políticas urbanas nos anos 2000-2010s o surgimento do urbanismo tático como ferramenta de planejamento, projeto e implementação. Intervenções temporárias, de baixo custo e rápida aplicação, com caráter de tentativa-e-erro, elucidam à população e aos gestores as mudanças pedidas pelo espaço da cidade (PFEIFER, 2013).

A importância da mobilidade urbana é constitucional.[3] A mobilidade sustentável, que prioriza modais não emissores de combustíveis fósseis e prioriza modais coletivos sobre os individuais, é essencial para

---

[2] Exigência do Estatuto das Cidades (BRASIL, 2001) para todas as cidades com mais de 500 mil habitantes. O PlanMob-BH foi elaborado pela empresa BHTrans em parceria com a Prefeitura Municipal de Belo Horizonte.

[3] Constituição Federal de 1988, Art. 30. No inciso V, afirma-se que o serviço de transporte é de competência municipal e possui "caráter essencial".

o desenvolvimento das metrópoles e para a qualidade de vida dos seus cidadãos (BOARETO, 2008; ARAÚJO *et al.*, 2015). A qualidade de vida no transporte urbano está relacionada à autonomia e segurança no direito de ir e vir, como preconiza a Política Nacional de Mobilidade Urbana Sustentável (BRASIL, 2004).

A qualidade do espaço urbano como lugar de permanência é essencial para a sensação de segurança e para a identificação entre as pessoas e a cidade (FONTES, 2012; DUTUTA, ADRIAZOLA-STEIL e HIDALGO, 2013; LIMA, 2009). Há também uma clara relação entre o lugar social ocupado pelo indivíduo e seu lugar no espaço da mobilidade urbana – de forma que, maior a renda, maior a diversidade de viagens e a gama de opções de deslocamento. Como sistema, a mobilidade urbana é ligada às condições socioeconômicas da população, elucidando conflitos variados, nos planos físico, político e mesmo ambiental (ARAÚJO *et al.*, 2015).

O transporte urbano relaciona-se com a organização das sociedades de diversas formas e influencia seus hábitos (TASSARA *et al.*, 2013). É um indicativo da competência da administração pública e também um fator de distinção entre as economias de primeiro e terceiro mundo. A infraestrutura de transportes coletivos elucida eficientemente uma série de problemas sociais.

No Brasil, a saturação dos modais rodoviários torna urgente o investimento na multimodalidade e, no caso de Belo Horizonte, seria importante investir na expansão da rede metroviária, a integrar-se com a cicloviária, também carente de ampliação, com os deslocamentos a pé e os demais modos de transporte coletivo.

O contato entre o usuário e o transporte metroviário acontece em espaços delimitados: o ponto de partida, o trajeto a uma estação, a estação de partida, as estações de baldeação e a estação de chegada, e o trajeto final até o destino pretendido – também chamado de 'a última milha'. Este trabalho dedica-se a estudar a relação entre o usuário e as estações, pontos nodais da rede metroviária, oportunidades para se aprimorar a relação entre as pessoas e a cidade.

Após consulta ao portal on-line e ao Plano de Ação 2018 da CBTU: Companhia Brasileira de Trens Urbanos (2018), bem como aos dados de demanda das estações em outubro de 2018, selecionou-se para o desenvolvimento do presente trabalho o entorno imediato da estação Eldorado, localizada no mapa a seguir (FIG. 2).

Figura 2 – Mapa da Rede Metroviária com Expansões Previstas

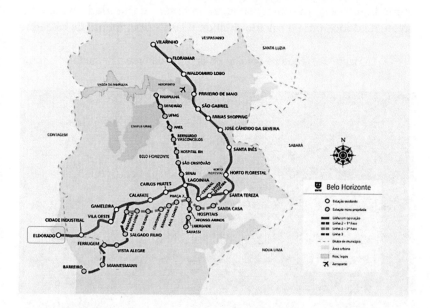

Fonte: COMPANHIA BRASILEIRA DE TRENS URBANOS, 2018.

O critério de seleção foi a maior relevância em termos de demanda de passageiros. A seguir (TAB. 1), foram compilados os dados de arquivos internos da CBTU (2018), comparando-se as demandas máxima e mínima das estações da Linha 1, única linha do sistema, referentes ao mês de outubro de 2018.

Tabela 1
Dados mensais de demanda, CBTU – outubro 2018

Estação de maior embarque	UEL (Eldorado)
Maior embarque	802.116 passageiros
Estação de menor embarque	UPM (Primeiro de Maio)
Menor embarque	78.849

Fonte: Adaptado de COMPANHIA BRASILEIRA DE TRENS URBANOS, 2018.

A partir de então, verificou-se a inserção urbana da estação (FIG. 3), analisando-a em relação aos critérios do Índice de Caminhabilidade, ou seja, que mais se aproximassem da unidade básica de coleta de dados para o cálculo final do iCam – o segmento de calçada.

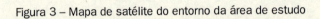

Figura 3 – Mapa de satélite do entorno da área de estudo

Fonte: Google Maps ©. Editado pela autora.

Os dois segmentos de calçada selecionados, identificados como S1 e S2, correspondem às faces de quadra mais diretamente relacionadas ao acesso principal da Estação Eldorado. Realizou-se coleta de dados em levantamento de campo, em 29 de novembro de 2018, em períodos da tarde e noite. Note-se também que os segmentos de calçada selecionados estão nas quadras opostas à Estação, visto que o terminal de transportes em si não configura uma face de quadra conforme os parâmetros do iCam.

2 Objetivo

Investigar características espaciais que tecem a estação metroviária à malha urbana, contribuindo para a urbanidade de Belo Horizonte – MG, a partir da análise da caminhabilidade no entorno da estação selecionada.

3 Metodologia e métodos

Esta pesquisa foi feita através de procedimentos metodológicos *teóricos* e *práticos*. Quanto à abordagem, tratou-se de uma pesquisa exploratória (GIL, 2012) e indutiva. Para atingir os objetivos descritos na seção anterior, foram utilizados procedimentos metodológicos teóricos e práticos de coleta de dados.

Os procedimentos metodológicos teóricos consistiram da *pesquisa aplicada bibliográfica* e das *pesquisas arquitetônicas de correlação* (GIL, 2012); a partir de livros, artigos, bancos de dados, monografias e teses publicados na *web* ou consultados em biblioteca.

Os procedimentos metodológicos práticos consistiram de *pesquisa de campo*. Foi realizada visita técnica à estação, selecionada para o estudo de campo, do metrô de Belo Horizonte – MG; levantamentos fotográficos, notas e desenhos, com base na ferramenta "Índice de Caminhabilidade" (ITDP, 2018) (cf. item 3.1, a seguir). Os resultados da aplicação dessa metodologia se apresentam no item 5 do presente documento e os dados detalhados relacionados à ferramenta iCam são apresentados no Apêndice A.

3.1 Índice de Caminhabilidade: ferramenta (ITDP, 2018)

O Índice de Caminhabilidade (iCam) serve para gestores públicos, técnicos da administração e setores da sociedade civil como ferramenta de avaliação da experiência do pedestre em seu ato de caminhar. Essa ferramenta sistematiza 15 indicadores conforme seis grandes categorias, às quais é atribuída uma pontuação. No Quadro 1, estão resumidos os indicadores avaliados pelo iCam em cada categoria descrita.

O cálculo da pontuação final de cada indicador é feito ponderando-se as pontuações de cada segmento de calçada, para uma dada área de estudo. Então, calcula-se a média aritmética entre as pontuações finais dos indicadores, para se obter a pontuação ponderada de cada categoria. E para se obter o resultado final do iCam, calcula-se a média aritmética simples do resultado final ponderado das categorias (ITDP, 2018).

Quadro 1

Categorias do iCam

CATEGORIA	DESCRIÇÃO	INDICADORES
Calçada	Relaciona-se à infraestrutura usada para caminhar	• Largura • Pavimentação
mobilidade	Relaciona-se à proximidade em relação às redes de transporte público e à permeabilidade da rede urbana	• Dimensão das quadras • Distância a pé ao transporte
atração	Relaciona-se às características do uso do solo que possuem potencial de atração para os pedestres, em termos de intensidade e frequência das rotas de pedestres	• Fachadas fisicamente permeáveis • Fachadas visualmente ativas • Uso público diurno e noturno • Usos mistos
segurança viária	Relaciona-se à segurança dos pedestres em relação ao tráfego de veículos motorizados e a aspectos de acessibilidade	• Tipologia da rua • Travessias
segurança pública	Relaciona-se a aspectos de desenho urbano e de edificações que influem sobre a sensação de segurança transmitida aos pedestres e sobre o número de ocorrências	• Iluminação • Fluxo de pedestres diurno e noturno
ambiente	Relaciona-se aos aspectos ambientais que influem sobre a caminhabilidade	• Sombra e abrigo • Poluição sonora • Coleta de lixo e limpeza

Fonte: ITDP, 2018.

4 Revisão de literatura

A consolidação das metrópoles implica a grande concentração populacional em um número restrito de cidades, cujo crescimento supera as previsões dos especialistas, como se observou após as projeções feitas pelo Clube de Roma (BOARETO, 2008). Com esse crescimento urbano pouco previsível e acelerado, crescem as taxas de motorização da população, o que potencializa a crise da mobilidade nas cidades.

Para Boareto (2008), uma cidade funcionará bem segundo dois princípios de planejamento: um bom uso do solo e um sistema eficiente de mobilidade. Porém, para além das questões de trânsito e congestionamento, o crescimento urbano desenfreado relaciona-se também com questões de padrão de consumo, concentração de renda e desigualdade e pressões ambientais decorrentes desses fatores.

Do ponto de vista da sustentabilidade, tanto Boareto (2008) quanto Polidori e Krafta (2003) tratam a questão da fragmentação urbana. O primeiro autor ressalta que o processo de urbanização em curso, sobretudo nas cidades brasileiras, segue a visão de que a cidade deve continuamente expandir-se – o que desconsidera custos de implantação de infraestrutura, e consequentes pressões sobre as áreas de preservação ambiental. O autor é, portanto, mais favorável à manutenção de núcleos urbanos mais compactos, e menos favorável à expansão urbana (tecnicamente conhecido como *urban sprawl, na terminologia em inglês*).

Como forma de propor solução à aparente dicotomia entre as noções de *urbano e ambiental*, Costa (1999) aponta a dinamicidade de ambos os conceitos. Aponta a mudança de enfoque sobre a questão ambiental urbana, protagonista nos estudos da década de 1970, mas relegada já na década de 1990 aos campos mais técnicos. Quanto à questão ambiental, mostra o alargamento de seu arcabouço teórico, com a incorporação de outros campos do conhecimento – como sua relação com os modos de produção e respectivas pressões sobre pessoas e meio ambiente. Para a autora, o posicionamento relativo ao projeto de modernidade capitalista tem sido crucial na elaboração dos conceitos de desenvolvimento sustentável. Dessa forma, o desenvolvimento sustentável, em sua vertente urbana, é visto por Costa (1999) como sustentáculo do planejamento contemporâneo.

Costa (1999) busca exemplificar caminhos de articulação possível entre a análise e intervenções urbanas e ambientais, através da regulação e do planejamento, que devem desenvolver melhores condições de sustentabilidade socioespacial. No caso de Belo Horizonte, pode ser apontada a articulação de aspectos da política urbana local, nos anos 1990, e a formulação de um Plano Diretor. No Plano, condicionou-se a ocupação do solo a elementos do quadro natural, sinalizando-se a permeabilidade e gestão das águas da cidade em função das condições ambientais, e formulando-se uma democratização do espaço público.

A sustentabilidade nas cidades é expressa em suas várias dimensões (COSTA, 1999) – social, ambiental e econômica, ao menos – e pode ser lida também através das relações entre as pessoas e o espaço urbano. É possível que a dimensão social da sustentabilidade seja a sustentação para a atual sociedade, organizada em cidades (BOARETO, 2008). Para Gehl (2010), a solução das cidades reside em devolver o espaço urbano às pessoas, enquanto Lerner (2011) sugere que cada cidadão seja dono de um "BMW": um cartão de mobilidade que comporte ao mesmo tempo *bus, minibus, walking* ou *bus, metrô, walking*; cuja rápida integração crie uma boa alternativa ao transporte motorizado individual.

Boareto (2008) organiza as cidades brasileiras, no contexto das formulações de planos de mobilidade, em três grupos, a saber: (i) cidades com a visão tradicional de problemas locais; (ii) cidades com visão de eficiência para o modelo de mobilidade, incorporando melhorias aos modais não focados no automóvel individual; e (iii) cidades orientadas ao desenvolvimento sustentável, que revertam o atual modelo de desenho urbano e mobilidade. O diagnóstico do autor encontra, no país, cidades nos grupos (i) e (ii) e prevê a transição para o grupo (iii) através de investimentos em sistemas sobre trilhos, ciclovias e calçadas, *Bus Rapid Transit* (BRT), combinados a ferramentas de gestão político-econômica e demandas da mobilidade.

Do ponto de vista da gestão, operação e mesmo da percepção do sistema de mobilidade pelas pessoas na cidade, as tecnologias de informação (TI) são bastante expressivas. Dias (2016) enuncia o conceito de um espaço retigráfico (reticular e geográfico, em interpretação livre), no qual ocorrem simultaneamente a *mobilidade densa* e a *mobilidade rarefeita*, indissociáveis, na prática.

A mobilidade densa consiste no deslocamento das pessoas – ou cargas – no espaço físico e em um intervalo de tempo determinado. Já a mobilidade rarefeita consiste no deslocamento através do fluxo de dados de redes digitais, instantânea e simultânea, de um ponto para muitos. Interessa à autora, e também aqui, a união entre as mobilidades densa e rarefeita, feita através da *conectividade*.

Configura-se, através da conectividade e sobrepondo-se a rede geográfica de ruas da cidade à estrutura das redes de dados, o *espaço retigráfico*, no qual manifestam-se digitalmente mapas colaborativos. Esses mapas localizam: incidentes, situações favoráveis ou desfavoráveis a protestos, condições de trânsito para ciclistas; aplicativos indicadores do "humor" das pessoas e da sensação de segurança nos espaços da cidade; além das sinalizações e aportes físicos, no espaço urbano, à conectividade. Como exemplos desses aportes, têm-se totens sinalizando a disponibilidade de *wi-fi* e os *displays touchscreen* informativos e interativos. Dias (2016) explora tais exemplos como manifestações da interseção entre as mobilidades densa e rarefeita na cidade, aos quais se adicionam novas ferramentas cotidianamente, ao longo da evolução das cidades e da tecnologia. As inovações tecnológicas, aliadas ao planejamento e gestão das cidades, são, portanto, cruciais para a configuração da mobilidade urbana na cidade sustentável.

No estudo de Farber (2016), são explorados os padrões espaçotemporais da acessibilidade ao sistema de transporte coletivo, com ênfase nos tempos de viagem origem-destino e suas variações ao longo do dia. O autor pontua também a dificuldade de se ter acesso a uma rede digitalizada de pedestres, integrada ao transporte coletivo, o que se soma ao problema conhecido como "a última milha" – a finalização da jornada no transporte público. Para solucioná-la, o autor enuncia e aplica a ferramenta *travel time cube*,[4] que equaciona também o uso da bicicleta na última milha. Sobre o problema da última milha, para Gehl (2010. p. 107),

> O percurso do domicílio ao destino e vice-versa deve ser visto em sua totalidade. Bons percursos para pedestres e ciclistas e bons serviços nas estações são elementos essenciais- durante o dia e também à noite – para garantir conforto e a sensação de segurança.

Gehl (2010) percebe a boa paisagem urbana e o bom sistema de transportes como indissociáveis, tamanha a importância da qualidade das viagens, a pé ou de bicicleta, entre um ponto de ônibus – ou uma estação – e outro. Tanto do ponto de vista da qualidade quanto da eficiência, esses trechos de transferência, ainda que periféricos à rede de transporte coletivo, influenciam seu funcionamento como um todo.

---

[4] FARBER, 2016. p. 15. "Matriz de tempo de viagem", em tradução livre.

Para compreender uma intervenção sobre o ambiente da cidade, parte-se do conceito da intervenção socioambiental exposto no trabalho de Tassara *et al.* (2013), e aprofunda-se a noção de psicologia ambiental em Mahmoud (2015). Para Tassara *et al.* (2013), a intervenção socioambiental articula o ambiente, a psicologia e a educação de forma estratégica, investigativa e inovativa, capaz de produzir transformação local.

Há na intervenção caráter utópico e pacífico, direcionado a democratizar o espaço em questão, a socializar as pessoas que com ele se relacionam e a potencializar as relações entre as pessoas e o espaço. Os autores pontuam também o caráter participativo da intervenção socioambiental, cujos elementos básicos se dão a conhecer: (i) o *campo socioambiental*, ou o problema que se estuda; (ii) o *grupo de atores sociais*, engajados num planejamento participativo da ação de intervenção; (iii) os *sujeitos técnicos*, ou o grupo facilitador para esse planejamento participativo. Cabe ao coordenador da ação, segundo esses autores, promover as reflexões críticas, mediar os eventuais conflitos, facilitar os consensos e gerir as discordâncias (TASSARA *et al.*, 2013).

A psicologia ambiental, para Mahmoud (2015), contribui para o processo de projetação do arquiteto, à medida que avalia se a intenção de projeto foi atingida. Se o ambiente pode influenciar e delimitar comportamentos, é necessário um planejamento adequado, que provenha satisfação do usuário, bem-estar e desenvolvimento aos indivíduos usuários do espaço. Os processos de percepção, cognição espacial e de comportamento são influenciados por competências individuais e coletivas, de tal forma que o pertencimento em relação a um ambiente social transpõe a experiência cognitiva e emocional, incluindo também as crenças culturais dos indivíduos (MAHMOUD, 2015).

No planejamento e no projeto de cidades, para Mahmoud (2015), o ambiente é um conceito complexo que consiste das dimensões arquitetônica, espacial, cultural, social, simbólica, física, geográfica, histórica e biológica. Inclui os ambientes natural, social, construído e de aprendizado. Além de elementos palpáveis, o ambiente inclui também mensagens, significados e códigos, interpretados e compreendidos pelas pessoas com base em suas próprias expectativas, motivações e julgamentos. É a avaliação do ambiente que dirá se o espaço projetado atingiu as intenções de projeto e planejamento.

Fontes (2012), de forma similar ao que descreveram Tassara *et al.* (2013), coloca as intervenções temporárias sobre o espaço da cidade como uma ferramenta de transformação positiva. Similarmente a

Mahmoud (2015), a autora pontua efeitos da vida urbana sobre as relações humanas, enfatizando sua efemeridade, transitoriedade e superficialidade. Para a autora, as intervenções temporárias – sobretudo as artísticas – têm em seu cerne a intenção de provocar reações, removendo as pessoas do estado de passividade em que se encontram na esfera urbana, desde os primórdios da modernidade.

Quantos às intervenções temporárias de caráter de desenho urbano, Pfeifer (2013) emprega o conceito de urbanismo tático – intervenções temporárias e de baixo custo, que procuram aprimorar as condições do espaço urbano, com ações de curta duração, mas que inspiram mudanças positivas a longo prazo. O planejador assume postura de instigador e, como nos exemplos explorados por Costa (1999) e Fontes (2012), o engajamento da comunidade é decisivo para os resultados alcançados.

É exemplo dessas intervenções de desenho temporário, enumeradas por Pfeifer (2013), o projeto WalkRaleigh, no qual um estudante de urbanismo produziu placas de sinalização para pedestres de forma a estimular a caminhada na cidade de Raleigh, Estados Unidos (EUA), cujo planejamento é intensivamente voltado ao automóvel.

Sadik-Khan (2013) relata formas de aplicação do urbanismo temporário sobre o planejamento de transportes urbanos na cidade de Nova York. A preletora coloca as ruas, na era urbana, como recursos espaciais de grande importância, mas subaproveitados, pela priorização historicamente dada aos modais motorizados individuais. Sahdik-Khan demonstra formas de se atualizar o espaço das ruas com intervenções rápidas, de baixo custo e de alto valor para a urbanidade nova-iorquina, como no caso da pedestrianização parcial de Times Square. Um projeto-piloto de seis meses criou largas áreas de pedestres, usando materiais temporários, alicerçadas na base de dados da mobilidade da cidade.

A fase de levantamento e diagnóstico descrita por Sadik-Khan (2013) aponta a escassez de assentos no espaço da cidade, condição desfavorável a todas as faixas etárias e a todos os agentes na cidade. A ênfase na qualidade de vida e na eficiência da infraestrutura foi, nas palavras da autora, o objetivo dessas ações de planejamento. Mais espaço foi dado a ônibus, bicicletas e às atividades de permanência das pessoas, de forma a criar espaços mais seguros e atrativos. A presença do espaço voltado às pessoas trouxe grande público, de imediato.

A relação entre o urbanismo tático e o projeto de estações de transporte público é pouco explorada na literatura. Porém, há similaridades entre o que propõem Fontes (2012), Pfeifer (2013) e os princípios encontrados no *Station Design Idiom* (TRANSPORT FOR LONDON, 2015). Dentre eles, são os mais relevantes ao tema da intervenção temporária: um projeto orientado ao lugar e às pessoas; a ligação com o espaço público e com o histórico local; a integração à comunidade e ao comércio; o tratamento das fachadas, frontões, portais e entradas; enfim, as formas de tecer a estação à trama do lugar. No guia, o lugar é visto como o principal objetivo do deslocamento das pessoas no sistema de mobilidade, e sua valorização é vista como princípio norteador em planejamento e projeto.

5 Resultados e discussão

Conforme os parâmetros do iCam (ITDP, 2018), as 15 categorias analisadas foram avaliadas com suas metodologias e métricas específicas. Esses resultados parciais e o índice final são expressos em valores de 0 a 3, representando-se a experiência do pedestre de forma quali-quantitativa. Os resultados parcial e global do índice são avaliados conforme as seguintes escalas: 0, insuficiente; 1, suficiente; 2, bom e 3, ótimo. Dentre as categorias analisadas, destacam-se os seguintes indicadores e categorias, descritos a seguir e compilados na Tabela 2 (iCam – Entorno da Estação Eldorado – Síntese dos resultados).

(a) Categoria Calçada: a experiência do caminhar foi altamente impactada pela presença de muitos desníveis e buracos, quantificados para o cálculo do iCam. No entanto, o fato de a largura útil de calçada ser suficiente para o fluxo de pedestres local teve maior peso relativo, elevando o resultado parcial para 3 – *ótimo*.

(b) Categoria Mobilidade: deve ser considerada a finalidade deste trabalho, de avaliar o entorno de um terminal de transportes. Assim, teve maior peso o parâmetro de distância a pé ao transporte, como esperado. Note-se também que, na calçada adjacente à entrada da Estação Eldorado, as condições de pavimentação eram melhores do que nos segmentos S1 e S2.

(c) Categoria Atração: talvez o parâmetro mais elucidativo e prático em sua aplicação – a simples contagem do número de pavimentos e dos usos identificados visualmente permite avaliar a dinâmica de atratividade do espaço público. Aqui, nota-se a vitalidade local, expressa pelas fachadas fisicamente permeáveis, em contraste com uma permeabilidade visual insuficiente, resultado sabidamente desfavorável para a sensação de segurança (FONTES, 2012; GEHL, 2013).

(d) Categorias Segurança Viária e Segurança Pública: a análise das travessias volta-se a condições de acessibilidade do piso, ilhas para pedestres e à semaforização. Na área de estudo, não houve travessias semaforizadas, apesar do intenso tráfego de ônibus e pedestres. As condições de acessibilidade também se mostraram desfavoráveis, com desníveis inacessíveis a cadeirantes e sinalização insuficiente. Quanto à iluminação, para o iCam avalia-se se está presente nas travessias e se voltada aos veículos e aos pedestres. Na área de estudo, foi negligenciada a iluminação voltada ao pedestre. O fluxo de pedestres é avaliado conjuntamente pelas categorias Calçada e Segurança pública.

(e) Categoria Ambiente: destaca-se a facilidade de aferição dos parâmetros de sombra e abrigo, medidos em 'passos' pelo pesquisador, de forma condizente com a experiência do caminhar. Simplificou-se a medição de poluição sonora, usando-se aplicativo *mobile* de medição de ruído, a partir do microfone de telefone celular.

Cabe ressaltar, para além dos resultados qualiquantitativos expressos no iCam, sua característica participativa como ferramenta de gestão do espaço urbano. Nota-se, na Tabela 2, a menção direta à campanha do ITDP (2018) para que as pessoas voluntariamente se engajem em coletar e fornecer os resultados locais do iCam, contribuindo para a criação de um banco de dados. A colaboração é facilitada pela tecnologia acessível e pela aplicação simples dessa ferramenta de análise.

O iCam resultou, para a área estudada, no valor *1,33 – suficiente*. A interpretação deste resultado indica a necessidade de esforços para melhorias no espaço público, com a finalidade de torná-lo mais caminhável, seguro e atrativo. Usos mistos e noturnos podem ser estimulados através de ajustes na legislação municipal e incentivos aos comerciantes. Já o desempenho desfavorável das travessias pode ser ajustado através de reforma temporária, privilegiando o espaço do pedestre, até sua validação e redesenho definitivo da via e seu entorno. Sombra e abrigo podem ser abordados de forma similar, estimulando-se a vegetação de médio porte em vasos ou permanentemente, e estimulando-se o uso de mobiliário urbano voltado para sombreamento.

6 Conclusões e considerações finais

Através do trabalho desenvolvido, foi possível aplicar e avaliar de maneira objetiva os parâmetros de caminhabilidade do entorno imediato da Estação Eldorado, Grande Belo Horizonte, compilados no iCam – Índice de Caminhabilidade.

A utilidade desta ferramenta está em direcionar prioridades de atuação para agentes de planejamento e de gestão do espaço urbano, com a finalidade de aprimorar a experiência do pedestre na cidade. É também relevante seu potencial participativo para coletar dados para melhorar a qualidade do espaço urbano. Assim, o iCam tem potencialidade de ser aplicado como ferramenta educativa e como forma de aprimorar a relação de identificação e pertencimento das pessoas com os lugares que frequentam na cidade, para além do olhar técnico do urbanista ou gestor.

Do ponto de vista da administração municipal e metropolitana, o iCam pode balizar decisões de desenho urbano ou de planejamento, como novas diretrizes de zoneamento urbano, priorizando quadras curtas ou a criação de passagens para pedestres. Do ponto de vista da administração do sistema de transportes coletivos, o iCam pode elucidar problemas na relação entre a estação e seu entorno, direcionando investimentos para torná-la mais atrativa e segura, possivelmente estimulando demandas de passageiros.

A relevância do urbanismo tático na relação com este tema está na possibilidade de se validarem, na prática e com baixos custos, as intervenções no espaço urbano antes que sejam feitas alterações em legislação, projetos e obras. O processo favorece também a participação dos usuários principais do espaço urbano, levando a resultados de menor custo e adequados à realidade local.

Referências

AGÊNCIA de Desenvolvimento Integrado da Região Metropolitana. *Plano Diretor de Desenvolvimento Integrado da Região Metropolitana de Belo Horizonte:* Oficinas Públicas – Ciclo C. Belo Horizonte: Agência RMBH, 2011. Disponível em: www.metropolitana.mg.gov.br/eixos-tematicos-integrados/relatorio-final. Acesso em: 27 mar. 2017.

AGÊNCIA Nacional de Transportes Terrestres. *Anuário Estatístico de Transportes 2010-2016.* Brasília: Ministério dos Transportes, Portos e Aviação Civil e Empresa de Planejamento e Logística S.A. – EPL, 2017. Disponível em: http://www.transportes.gov.br/images/2017/Sum%C3%A1rio_Executivo_AET_-_2010_-_2016.pdf. Acesso em: 01 dez. 2018.

BHTRANS. Prefeitura Municipal de Belo Horizonte. *PlanMob-BH: Plano de Mobilidade Urbana de Belo Horizonte – Relatório Final*. Belo Horizonte, 2010. Disponível em: http://www.bhtrans.pbh.gov.br/portal/pls/portal/!PORTAL.wwpob_page.show?_docname=9604263. PDF. Acesso em: 13 mar. 2017.

BLANCO, E. Mobilidade a pé: 6 fatores de sucesso. *The City Fix Brasil*, [S.l.], jul. 2018. Disponível em: http://thecityfixbrasil.com/2018/07/12/mobilidade-a-pe-6-fatores-de-sucesso/. Acesso em: 22 nov. 2018.

BRASIL. *Constituição da República Federativa do Brasil*. Senado Federal: Brasília, 2006. Disponível em: http://www.senado.gov.br/legislacao/const/con1988/CON1988_05.10.1988/CON1988.pdf. Acesso em: 23 mar. 2017.

BRASIL. *Lei nº 10.257, de 10 de jul. 2001*. Estatuto das Cidades. Senado Federal, Brasília, 2001. Disponível em: http://www.planalto.gov.br/ccivil_03/leis/leis_2001/l10257.htm. Acesso em: 26 mar. 2018.

BRASIL. *Lei nº 12.587, de 03 de jan. 2012*. Política Nacional de Mobilidade Urbana. Senado Federal, Brasília, 2012. Disponível em: http://www.planalto.gov.br/ccivil_03/_ato2011-2014/2012/lei/l12587.htm. Acesso em: 26 mar. 2018.

BRASIL. Ministério das Cidades. *Política Nacional de Mobilidade Urbana Sustentável*. Brasília, DF, 2004. 72p. Disponível em:https://erminiamaricato.files.wordpress.com/2016/01/cad-6-politicanacionalmobilidadeurbanasustentavel.pdf. Acesso em: 27 nov. 2018.

BOARETO, R. A política de mobilidade urbana e a construção de cidades sustentáveis. *Revista dos Transportes Públicos*, [S.l.], ano 30-31, 3º e 4º trimestres, 2008. p. 143-160. Disponível em: http://www.fetranspordocs.com.br/downloads/10APoliticaConstrucao CidadesSustentaveis.pdf. Acesso em: 01 dez. 2018.

BRASILEIRO, A. M. M. *Manual de produção de textos acadêmicos e científicos*. São Paulo: Atlas, 2013.

COMPANHIA Brasileira de Trens Urbanos. *Plano de Ação 2018*: Custeio. Belo Horizonte: CBTU, Dez. 2018. Disponível em: https://www.cbtu.gov.br/index.php/pt/desempenho/planos-de-acao. Acesso em: 01 jun. 2018.

COMPANHIA Brasileira de Trens Urbanos. *METROBH-Dados Demanda-Outubro 2018* [mensagem pessoal]. Mensagem recebida por renatinharnc@gmail.com em 21 nov. 2018.

COSTA, H. S. Desenvolvimento Urbano Sustentável: Uma Contradição de Termos? *Estudos Urbanos e Regionais*, n. 2, nov. 1999.

DIAS, C. A Materialidade Digital da Mobilidade Urbana: Espaço, Tecnologia e Discurso. *Línguas e Instrumentos Linguísticos*, [S.l.], n. 37, jan./jun. 2016. Disponível em: http://www.revistalinguas.com/edicao37/artigo7.pdf. Acesso em: 22 nov. 2018.

DUTUTA, N.; ADRIAZOLA-STEIL, C.; HIDALGO, D. *Saving Lives with Sustainable Transport*. Traffic safety impacts of sustainable transport policies. 2013. Disponível em: http://www.wri.org/publication/saving-lives-sustainable-transport. Acesso em: 11 ago. 2017.

FARBER, S. (2016) *Connecting people to places*: spatiotemporal analysis of transit supply using travel-time cubes. NITC-RR-662. Portland: Transportation Research and Education Center (TREC). Disponível em: http://dx.doi.org/10.15760/trec.143. Acesso em: 3 set. 2017.

FONTES, A. S. Intervenções temporárias e marcas permanentes na cidade contemporânea. *Arquiteturarevista*, São Leopoldo, v. 8, n. 1, p. 31-48, jan./jun. 2012. Disponível em: http://www.revistas.unisinos.br/index.php/arquitetura/article/viewFile/arq.2012.81.05/879. Acesso em: 27 ago. 2017.

GEHL, J. *Cidades para Pessoas*. Trad. Anita di Marco. 2. ed. São Paulo: Perspectiva, 2013.

GIL, A. C. *Como elaborar projetos de pesquisa*. 4. ed. São Paulo: Atlas S.A., 2012.

GONÇALVES, Amilcar. *A Matriz de Transporte e o Desenvolvimento Sustentável*. São Paulo: FIESP, 2012. Disponível em: http://www.anut.org/downloads/Apresentacao_Trabalhos/. Acesso em: 26 mar. 2017.

ICLEI – Local Governments for Sustainabilty. *Ecomobility*. Available at: https://ecomobility.org/alliance/alliance-cities/belo-horizonte-brazil/. Access in: 23 jan. 2018.

ITDP. Índice de Caminhabilidade: Ferramenta. Versão 2.1. [S.l.]: ITDP Brasil, Fev. 2018. Disponível em: http://itdpbrasil.org.br/icam2/. Acesso em: 1 jun. 2018.

ITDP. *ITDP Brasil-TA-iCam-Ferramenta2.0-Planilha*. Disponível em: http://itdpbrasil.org/icam2/. Acesso em: 3 dez. 2018.

LERNER, J. *Acupuntura Urbana*. 5. ed. São Paulo: Record, 2011.

LIMA, D. M. A. *Vinculação afetiva pessoa-ambiente:* diálogos na psicologia comunitária e psicologia ambiental. Fortaleza, 2009. Disponível em: https://www.researchgate.net/publication/277191764_Vinculacao_afetiva_pessoa-ambiente_dialogos_na_psicologia_comunitaria_e_psicologia_ambiental. Acesso em: 3 set. 2017.

MAHMOUD, K. Z. An introduction to the Environmental Psychology. *Advances in Environmental Biology*, 9(2), 500-505, 2015.

MITCHELL, William J. Fronteiras/redes. *In:* SYKES, Krista (Org.). *O campo ampliado da arquitetura*. São Paulo: Cosac Naify, 2003. p. 172-188.

NACTO. *Urban Street Design Guide*. Disponível em: https://nacto.org/publication/urban-street-design-guide/ . Acesso em: 23 nov. 2017.

PFEIFER, L. *The Planner's Guide to Tactical Urbanism*. Montreal: McGill School of Urban Planning, 2013. Disponível em: https://reginaurbanecology.files.wordpress.com/2013/10/tuguide1.pdf. Acesso em: 4 set. 2017.

POLIDORI, M.; KRAFTA, R. *Crescimento Urbano – Fragmentação e sustentabilidade*. X Encontro Nacional da Anpur – 2003. Disponível em https://wp.ufpel.edu.br/laburb/files/2016/03/23-POLIDORI-KRAFTA-Crescimento-Urbano_Fragmentacao-e-Sustentabilidade_ANPUR_2003.pdf. Acesso em: 3 dez. 2018.

PREFEITURA Municipal de Contagem. *Lei Complementar nº 082 de 11 de Janeiro de 2010. Anexo 9 – Mapa de Hierarquização do Sistema Viário*. Contagem, 2016. 1 mapa, color. Escala 1:25.000. Disponível em: http://www.contagem.mg.gov.br/arquivos/legislacao/dec_-_953_anexo.pdf. Acesso em: 3 dez. de 2018.

PPS (Project for Public Spaces). *Times Square:* NY, USA, 2006-2007 [S.l.]. Disponível em: https://issuu.com/translab.urb/docs/relato_rio_final_lab_slz. Acesso em: 7 fev. 2019.

SADIK-KHAN, J. As Ruas de Nova Iorque? Não mais tão cruéis. *TED: Ideas Worth spreading*. Trad. Gustavo Rocha. Revisão Ryan Martinez. Conferência TEDCity 2.0, 2013. (13 min. 58 seg.), .mp4, son., color. Disponível em: https://www.ted.com/talks/janette_sadik_khan_new_york_s_streets_not_so_mean_any_more?language=pt-br#t-825327. Acesso em: 3 set. 2017.

SEGAWA, Hugo. *Arquiteturas no Brasil*: 1900-1990. São Paulo: Edusp, 2014.

TASSARA, E. T. O.; ARDANS-BONIFACINO, H. O.; OLIVEIRA, N. N. de. *Psicologia socioambiental*: uma psicologia social articulando psicologia, educação e ambiente. 2013.

TRANSLAB.URB. *Resultados do LabSLZ* – Diretrizes para os Galpões. Issuu: Porto Alegre, nov. 2018. Disponível em: https://issuu.com/translab.urb/docs/relato_rio_final_lab_slz. Acesso em: 13 dez. 2018.

TRANSPORT for London. *London Underground Station Design Idiom*. Transport for London: Londres, 2015. Disponível em: http://content.tfl.gov.uk/station-design-idiom-2.pdf. Acesso em: 3 dez. 2018.

APÊNDICE A

Tabela 2
iCam – Entorno da Estação Eldorado – Síntese dos resultados

Índice de Caminhabilidade 2.0. Dúvidas: brasil@itdp.org

O ITDP Brasil concebeu a ferramenta iCam para apoiar estudos de caminhabilidade em cidades brasileiras. Para que possamos acompanhar o uso do iCam, gostaríamos de receber os resultados da aplicação realizada, instituição responsável e informações sobre a área de aplicação. Obrigada!

Os resultados podem ser enviados para: brasil@itdp.org

Cidade	Contagem (Grande Belo Horizonte)
Bairro	Eldorado
Área de aplicação (km²)	0,00462 (4.620 m²)
Instituição responsável pela aplicação	Universidade Federal de Minas Gerais
Informações para contato	Renata R. N. de Carvalho – renatinharnc@gmail.com

Indicadores e categorias	Pontuação final (de 0 a 3)	Critério de avaliação e pontuação (Insuficiente – Suficiente – Bom – Ótimo)
Pavimentação	1,00	suficiente
Largura	5,00	ótimo
Calçada	**3,00**	**ótimo**
Dimensão das quadras	0,00	insuficiente
Distância a pé ao transporte	6,00	ótimo
Mobilidade	**3,00**	**ótimo**
Fachadas fisicamente permeáveis	5,00	ótimo
Fachadas visualmente permeáveis	1,00	suficiente
Uso público diurno e noturno	0,00	insuficiente
Usos mistos	0,00	insuficiente
Atração	**1,50**	**suficiente**
Tipologia da rua	0,00	insuficiente
Travessias	0,00	insuficiente
Segurança viária	**0,00**	**insuficiente**
Iluminação	2,00	bom
Fluxo de pedestres diurno e noturno	2,00	bom
Segurança pública	**2,00**	**bom**
Sombra e abrigo	0,00	insuficiente
Poluição sonora	5,00	ótimo
Coleta de lixo e limpeza	3,00	ótimo
Ambiente	**2,67**	**bom**
iCam	**1,33**	**suficiente**

Fonte: ITDP, 2018. Excerto da Planilha de Aplicação do iCam. Dados preenchidos pela autora.

Informação bibliográfica deste texto, conforme a NBR 6023:2018 da Associação Brasileira de Normas Técnicas (ABNT):

CARVALHO, Renata R. Nunes de; SOUZA, Paula Vieira Gonçalves de. A cidade para as pessoas através da estação de metrô: Índice de Caminhabilidade para o entorno da Estação Eldorado, Belo Horizonte. *In*: JUSTEN FILHO, Marçal; SILVA, Marco Aurélio de Barcelos (Coord.). *Direito da Infraestrutura*: estudos de temas relevantes. Belo Horizonte: Fórum, 2019. p. 315-335. ISBN: 978-85-450-0672-5.

A EVOLUÇÃO HISTÓRICA DO SETOR ELÉTRICO BRASILEIRO

RENATA BECKERT ISFER

1 Introdução

A importância da eletricidade é tão notória que qualquer pessoa a percebe no seu dia a dia, tendo se tornado um bem indispensável à vida, como a água ou o ar.[1] O que não imaginamos ao ligar a televisão e acender o abajur é todo o complexo sistema que existe para tornar esses pequenos atos possíveis. Além de intrincado em seus aspectos técnicos, o sistema elétrico possui diversas normas regulatórias espalhadas pela legislação legal e infralegal que tornam o seu conhecimento uma tarefa, no mínimo, trabalhosa.

Essa complexidade deriva também do fato de que a concepção da forma de regulação do mercado mudou diversas vezes, tendo fases liberais e outras intervencionistas. E todos esses períodos deixaram rastros e regras que até hoje vigoram no sistema elétrico brasileiro.

Por essa razão, para entender como chegamos onde estamos e compreender as regras vigentes, torna-se oportuna uma abordagem histórica, analisando-se concomitantemente os aspectos regulatórios da evolução do setor.

---

[1] RICHER, Laurent. *Etat de la transposition de la directive 96/92 em France.* RJEP/CGEG, p. 27, 2002. *Apud* SANTIAGO JUNIOR, Fernando Antonio. *A Regulação do Setor Elétrico Brasileiro.* Belo Horizonte: Fórum, 2010. p. 22.

2 O surgimento da energia elétrica

Muito embora a energia elétrica tenha sido descoberta no ano de 1752 por Benjamin Franklin, foi com Thomas Edison que a eletricidade ganhou contornos industriais de suma importância para a sociedade. Baseado na teoria de indução de energia elétrica de Faraday de 1831, ele construiu a primeira central elétrica para distribuição de energia elétrica na cidade de Nova Iorque, em 1879.[2]

Até então, a produção e o uso de energia tinha natureza exclusivamente particular, de autoprodução. As fazendas tinham seus moinhos de vento, os veículos eram puxados por animais e a lenha era utilizada como principal fonte de energia.[3] Quase não havia comercialização de energia, de forma que vigoravam regramentos típicos de Direito Privado, sem qualquer intervenção governamental.[4]

O desenvolvimento do setor elétrico brasileiro ocorreu de forma contemporânea com os Estados Unidos e com a Europa, ainda na época do Império. Dom Pedro II era um grande entusiasta das invenções e descobertas científicas, de forma que no mesmo ano de 1879 autorizou Thomas Edison a trazer para o Brasil o seu invento e inaugurou a iluminação elétrica da estação central da estrada de ferro que levava seu nome, com seis lâmpadas Jablockhov.[5]

A evolução do setor continuou em ritmo acelerado. Já em 1883, a cidade de Campos, no Rio de Janeiro, foi a primeira na América do Sul a receber o serviço de iluminação pública elétrica. A geração era feita por uma máquina termelétrica de três dínamos, com potência de 52 kW. Por sua vez, a primeira usina hidrelétrica foi inaugurada no mesmo ano, na cidade de Diamantina, em Minas Gerais, nas águas do Ribeirão do Inferno, um afluente do Rio Jequitinhonha. E assim o sistema elétrico foi sendo desenvolvido no Brasil.

---

[2] *A Energia Elétrica no Brasil* (da primeira lâmpada à Eletrobras). Rio de Janeiro: Biblioteca do Exército, 1977. p. 53.

[3] LEITE, Antonio Dias. *A energia do Brasil*. 2. ed. rev. e atual. Rio de Janeiro: Elsevier, 2007. p. 48.

[4] A Constituição de 1891 tinha características liberais e não tratava especificamente da concessão de serviços públicos. A exploração mineral, inclusive a energética, pertencia ao proprietário do solo. Vejamos: "Art. 72. [...] §17º. O direito de propriedade mantém-se em toda a sua plenitude, salva a desapropriação por necessidade ou utilidade pública, mediante indenização prévia. As minas pertencem aos proprietários do solo, salvas as limitações que forem estabelecidas por lei a bem da exploração deste ramo de indústria".

[5] CRUZ, José Luiz Cardoso. *A Eletricidade no Brasil, do Império à República de Hoje*. São Paulo: Oboré Editorial, 1994. p. 02-04.

Como seria de se esperar, na medida em que a eletricidade se tornou um bem de interesse da coletividade, criando relações jurídicas entre fornecedores e consumidores, passou a ser objeto da atenção de legisladores e juristas.[6] Nessa época, a doutrina americana fundamentava a necessidade de controle público do serviço de fornecimento de energia elétrica em três razões: a) excessiva concentração e abuso do poder econômico; b) hipossuficiência dos empregados em face dos empregadores; e c) excessivo controle da indústria sobre a vida cultural e educacional do país.[7]

Com o mesmo espírito, o primeiro diploma legal brasileiro a disciplinar de forma geral e abstrata a concessão do serviço público de energia elétrica foi a Lei nº 1.145, de 31 de dezembro de 1903, que trouxe a seguinte previsão:

> Art. 23. O Governo promoverá o aproveitamento da força hydraulica para transformação em energia electrica applicada a serviços federaes, podendo autorizar o emprego do excesso da força no desenvolvimento da lavoura, das industrias e outros quaesquer fins, e conceder favores ás emprezas que se propuzerem a fazer esse serviço. Essas concessões serão livres, como determina a Constituição, de quaesquer onus estadoaes ou municipaes.

Esse dispositivo legal foi regulamentado pelo Decreto nº 5.407, de 27 de dezembro de 1904, que trouxe diversas regras, como o prazo de concessão de 90 anos, a possibilidade da prestação do serviço ser realizada por empresa estrangeira, a ausência de privilégios e de ônus tributários estaduais, municipais e aduaneiros.

No campo regulatório, embora vigorasse uma postura extremamente liberal na vigência da Constituição Republicana de 1891, o reconhecimento da importância da eletricidade permitiu a criação de um sistema já regulado, ainda que de forma incipiente.[8]

---

[6] Algumas obras começaram a surgir sobre o tema, como a publicação de *"Dos rios públicos e particulares"* de Alfredo Valadão, e o livro *"Rios e Correntes"*, escrito por Carvalho Mendonça em 1909, conforme esclarece Walter T. Álvares *in Instituições de Direito da Eletricidade. V. 1.* Belo Horizonte: Bernard Álvares S.A., 1962. p. 60-61.

[7] ÁLVARES, *op. cit.*, p. 48-49.

[8] A intervenção estatal era defendida por estudiosos como Rui Barbosa e Alfredo Valadão, mas este mesmo jurista alertou, em sua obra "Rios e Águas Correntes", que Carvalho Mendonça combatia a adoção de tal medida pelo governo, pois se estaria abafando "a indústria privada com o socialismo administrativo" (ÁLVARES, *op. cit.*, p. 56; 69).

Nesse sentido, foi estabelecido que a produção seria destinada prioritariamente às demandas dos serviços federais, somente podendo haver comercialização com particulares em caso de excesso de energia que não tivesse utilidade para o governo federal (art. 2º, §§3º e 4º).

Essa intervenção na ordem econômica era justificada no fato de que, à época, a energia elétrica era um bem de interesse público, escasso, com baixa oferta e alta demanda. Assim, a prioridade da comercialização da energia para o desenvolvimento dos serviços públicos federais buscava garantir o seu acesso ao maior número de pessoas. À vista disso, Rui Barbosa manifestou em 1903 a necessidade de regulação do setor:

> A fábrica de gás e sua distribuição] não é uma indústria ordinária a que se possa dar quem quer que seja, mas uma faculdade privativa do governo, concessível para a satisfação de reclamos públicos, a quem lhe apraza e nas condições que lhe aprouverem. É um serviço de caráter público, destinado a prover uma necessidade pública.[9]

Todavia, com a ampliação e o desenvolvimento tecnológico do setor elétrico, a reserva prioritária em favor dos serviços públicos federais deixou de ter razão para existir, não sendo mais prevista no Código de Águas de 1934.

Além disso, o decreto estabeleceu que as tarifas seriam reduzidas quando os lucros dos concessionários excedessem 12% do capital fixado pela administração pública (art. 6º). Iniciava-se dessa forma a tradição de controle e limitação da tarifa pelo governo em nosso país.

Por fim, a Lei nº 1.145/1903 e seu regulamento possibilitaram a prestação do serviço público de geração de energia elétrica por meio de contrato de concessão ou autorização do Poder Público.

Muito embora houvesse certa intervenção estatal nessa fase da evolução do sistema de energia elétrica, foi basicamente o investidor privado que formou o setor elétrico brasileiro, com a construção e a operação de toda a cadeia produtiva.[10]

---

[9] BARBOSA, Rui. *Obras completas*. v. XXXI (1904) , t. II. Rio de Janeiro: Ministério da Educação e Saúde, 1952. p. 218. Disponível em: www.casaruibarbosa.com.br. Acesso em: 20 nov. 2016. Trata-se de trecho de parecer elaborado para a Sociedade Anônima do Gás, em ação ordinária ajuizada pela Companhia de Ferro Carril Jardim Botânico, que buscava a anulação da cláusula primeira do Decreto nº 3.329, de 1º de julho de 1899. Esse decreto outorgava à Sociedade Anônima de Gás privilégios para o fornecimento de luz ao Rio de Janeiro, por gás corrente ou energia elétrica.

[10] SOUZA, Luiz Felipe Falcone de. *A evolução da comercialização de energia elétrica no Brasil*. São Paulo: USP, 2011. Artigo apresentado ao Programa MBA-USP em Economia de Empresas.

3 A federalização do sistema elétrico brasileiro e o Código de Águas de 1934

A liberdade trazida pela Constituição de 1891 e pela Lei nº 1.145/1903 permitiu que na década de 1920 o mercado de energia elétrica brasileiro fosse monopolizado por grupos estrangeiros.[11] A crise de 1929, por sua vez, deu início a uma política econômica intervencionista, tanto no Brasil como no mundo.[12]

Esse quadro inspirou a retomada do projeto de Código de Águas, que havia se iniciado em 1906, coordenado por Alfredo Valadão e abandonado na década de 1920.[13] Assim, o código acabou sendo promulgado por meio do Decreto nº 24.643, de 10 de julho de 1934, que trouxe várias novidades.

Primeiramente, o novo diploma normativo separou a propriedade do solo da propriedade dos recursos hídricos da terra, fato que consagrou o regime de concessões e autorizações para os aproveitamentos hidráulicos. Houve a centralização das outorgas pelo governo federal, que antes eram concedidas também por Estados e Municípios. Verificou-se também o fenômeno da nacionalização dos serviços, que somente poderiam ser outorgados a empresas nacionais ou a brasileiros, salvo o direito adquirido daqueles grupos estrangeiros que já atuavam no setor. Além disso, as tarifas de comercialização passaram a ser controladas, fiscalizadas e definidas pelo governo federal. O método escolhido foi o de serviço pelo custo e de avaliação do capital das empresas de acordo com seu custo histórico, mas as tarifas ficaram congeladas até 1945.

Essa tendência intervencionista e nacionalista foi confirmada pela promulgação das Constituições de 1934 e 1937, que vigoraram durante a Era Vargas. Foi então criada a primeira agência reguladora do setor elétrico, muito embora não recebesse essa denominação. O Conselho Nacional de Águas e Energia, transformado em Conselho Nacional de Águas e Energia Elétrica – CNAEE pelo Decreto-Lei nº 1.699, de 24 de outubro de 1939, tinha dentre suas funções: manter estatísticas, resolver sobre planos de interligação de usinas elétricas, regulamentar o Código de Águas, examinar as questões tributárias do

---

[11] *Energia Elétrica no Brasil*: Breve Histórico: 1880-2001. Rio de Janeiro: Centro de Memória da Eletricidade no Brasil, 2001. p. 31-33.

[12] SANTIAGO JUNIOR, *op. cit.*, p. 42.

[13] *Panorama do Setor de Energia Elétrica no Brasil*. Rio de Janeiro: Centro da Memória da Eletricidade no Brasil, 1988. p. 72-73.

setor e resolver, em grau de recurso, os dissídios entre a administração pública, os concessionários e os consumidores.

Essa mudança no quadro institucional, mais intervencionista, contribuiu para que o serviço de energia elétrica sofresse uma queda em qualidade e no ritmo de crescimento da capacidade instalada, enquanto a demanda continuava a crescer. Com a nacionalização e o congelamento das tarifas, não havia incentivo para o mercado investir no setor, o que gerou uma crise de energia na década de 1940,[14] que perdurou até o início da década de 1960.[15]

Enquanto a indústria clamava por maior diálogo e colaboração,[16] sob o argumento de ser especialista e conhecedora das possibilidades de desenvolvimento do setor, havia uma crise política e ideológica, agravada pela continuidade do predomínio estrangeiro na prestação do serviço, que continuava demandando uma atuação estatal mais direta. Assim, o governo federal decidiu fundar a primeira empresa estatal de eletricidade. A Companhia Hidrelétrica do São Francisco – Chesf tem sua origem no Decreto-Lei nº 8.031, de 3 de outubro de 1945, com o objetivo precípuo de construir uma grande usina hidrelétrica no salto de Paulo Afonso. Os governos dos Estados do Rio Grande do Sul e de Minas Gerais também criaram estatais para a atuação no setor elétrico, a Central Estadual de Energia Elétrica – CEEE e a Centrais Elétricas de Minas Gerais S.A. – CEMIG.[17]

Nesse período, houve uma escalada no grau de intervenção estatal no domínio econômico no que tange ao serviço de energia elétrica. A regulação privada foi substituída pelo regime de concessões e autorizações, pela fixação de preços e pela forma mais radical de intervenção: a atuação direta no mercado, através de empresas estatais. Foi o marco inicial de um novo estágio no desenvolvimento elétrico brasileiro.[18]

4 A estatização do setor elétrico

A criação da Chesf foi apenas o pontapé inicial para a estatização do setor de energia elétrica que ocorreria nas próximas décadas. Ainda

---

[14] LEITE, *op. cit.*, p. 76-79.

[15] *Panorama...*, *op. cit.*, p. 119.

[16] KÜLH, Júlio César Assis (Coord.). *ABCE 70 Anos de Energia*. São Paulo: Fundação Energia e Saneamento, 2006. p. 30-32.

[17] LEITE, *op. cit.*, p. 96-101.

[18] *Panorama...*, p. 96-97.

havia um debate acirrado entre defensores do liberalismo e a teoria desenvolvimentista, que defendia a aberta intervenção do Estado na economia.[19]

Governos liberais e intervencionistas intercalaram-se no período da República Populista, entre 1945 e 1964. Nesse intervalo, a Assessoria Econômica da Presidência da República elaborou o Plano Nacional de Eletrificação, através do Projeto de Lei nº 4.277/1954, que previa um programa de expansão da geração de energia pelos governos federal, estadual e municipal, deixando o segmento da distribuição de energia para o capital privado. Além disso, tinha como objetivo a interligação do sistema elétrico.

Embora não tenha sido formalmente aprovado pelo Poder Legislativo, o Plano Nacional de Eletrificação foi o propulsor da criação da empresa Centrais Elétricas Brasileiras S.A. – Eletrobras, autorizada pela Lei nº 3.890-A, de 25 de abril de 1961. Apesar de sofrer resistências tanto pelas empresas privadas quanto das estatais estaduais,[20] o seu surgimento demonstrou o caráter irreversível da intervenção direta do Estado no setor elétrico brasileiro. Esta era vista como indispensável para a expansão do sistema, que se fazia necessária diante da forte industrialização vivida no período. Além disso, entendia-se que o governo teria condições de corrigir as falhas de mercado e de captar os recursos financeiros necessários ao desenvolvimento do setor. Por essa razão, criaram-se monopólios públicos estatais, com forte integração vertical.[21]

O início da ditadura militar, em 1964, não trouxe um novo modelo de desenvolvimento do setor elétrico, mas apenas garantiu a continuidade daquele estabelecido na década anterior. De novidade, foram vencidas as discussões acerca da forma de gestão das estatais, para que adquirisse definitivamente característica empresarial, com o objetivo final de obter lucro e não simplesmente de prestar serviço público de forma gratuita ou com tarifa módica.[22]

Por outro lado, intensificou-se a política de planejamento energético e de operação interligada. O Ministério de Minas e Energia,

---

[19] *Idem*, p. 115-118.

[20] *HISTÓRIA & ENERGIA*, 7: Estatização X Privatização. São Paulo: Departamento de Patrimônio Histórico da Eletropaulo, 1997. p. 181-186.

[21] ALMEIDA, Edmar Fagundes de et al. *In*: PINTO JUNIOR, Helder Queiroz (Org.). *Economia da Energia*: Fundamentos Econômicos, Evolução Histórica e Organização Industrial. Rio de Janeiro: Elsevier, 2007. p. 161-165.

[22] LEITE, *op. cit.*, p. 143.

criado pela Lei nº 3.782/1960, passou a traçar a política energética, que era executada pela Eletrobras, com a fiscalização e a regulamentação do setor realizadas pelo CNAEE, que viria a se transformar no Departamento Nacional de Águas e Energia Elétrica – DNAEE, em 1988. A interligação dos sistemas regionais de energia elétrica teve como marco inicial a entrada em operação da Usina de Furnas, em 1963, com linhas de transmissão que interligavam os Estados de Minas Gerais, Rio de Janeiro e São Paulo.[23]

Para atingir o objetivo da interligação nacional do sistema elétrico, foi necessária a implantação de mais uma forma de regulação do setor. O Ministério de Minas e Energia fixou, em 1969, as diretrizes norteadoras da criação do primeiro Comitê Coordenador da Operação Interligada – CCOI, precursor do Operador Nacional do Sistema – ONS. Sua função era a coordenação operacional dos recursos de geração e transmissão de energia elétrica. No mesmo ano, as empresas geradoras e distribuidoras de energia elétrica na Região Sudeste assinaram um acordo, por meio do qual a criação do CCOI foi efetivada. A orientação técnica foi atribuída à Eletrobras. Tratava-se de uma forma híbrida de regulação pública e privada.[24]

Devido aos interesses individuais que permeavam as operações do CCOI, tornando-o ineficiente,[25] a Lei nº 5.899/1973 criou os Grupos Coordenadores de Operações Interligadas – GCOI, compostos pela Eletrobras e pelas concessionárias de energia elétrica, facultada a participação de outras empresas do sistema interligado. Esses grupos tinham dois objetivos: garantir a continuidade do suprimento de energia elétrica às distribuidoras e promover o uso racional dos combustíveis utilizados nas termelétricas.

Essa lei também criou o embrião do atual Mecanismo de Realocação de Eficiência Energética – MRE. Nesse sentido, o seu art. 13 previa expressamente que os ônus e vantagens decorrentes das variações de condições hidrológicas em relação ao período hidrológico crítico fossem rateados entre todas as empresas concessionárias daqueles sistemas, de acordo com critérios estabelecidos pelo Poder Executivo.

---

[23] *PANORAMA...*, *op. cit.*, p. 206-207.

[24] Regulação privada, também conhecida como autorregulação e Direito Administrativo Global, é aquela criada, imposta e fiscalizada pelos próprios agentes envolvidos, sem a participação da Administração Pública. É o caso, por exemplo, do Conselho Nacional de Autorregulamentação Publicitária – CONAR e da própria Bolsa de Valores.

[25] LEITE, *op. cit.*, p. 210-211.

Veja-se que esse sistema acabou trazendo, de maneira transversa, a responsabilidade pelo risco hidrológico da geração de energia para o próprio governo. Se, por um lado, a criação do MRE estabeleceu que os prejuízos advindos de condições hidrológicas continuariam a cargo das usinas hidrelétricas, o fato do despacho ser feito centralizadamente com base em diretrizes elaboradas pelo governo, mesmo que por uma pessoa jurídica de Direito Privado, levou o Poder Judiciário a conceder recentemente diversas liminares afastando o risco hidrológico para algumas empresas, o que causou prejuízos bilionários ao setor.[26]

A Conta de Consumo de Combustíveis também tem sua origem na mencionada Lei nº 5.899/1973, com o escopo de custear as usinas térmicas do Sistema Interligado Nacional – SIN.

Até esse momento histórico, antes da redemocratização pela qual passou o país no final da década de 1980, não houve nenhum recrudescimento no grau de intervenção estatal no setor de energia elétrica. Cada novo mecanismo de regulação era apenas acrescentado ao sistema vigente, sem que qualquer deles tenha deixado de existir e ser aplicado. Isso viria a mudar somente na década de 1990, como se verá no próximo tópico.

5 A "desregulamentação" do setor de energia elétrica e as reformas subsequentes

O final do século XX registrou a falência do modelo intervencionista. A utilização das tarifas de energia elétrica para finalidades como o desenvolvimento econômico e o controle da inflação, além da ineficiência administrativa do Estado, culminou em uma dívida bilionária em nome das empresas estatais.[27]

Iniciou-se, então, no Governo de Fernando Collor, um processo de abertura dos mercados e de privatizações, na onda da "desregulamentação"[28] vivenciada em escala global,[29] que durou até o Governo

---

[26] Em janeiro de 2019, eram 80 as ações em trâmite, com pedido de afastamento do risco hidrológico, e 63 (sessenta e três) liminares em vigor, criando um passivo de inadimplência de R$ 6,97 bilhões. O caso mais relevante, com maior impacto financeiro, é a ação nº 0034944-23.2015.4.01.340, ajuizada pela Associação Brasileira dos Produtores Independentes de Energia Elétrica – APINE.

[27] LEITE, *op. cit.*, p. 248-250.

[28] Utiliza-se o termo desregulamentação entre aspas porque, muito embora tenha havido um recuo no grau de intervencionismo estatal no período, pois o Estado diminuiu sua intervenção direta e buscou um sistema de mercado, o setor de infraestrutura, inclusive o de energia elétrica, continuou extremamente regulado.

[29] Sobre desregulamentação do setor elétrico, leia-se: ROTHWELL, Geoffrey, GÓMEZ, Tomás. *Electricity Economics*: Regulation and Deregulation. Piscataway: IEEE Press, 2003. p. 01-13.

Fernando Henrique. Esse processo foi concretizado pelas seguintes medidas:[30]

a) Desverticalização da cadeira produtiva, com a distinção entre as atividades de geração, transmissão, distribuição e comercialização, trazida pela Lei nº 9.074/1995;

b) Princípio do livre acesso à transmissão e da liberdade de escolha de fornecedor pelos consumidores, previsto pela Lei nº 8.789/1995 e pelo Decreto nº 1009/1993, promovendo a possibilidade de início da competição no mercado de energia elétrica, além de criar as figuras do produtor independente e do consumidor livre;[31]

c) Criação de um órgão específico para coordenar o despacho físico de eletricidade, o Operador Nacional do Sistema Elétrico – ONS, autorizado pela Lei nº 9.648/1998, com personalidade jurídica de Direito Privado, sem fins lucrativos;

d) Estabelecimento de regras específicas para a assinatura de contratos de concessão de serviço público de energia elétrica, pelas Leis nº 8.987/1995 e nº 9.074/1995. As concessões, que até então eram estabelecidas por decretos, salvo raras hipóteses de contratos, passaram a ser regularizadas, com previsão de direitos, obrigações e prazo de validade;[32]

e) Privatização das empresas públicas, viabilizada pelo Programa Nacional de Desestatização – PND;[33]

f) Criação da uma nova agência reguladora, a Agência Nacional de Energia Elétrica – Aneel, responsável pela regulação, fiscalização e regulamentação do setor elétrico, assumindo as funções do antigo DNAEE;

g) Criação do Conselho Nacional de Política Energética – CNPE, pela Lei nº 9.648/1998, que passaria a ser responsável pela política macrossetorial do setor de energia elétrica;

h) O planejamento da expansão ficou a cargo do Comitê Coordenador do Planejamento da Expansão – CCPE, hoje substituído pela Empresa de Pesquisa Energética – EPE, criada pela Lei nº 10.847/2004, para prestar serviços na área de estudos e pesquisas destinadas a subsidiar o planejamento do setor energético;

---

[30] ALMEIDA, *op. cit.*, p. 180-181.

[31] FALCONE, *op. cit.*, p. 21-29.

[32] GANIN, Antonio. *Setor Elétrico Brasileiro*: Aspectos Regulamentares e Tributários. Rio de Janeiro: CanalEnergia, 2003. p. 28.

[33] Muito embora a autorização legal para a desestatização tenha sido criada nessa época, ainda existem diversas empresas estatais em atividade, em um ambiente de coexistência com empresas privadas.

i) Criação do Mercado Atacadista de Energia Elétrica – MAE e da Administradora de Serviços do Mercado Atacadista de Energia Elétrica – ASMAE, precursores da Câmara de Comercialização de Energia Elétrica – CCEE, responsável pela viabilização da comercialização de energia;

j) Criação do MRE, pela Medida Provisória nº 1.531/1998 e pelo Decreto nº 2.655/1998, como um mecanismo para o compartilhamento do risco hidrológico pelas usinas hidrelétricas participantes.

Nesse novo sistema, que tinha a economia de mercado como paradigma, a geração e a comercialização de energia passaram a ser realizadas em ambiente de competição, enquanto a transmissão e a distribuição continuaram como monopólios naturais.[34]

O fato é que ainda não havia sido possível conceber um modelo ideal de organização e regulação do sistema elétrico. Aliás, até hoje essa é uma discussão que persiste, até pelo avanço da tecnologia e pela busca, cada vez maior, de geração de energias renováveis e de redução da emissão de carbono na atmosfera. Por esse motivo, diversas reformas têm sido experimentadas na busca pela otimização do sistema.

Nessa primeira fase de reformas, deixou-se de levar em consideração algumas peculiaridades do setor elétrico nacional, como a sua dependência majoritária em energia hidrelétrica, altamente suscetível a questões meteorológicas, e ocorreram erros de implementação, a qual não seguiu uma sequência lógica de etapas.[35] Isso levou a uma grave crise de abastecimento no ano de 2001.

A segunda etapa de reformas foi efetivada pelo Governo Lula. Esta fase também contou com grande carga ideológica, embora com concepção distinta do primeiro movimento. Nesse momento, vigorava a ideia de que era possível ao governo impor a modicidade tarifária ao setor elétrico, a desconfiança no mercado e consequente confiança na ação estatal por meio de empresas públicas, além da crença na necessidade de planejamento estratégico de longo prazo pelo governo. Como se vê, voltou-se à premissa de que era necessário aumentar a intervenção do Estado no setor elétrico.[36] Buscou-se, também, dar maior

---

[34] É denominado monopólio natural o mercado no qual os custos de oferta de um bem são tão altos que a existência de mais de um ofertante conduziria a um preço superior do que aquele cobrado pelo monopolista (GICO JUNIOR, Ivo. *Cartel*: Teoria Unificada da Colusão. São Paulo: Lex, 2006. p. 72-73). Sobre a caracterização de transmissão e distribuição de energia elétrica como monopólio natural e sua conceituação, leia-se: ROTHWELL, *op. cit.*, p. 1-4 e 24-25.

[35] ALMEIDA, *op. cit.*, p. 197; 221; LEITE, *op. cit.*, p. 315-322.

[36] LEITE, *op. cit.*, p. 378.

segurança ao sistema, diante da crise de 2001, e universalizar o serviço de energia elétrica.

A primeira medida adotada pela nova gestão que impactou o setor foi a criação, por meio da Lei nº 10.438/2002, da Conta de Desenvolvimento Energético – CDE. Trata-se de um encargo setorial que, dentre outras funções, veio financiar subsídios a pessoas de baixa renda, produtores de carvão mineral, geração de energia renovável, consumidores dos sistemas não integrados ao SIN, agricultores, etc.

A reforma do governo do Partido dos Trabalhadores continuou com a promulgação das Leis nº 10.848/2004 e nº 10.847/2004, que, dentre outras, trouxe as seguintes novidades:

a) Reforma do mercado, com a criação de dois ambientes de negócios, um livre (ACL) e outro fortemente regulado (ACR);

b) Contratação de energia por meio de leilões, que possuem critérios distintos para as usinas em atividade e para os novos investimentos de geração;

c) Restabelecimento do planejamento de longo prazo do sistema elétrico, com a criação da EPE e do Comitê de Monitoramento do Sistema Elétrico – CMSE;

d) Obrigatoriedade de contratação, pelas empresas distribuidoras, de 100% (cem por cento) da sua carga para os 5 (cinco) anos subsequentes.

Houve também a alteração do critério de outorga de novas concessões, que deixou de ser a maior oferta de pagamento pelo seu uso para a menor receita anual requerida pelo usuário, com a redução da tarifa.[37]

Essas medidas, no entanto, não foram capazes de trazer a modicidade tarifária pretendida pelo governo, que, então, buscou novamente impô-la por meio da Medida Provisória nº 579/2012, convertida na Lei nº 12.783/2013.[38]

A inovação principal seria a antecipação do vencimento das concessões de geração, transmissão e distribuição de energia elétrica, que venceriam entre 2015 e 2017. Como contrapartida, as concessionárias receberiam indenização pelos ativos não amortizados e a tarifa dos geradores seria fixada pela ANEEL, com base apenas nos custos marginais da prestação do serviço. Além disso, toda a energia produzida pelos geradores que renovassem a concessão seria integralmente vendida em sistema de cotas para as distribuidoras do ACR.

---

[37] *Idem*, p. 385.

[38] Conforme Exposição de Motivos EM Interministerial nº 37/MME/MF/AGU.

Nesse caso, o controle de tarifas não tinha como justificativa a existência de um monopólio natural, mas simplesmente buscar a justiça distributiva e estimular a indústria brasileira através do intervencionismo, reduzindo os seus custos de produção, através da modicidade tarifária da energia elétrica.[39]

A ideia era a de que, como as concessões eram antigas, os ativos provavelmente já teriam sido amortizados e que, portanto, seria possível comercializar a energia a preço de custo. Todavia, a premissa não se provou verdadeira e o valor das indenizações, na verdade, era muito mais alto do que se imaginava. Além disso, diante da insegurança jurídica trazida pela novel legislação, muitas empresas de geração decidiram não aderir à antecipação da renovação da concessão, como é o caso da Cemig e da Copel. Esse fato levou à subcontratação das distribuidoras, que se viram obrigadas a comprar energia no MCP, por valores altíssimos.[40]

A medida provisória também teve como objetivo desonerar alguns encargos setoriais. Todavia, a ferramenta utilizada foi principalmente o aporte de recursos pelo Tesouro Nacional, sem que houvesse uma previsão legal para a sua manutenção. Diante da crise econômica vivida pelo Brasil, esses aportes duraram apenas dois exercícios financeiros e os encargos, principalmente da CDE, ficaram significativamente mais caros, o que levou a uma judicialização da questão.[41]

Com o *impeachment* de Dilma Rousseff, assumiu o Vice-Presidente Michel Temer, com a proposta de resgatar a verdade de preços e desfazer as distorções, reduzindo o intervencionismo e privilegiando um mercado mais sustentável.[42]

As primeiras providências adotadas pelo novo governo foram a edição das Medidas Provisórias nº 706/2016 e nº 735/2016, convertidas nas Leis nº 13.299/2016 e nº 13.360/2016, respectivamente, que trouxeram

---

[39] *Idem.*

[40] O valor das tarifas do MCP sofreu forte aumento também em decorrência da baixa hidrologia vivida no período. Sobre o tema: COSTELLINI, Carla; HOLLANDA, Lavinia. Setor Elétrico: da MP 579 ao pacote financeiro. *In: Informativo de Energia.* 31.03.2014. FGV Energia. Disponível em: https://bibliotecadigital.fgv.br/dspace/bitstream/handle/10438/14194/Informativo_1_Setor%20El%C3%A9trico.pdf?sequence=1&isAllowed=y. Acesso em: 29 dez. 2016.

[41] Em fevereiro de 2018 existiam mais de 260 ações com esse objeto. Como exemplo, existe a ação ordinária nº 0024648-39.2015.4.01.3400, ajuizada pela Associação Brasileira de Grandes Consumidores Industriais de Energia e de Consumidores Livre – ABRACE.

[42] GODOI, Maurício. *Paulo Pedrosa: mais mercado e menos intervencionismo estatal.* Disponível em: http://www.canalenergia.com.br/zpublisher/materias/Regulacao_e_Politica.asp?id=114864. Acesso em: 19 dez. 2016.

como principais medidas a redução setorial da CDE e a melhoria da sua gestão, e também mecanismos para viabilizar a privatização das empresas estatais, que voltou ao plano de governo com o Programa de Parcerias de Investimentos – PPI, criado pela Medida Provisória nº 727/2016.

Nesse sentido, foram desestatizadas seis distribuidoras de energia elétrica, que haviam sido federalizadas na década de 90 e eram de propriedade da Eletrobras: Companhia Energética de Alagoas – Ceal, Companhia Energética do Piauí – Cepisa, Boa Vista Energia, Eletrobras Distribuição Acre – Eletroacre, Eletrobras Distribuição Rondônia – Ceron e Amazonas Energia. Houve uma proposta de privatização da própria Centrais Elétrica Brasileira – Eletrobras, por meio do Projeto de Lei nº 9.643/2018, que não chegou a ser aprovado pelo Congresso Nacional.

Além disso, foi aberta a Consulta Pública nº 32/2017 pelo Ministério de Minas e Energia, que trouxe um conjunto de princípios para a reorganização do setor elétrico. Esses princípios podem ser resumidos em busca da eficiência, da isonomia, tanto do ponto de vista do agente como do usuário do serviço, com a modernização da política de subsídios, a confiabilidade do suprimento de energia elétrica, a sustentabilidade ambiental e a universalização do acesso à eletricidade. Além disso, consta também o princípio da sustentabilidade do marco legal, que impõe sua coerência, a transparência e a participação pública, a previsibilidade das mudanças, como garantir à segurança jurídica e aos contratos e uma transição harmoniosa.

Ainda nesse espírito, foi realizada a Consulta Pública nº 33/2017, com a proposta do novo marco regulatório do setor elétrico. Entre suas proposições, está a regularização da autoprodução de energia elétrica, a redução dos limites para o acesso ao mercado livre, o destravamento da obrigação de contratação pelas distribuidoras – que devem gerir seu próprio risco de mercado, a separação dos produtos "lastro" e "energia", sendo que o primeiro seria a contratação de confiabilidade do sistema e o segundo uma *commodity* a ser negociada no mercado, a descotização das usinas hidrelétricas, dentre outras medidas que seguem as premissas dos princípios elencados no parágrafo anterior. A consolidação do resultado desta consulta pública consta como substitutivo do Projeto de Lei nº 1.917/2015, que também não foi aprovado até o fim do Governo Temer.

Em 2019, teve início o Governo Bolsonaro. Desde a campanha, é divulgada uma agenda liberal, inclusive no que toca ao setor de energia elétrica. Muito embora esteja ainda em fase inicial, o Almirante Bento Costa Lima foi nomeado como Ministro de Minas e Energia e incluiu em seu plano de governo a privatização da Eletrobras, a descotização das usinas hidrelétricas e um aprofundamento dos temas discutidos na Consulta Pública nº 33.[43]

6 Conclusão

A regulação do setor elétrico não encontrou seu modelo ideal e constantemente demanda atualizações, especialmente diante do constante avanço tecnológico. Desde a popularização da energia elétrica, a regulação passou por mudanças ideológicas radicais e cíclicas, ora com viés liberal, ora com viés intervencionista. Hoje vivemos uma verdadeira colcha de retalhos, pois cada uma dessas fases deixou marcas e dispositivos legais que ainda vigoram. Se por um lado temos a atuação de empresas estatais, a tendência é de ampliar a abertura de mercado. Entender o funcionamento do setor demanda grande esforço, com o estudo de diversos diplomas legais e infralegais, o que traz insegurança jurídica e regulatória.

O que vemos com mais frequência são tentativas de responder a problemas imediatos e emergentes, sem uma análise aprofundada do sistema elétrico como um todo, para encontrar soluções de longo prazo. Isso não se deve necessariamente a uma postura equivocada do Governo, mas leva em consideração a conjuntura política e o que é factível quando o ato depende de atuação externa, como aprovação de leis pelo Congresso Nacional. Não obstante, soluções casuístas, sem análise de impacto regulatório e que não consideram regras de mercado, muitas vezes acabam por trazer outros problemas não previstos e, quiçá, mais graves. Além disso, a insegurança jurídica redundou em uma exacerbada judicialização do setor, cujas liminares trazem mais distorções e problemas a serem resolvidos.

Com o passado, é possível aprender os erros já cometidos e suas causas, a fim de evitá-los na busca pela otimização da prestação do serviço público de energia elétrica. É necessária uma profunda análise macrossetorial e atuação estratégica para o estabelecimento de um sistema que traga eficiência e segurança jurídica.

---

[43] Ministério de Minas e Energia. *Ministro Bento Albuquerque apresenta as ações prioritárias de sua gestão para cada setor do MME.* Publicado em 24.01.2019. Disponível em: http://www.mme.gov.br. Acesso em: 18 mar. 2019.

Referências

A Energia Elétrica no Brasil (da primeira lâmpada à Eletrobras). Rio de Janeiro: Biblioteca do Exército, 1977.

ÁLVARES, Walter T. Álvares. *Instituições de Direito da Eletricidade*. v. 1. Belo Horizonte: Bernard Álvares S.A., 1962.

ALMEIDA, Edmar Fagundes de *et al. In*: PINTO JUNIOR, Helder Queiroz (Org.). *Economia da Energia*: Fundamentos Econômicos, Evolução Histórica e Organização Industrial. Rio de Janeiro: Elsevier, 2007.

BARBOSA, Rui. *Obras completas*. v. XXXI (1904), t. II. Rio de Janeiro: Ministério da Educação e Saúde, 1952. Disponível em: http://www.casaruibarbosa.gov.br/rbonline/ obrasCompletas.htm. Acesso em: 20 nov. 2016.

COSTELLINI, Carla; HOLLANDA, Lavinia. Setor Elétrico: da MP 579 ao pacote financeiro. *In: Informativo de Energia*. 31.03.2014. FGV Energia. Disponível em: https:// bibliotecadigital.fgv.br/dspace/bitstream/handle/10438/14194/Informativo_1_Setor%20 El%C3%A9trico.pdf?sequence=1&isAllowed=. Acesso em: 29 dez. 2016.

CRUZ, José Luiz Cardoso. *A Eletricidade no Brasil, do Império à República de Hoje*. São Paulo: Oboré Editorial, 1994.

Energia Elétrica no Brasil: Breve Histórico: 1880-2001. Rio de Janeiro: Centro de Memória da Eletricidade no Brasil, 2001.

GANIN, Antonio. *Setor Elétrico Brasileiro*: Aspectos Regulamentares e Tributários. Rio de Janeiro: CanalEnergia, 2003.

GICO JUNIOR, Ivo. *Cartel*: Teoria Unificada da Colusão. São Paulo: Lex, 2006.

GODOI, Maurício. *Paulo Pedrosa*: mais mercado e menos intervencionismo estatal. Disponível em: http://www.canalenergia.com.br/zpublisher/materias/Regulacao_e_ Politica.asp?id=114864. Acesso em: 19 dez. 2016.

HISTÓRIA & ENERGIA, 7: Estatização X Privatização. São Paulo: Departamento de Patrimônio Histórico da Eletropaulo, 1997.

KÜLH, Júlio César Assis (Coord.). *ABCE 70 Anos de Energia*. São Paulo: Fundação Energia e Saneamento, 2006.

LEITE, Antonio Dias. *A energia do Brasil*. 2. ed. Rio de Janeiro: Elsevier, 2007.

OGUS, Anthony. *Regulation*: Legal Form and Economic Theory. Oxford. Hart Publishing, 2004.

Ministério de Minas e Energia. *Ministro Bento Albuquerque apresenta as ações prioritárias de sua gestão para cada setor do MME*. Publicado em 24.01.2019. Disponível em: http://www. mme.gov.br. Acesso em: 18 mar. 2019.

Panorama do Setor de Energia Elétrica no Brasil. Rio de Janeiro: Centro da Memória da Eletricidade no Brasil, 1988.

RICHER, Laurent *Etat de la transposition de la directive 96/92 em France*. RJEP/CGEG, p. 27, 2002. *Apud* SANTIAGO JUNIOR, Fernando Antonio. *A Regulação do Setor Elétrico Brasileiro*. Belo Horizonte: Fórum, 2010.

ROTHWELL, Geoffrey; GÓMEZ, Tomás. *Electricity Economics*: Regulation and Deregulation. Piscataway: IEEE Press, 2003.

SANTIAGO JUNIOR, Fernando Antonio. *A Regulação do Setor Elétrico Brasileiro*. Belo Horizonte: Fórum, 2010.

SOUZA, Luiz Felipe Falcone de. *A evolução da comercialização de energia elétrica no Brasil*. São Paulo: USP, 2011. Artigo apresentado ao Programa MBA-USP em Economia de Empresas.

Informação bibliográfica deste texto, conforme a NBR 6023:2018 da Associação Brasileira de Normas Técnicas (ABNT):

ISFER, Renata Beckert. A evolução histórica do setor elétrico brasileiro. *In*: JUSTEN FILHO, Marçal; SILVA, Marco Aurélio de Barcelos (Coord.). *Direito da Infraestrutura*: estudos de temas relevantes. Belo Horizonte: Fórum, 2019. p. 337-353. ISBN: 978-85-450-0672-5.

ASPECTOS GERAIS DAS CONCESSÕES DE TRANSPORTE DE GÁS

RODRIGO GOULART DE FREITAS POMBO

RICARDO DE PAULA FEIJÓ

1 Introdução

Desde a edição das Emendas Constitucionais nº 5/1995 e nº 9/1995, a disciplina jurídica aplicável à indústria do gás – termo que compreende as diversas atividades que compõem a cadeia do gás – vem sofrendo alterações.

No período imediatamente posterior a essas alterações constitucionais, a disciplina normativa sobre o gás ostentava um certo caráter secundário. Figurava como disciplina acessória da regulamentação relativa ao petróleo. Assim é que a Lei nº 9.478/1997 dispôs sobre a Política Energética Nacional, mas sem foco essencial na indústria do gás. Com o passar dos anos e o despontamento do gás como alternativa viável em vista da crise energética, ampliou-se o reconhecimento da sua importância.

A edição da Lei nº 11.909/2009 (Lei do Gás) consagrou o reconhecimento da necessidade de regulamentação dessa indústria. Previu uma série de medidas orientadas, entre outros objetivos, a desenvolver a competição no setor e ampliar a utilização do gás natural na matriz energética.

O presente artigo tem por objeto a descrição de alguns aspectos da disciplina jurídica da concessão de transporte de gás no Brasil. Inicialmente, são examinadas as regras constitucionais pertinentes ao setor, para em seguida descrever as atividades que compõem a cadeia do setor de gás e apontar os regimes de exploração da atividade de transporte. Depois, são examinados os aspectos destacados da disciplina da concessão de transporte, nos termos da Lei do Gás.

2 As regras constitucionais do setor de gás

A existência de uma pluralidade de atividades componentes da cadeia do gás natural implica a diferenciação de regimes aplicáveis a cada qual. A disciplina jurídica traduz as particularidades de cada atividade.

Um aspecto essencial consiste na divisão de competências entre entes federados. A Constituição Federal contém regras específicas atinentes ao setor de gás, que suscitam controvérsias.

O art. 25, §2º, da Constituição, prevê que cabe aos Estados explorar diretamente, ou mediante concessão, os serviços locais de gás canalizado. Já o art. 177, IV, prevê o monopólio da União relativamente ao "transporte marítimo do petróleo bruto de origem nacional ou de derivados básicos de petróleo produzidos no País, bem assim o transporte, por meio de conduto, de petróleo bruto, seus derivados e gás natural de qualquer origem".

Ademais, o §1º prevê que "a União poderá contratar com empresas estatais ou privadas a realização das atividades previstas nos incisos I a IV deste artigo observadas as condições estabelecidas em lei".

Em termos gerais, reconhece-se que a competência estadual determinada pelo art. 25, §2º, abrange a distribuição local do gás canalizado. Por sua vez, a atuação federal abrange as outras atividades, encontrando restrição na competência estadual.

No que se refere à conciliação das regras constitucionais, Marçal Justen Filho observa que "é inquestionável a vontade constitucional de reservar a distribuição local de gás canalizado para os Estados. Isso significa que o monopólio constitucional do art. 177 é delimitado pela regra do art. 25, §2º. A atuação federal, abrangente inclusive do transporte de gás por condutos, encontra limite na competência constitucionalmente assegurada aos Estados".[1]

A controvérsia sobre a conciliação dessas competências foi levada ao conhecimento do Supremo Tribunal Federal, na Reclamação 4.210/SP, que reconheceu que as competências implicariam a existência

---

[1] JUSTEN FILHO, Marçal. A distribuição de gás canalizado e os monopólios constitucionais. *In*: ARAGÃO, Alexandre Santos de (Coord.). *Direito do petróleo e de outras fontes de energia*. Rio de Janeiro: Lumen Juris, 2011. p. 345.

de limitação recíproca. Consignou-se que "tanto a competência dos Estados-membros encontra limitações nas atividades abrangidas pelo monopólio da União, quanto o monopólio da União é limitado pela competência atribuída aos Estados-membros. Há, pois, na verdade, uma limitação recíproca estabelecida em razão do pacto federativo".

Ademais, um aspecto relevante apontado pela doutrina consiste em que o transporte objeto do monopólio da União constitui atividade econômica em sentido estrito, enquanto a distribuição atribuída aos Estados configura prestação de serviço público.[2]

3 A cadeia de atividades do setor de gás e seus regimes jurídicos

Tal como se extrai da própria divisão constitucional de competências, há diferentes atividades que compõem a cadeia do gás natural.

Um aspecto essencial consiste em que as atividades não são reguladas por regime jurídico único. Como observa Vitor Rhein Schirato, "cada uma de tais atividades de contornos próprios demandam regimes jurídicos próprios".[3] Portanto, é correto aludir a diferentes regimes jurídicos, cada qual adequado às particularidades de cada atividade.

De acordo com o autor, apenas com a edição Lei do Gás houve a sistematização dessas atividades – embora já fosse possível extrair da própria Constituição a distinção entre algumas dessas atividades.

O art. 2º, inc. XX, da lei versa sobre o conceito de "Indústria do gás natural" e arrola atividades componentes, nos seguintes termos: "XX - Indústria do Gás Natural: conjunto de atividades econômicas relacionadas com exploração, desenvolvimento, produção, importação, exportação, processamento, tratamento, transporte, carregamento, estocagem, acondicionamento, liquefação, regaseificação, distribuição e comercialização de gás natural".

Para os fins do presente artigo, tem relevância a atividade de transporte de gás natural, definido nos seguintes termos: "movimentação

---

[2] CARRILHO, Leonardo. Regimes jurídicos de exploração das atividades econômicas no novo marco regulatório da indústria brasileira de gás natural (Lei nº 11.909/09). *In*: ARAGÃO, Alexandre Santos de (Coord.). *Direito do petróleo e de outras fontes de energia*. Rio de Janeiro: Lumen Juris, 2011. p. 226-227.

[3] SCHIRATO, Vitor Rhein. O novo regime jurídico da indústria do gás natural no Brasil. *In*: ARAGÃO, Alexandre Santos de (Coord.). *Direito do petróleo e de outras fontes de energia*. Rio de Janeiro: Lumen Juris, 2011.

de gás natural em gasodutos de transporte, abrangendo a construção, a expansão e a operação das instalações".

4 Os regimes de exploração do transporte de gás

A Lei do Gás (Lei nº 11.909/2009) versou sobre a atividade de transporte de gás e sobre as diversas outras atividades relacionadas ao setor. Antes da edição desse diploma, alguns aspectos dessa disciplina jurídica eram extraídos da Lei nº 9.478/1997, que dispõe sobre a política energética nacional e versou, entre tantos outros aspectos, sobre o transporte de petróleo, seus derivados e de gás natural.

O art. 56 previu que "observadas as disposições das leis pertinentes, qualquer empresa ou consórcio de empresas que atender ao disposto no art. 5º poderá receber autorização da ANP para construir instalações e efetuar qualquer modalidade de transporte de petróleo, seus derivados e gás natural, seja para suprimento interno ou para importação e exportação".

Como se vê, a atividade de transporte de gás, objeto de monopólio da União (CF, art. 177, IV) era modelada em regime de autorização. Previa-se que qualquer empresa poderia receber da ANP autorização para construir instalações e efetuar o transporte de gás natural.

A Lei do Gás, em 2009, passou a prever o cabimento da delegação a particulares da implantação de redes e operação de atividade de transporte de gás. O art. 3º explicitou os regimes cabíveis, nos seguintes termos:

> Art. 3º A atividade de transporte de gás natural será exercida por sociedade ou consórcio cuja constituição seja regida pelas leis brasileiras, com sede e administração no País, por conta e risco do empreendedor, mediante os regimes de:
> I – concessão, precedida de licitação; ou
> II – autorização.

O §1º do art. 3º esclareceu as hipóteses de cabimento dos dois regimes. A autorização se aplica aos gasodutos de transporte que envolvam acordos internacionais. Já o regime de concessão se aplica a todos os gasodutos de transporte considerados de interesse geral.

Para os fins do presente artigo, cabe examinar alguns aspectos da disciplina jurídica da concessão de transporte de gás, nos termos da Lei nº 11.909/2009.

5 A concessão de transporte de gás

Como dito, a concessão do transporte de gás foi instituída pela Lei nº 11.909/2009 (Lei do Gás). Antes disso, o transporte de gás natural era tratado como atividade regulada, que era explorada pela iniciativa privada mediante autorização. O objetivo da exigência de concessão foi a necessidade de ampliar a infraestrutura de gasodutos.[4]

5.1 A exigência de licitação

A concessão de gás deve ser, necessariamente, precedida de licitação, nos termos do inciso I, do art. 3º da Lei do Gás. A licitação também é exigida para a ampliação do gasoduto, mesmo na rede já operada por concessionário. A diferença é que o concessionário possuirá preferência nas mesmas condições da proposta vencedora (art. 12, §2º, da Lei do Gás).

Os editais de licitação e os contratos de concessão serão elaborados e assinados pela Agência Nacional do Petróleo, Gás Natural e Biocombustíveis – ANP, mediante delegação do Ministério de Minas e Energia (art. 12, *caput* e §1º da Lei do Gás).

A licitação será realizada com base no critério de menor receita anual (art. 13 da Lei do Gás). A receita anual é o valor recebido pelo transportador pelo serviço de transporte de gás (art. 13, §1º). Logo, será considerado vencedor aquele que apresentar a proposta que possuir a menor remuneração para o transportador.

Existe a possibilidade de ser licitado trecho com infraestrutura existente. Nesse caso, a concessão abrangerá apenas a operação da rede, e o critério da licitação poderá incluir o valor oferecido pela remuneração dos bens cedidos ao concessionário, conforme prevê o art. 15, §1º, da Lei do Gás.

5.2 Objeto da outorga

A definição de transporte de gás está prevista no inciso XXIV, do art. 2º da Lei do Gás, o qual caracteriza o transporte de gás natural como: "movimentação de gás natural em gasodutos de transporte, abrangendo a construção, a expansão e a operação das instalações".

---

[4] MARQUES NETO, Floriano de Azevedo. *Concessões*. Belo Horizonte: Fórum, 2015. p. 297.

Portanto, o objeto da outorga envolve duas atividades pelo particular.[5] Primeiro, abrange a atividade de implantação da rede de transporte de gás natural, o gasoduto, desde a sua construção até a sua expansão. Segundo, inclui a operação dessa rede implantada pelo próprio particular. Para Alex Vasconcellos Prisco, a exploração e a administração da atividade são os objetos principais da concessão, sendo a construção secundária na concessão.[6]

O transporte do gás é realizado do ponto de recebimento ao ponto de entrega. Aquele é o local em que o gás é entregue ao transportador e este é o lugar em que o gás é entregue pelo transportador ao carregador (art. 2º, incisos XII e XIII).

O art. 3º, §1º, da Lei do Gás prevê que a concessão de gás é aplicável a todos os gasodutos considerados de interesse geral. Não é objeto da concessão o transporte de gás cujo ponto de recebimento esteja localizado no exterior, por força do art. 3º, inc. II e §1º, da Lei do Gás. Este serviço será explorado mediante autorização.

Floriano Azevedo Marques Neto destaca que a definição prevista na lei traz um desafio, qual seja: a delimitação precisa dos pontos de entrega do gás.[7] Isso decorre do fato de que a lei não previu com clareza uma distinção entre as atividades de transporte e de distribuição, podendo haver dúvida sobre até que ponto o transporte do gás configura transporte e a partir de que momento ele passa a caracterizar distribuição. Essa confusão traz dúvidas especiais em relação à competência, haja vista que o transporte é de competência da União (art. 177, inc. IV, da CF), enquanto que a distribuição local é de competência dos Estados (art. 25, §2º, da CF).

5.3 Inexistência de configuração de serviço público

O transporte de gás não é considerado serviço público, mas atividade econômica em sentido estrito monopolizada pela União.[8]

---

[5] *Ibidem*, p. 298.

[6] PRISCO, Alex Vasconcellos. A concessão da atividade de transporte dutoviário de gás natural: notas ao regime jurídico básico da Lei nº 11.909/2009, *Revista de Direito Público da Economia*, Belo Horizonte, n. 31, jul./set. 2010. Disponível em: http://www.bidforum.com. br/bidBiblioteca_periodico_pdf.aspx?i=69226&p=8. Acesso em: 4 mar. 2019. p. 8.

[7] MARQUES NETO, Floriano de Azevedo. *Concessões*, p. 298.

[8] SCHIRATO, Vitor Rhein. O novo regime jurídico da indústria do gás natural no Brasil. *Revista de Direito Público da Economia*, Belo Horizonte, n. 32, 2010. p. 192. No mesmo sentido: ARAGÃO, Alexandre Santos de; SCHIRATO, Vitor Rhein. Algumas considerações sobre a

Isso é extraível tanto da Constituição Federal (art. 177, inc. IV) quanto da Lei do Gás, que em nenhum momento qualifica o transporte de gás como serviço público, tratando-o como "atividade".

Assim, os regimes de exploração dessa atividade não são regimes de delegação de serviços públicos, mas regimes de delegação de atividades próprias da União. Isso afeta, em especial, o regime jurídico aplicável. Não é possível compreender esse tipo de concessão à luz das noções de delegação dos serviços públicos, apesar do uso dos institutos da concessão e da autorização.[9]

Vitor Rhein Schirato discorda desse posicionamento, afirmando que se deve relativizar a noção de atividade econômica para as atividades da indústria do gás, a fim de que os deveres de continuidade, regularidade e modicidade tarifária sejam aplicados a essa atividade, de modo a não prejudicá-la.[10]

5.4 A exploração pelo concessionário

O concessionário explorará a atividade de transporte de gás mediante a venda da capacidade de transporte de gás, que é o volume que o concessionário pode movimentar no gasoduto.[11] Como bem ressalta Carlos Ari Sundfeld, o concessionário transporta um insumo que não lhe pertence,[12] havendo uma distinção entre a atividade de transporte e a propriedade do objeto transportado, que é de titularidade do carregador.

Em razão disso, a Lei do Gás preocupou-se em regular a relação entre o transportador do gás e o carregador do gás, que comercializa o insumo transportado.[13] A Lei do Gás define o carregador como sendo aquele que utiliza ou pretende utilizar o serviço de movimentação do gás natural em gasoduto de transporte e diferencia o carregador inicial do carregador não inicial. A diferença é que o carregador inicial é quem viabiliza a construção do gasoduto, integral ou parcialmente. É o primeiro contratante do transportador para determinado trecho que será construído em razão justamente desse contrato.

---

regulação para concorrência no setor de gás natural. *Revista de Direito Público da Economia – RDPE*, Belo Horizonte, n. 14, ano 4, abr./jun. 2006. Disponível em: http://www.bidforum.com.br/bidBiblioteca_periodico_pdf.aspx?i=36101&p=8. Acesso em: 4 mar. 2019. p. 1.

[9] MARQUES NETO, Floriano de Azevedo. *Op. cit.*, p. 298.

[10] SCHIRATO, Vitor Rhein. *Op. cit.*, p. 194.

[11] MARQUES NETO, Floriano de Azevedo. *Op. cit.*, p. 300.

[12] SUNDFELD, Carlos Ari. O CADE e a competição nos serviços públicos. *Fórum Administrativo de Direito Público*, Belo Horizonte, n. 1, p. 33.

[13] MARQUES NETO, Floriano de Azevedo. *Op. cit.*, p. 301.

A construção ou ampliação de um gasoduto depende de uma chamada pública prévia para contratação da capacidade de transporte de gás (art. 5º da Lei do Gás). Essa chamada objetiva identificar os potenciais carregadores interessados e estimar qual é a demanda existente, a fim de analisar a viabilidade da concessão da construção de um gasoduto ou da ampliação de uma rede existente.

Desse modo, os carregadores iniciais são aqueles que detêm autorização da ANP e respondem à chamada pública demonstrando interesse no transporte de gás. Os carregadores iniciais que demonstrarem interesse na contratação de transporte devem assinar compromisso, irretratável e irrevogável, de contratação da capacidade, conforme prevê o art. 5º, §§3º e 4º, da Lei do Gás. Esse compromisso gera uma promessa de contratação dos serviços por parte dos carregadores e é essencial para viabilizar a concessão da atividade de transporte de gás, para assegurar a demanda para o concessionário.

Por sua vez, os carregadores não iniciais são aqueles que não participaram da chamada pública, mas têm acesso ao gasoduto porque ele apresenta uma capacidade disponível ou ociosa e não esteja em período de exclusividade dos carregadores iniciais (art. 2º, incisos III e IV, da Lei do Gás). Existem duas modalidades de acesso aos carregadores não iniciais.

Primeiro, eles podem contratar a capacidade disponível, mediante contratação firme (art. 33, inc. I, da Lei do Gás). Segundo, os carregadores não iniciais poderão contratar, mediante contratação interruptível, a capacidade ociosa (art. 33, inc. II). A segunda hipótese ocorrerá somente após a integral satisfação da capacidade disponível e se não prevalecer mais eventual direito de exclusividade dos carregadores iniciais.

A contratação da capacidade ociosa é interruptível justamente pela natureza da capacidade contratada, que não está disponível, mas apenas não está sendo utilizada temporariamente. Assim, quando os carregadores que tenham contratado a capacidade disponível retomarem a necessidade de contratação dessa capacidade (que tinha ficado ociosa), o contrato é interrompido.

Essa sistemática de contratação dos carregadores não iniciais das capacidades disponível e ociosa visa a aumentar o fornecimento de gás natural no Brasil e a fomentar a competição.[14]

---

[14] PEREIRA, Cesar *et al*. Oil and Gas Regulation in Brazil. *In*: JUSTEN FILHO, Marçal *et al*. (Ed.). *Brazil infrastructure law*. Oregon: Eleven Publishing, 2016. p. 169.

5.5 Prazo

O prazo para a exploração das concessões de transporte de gás é de 30 anos, contados da assinatura do contrato, nos termos do art. 10 da Lei do Gás. Esse prazo pode ser prorrogado por igual período, no máximo, respeitadas as condições estabelecidas no contrato de concessão.

O parágrafo único do art. 10 da Lei do Gás prevê que as prorrogações das concessões de transporte de gás deverão ser requeridas pelo concessionário com 12 meses de antecedência ao termo final do contrato de concessão. A ANP possui três meses para se manifestar sobre o requerimento de prorrogação.

5.6 Regime de remuneração e equilíbrio econômico-financeiro

A remuneração do concessionário se dará por meio da cobrança de tarifas dos carregadores, que contratam os serviços de transporte, nos termos e nas condições estabelecidas no contrato de concessão. Apesar de a lei indicar tarifa, Floriano Marques Neto afirma que se trata de preço público, nos termos do art. 8º, VI, da Lei nº 9.478/1997.[15]

Os valores máximos das tarifas serão fixados na chamada pública para verificação dos potenciais interessados na contratação da capacidade de transporte. Essa tarifa máxima sofrerá redução de acordo com os valores propostos no certame pela empresa vencedora da licitação (art. 13, §2º).

Além da tarifa, a remuneração do concessionário pode ser acrescida de subsídios por parte do Poder Público, por meio de aportes de investimentos e de contraprestação pública (arts. 4º, §2º, e 6º, §2º, da Lei do Gás).

A Lei do Gás não possui nenhuma regra específica tratando de equilíbrio econômico-financeiro, revisão de tarifas ou outra regra com o objetivo de proteger o equilíbrio da proposta ofertada na licitação. Isso permite a interpretação de que não cabe reequilíbrio econômico-financeiro nos contratos de concessão de transporte de gás. Existem, pelo menos, duas posições na doutrina a respeito desse assunto.

---

[15] *Ibidem*, p. 302.

De um lado, Vitor Rhein Schirato defende que não existe direito ao equilíbrio econômico-financeiro porque se está diante de um monopólio da União e não uma concessão de serviço público.[16] De outro lado, Floriano de Azevedo Marques Neto entende que a estrutura da concessão não afasta a incidência de mecanismos de preservação do equilíbrio contratual.[17] Assim, situações supervenientes que se enquadrarem no âmbito da imprevisão poderiam ensejar o direito do particular à recomposição do equilíbrio econômico-financeiro, podendo até rever a tarifa máxima.[18]

5.7 Regime de bens

O art. 14 da Lei do Gás dispõe que após a extinção da concessão os bens destinados à exploração da atividade de transporte e considerados vinculados serão incorporados ao patrimônio da União. Isso será feito mediante declaração de utilidade pública e indenização justa e prévia em dinheiro.

O contrato de concessão deverá prever expressamente quais são os bens considerados vinculados à concessão (art. 10, *caput*, e art. 21, inc. II). Porém, o processo de incorporação dos bens pela União não é automático e segue um rito de indenização prévia em dinheiro, similar ao que ocorre em uma desapropriação.

Ademais, o concessionário pode ter investido para possuir os bens afetos à concessão ou ter recebido tais bens do poder concedente no início da concessão (art. 15, *caput*). Na segunda hipótese, o concessionário pode ser obrigado a pagar um valor pelo uso dos bens, sendo que esse valor pode ser utilizado como critério de seleção da proposta mais vantajosa na licitação (isoladamente ou em conjunto com o critério da menor receita anual).

Por fim, os bens não vinculados deverão ser removidos pelo concessionário, sob a sua responsabilidade integral (art. 14, §1º).

---

[16] SCHIRATO, Vitor Rhein. O novo regime jurídico da indústria do gás natural no Brasil, p. 204-205.

[17] MARQUES NETO, Floriano de Azevedo. Concessões, *op. cit.*, p. 303.

[18] *Idem.*

6 Conclusão

As diversas atividades da cadeia do gás natural comportam regimes jurídicos diversos, afeitos às particularidades de cada atividade. Com a edição da Lei do Gás, houve a sistematização dessas atividades. Como visto, a atividade de transporte de gás envolvendo gasodutos de transporte de interesse geral deve ser objeto de concessão, hipótese em que se aplicarão as considerações já formuladas. De todo modo, é indispensável aprofundar o exame desses e de outros aspectos da disciplina jurídica pertinente.

Referências

ARAGÃO, Alexandre Santos de; SCHIRATO, Vitor Rhein. Algumas considerações sobre a regulação para concorrência no setor de gás natural. *Revista de Direito Público da Economia – RDPE*, Belo Horizonte, n. 14, ano 4, abr./jun. 2006. Disponível em: http://www.bidforum. com.br/bidBiblioteca_periodico_pdf.aspx?i=36101&p=8. Acesso em: 4 mar. 2019.

CARRILHO, Leonardo. Regimes jurídicos de exploração das atividades econômicas no novo marco regulatório da indústria brasileira de gás natural (Lei 11.909/09). *In*: ARAGÃO, Alexandre Santos de (Coord.). *Direito do petróleo e de outras fontes de energia.* Rio de Janeiro: Lumen Juris, 2011.

JUSTEN FILHO, Marçal. A distribuição de gás canalizado e os monopólios constitucionais. *In*: ARAGÃO, Alexandre Santos de (Coord.). *Direito do petróleo e de outras fontes de energia.* Rio de Janeiro: Lumen Juris, 2011.

MARQUES NETO, Floriano de Azevedo. *Concessões*. Belo Horizonte: Fórum, 2015.

PEREIRA, Cesar *et al*. Oil and Gas Regulation in Brazil. *In*: JUSTEN FILHO, Marçal *et al*. (Ed.). *Brazil infrastructure law*. Oregon: Eleven Publishing, 2016.

PRISCO, Alex Vasconcellos. A concessão da atividade de transporte dutoviário de gás natural: notas ao regime jurídico básico da Lei nº 11.909/2009, *Revista de Direito Público da Economia*, Belo Horizonte, n. 31, jul./set. 2010. Disponível em: http://www.bidforum. com.br/bidBiblioteca_periodico_pdf.aspx?i=69226&p=8. Acesso em: 04 mar. 2019.

SCHIRATO, Vitor Rhein. O novo regime jurídico da indústria do gás natural no Brasil. *In*: ARAGÃO, Alexandre Santos de (Coord.). *Direito do petróleo e de outras fontes de energia.* Rio de Janeiro: Lumen Juris, 2011.

SUNDFELD, Carlos Ari. O CADE e a competição nos serviços públicos. *Fórum Administrativo de Direito Público*, Belo Horizonte, n. 1, p. 33.

Informação bibliográfica deste texto, conforme a NBR 6023:2018 da Associação Brasileira de Normas Técnicas (ABNT):

POMBO, Rodrigo Goulart de Freitas; FEIJÓ, Ricardo de Paula. Aspectos gerais das concessões de transporte de gás. *In*: JUSTEN FILHO, Marçal; SILVA, Marco Aurélio de Barcelos (Coord.). *Direito da Infraestrutura*: estudos de temas relevantes. Belo Horizonte: Fórum, 2019. p. 355-365. ISBN: 978-85-450-0672-5.

A CLÁUSULA DE "*FITNESS FOR PURPOSE*" E SUA APLICABILIDADE NO DIREITO BRASILEIRO

THIAGO FERNANDES MOREIRA

CAIO GABRA

1 Introdução

Em 2010, 27% dos investimentos privados em infraestrutura no Brasil provinham de investidores estrangeiros. Em 2017 esse número havia saltado para nada menos que 70% principalmente em razão da crise econômica no período e da Operação Lava Jato.[1] Essa retração dos investimentos domésticos e o consequente recuo de grandes *players* do mercado nacional estimularam a entrada de investimentos estrangeiros ávidos para preencher o espaço deixado.

Naturalmente, esse capital não vem desacompanhado de experiência, *know-how* e preconcepções culturais que englobam a forma de fazer negócios do investidor estrangeiro, os quais o mercado brasileiro precisa primeiro entender e em seguida verificar se tal "bagagem" pode ou deve ser assimilada, ou se é irremediavelmente incompatível com a sua realidade. O Direito e a prática contratual não estão alheios a esse processo de choque cultural.

Nesse contexto, não é raro no mercado brasileiro que os operadores do Direito e aqueles atuantes na prática de negociação, estruturação e gerenciamento de contratos se deparem com cláusulas à primeira vista incomuns, cujo significado e sentido são inicialmente incompreensíveis ou subestimados. Por vezes, a ocorrência de tais

---

[1] Disponível em: https://economia.estadao.com.br/noticias/geral,estrangeiros-ja-respon dem-por-70-do-investimento-em-infraestrutura-no-pais,70002556163. Acesso em: 12 mar. 2019.

cláusulas trata-se meramente da mistura da liberdade de contratar das partes, prevista no Código Civil brasileiro, com a criatividade humana em constante exercício na elaboração de cláusulas contratuais, atribuindo a cada contrato uma forma única, que, ao menos na mente de seus elaboradores, refletiria a realidade de cada transação.

No entanto, outras tantas vezes, trata-se do fenômeno da importação de cláusulas do Direito e da prática contratual estrangeira, cada vez mais recorrente na realidade jurídica e econômica brasileira, à medida que os modelos internacionais de contratação ou até os contratos-padrão de grandes grupos econômicos internacionais vão sendo incorporados às transações domésticas.

É nesse último cenário em que se enquadram as cláusulas denominadas de *"fitness for purpose"* nos contratos de construção de grandes projetos de infraestrutura no Brasil, notadamente aqueles celebrados na modalidade EPC (*Engineering, Procurement and Construction*) *turnkey*. O termo *"fitness for purpose"* poderia ser grosseiramente traduzido como cláusula de "adequação para finalidade contratada", que deveria, resumidamente, constituir verdadeira garantia do contratante de que o produto, serviço ou obra contratados serão adequados para os fins a que se destinam.

Ainda que pareça simples, como se verá a seguir, tal garantia gera controvérsias e é tratada com cautela por contratantes estrangeiros que compreendem a profundidade do comprometimento e, por conseguinte, do risco a ele associado.

Na presente análise buscar-se-á entender primeiramente o conceito jurídico de *"fitness for purpose"* trazido pelo Direito alienígena, para posteriormente entender seu possível impacto/utilização no Direito brasileiro.

2 Obrigação de *fitness for purpose*

Na prática internacional, a obrigação de *fitness for purpose* coloca sobre o contratado uma obrigação absoluta quanto ao produto final contratado e sua adequação às finalidades pretendidas pelo contratante quando da celebração do contrato. O cumprimento da obrigação se infere quando não apenas as características, mas também a performance do produto final alcançam os propósitos para os quais o contrato foi encomendado.[2]

---

[2]   BAKER, Ellis; MELLORS, Ben; CHALMERS, Scott; LAVERS, Anthony. *FIDIC Contracts*: Law and Practice. 5. ed. Routledge, 2009. p. 98.

Como veremos a seguir de forma exemplificativa, essa obrigação, que é ônus do contratado e garantia do contratante, é tratada de formas distintas em diferentes cenários e diplomas legais.

2.1 *Common law* inglesa

No sistema inglês foi sedimentado pela jurisprudência que a obrigação do contratado de garantir que o produto do trabalho será adequado aos fins a que se destina não se presume da contratação pura e simples. A responsabilidade profissional do projetista/*desinger*, por exemplo, está em um primeiro momento adstrita à condução dos serviços com razoável perícia e diligência, conforme decidido no caso Gloucestershire Health Authority v. Torpy.[3]

Naquela ocasião, a Gloucestershire Health Authority encomendou o projeto de um novo incinerador que deveria ser construído em um determinado hospital. O incinerador nunca atingiu a performance esperada e teve que ser eventualmente desativado, uma vez que era antieconômico. O Tribunal de Tecnologia e Construção britânico consignou que não haveria obrigação *prima facie* de *fitness for purpose* no contrato para mera elaboração de projeto. Naquela relação, o projetista estaria sujeito apenas a uma obrigação de prestar os serviços contratados com diligência e perícia compatíveis com a sua posição. Ainda assim, decidiu que a projetista *M.A Torpy and Partners Ltd.* foi responsável pela falha do incinerador, uma vez que restou provado que era razoavelmente previsível e de possível constatação por um engenheiro mecânico ou elétrico sem maiores qualificações que o incinerador projetado jamais atingiria os níveis de performance contratados.[4]

Naturalmente que a regra de não incidência de obrigação de *fitness for purpose* terá exceções quando, através da análise dos fatos do caso concreto, o juiz entender que o empreiteiro não podia alegar desconhecimento dos objetivos pretendidos pelo contratante. Foi o caso em *Graves & Co. v. Bayham Meikle & Partners*.[5]

Nesse caso, Greaves havia sido contratada por um cliente para projetar e construir um armazém. Greaves subcontratou o projeto do armazém para a firma Bayham Meikle & Partners, deixando

---

[3] CHERN, Cyril. *The Law of Construction Disputes*. 2. ed. Routledge, 2016. p. 74.
[4] Gloucestershire Health Authority v Torpy. [1997] 55 Con LR 124.
[5] *Graves & Co. v. Bayham Meikle & Partners*. [1975] 1 WLR 1095.

suficientemente claro o propósito para o qual o armazém se destinava, que incluía a estocagem de barris de óleo, que seriam movidos e empilhados por empilhadeiras. O armazém projetado por Bayham Meikle não considerou as vibrações causadas pelas empilhadeiras, de forma que as vibrações comprometeram a integridade do piso de concreto.

A corte considerou que, além de ter sido negligente, Bayham Meikle também faltou com uma obrigação assumida de *fitness for purpose*, uma vez que estava perfeitamente ciente e havia expressamente aceito que o armazém seria utilizado para a operação de empilhadeiras.

Por fim, no entanto, a corte deixou consignado que a existência ou não de uma obrigação de *fitness for purpose* dependerá dos fatos do caso concreto e não pode ser presumida.

2.2 Convenção de Viena sobre Compra e Venda Internacional de Mercadorias

Foi assinada em Viena em 11 de abril de 1980, a Convenção das Nações Unidas sobre Compra e Venda Internacional de Mercadorias, ou nas suas inicias em inglês, CISG (Convention on International Sales of Goods),[6] ratificada por mais de 84 países, inclusive o Brasil.

Ao regular os contratos de compra e venda considerados internacionais de acordo com os critérios estabelecidos pela própria convenção, o tratado estabelece expressamente e de forma clara a obrigação do vendedor de garantir que os produtos vendidos são *fit for purpose* na forma dos art. 35 (2) (a) e (b):

> (1) O vendedor deverá entregar mercadorias na quantidade, qualidade e tipo previstos no contrato, acondicionadas ou embaladas na forma nele estabelecida.
>
> (2) Salvo se as partes houverem acordado de outro modo, as mercadorias não serão consideradas conformes ao contrato salvo se:
>
> (a) forem adequadas ao uso para o qual mercadorias do mesmo tipo normalmente se destinam;
>
> (b) forem adequadas a algum uso especial que, expressa ou implicitamente, tenha sido informado ao vendedor no momento da conclusão do contrato, salvo se das circunstâncias resultar que o comprador não confiou na competência e julgamento do vendedor, ou que não era razoável fazê-lo.

---

6   Dados disponíveis em: http://www.uncitral.org/uncitral/en/uncitral_texts/sale_goods/1980CISG_status.html. Acesso em: 15 mar. 2014.

Vê-se de pronto que, nesse caso, existe uma obrigação legal expressa e definida de que o vendedor garante o *fitness for purpose* do produto vendido e quais são os critérios para definir se o produto é ou não *fit for purpose*, quais sejam, se o produto é adequado ao uso ordinário de mercadorias do mesmo tipo ou, ainda, se o produto é adequado a fins especiais manifestados pelo comprador. Destaca-se que nesta última hipótese o fim especial pode ter sido expresso ou implícito, de forma que claramente não se exige sua inserção no corpo do contrato.

É válido lembrar que o Brasil é signatário da CISG, tendo assinado seu instrumento em 04.03.2013. Apesar de sua entrada em vigor ter se dado em 01.04.2014, o decreto presidencial ratificando e internalizando seus efeitos se deu apenas em 16.10.2014. Em que pese a intempestividade, a CISG é, sem sombra de dúvidas, aplicável aos contratos de compra e venda considerados internacionais celebrados por partes brasileiras. No entanto, os autores notam que sua menção neste capítulo tem o propósito maior de ilustrar como um instrumento internacional regula a garantia de fitness for purpose, haja vista que a aplicação da CISG aos contratos de construção é controversa.

3 Cláusula de *fitness for purpose*

Uma vez demonstrado que internacionalmente existem diferenças no tratamento da obrigação de *fitness for purpose* e que, por exemplo, no Direito inglês, não se presume obrigatoriamente a responsabilidade do contratado pela adequação do produto ao fim pretendido pelo contratante, a regulação de tal obrigação no corpo dos contratos torna-se de extrema relevância.

Para melhor ilustração da forma comumente assumida pela cláusula de *fitness for purpose*, faz-se referência às cláusulas contidas nas Condições Gerais de contratação elaboradas pela Federação Internacional dos Engenheiros Consultores (FIDIC).[7] Ainda que moldados originalmente sob o arcabouço do *common law*,[8] os modelos FIDIC constituem modelos de contratos para contratação de obras e outros serviços de engenharia, consagrados internacionalmente e absorvidos como contrato padrão por diversos grupos econômicos e instituições

---

[7] Em francês, Federation Internationale des Ingenieurs-Conseils.

[8] KULEZA, Gustavo Santos; AUN, Daniel. *In*: BAPTISTA, Luiz Olavo; PRADO, Maurício Almeida (Coord.). *Construção Civil e Direito*. São Paulo: Lex Editora, 2011. p. 176.

financeiras com atuação internacional. A cláusula 4.1 das Condições Gerais do FIDIC Silver Book, modelo utilizado para contratações na modalidade EPC *Turn-key*, preveem o seguinte:

> O Empreiteiro deverá executar os Trabalhos nos termos do Contrato. Quando concluídos, os Trabalhos (ou Seção ou item relevante da Planta, se aplicável) deverão ser adequados para o(s) propósitos a que se destinam, conforme definidos e descritos nas Condições do Dono da Obra, ou, quando tais propósitos não forem definidos ou descritos, para os propósitos ordinários (tradução livre).[9]

Da leitura da referida cláusula depreende-se que a garantia prestada vai além da obrigação básica de entregar uma obra ou produto dentro de determinadas especificações técnicas. Fica claro que se traz o elemento da finalidade do empreendimento.

Por conseguinte, nesse cenário não basta que o empreiteiro se atenha às especificações técnicas apresentadas. Seria preciso garantir que, dentro dessas especificações técnicas, os trabalhos atingiriam o fim pretendido pelo dono da obra ou, na falta de designação por ele, o fim que normalmente se esperaria de uma obra ou empreendimento similar.

Da parte final da cláusula 4.1 citada anteriormente extrai-se outro ponto fundamental das relações regidas pela obrigação de *fitness for purpose*, qual seja, o critério para se estabelecer qual é efetivamente o propósito do contratante que se busca resguardar. Pela redação da cláusula, o propósito pretendido pelo contratante deve estar definido e descrito nas "Condições do Dono da Obra", que constituem os documentos entregues pelo dono da obra para preparação do projeto pelo empreiteiro. Na sua ausência, subsistirá uma obrigação de *fitness for purpose* para os fins aos quais geralmente se destinam projetos de mesma natureza.

Importante ressaltar que a parte final da cláusula e a referida subsistência de obrigação de *fitness for purpose* mesmo na ausência de um propósito especificado no corpo do contrato são inovações e melhorias da revisão dos modelos de contratação do FIDIC, publicada em dezembro de 2017. As versões de 1999, ainda muito utilizadas, talvez até predominantes na data deste artigo, limitam a existência da obrigação de *fitness for purpose* ao propósito definido no contrato em si.

---

[9] Cláusula 4.1 do FIDIC Silver Book de 2017.

Por essa razão, existe o debate se nas versões anteriores dos modelos seria possível extrair dos entendimentos e documentos trocados entre as partes um determinado propósito não incluído expressamente no contrato.[10]

Nesse ponto, a própria doutrina internacional sobre a natureza dos modelos FIDIC reconhece que os diferentes modelos de contrato, logo diferentes modalidades de contratação de obras, resultam em diferentes níveis de responsabilidade assumidas pelo empreiteiro em relação ao *fitness for purpose* dos trabalhos.[11]

Por suposto que o FIDIC *Silver Book*, utilizado para contratação na modalidade EPC *Turn-key*, apesar de constituir exemplo didático, reflete possivelmente o cenário mais extremo de responsabilidade pela adequação do projeto para os fins pretendidos pelo encomendante, uma vez que a cláusula 4.1 de suas Condições Gerais já apontada cumula-se com a assunção, pelo empreiteiro, da responsabilidade pelos documentos elaborados pelo dono da obra, incluindo critérios de *design*, cálculos e estudos, conforme cláusula 5.1 das mesmas Condições Gerais.

> Presume-se que o Empreiteiro analisou, antes da Data Base, as Condições do Dono da Obra (incluindo critérios de projeto, cálculos, se houver).
>
> [...]
>
> O Dono da Obra não será responsável por nenhum erro, inexatidão ou omissão de nenhum tipo nas Condições do Dono da Obra conforme originalmente incluídos no Contrato e não será presumido que o Dono da Obra forneceu qualquer representação de exatidão ou plenitude de qualquer informação ou dado, exceto conforme previsto na subcláusula abaixo. Qualquer dado ou informação recebido pelo Empreiteiro do Dono da Obra ou de outra pessoa não eximirá o Empreiteiro de sua responsabilidade pela execução dos Trabalhos (tradução livre).[12]

Já no modelo FIDIC *Yellow Book*, utilizado para a contratação de obras de montagem eletromecânica, a dinâmica da responsabilidade pelo *fitness for purpose*, apesar de presente, está definida de forma diversa. Na versão do *Yellow Book* de 1999, o empreiteiro estará isento da obrigação de *fitness for purpose* se houver erros ou defeitos nas

---

[10] BAKER, Ellis; MELLORS, Ben; CHALMERS, Scott; LAVERS, Anthony. *FIDIC Contracts*: Law and Practice. 5. ed. Routledge, 2009. p. 99.

[11] HUSE, Joseph A. *Understanding and Negotiating Turnkey and EPC Contracts, sweet and Maxwell*. 2. ed., p. 149, 2002.

[12] Cláusula 5.1 do FIDIC Silver Book de 2017.

condições do dono da obra que não poderiam ter sido descobertos por um empreiteiro experiente e diligente, seja antes da apresentação de sua proposta, seja dentro do período estabelecido no contrato para a análise dos documentos submetidos pelo dono da obra.[13]

A redação de 1999, além de categorizar que o dono da obra seria responsável por erros em informações e parâmetros de referência fornecidos ao empreiteiro, mencionava meramente uma obrigação de esforços razoáveis pelo empreiteiro para analisar a informação antes de sua utilização. Já a versão mais recente do *Yellow Book*, também atualizada em dezembro de 2017, endureceu as responsabilidades do empreiteiro ao (i) excluir a premissa de que o dono da obra é responsável pelos erros nessas informações fornecidas ao empreiteiro e (ii) substituir a redação constante da cláusula 4.7 das Condições Gerais por uma obrigação objetiva de verificação pelo empreiteiro das informações fornecidas pelo dono da obra antes de sua utilização.

As diferenças ilustradas entre os modelos do *Silver* e *Yellow Books* também servem para extrairmos a lição prática de que a cláusula de *fitness for purpose*, de forma geral, ainda que possa subsistir no vácuo, nele não atinge o seu máximo potencial. Leia-se: a operação eficiente da cláusula depende de outras cláusulas e instrumentos.

Em primeiro lugar, conforme visto, a cláusula pode ter maior ou menor alcance dependendo de como as demais cláusulas do contrato alocam os riscos e procedimentos para elaboração e revisão de informações, premissas e projetos fornecidos pelo dono da obra.

Em segundo lugar, o conteúdo propriamente dito das informações, premissas e projetos fornecidos pelo dono da obra pode e deve ser determinante na aferição do que era efetivamente o seu propósito, ao qual o empreiteiro aceitou garantir.

4 A proteção à finalidade do produto no Direito da Construção brasileiro

Após analisar interpretações estrangeiras sobre a obrigação e sobre a cláusula de *fitness for purpose*, passamos agora à tarefa de analisar o instituto sob a ótica do Direito brasileiro e de que forma ele é ou pode ser aplicado domesticamente.

---

[13] Cláusulas 4.7 e 5.1 do FIDIC *Yellow Book* 1999.

Serão analisados neste capítulo os tipos de contratação comumente relacionados e aplicados à prática do Direito da Construção e do desenvolvimento de projetos no Brasil, sobretudo aqueles projetos de infraestrutura com as complexidades e particularidades que lhe são características, quais sejam (i) a empreitada, (ii) a compra e venda e (iii) a prestação de serviços.

4.1 Empreitada

A tipificação e regulação do contrato de empreitada no Brasil foram introduzidas pelo Código Civil de 1916,[14] apesar de significativamente aperfeiçoado no atual código. Não obstante tais aperfeiçoamentos, o código persistiu em não conceituar expressamente a empreitada.

Segundo Caio Mário, empreitada é o contrato em que uma parte (o empreiteiro) se obriga, sem subordinação ou dependência, a realizar certo trabalho para outra (dono da obra) com material próprio ou fornecido, mediante remuneração global ou proporcional ao trabalho executado.[15] Mais a fundo, Orlando Gomes entende que na empreitada uma das partes obriga-se a proporcionar a outrem, com trabalho, certo resultado.[16]

Não resta dúvida que o contrato de empreitada constitui entre as partes uma obrigação de resultado,[17] sem o qual não está satisfeita a obrigação do empreiteiro. No entanto, para os fins do presente trabalho, é necessário identificar se esse resultado está adstrito a características específicas da obra ou se deve necessariamente alcançar os fins aos quais se destinava, tal como na obrigação de *fitness for purpose*.

Para responder a essa pergunta, a leitura do Código Civil é de pouca assistência. No entanto, parece ecoar na doutrina a certeza de que a finalidade pretendida pelo dono da obra lhe é garantida pelo empreiteiro. Para Hely Lopes Meirelles, o contrato de construção, qualquer que seja sua modalidade (por empreitada ou administração), envolve

---

[14] ALVES, José Carlos Moreira. Panorama do Direito Civil Brasileiro: das origens aos dias atuais. *Revista da Faculdade de Direito da Universidade de São Paulo*, São Paulo: USP, v. 88, 1993.

[15] SILVA PEREIRA, Caio Mario da. *Instituições de Direito Civil*. 11. ed. Rio de Janeiro: Forense, 2003.

[16] GOMES, Orlando. *Contratos*. 26. ed. Rio de Janeiro: Forense: 2009. p. 502.

[17] SUPERIOR TRIBUNAL DE JUSTIÇA. AResp 1005693/RJ. Relator: Ministro Raul Araújo. Data de publicação 07.04.2017.

uma obrigação de resultado. Seu objeto é a obra pronta e acabada, apta a ser utilizada para os fins a que se destina.[18]

No mesmo sentido, o ex-presidente do Tribunal de Justiça do Rio de Janeiro, Sergio Cavalieri Filho:

> a responsabilidade do construtor é de resultado, como já assinalado, por que se obriga pela boa execução da obra, de modo a garantir sua solidez e capacidade para atender ao objetivo para qual foi encomendada.

Em um primeiro momento seria possível inclusive questionar se essa interpretação em favor da proteção do propósito pretendido pelo dono da obra não poderia ser restrita tão somente à garantia de solidez e segurança ofertada pelo art. 618 do Código Civil,[19] uma vez que parte considerável da doutrina parece abordar o tópico exatamente ao discutir a aplicação do referido artigo. No entanto, há aqueles que se preocuparam em deixar claro que a versão brasileira da garantia de *fitness for purpose* nos contratos de empreitada vai além da solidez e segurança.[20] Nas palavras de Carlos Roberto Gonçalves:

> A obrigação que o empreiteiro de construções assume é uma obrigação de resultado. Assim, deve ele garantir ao dono da obra, nos termos do contrato, a solidez desta e a sua capacidade para servir ao destino para que foi encomendada.[21]

Conclui-se, portanto, que existe no Direito brasileiro uma obrigação de *fitness for purpose* inerente aos contratos de empreitada, ainda que a lei não a enderece de forma clara.

A problemática surge no momento em que lei, doutrina e jurisprudência não destrincham a extensão desse dever de *fitness for purpose*, não especificam se o propósito resguardado é aquele geral

---

[18] MEIRELLES, Hely Lopes. *Direito de Construir*. 11. ed. São Paulo: Malheiros Editores, 2013. p. 299.

[19] Art. 618. Nos contratos de empreitada de edifícios ou outras construções consideráveis, o empreiteiro de materiais e execução responderá, durante o prazo irredutível de cinco anos, pela solidez e segurança do trabalho, assim em razão dos materiais, como do solo.

[20] "A solidez e segurança do trabalho não se resumo apenas à possibilidade de ruína total ou parcial da obra. Carvalho Santos acentua que devem ser aqui incluídos não só os vícios que afetem a estabilidade ou a duração da obra, mas também os que a tornem imprópria ao uso a que se destinava". TEPEDINO, Gustavo; BARBOZA, Heloisa Helena; BODIN DE MORAES, Maria Celina. *Código Civil Interpretado Conforme a Constituição da República*. São Paulo: Renovar, 2006. p. 363.

[21] GONÇALVES, Carlos Roberto. *Responsabilidade Civil*. 14. ed. São Paulo: Saraiva, 2012. p. 380.

e natural ordinariamente esperado de projetos e obras da mesma natureza, ou se é necessariamente para um fim específico que deve necessariamente ter sido manifestado pelo dono da obra quando da encomenda.

Com base nessa incerteza, cláusulas de *fitness for purpose*, tais como as dos modelos de contrato FIDIC podem ser utilizadas como balizadores do conceito de *fitness for purpose* já abarcado pelo Direito brasileiro na regulação dos contratos de empreitada, dando a ambas as partes maior previsibilidade sobre o que se espera e o que se pode exigir.

Desnecessário dizer que uma vez tendo o Direito Pátrio abarcado a ideia de garantir ao contratante a aptidão do produto da empreitada aos fins a que se pretendia, a cláusula de *fitness for purpose* não encontraria óbice quanto a sua validade e eficácia, servindo tão somente para abalizar o conceito e torná-lo sob medida a cada relação.

Por fim, faz-se um adendo de que o mesmo raciocínio aplicado à empreitada será também aplicado aos diversos tipos de contratos típicos ou atípicos que também visam a realização e entrega de uma obra pronta, tais como o contrato de *Engineering, Procurement and Construction* (EPC) e o contrato de construção por administração.

4.2 Prestação de serviços

Se por um lado a empreitada constitui necessariamente uma obrigação de resultado, em especial um resultado *fit for purpose*, a prestação de serviços é, em princípio, desvinculada do resultado final.

Em verdade, a comparação entre os dois institutos é constante e a conclusão parece uníssona. A empreitada assemelha-se a um contrato de prestação de serviços já que ambos envolvem uma obrigação de fazer. Distanciam-se, no entanto, na medida em que a primeira visa um resultado, enquanto o segundo visa uma atividade. Na prestação de serviços, o prestador poderá fazer qualquer trabalho lícito, material ou imaterial. Nem sempre a obrigação é de resultado, considerando-se o serviço prestado, embora não se atinja o objetivo final (obrigação de meio).[22]

Decorre da classificação do contrato de prestação de serviços com uma obrigação meramente de meio que o prestador de serviços, nesse

---

[22] MARCONDES, Fernando. *Direito da Construção*: estudos sobre as várias áreas do direito aplicadas ao mercado da construção. São Paulo: Pini, 2014. p. 331.

caso, o devedor, se obriga tão somente a usar a prudência e diligência normais na prestação de certo serviço para atingir um resultado, sem, contudo, se vincular a obtê-lo.[23]

Não nos parece então que exista qualquer proteção legal direta à finalidade pretendida pelo contratante quando da contratação dos serviços. Indo mais além, nos parece que a cláusula de *fitness for purpose* seria contrária à própria natureza da prestação de serviços.

Alternativamente, o contratante que quiser melhor resguardar o comprometimento de seu prestador de serviços poderá estabelecer parâmetros mais objetivos de performance para cada tipo de obrigação, a fim de não deixar a decisão de uma determinada disputa à sorte da interpretação dos conceitos de "prudência" e "diligência" esperadas do contratado.

4.3 Compra e venda

Nos contratos de compra e venda domésticas, portanto não regulados pela CISG, conforme já estudado em capítulo anterior, existe a possibilidade prevista no art. 510 de que a venda esteja sujeita à prova de que o bem vendido é idôneo aos fins a que se destina.[24]

No entanto, fica evidente que o mecanismo trazido pelo art. 510 não se configura como garantia inerente ao contrato de compra e venda, uma vez que constante da seção do Código Civil referente às Cláusulas Especiais à Compra e Venda. Em outras palavras, a condição suspensiva explicada no artigo 510 de que o bem deve satisfazer os fins a que se destina apenas se aplica em caso de previsão contratual nesse sentido.[25]

Diferentemente do que auxilia a CISG, no Código Civil, bem como na doutrina e na jurisprudência, discute-se pouco sobre os critérios para aferição do que seria o destino esperado do bem, o que pode trazer demasiada insegurança tanto para o comprador quanto para o vendedor.

---

[23] SCHEINMAN, Maurício. *In*: ALVIM, Arruda; ALVIM, Thereza; CLÁPIS, Alexandre Laizo (Coord.). *Comentários ao Código Civil Brasileiro*. v. 6. Rio de Janeiro: Forense, 2009. p. 238.

[24] Art. 510. Também a venda sujeita a prova presume-se feita sob a condição suspensiva de que a coisa tenha as qualidades asseguradas pelo vendedor e seja idônea para o fim a que se destina.

[25] RIZZARDO, Arnaldo. *Contratos*. 16. ed. rev., atual. e ampl. Rio de Janeiro: Forense, 2017. p. 322.

5 Conclusão

Pela leitura do exposto, é possível identificar que de fato há correspondência no Direito brasileiro do conceito de *fitness for purpose*, sobretudo em contratos afetos às atividades de construção e desenvolvimento de projetos, tais como os de empreitada (e suas diversas modalidades) e os de fornecimento, sejam eles típicos ou atípicos.

Contudo, notou-se também certa rudimentalidade do conceito e da definição quanto aos "fins a que se destinam" os produtos e obras ofertados no Direito Pátrio. De forma sucinta, não parece haver discussão profunda sobre os critérios para estabelecer se as partes estariam vinculadas àqueles objetivos expostos durante a fase negocial do contrato ou se haveria um parâmetro igualmente natural e inerente a ser respeitado, tal como a finalidade que se esperaria de obras e bens de mesma natureza. Em comparação com a prática internacional, existe, portanto, um ponto de maior insegurança jurídica.

Nesse cenário, demonstram-se bem-vindas as cláusulas de *fitness for purpose*, muitas vezes importadas da técnica internacional, aprimoradas pelas práticas reiteradas de mercados de maior maturidade, para estabelecer critérios objetivos e transparentes para identificação do propósito vislumbrado pelo contratante e que deve ser garantido pelo contratado. Tal transparência e objetividade beneficiam não apenas uma, mas todas as partes envolvidas nas relações contratuais inerentes às atividades de desenvolvimento de projetos de infraestrutura.

Referências

ALVES, José Carlos Moreira. Panorama do Direito Civil Brasileiro: das origens aos dias atuais. *Revista da Faculdade de Direito da Universidade de São Paulo*, São Paulo: USP, v. 88, 1993.

BAKER, Ellis; MELLORS, Ben; CHALMERS, Scott; LAVERS, Anthony. *FIDIC Contracts*: Law and Practice. 5. ed. Routledge, 2009. p. 99.

CHERN, Cyril. *The Law of Construction Disputes*. 2. ed. Routledge, 2016. p. 74.

GOMES, Orlando. *Contratos*. 26. ed. Rio de Janeiro: Forense, 2009. p. 502.

GONÇALVES, Carlos Roberto. *Responsabilidade Civil*. 14. ed. São Paulo: Saraiva, 2012. p. 380.

Gloucestershire Health Authority v Torpy. [1997] 55 Con LR 124.

Graves&Co. v. Bayham Meikle&Partners. [1975] 1 WLR 1095.

KULEZA, Gustavo Santos; AUN, Daniel. *In*: BAPTISTA, Luiz Olavo; PRADO, Maurício Almeida (Coord.). *Construção Civil e Direito*. São Paulo: Lex Editora, 2011. p. 176.

HUSE, Joseph A. *Understanding and Negotiating Turnkey and EPC Contracts, sweet and Maxwell*. 2. ed., p. 149, 2002.

MARCONDES, Fernando. *Direito da Construção*: estudos sobre as várias áreas do direito aplicadas ao mercado da construção. São Paulo: Pini, 2014. p. 331.

RIZZARDO, Arnaldo. *Contratos*. 16. ed. ver. atual. e ampl. Rio de Janeiro: Forense, 2017. p. 322.

SCHEINMAN, Maurício. *In*: ALVIM, Arruda; ALVIM, Thereza; CLÁPIS, Alexandre Laizo (Coord.). *Comentários ao Código Civil Brasileiro*, v. 6. Rio de Janeiro: Forense, 2009. p. 238.

SILVA PEREIRA, Caio Mario da. *Instituições de Direito Civil*. 11. ed. Rio de Janeiro: Forense, 2003.

SUPERIOR TRIBUNAL DE JUSTIÇA. AResp 1005693/RJ. Relator: Ministro Raul Araújo. Data de publicação 07.04.2017.

TEPEDINO, Gustavo; BARBOZA, Heloisa Helena; BODIN DE MORAES, Maria Celina. *Código Civil Interpretado conforme a Constituição da República*. São Paulo: Renovar, 2006. p. 363.

Informação bibliográfica deste texto, conforme a NBR 6023:2018 da Associação Brasileira de Normas Técnicas (ABNT):

MOREIRA, Thiago Fernandes; GABRA, Caio. A cláusula de *"fitness for purpose"* e sua aplicabilidade no Direito brasileiro. *In*: JUSTEN FILHO, Marçal; SILVA, Marco Aurélio de Barcelos (Coord.). *Direito da Infraestrutura*: estudos de temas relevantes. Belo Horizonte: Fórum, 2019. p. 367-380. ISBN: 978-85-450-0672-5.

NOVA HIPÓTESE DE DISPENSA DE LICITAÇÃO: UMA PROPOSIÇÃO INOVADORA E DEMOCRÁTICA PARA PROJETOS PÚBLICOS DE INFRAESTRUTURA DE GRANDE PORTE

TIAGO BECKERT ISFER

Introdução

Atualmente todo brasileiro vive um trauma social. O cenário que nos conduziu a essa situação perturba o próprio orgulho de ser brasileiro. E estamos longe de superá-lo porque a nossa capacidade de discussão racional sobre a natureza e extensão dos problemas e sobre possíveis soluções está deturpada por sentimentos de raiva, indignação e desconfiança de tudo e de todos. No entanto, pede-se ao leitor que se dispa desses sentimentos (também partilhados pelo autor) e analise a proposição que se faz por sua lógica pura.[1]

Este artigo tem por objetivo apresentar uma proposição normativa, que consideramos inovadora e democrática, para buscar maior eficiência do Estado em suas políticas públicas por meio da contratação direta de projetos públicos de infraestrutura de grande porte. Assim, o fio condutor deste trabalho será a busca por uma solução jurídica (4) a um problema pernicioso (1), para o qual as teorias tradicionais do Direito se mostram insuficientes (2), demandando, destarte, estudos inovadores (3).

---

[1] Este estudo é científico, sem nenhum viés político-partidário, sem buscar a criação de benefícios a pessoas ou empresas, consideradas isoladamente ou em classes. A mais profunda consideração em pauta é a busca do bem-estar social de todos os brasileiros, conforme preconizado no preâmbulo e no inciso IV, do artigo 3º, da Constituição Federal de 1988.

1 Identificação de um *wicked problem* relacionado aos projetos públicos de infraestrutura de grande porte

1.1 Importância e compreensão do conceito de *wicked problem*

São encontrados no mundo todo problemas de grande magnitude e complexidade, que conduzem as mentes mais notáveis a dedicarem incontáveis horas de labor, frequentemente sem grande sucesso. A experiência estrangeira sobre tais problemas mostra-se útil por ter criado o conceito de *wicked problem*, que traz novos elementos para a compreensão desse gênero de problema. Nas palavras de Head (2008. p. 103):

> The attraction of the 'wicked problem' concept is that it seems to provide additional insights concerning why many policies and programs generate controversy, fail to achieve their stated goals, cause unforeseen effects, or are impossibly difficult to coordinate and monitor.

Com relação à sua conceituação, a expressão inglesa *wicked problem* pode ser traduzida para *problema perverso* ou *pernicioso*. Desses dois adjetivos brotam as ideias de maldade e de engodo, que associadas a um problema adquirem o sentido de elevada gravidade e complexidade, um problema quase insolúvel. Todavia, essa percepção necessita de esclarecimentos.

Rittel (1973) traz dez pontos que caracterizam os *wicked problems*: (i) não há formulação definitiva do problema; (ii) não existe uma regra para a cessação do problema; (iii) a solução não é verdadeira ou falsa, mas sim boa ou ruim; (iv) não há testes imediatos nem definitivos para a sua solução; (v) cada solução experimentada deve ser certeira, pois não há oportunidade para aprendizado por erro e tentativa; (vi) não existe rol exaustivo de potenciais soluções nem de mecanismos que possam integrá-las; (vii) é um problema essencialmente singular; (viii) cada *wicked problem* pode ser considerado sintoma de outro problema; (ix) a discrepância na formulação de *wicked problems* pode ser explicada por diversos fatores e conduz a soluções diferenciadas; (x) o agente responsável pelo planejamento não tem direito de errar. Essas características são muito elucidativas, ainda que contestáveis em parte ou no modo de sua formulação para fins de caracterização do *wicked problem*, posto que a natureza das soluções não pode, a rigor, ser critério de classificação do problema que a precede.

Segundo Head (2008. p. 103), para que seja considerado *wicked*, o problema deverá ter, cumulativamente, alto grau de complexidade, incerteza e divergência. A complexidade reside nos elementos do problema, em subsistemas e interdependências. A incerteza está nos riscos envolvidos, nas consequências das ações e na mudança de comportamento do problema. Por sua vez, a divergência se encontra nas opiniões, nos valores e nas intenções de cada interessado (*stakeholder*). De modo similar, Cavalcante e Cunha (2017. p. 23) consideram que *wicked problems* são problemas complexos, transversais e incertos, e fornecem os exemplos de aquecimento global, migração, drogas e envelhecimento populacional.

Para este artigo, adota-se o conceito formulado por Head, pois consideramos que a transversalidade integra necessariamente a complexidade do problema para que se torne um *wicked problem*, o qual tampouco pode prescindir do elemento de divergência entre opiniões, valores e intenções dos *stakeholders*.

1.2 A identificação de um problema pernicioso

Neste trabalho, o problema pernicioso que se quer estudar é: "Por que o Estado não consegue planejar e executar com eficiência as principais políticas públicas (que envolvam projetos públicos de infraestrutura de grande porte) que o chefe do Executivo prometeu em campanha eleitoral?" Delimita-se o problema proposto às principais políticas públicas *que envolvam projetos públicos de infraestrutura de grande porte* porque frequentemente compuseram as mais notórias políticas públicas (exitosas ou não)[2] e por serem, comumente, indispensáveis para a concretização de direitos sociais previstos na Constituição Federal.

Há quatro grandes linhas para compreender melhor o problema proposto: (i) corrupção e impunidade; (ii) fraude eleitoral; (iii) ineficiência do Estado no planejamento e execução de políticas públicas em geral; e (iv) abuso do poder econômico na política.

O trauma que a sociedade brasileira sofre atualmente eclodiu com a percepção da magnitude da Operação Lava Jato. Entretanto, ao

---

[2] A primeira industrialização realizada por Getulio Vargas ("Revolução Industrial Brasileira"), a construção de Brasília por Juscelino Kubitschek, as obras do período da ditadura militar, a exploração do pré-sal com Lula e Dilma (cujos efeitos econômicos permitiram a expansão de políticas públicas sociais), a retomada da economia americana pela construção civil e o discurso de Obama em 2014, onde disse *"we need more engineers"*.

observador atento é possível reparar que as quatro causas apontadas vinham sendo germinadas há muito tempo.

Em primeiro lugar, trata-se da corrupção e impunidade,[3] que certamente são os motivos da crise institucional que surgem o mais rapidamente à mente dos brasileiros.

De fato, com a Operação Lava Jato, a sensação desses dois problemas se tornou muito pronunciada na sociedade. São, certamente, os fatores que mais pesam no trauma social brasileiro, a ponto de nenhuma instituição pública possuir maior índice de confiança do que a igreja.[4] Ademais, o Brasil obteve em 2018 o valor mais baixo nos últimos sete anos do Índice de Percepção da Corrupção, publicado pela Transparência Internacional.[5]

A todo profissional com experiência na Administração Pública, fica evidente que a corrupção (e outros crimes contra a Administração Pública) sempre esteve presente no serviço público e não se limita aos agentes políticos. Atos ilícitos são cometidos desde os mais simples agentes públicos até presidentes da República. Obviamente, a absoluta maioria é honesta, porém receamos haver muitos agentes públicos que suspeitam ou têm conhecimento de fatos que deveriam – por obrigação legal – denunciar, mas que preferem se calar por medo de retaliação, ou até mesmo para manter ou obter cargo comissionado.

No meio político, permeia a justificativa de que a corrupção e o caixa 2 alimentam seus projetos de permanência no poder para *o bem do povo*, na filosofia maquiavélica de que os fins justificam os meios. Obviamente, trata-se de uma banalização do mal, com distorção psicológica da realidade, cujo limiar, já estreito, entre doação eleitoral, caixa 2, corrupção para o projeto político e corrupção para benefício pessoal deixou de possuir distinções.

Na perspectiva das empresas privadas, existem diferentes graus de participação nessas condutas ilícitas. Há aqueles particulares que tentam ser honestos e acabam por ser coagidos; aqueles que "pagam o *ticket* de entrada" para prestar serviços ao Estado e evitam ao máximo novos pedidos indevidos; aqueles que aceitam a "regra do jogo" e

---

[3] A corrupção está atrelada à impunidade no Brasil, pois os mais abastados podem arcar com custos de advogados renomados e são favorecidos pela morosidade do Poder Judiciário. Possivelmente, tornar célere o Poder Judiciário seria a principal medida para solucionar a impunidade.

[4] Disponível em: http://www.cnt.org.br/imprensa/Noticia/confira-resultados-pesquisa-cnt-mda. Acesso em: 26 fev. 2019.

[5] Disponível em: http://ipc2018.transparenciainternacional.org.br/. Acesso em: 26 fev. 2019.

incorporam-na em seus planos empresariais; e, por fim, aqueles que integram o próprio projeto político de permanência no poder.

Entretanto, por mais maléficas que sejam a corrupção e a impunidade, esses são fatores que, comparativamente, pouco influenciam o resultado final das políticas públicas. No Brasil, a figura do político que "rouba, mas faz" é bastante conhecida e, no final das contas, é preferida nas eleições ao político honesto que pouco realiza. Com relação ao ex-presidente Lula, criou-se a figura do político que "rouba, mas ajuda o pobre". Se "todos" políticos roubam, muitos eleitores escolhem aquele que mais promete ajudar os cidadãos menos privilegiados. Se observadas sob um prisma distorcido de cegueira deliberada, poder-se-ia até supor que as políticas implementadas por políticos corruptos são mais eficientes por eliminarem barreiras burocráticas e por serem realizadas com maior rapidez.[6]

Outro fator que no cenário nacional colocou as instituições públicas em descrédito é a fraude eleitoral. Em 2014, Dilma Rousseff fez campanha com a afirmação de que o Brasil não estava em crise econômica. Logo após tomar posse, desmentiu-se. No Distrito Federal, Ibaneis Rocha prometeu aos metroviários que não iria privatizar o METRÔ-DF, mas depois de eleito, antes mesmo de tomar posse, deu entrevista em sentido contrário.

O problema da fraude eleitoral se apresenta na conduta de duas categorias de pessoas: candidatos e eleitores.

Os próprios candidatos prometem tudo e mais um pouco durante as suas campanhas para obterem votos, sem terem propostas de governo coerentes, estruturadas e detalhadas. Em 2018, a proposta de Bolsonaro continha 81 páginas e a de Haddad 62 páginas, incluindo capa e sumário.[7] É impensável governar o Brasil com tão pouco planejamento. Faltam assessores técnicos aos nossos políticos, mas há pouco ou nenhum incentivo para que estes procurem especialistas em gestão e políticas públicas.

Efetivamente, no Brasil, a grande maioria dos eleitores vota de acordo com o carisma do candidato e com propostas de cunho genérico ou populista. Não se ganha voto com a verdade, mas sim com a

---

[6] Obviamente, tais políticas não são verdadeiramente públicas, muito menos republicanas, e ensejam graves riscos por suprimirem etapas de planejamento adequado das políticas públicas.

[7] Disponível em: http://www.tse.jus.br/eleicoes/eleicoes-2018/propostas-de-candidatos. Acesso em: 26 fev. 2019.

promessa de um admirável mundo novo, onde todos os problemas serão resolvidos por passes de mágica. Nos debates televisionados, é preferível aos candidatos inventarem propostas inexistentes ou impossíveis a hesitarem na resposta. É tecnicamente inviável implantar veículo leve sobre trilho (VLT) do plano piloto de Brasília até Sobradinho, porém foi uma promessa televisionada de 2018.

Tornaram-se comuns no Brasil o voto útil, o voto no menos pior ("pior que está não fica"), o voto "em todos menos no Partido dos Trabalhadores" e o voto no "salvador da pátria". Chegamos a ponto de escolher presidentes da República que exaltaram líderes ditatoriais, de esquerda e de direita. Por sorte, a maturidade da democracia brasileira impôs barreiras para a concretização de atos ditatoriais. E o peso da responsabilidade do cargo faz refletir melhor (p. ex. o presidente Bolsonaro passou a ser favorável à reforma da Previdência Social). De qualquer modo, ulteriormente, no Brasil reina o voto desqualificado, por considerar somente o carisma e as promessas populistas, sem qualquer apego à qualidade da proposta de governo. O ex-estrategista de Trump, Steve Bannon, defende que "o populismo é o futuro da política" e tenta se aproximar da política brasileira.[8] Isso faz com que a sociedade brasileira se sinta enganada tanto pela corrupção quanto pelas promessas eleitorais não cumpridas.

A terceira linha para delinear o cenário que prejudica a saúde mental do brasileiro é a da ineficiência do Estado no planejamento e na execução de suas políticas públicas.

Os agentes públicos, em geral, não têm capacidade – por diversos fatores – de planejar e executar todas as políticas públicas de modo eficaz. Os nossos candidatos não têm as ferramentas necessárias para implementar tudo aquilo que prometem durante as eleições. Se a capacidade da Administração Pública não sofresse restrições de recursos humanos nem financeiros, os candidatos fariam, presume-se, tudo aquilo que prometeram. Entretanto as limitações existentes fazem com que até algumas propostas mais bem estruturadas e planejadas fiquem arquivadas por tempo indeterminado.

Apesar de a existência de limitações ser algo natural, o seu patamar atual no Brasil não é aceitável se comparado com os recursos investidos. O Brasil tem alta carga tributária e uma fartura de recursos naturais, mas nada disso faz com que o retorno à população seja

---

[8] Disponível em: https://exame.abril.com.br/mundo/o-populismo-e-o-futuro-da-politica-diz-ex-estrategista-de-trump/. Acesso em: 27 fev. 2019.

satisfatório. Vê-se que a máquina pública consome internamente essa arrecadação com inúmeros privilégios e produz muito pouco. Até mesmo já se cunhou a expressão "aposentadoria na ativa", para aqueles servidores que se acomodam após o estágio probatório.

Para confirmar a incapacidade do Estado de planejar e executar suas políticas públicas, basta ler os relatórios de avaliação da execução de programas de governo do Ministério da Transparência e Controladoria-Geral da União (CGU). O relatório nº 89, por exemplo, publicado em outubro de 2018, indicou que não foram feitos estudos prévios na fase de planejamento, que não foram indicados objetivos ou indicadores mensuráveis e que, dentre outros achados, somente 4% dos projetos aprovados foram concluídos. Infelizmente, esses resultados não constituem a excepcionalidade. Ao contrário, são excessivamente frequentes.

Com relação aos servidores públicos, a Administração Pública comete dois erros fatais: falta de estímulos positivos e excesso de negativos. Depois de passar em concurso público, o servidor tem poucos motivos para dar o melhor de si. O salário é garantido; a produtividade, quando é, é mal-controlada; os resultados não são recompensados; e, em geral, o ambiente profissional inibe e desincentiva a atuação dos profissionais mais dedicados. Do lado oposto, qualquer ato praticado fica sob suspeita quanto a seu erro ou acerto, há grande inconstância na aplicação das leis (insegurança jurídica) e a visão dos órgãos de controle tende a ser excessivamente negativa, podendo-se falar em "direito administrativo do inimigo" (JORDÃO, 2016). Por esses fatores, o mais prudente ao agente público é realizar o mínimo necessário para não colocar em risco a sua imagem ou o seu CPF, culminando no indesejado "apagão das canetas".[9]

Assim, há muito tempo o brasileiro se sente desamparado, sem poder confiar nos serviços públicos prestados pelo Estado. Para o cidadão menos afortunado, só quem tem recursos financeiros é tratado com dignidade. Para o mais afortunado, o custo de viver no Brasil é duplicado, pois paga-se ao Estado e aos profissionais ou empresas particulares pelos serviços públicos que não são prestados adequadamente.

---

[9] V. reportagem "'Apagão das canetas' trava infraestrutura", de Fernanda Pires, no Valor Econômico, em 27.07.2018. Disponível em: https://www.valor.com.br/brasil/5691757/apagao-das-canetas-trava-infraestrutura.

Esse raciocínio nos conduz à quarta linha descritiva do cenário que traumatiza o brasileiro, que é a intervenção do poder econômico na política brasileira.

A influência do dinheiro é algo recorrente no mundo todo, sendo que o *lobby* é regulamentado em alguns países (*e.g.* Estados Unidos e União Europeia[10]) para evitar que essa prática se transforme em atos de corrupção.

Entretanto, mesmo a interferência do poder econômico sem atos de corrupção pode se mostrar abusiva. Os nossos bancos cobram as taxas de juros mais caras do mundo; as prestadoras de serviços públicos prestam serviços ruins; algumas empresas – mesmo depois de seus controladores confessarem diversos crimes – são tão grandes que ficam praticamente impunes sob o argumento de que se deve evitar o agravamento da crise econômica.

Nos Estados Unidos há quem defenda que guerras são travadas ao redor do mundo primordialmente por interesses econômicos. No Brasil, os governos petistas adotaram política das campeãs nacionais com base na concessão de créditos vultosos pelo BNDES. Presumindo-se que não houve crime nessas concessões de crédito até que se comprove o contrário, a força do *lobby* de determinadas empresas gerou uma desconfiança na sociedade brasileira porque distorceu a política pública do BNDES em torno de campeãs nacionais ao invés de fomentar o desenvolvimento dos pequenos empreendedores. Até mesmo questionou-se a excessiva leniência da Procuradoria-Geral da República no acordo da J&F.

São abusos do poder econômico sobre as políticas públicas como esses que devem ser eliminados porque distorcem a vontade do povo manifestada nas urnas, criando, novamente, o sentimento generalizado de que as políticas públicas colocadas em prática têm interesses escusos.

Por parte dos empresários, o problema que surge é a falta de segurança jurídica, pois os riscos de se contratar com a Administração Pública são excessivos e a imprevisibilidade das decisões dos gestores públicos, dos órgãos de controle e do Judiciário deixa até o mais honesto dos empresários com dúvida de como proceder em determinadas situações.

---

[10] Nos Estados Unidos, a primeira lei sobre o tema é a *Federal Regulation of Lobbying Act*, de 1946 (alterada em 1995 e 2007), e na União Europeia, o Acordo entre o Parlamento Europeu e a Comissão Europeia sobre o registo de transparência para organizações e trabalhadores independentes que participam na elaboração e na execução das políticas da União Europeia, de 2015.

Ademais, no cenário de ineficiência do Estado, é comum que grandes empresários financiem campanhas eleitorais dos candidatos mais fortes para receber serviços públicos céleres e para não sofrer perseguições políticas. Porém questiona-se: até que ponto a contrapartida de agilidade nos serviços públicos torna a doação eleitoral um ato de corrupção?

Outro interesse que sempre existirá no meio empresarial é o desejo de participar da política brasileira e obter contratos com a Administração Pública, o que hoje é absolutamente proibido.

Enfim, esse é o cenário que traz os mais elevados graus de complexidade, de incerteza e de divergência, configurando um problema pernicioso.

2 Insuficiência das teorias tradicionais

Se formos atacar isoladamente cada uma dessas linhas identificadas no cenário exposto, o resultado final tende a ser insatisfatório porque os *wicked problems* são complexos, transversais, com intercorrelações temáticas cambiantes, de modo que resolver um problema específico pode piorar o todo. Um exemplo disso é o surgimento do Primeiro Comando da Capital, pois não adianta punir criminosos sem dar condições de ressocialização do apenado.

A onda punitivista gerada com a Operação Lava Jato não é a solução para o país. Mudar a lei, interpretá-la de modo mais rigoroso e prender todos os corruptos e corruptores não faz surgir uma geração de agentes públicos e privados imune à tentação. Em análise macro, a classe política não mudará seu jeito de ser somente pelas ações pontuais que vêm sendo realizadas. No máximo sofisticará ainda mais seu *modus operandi*.

Sabe-se que soluções que atacam efeitos sem pensar nas causas tampouco se mostram eficazes, sendo normalmente soluções provisórias e implementadas sem o devido planejamento. Um exemplo é a prisão em segunda instância. Desenvolver teses jurídicas para contornar a clareza do inciso LVII, do artigo 5º, da Constituição Federal, é um absurdo jurídico. Tenta-se evitar a impunidade por caminho torto e simplista, sem atacar os reais fundamentos do problema. Antes de se alterar indevidamente, por interpretação jurídica, uma cláusula pétrea da nossa Carta Magna, que se faça uma reestruturação do Poder Judiciário para que os processos sejam mais céleres.

Essas soluções provisórias já criaram novos problemas, pois o Judiciário perdeu a confiança de defensores da esquerda no Brasil, que acreditam haver a prática de *lawfare*. Um exemplo é o artigo "Considerações sobre o Instituto do *Lawfare*" (BARROS FILHO; FARIAS; OLIVEIRA, 2017).

Com relação aos agentes públicos honestos, essa onda de punitivismo fará com que o medo de errar impere com mais força e torne o Estado ainda mais ineficiente, mesmo quando se tratar de *honest mistakes in judgment that turn out badly*.[11]

Na formulação das políticas públicas, os gestores devem compreender que, pela teoria da psicologia do risco (SLOVIC, 2010), a percepção do risco de corrupção pela sociedade brasileira é de gravidade muito maior do que o risco real, pois sofre da amplificação social por diversos fatores, sendo o principal deles a mídia. Uma demonstração dessa percepção distorcida da realidade do risco é o resultado da 143ª Pesquisa CNT/MDA, pela qual a corrupção é a quarta maior preocupação dos brasileiros, à frente de emprego, economia e combate à pobreza, entre outros.[12] A rigor, a contribuição do combate à corrupção ao bem-estar social é muito menor do que o pleno emprego e a erradicação da pobreza.

No campo do Direito Eleitoral e abuso do poder econômico, tivemos outra reação precipitada na tentativa de pôr em prática solução provisória. A proibição do financiamento de campanha por empresas gerou gastos públicos enormes e não atingiu sua finalidade, pois as empresas podem não ter depositado valores aos partidos políticos, mas isso não as impediu de contratar serviços em favor de candidatos, como foi largamente noticiado na campanha eleitoral de 2018.

A bem da verdade, o julgamento da ADI nº 4.650 foi uma resposta provisória de cunho primordialmente político do STF à sociedade brasileira. O §9º, do artigo 14, da Constituição Federal não proíbe toda e qualquer influência do poder econômico, mas sim o abuso dela, como bem afirmado pelo Ministro Celso de Mello em seu voto. Estabelecer de modo contrário seria determinar o impossível. O que se procura é a possibilidade de efetivo controle de regularidade do exercício do poder econômico nas eleições, já que o descontrole, sim, gera risco grave de corrupção e de fraude eleitoral por abuso do poder econômico.

---

[11] Conceito da teoria norte-americana *business judgment rule* (SHARFMAN, 2017) a qual tem sido aplicada pelo TCU desde 2014.

[12] Disponível em: http://www.cnt.org.br/imprensa/Noticia/confira-resultados-pesquisa-cnt-mda. Acesso em: 26 fev. 2019.

Ainda, pode-se atrelar a ineficiência do Estado à prática do Direito Administrativo de acordo com a filosofia de um Estado robusto e formalista ao mínimo detalhe, detentor da exclusividade na formulação do significado concreto de interesse público. Nem mesmo a isonomia nas licitações é respeitada, conforme são desvendados inúmeros casos de corrupção, cartel e direcionamento de certame.

Essas teorias tradicionais necessitam de reavaliações sobre a sua eficiência normativa em alcançar os valores buscados pela sociedade. Nem mesmo as teorias mais lindas devem ser acolhidas sem o teste do mundo real. Socialismo puro seria maravilhoso se o ser humano não tivesse o pecado da preguiça. Capitalismo puro seria perfeito se o ser humano não possuísse o pecado da cobiça.

3 Inovação na Administração Pública e no Direito

Há quem considere inovação um conceito mágico (POLLITT; HUPE, 2011). Adotando visão mais pragmática do mundo, a inovação é uma necessidade para solucionar *wicked problems* porque todo o sistema e forças existentes (normas e agentes) conduzem ao seu surgimento. Se as soluções tradicionais fossem suficientes para compreendê-los e combatê-los, os problemas não seriam perniciosos em primeiro lugar.

O tema da inovação não é novidade na Administração Pública ou no Direito.[13] A interdisciplinaridade trouxe inovações recentes, como por exemplo a teoria dos jogos, que fundamentou os acordos de leniência (SANTOS; RODRIGUES, 2017), e a Análise Econômica do Direito, que deu nova dimensão teórica à ciência jurídica (POSNER, 2011). Pode-se até mesmo afirmar que "há um novo direito administrativo em trajetória",[14] especialmente com o advento das Leis nº 13.303/16 e nº 13.655/18, o *New Public Management* e os conceitos de governança, *compliance*, eficiência e gestão de riscos, induzidos pela lógica do pragmatismo científico e do reconhecimento das limitações próprias da Administração Pública.

---

[13] Podemos citar algumas premiações criadas para fomentar inovações, como o Concurso Inovação da ENAP e o Prêmio Innovare, este último bastante conhecido dos juristas brasileiros. Também no mundo acadêmico já há diversas publicações, como o livro "Inovação no Setor Público: teoria, tendências e casos no Brasil" (CAVALCANTE *et al.*, 2017).

[14] Afirmação de Marçal Justen Filho em sua apresentação durante a 1ª Sessão Extraordinária da Comissão de Direito Administrativo da OAB/DF, em 14.02.2019.

Consideramos a nossa proposição inovadora por desconhecermos outra similar, por ir em sentido diverso das soluções provisórias intentadas até o presente momento, por respeitar a natureza do ser humano aproveitando seus interesses e suas forças em benefício do bem-estar social e, principalmente, por ser interdisciplinar de modo a tratar todas as principais causas já expostas do problema pernicioso identificado.

4 Uma proposição para projetos públicos de infraestrutura de grande porte

4.1 Formulação inicial

Tendo em mente o princípio democrático, a proposição que se faz para resolver considerável parte do problema da ineficiência das políticas públicas que envolvem projetos públicos de infraestrutura de grande porte prometidas durante campanha eleitoral é a aprovação de lei complementar que preveja a possibilidade de contratação direta, por dispensa de licitação, de empresa privada para a execução de obra de infraestrutura de grande porte, cujo anteprojeto tenha sido adequadamente incluído, pela respectiva empresa, durante o processo eleitoral, em proposta de governo do chefe do Executivo democraticamente eleito.

Outras condições específicas serão abordadas ao final em razão de dificuldades encontradas para eventual implementação da norma.

4.2 Precedentes

As licitações públicas têm sido objeto de frequentes reformulações normativas. As mais marcantes foram o pregão, as parcerias público-privadas, o regime diferenciado de contratações públicas e o novo regime jurídico das empresas estatais. Também tramita na Câmara dos Deputados, em estágio avançado, o projeto da nova lei de licitações, que prevê grandes modificações à norma atual (PL nº 1.292/95).

Assim, desde que foi promulgada a Lei nº 8.666/93, inovações vêm sendo implementadas para imprimir maior eficiência nas contratações públicas.

4.3 Justificativa principiológica

A inovação ora proposta incorpora em sua formulação a compreensão de que: (i) a eficiência das políticas públicas tem maior valor para o bem-estar social e para a democracia do que o princípio da isonomia nas licitações públicas; (ii) quanto melhor elaboradas as propostas de governo apresentadas durante eleições democráticas, mais consciente será o voto dos eleitores; (iii) o poder econômico sempre terá influência significativa nas eleições; (iv) empresários sempre buscarão contratos com a Administração Pública; (v) o mercado privado é mais competente no planejamento e execução de obras de infraestrutura de grande porte; e (vi) o controle da licitude e vantajosidade de contratos administrativos é mais eficiente quando a relação é transparente.

Outrossim, a norma tem pouco valor jurídico se não produz seus efeitos no mundo fático. Defende-se a hermenêutica constitucional da concretização (PIOVESAN, 2015) para que os princípios constitucionais recebam normatização legal da maneira mais eficaz para a sua concretização face a problemas concretos. Não adianta prever direito à saúde se o Estado não consegue construir hospitais por incapacidade de planejamento e execução.

Ademais, o princípio da igualdade ínsito na democracia não é o único que ali reside. A democracia também resguarda a dignidade da pessoa humana e os direitos sociais, dentre outros. Considerando-se que os princípios não se excluem quando entram em conflito, mas apenas comparam seus pesos valorativos diante de situações concretas (DOWRKIN, 1977), a isonomia nas licitações públicas pode ser mitigada nos casos em que se alcance valor igual ou superior na consecução dos direitos sociais por meio do ganho de eficiência no planejamento e execução de políticas públicas.

Inclusive, o fato de as propostas de governo serem submetidas ao voto popular legitima a participação direta e transparente de empresas privadas na formulação de políticas públicas. Se os eleitores escolhem uma proposta de governo em detrimento das outras, é para que seja executada do modo mais eficiente possível, abrindo-se uma exceção legítima ao princípio da isonomia. Pode-se até mesmo afirmar que a isonomia foi respeitada no momento do pleito eleitoral, quando todas as empresas privadas tiveram a mesma oportunidade legal de se engajarem politicamente.

Pesa ainda o fato de que estamos diante de um *wicked problem* que as teorias tradicionais do Direito Eleitoral, do Direito Penal e do Direito Administrativo não conseguem resolver adequadamente.

Assim, buscando-se a compreensão de que a sociedade privada também deve integrar a formulação das políticas públicas (*New Public Management*) por estar melhor capacitada para suprir as limitações da máquina pública, não se vislumbra óbice para que se permita às empresas privadas politicamente engajadas contribuírem diretamente durante campanhas eleitorais, inclusive para o planejamento de políticas públicas envolvendo projetos públicos de infraestrutura de grande porte, fornecendo ao Estado o seu *know-how* e a sua capacidade operacional em troca de sua contratação em caso de vitória nas urnas.

4.4 Benefícios esperados

Caso seja adotada a presente proposição, espera-se: (i) propostas de governo apresentadas nas eleições elaboradas segundo as técnicas mais avançadas do mercado e da academia por iniciativa das próprias empresas privadas; (ii) aumento da confiança dos eleitores nas promessas apresentadas pelos candidatos durante as campanhas; (iii) rejeição de candidatos exclusivamente carismáticos ou populistas; (iv) ganho de eficiência no planejamento e execução de projetos públicos de infraestrutura de grande porte; (v) aumento da disponibilidade de crédito e do *rating* do Brasil nas agências internacionais de risco; (vi) maior transparência nas relações das grandes empreiteiras com nossos políticos; (vii) menor risco de fraude em razão da existência de regulamentação que concilia as expectativas da sociedade com os interesses das empresas privadas politicamente engajadas, assim como em função do risco político assumido por essas empresas (risco de boicote popular); (viii) maior segurança jurídica a empresários e agentes públicos; (ix) aumento de qualidade na prestação de serviços públicos dependentes de obras de infraestrutura de grande porte; (x) por fim, o mais importante, melhoria do bem-estar social.

Note-se que esses benefícios atacam diretamente todos os aspectos transversais do *wicked problem* proposto, pois a maior transparência evita atos de corrupção, as promessas de campanha dos candidatos serão mais fidedignas, outorga-se uma nova ferramenta para melhorar o planejamento e a execução de políticas públicas envolvendo projetos públicos de infraestrutura de grande porte e, por fim, cria-se uma regulamentação para criar limites e controles à influência do poder econômico nos pleitos eleitorais, distinguindo-se claramente condutas consideradas normais e abusivas.

4.5 Dificuldades e soluções iniciais

Mesmo com esses benefícios esperados, o princípio da isonomia continua aplicável, ainda que de modo atenuado, para traçar limites que não poderão ser extrapolados. Com efeito, a formulação inicial da proposição deste artigo precisa ser testada para que se possa averiguar e corrigir seus pontos fracos. Em um primeiro teste de estresse que se pode cogitar academicamente, com base na experiência profissional deste autor, já é possível identificar as seguintes situações.

A limitação a projetos públicos de infraestrutura de grande porte deve ser imposta para que só se permita a contratação direta para projetos estratégicos, estruturantes e prioritários do plano de governo que envolvam a contratação de empresa privada para sua execução, sob pena de se desvirtuar esta proposição em corporocracia ou plutocracia.

Ainda, a proposta de governo apresentada à Justiça Eleitoral para registro da candidatura deverá conter anteprojeto de engenharia, incluindo o orçamento previsto, assinado pelos responsáveis técnicos da empresa privada politicamente engajada. O custo da elaboração do anteprojeto de engenharia poderá ser ressarcido em caso de contratação da obra, a exemplo das manifestações de interesse privado.

Não é possível que a empresa obtenha lucro acima do preço médio de mercado. Na verdade, é até possível que se exija a prática do preço exequível mais competitivo de mercado, diante do porte do projeto e da possibilidade de contratação direta.

O prazo máximo de vigência do contrato e de execução da obra de infraestrutura deverá coincidir com o prazo do mandato do chefe eleito do Executivo, para evitar conflitos políticos em mandatos subsequentes. Isso significa que a exploração da obra de infraestrutura não ficará, depois de extinto o contrato, a cargo da empresa privada contratada dessa maneira, cabendo ao Executivo prestar diretamente os serviços públicos ou licitá-los normalmente mediante outros modelos contratuais.

Para a contratação e execução do projeto de infraestrutura, a empresa privada deverá constituir uma subsidiária integral, de propósito específico, que ficará obrigada a manter todos seus dados abertos e deverá adotar regras de governança e de *compliance* similares àquelas previstas na Lei nº 13.303/16.

A quantidade e as características dos projetos previstos nas propostas de governo não poderão infringir regras do Direito Concorrencial, não podendo criar, por exemplo, cartéis ou monopólios.

Cada grupo empresarial poderá apoiar somente um candidato em cada esfera de governo e respeitar a fidelidade partidária nacional para pleitos estaduais ou municipais, não podendo ser subcontratado ou subcontratar outras empresas concorrentes que sejam politicamente engajadas com outros partidos.

A obrigação das empresas contratadas é uma obrigação de fim, devendo entregar exatamente o projeto público de infraestrutura de grande porte que foi prometido na campanha eleitoral. Caso descumpra essa obrigação por qualquer motivo, deverá sofrer pena similar à de inelegibilidade, com proibição de engajamento político por oito anos, além da encampação da obra de infraestrutura e de multas pecuniárias.

Caso fique comprovado ato de corrupção pelos controladores da empresa privada politicamente engajada durante o mandato do candidato apoiado, ou fora do mandato em caso de corrupção sistêmica, a sanção será a redemocratização das ações e/ou quotas representativas do poder de controle do grupo empresarial mediante a venda judicial forçada em bolsa de valores. O produto da venda deverá ser utilizado para ressarcir a Administração Pública e quitar as sanções pecuniárias, revertendo-se o remanescente aos controladores. Estes também deverão ficar inelegíveis e proibidos de constituir, controlar ou administrar empresa por oito anos.

Outrossim, em respeito à restrição prevista no artigo 24, inciso I, da Lei nº 9.504/97, somente empresas brasileiras poderão ser politicamente engajadas no Brasil, adotando-se o critério de nacionalidade do controle, que é determinada em função dos interesses nacionais que a animam (DOLINGER, 2012).

Obviamente, os limites aqui previstos não são capazes de exaurir todas as hipóteses e dificuldades que surgirão em novos estudos acadêmicos e testes práticos.

Conclusão

Neste artigo identificou-se o *wicked problem* de que "o Estado não consegue executar com eficiência as principais políticas públicas (que envolvam projetos públicos de infraestrutura de grande porte) que o chefe do Executivo prometeu em campanha eleitoral".

Esse problema pernicioso é dotado de alta complexidade, incerteza e divergência e tem origem em cenário que traumatizou a sociedade brasileira e que pode ser dividido em quatro grandes linhas:

(i) corrupção e impunidade; (ii) fraude eleitoral; (iii) ineficiência do Estado no planejamento e na execução de políticas públicas em geral; e (iv) intervenção do poder econômico na política.

As teorias tradicionais do Direito não conseguem solucioná-lo, sendo necessário recorrer à inovação para tratar o problema em toda a sua complexidade.

Com isso, propôs-se a aprovação de lei complementar que preveja a possibilidade de contratação direta, por dispensa de licitação, de empresa privada para a execução de obra de infraestrutura de grande porte, cujo anteprojeto tenha sido adequadamente incluído, pela respectiva empresa, durante o processo eleitoral, em proposta de governo do chefe do Executivo democraticamente eleito.

Há precedentes de inovação para as licitações públicas e a fundamentação principiológica desta proposição privilegia a concretização dos princípios democráticos previstos na Constituição Federal, na medida em que pesem mais do que a isonomia nos procedimentos licitatórios.

Por fim, vislumbraram-se algumas vantagens e soluções a algumas dificuldades inicialmente apontadas, sem prejuízo da necessidade de se aprimorar as regras propostas em novos estudos acadêmicos e testes práticos.

Referências

BARROS FILHO, Geraldo Carreiro de; FARIAS, Athena de Albuquerque; OLIVEIRA, Gislene Farias de. Considerações sobre o Instituto do Lawfare. *Id on Line Rev. Psic.*, v. 10, n. 33, supl. 2, jan. 2017.

CAVALCANTE, Pedro; CUNHA, Bruno Queiróz. É preciso inovar em governo, mas por quê? *In:* CAVALCANTE, Pedro *et al.* (Org.). *Inovação no Setor Público*: teoria, tendências e casos no Brasil. Brasília: ENAP/IPEA, 2017.

CNT/MDA. *143ª Pesquisa.* Disponível em: http://www.cnt.org.br/imprensa/Noticia/confira-resultados-pesquisa-cnt-mda. Acesso em: 26 fev. 2019.

DOLINGER, Jacob. *Direito Internacional Privado*: parte geral. 10. ed. Rio de Janeiro: Forense, 2012.

DWORKIN, Ronald. *Taking Rights Seriously.* London: Duckworth, 2005.

HEAD, Brian W. Wicked Problems in Public Policy. *Public Policy*, v. 3, jan. 2008.

JORDÃO, Eduardo. Por mais realismo no contrato da administração pública. *Revista Direito do Estado*, n. 183, 2016.

PIOVESAN, Flávia. *Temas de Direitos Humanos.* 8. ed. São Paulo: Saraiva, 2015.

POLLITT, Christopher; HUPE, Peter. Talking About Government: the role of magic concepts. *Public Management Review*, v. 13, n. 5, p. 641-658, jun. 2011.

POSNER, Richard A. *Fronteiras da Teoria do Direito*. Trad. Evandro Ferreira e Silva *et al*. São Paulo: Editora WMF Martins Fontes, 2011.

RITTEL, Horst W. J. Dilemmas in a General Theory of Planning. *Policy Sciences*, v. 4, n. 2, jun. 1973.

SANTOS, Natália Batista da Costa; RODRIGUES. Os Jogos da Leniência: uma Análise Econômica da Lei Anticorrupção. *RDU*, Porto Alegre, v. 14, n. 78, 2017, 54-71, nov./dez. 2017.

SLOVIC, Paul. The Psychology of Risk. *Saúde Soc*, São Paulo, v. 19, n. 4, p. 731-747, 2010.

SHARFMAN, Bernard S. The Importance of the Business Judgment Rule. *Journal of Law & Business*, v. 14, n. 1, 2017. p. 27-69.

TRANSPARÊNCIA INTERNACIONAL. Índice de Percepção de Corrupção 2018. Disponível em: http://ipc2018.transparenciainternacional.org.br/. Acesso em: 26 fev. 2019.

Informação bibliográfica deste texto, conforme a NBR 6023:2018 da Associação Brasileira de Normas Técnicas (ABNT):

ISFER, Tiago Beckert. Nova hipótese de dispensa de licitação: uma proposição inovadora e democrática para projetos públicos de infraestrutura de grande porte. *In*: JUSTEN FILHO, Marçal; SILVA, Marco Aurélio de Barcelos (Coord.). *Direito da Infraestrutura*: estudos de temas relevantes. Belo Horizonte: Fórum, 2019. p. 381-398. ISBN: 978-85-450-0672-5.

LIMITES DAS ATRIBUIÇÕES SANCIONATÓRIAS DO CADE FRENTE ÀS DEFINIÇÕES TÉCNICAS DAS AGÊNCIAS REGULADORAS

VICTOR HUGO PAVONI VANELLI

1 Introdução

A livre-iniciativa é princípio básico no sistema constitucional brasileiro, colocado no âmbito da ordem econômica e social, e deve nortear as atividades legislativa e da administração pública. No entanto, sendo princípio constitucional, encontra na própria Constituição os seus limites, na medida em que deve conviver com outros princípios da mesma hierarquia.[1] A regulação é instrumento de promoção de alguns desses outros princípios e tem a função de limitar as faculdades dos particulares, visando outros fins sociais importantes, mas também deve respeitar limites, relacionados às garantias individuais, ao arranjo institucional, entre outros.[2]

Nesse contexto, o CADE e as agências reguladores em geral recebem atribuições legais específicas para exercer a regulação estatal sobre determinadas matérias relacionadas entre si. Porém, surgem questões importantes no âmbito da interação entre essas entidades: onde termina a atribuição de uma e onde começa a da outra? Existe alguma hierarquia de atos das agências entre si? Essas questões têm especial relevo quando o CADE, com suas atribuições decisórias abstratas de "defesa da concorrência" se propõe a analisar casos concretos envolvendo setores específicos.

---

[1] BOTTALLO, 2011. p. 337-338.
[2] JUSTEN FILHO, 2018. p. 589.

O presente trabalho pretende, pois, analisar situação concreta em que o CADE decide controvérsia envolvendo questões técnicas de setor econômico específico (setor portuário, de atribuição da ANTAQ, *in casu*), bem como até onde vai sua atribuição legal de decidir pela (ir)regularidade da atuação dos particulares no "mercado portuário" a pretexto de garantir a ordem econômica e a livre concorrência. Para isso, busca-se comparar e contrapor as atribuições do CADE com as atribuições da agência reguladora responsável pelo setor.

2 CADE e suas atribuições legais

O Conselho Administrativo de Defesa Econômica – CADE encontra atualmente suporte legal na Lei Federal nº 12.529/2011, conhecida para "Lei Antitruste". Referida lei criou o Sistema Brasileiro de Defesa da Concorrência e "e dispõe sobre a prevenção e a repressão às infrações contra a ordem econômica, orientada pelos ditames constitucionais de liberdade de iniciativa, livre concorrência, função social da propriedade, defesa dos consumidores e repressão ao abuso do poder econômico".[3] O CADE é parte desse sistema (art. 3º e seguintes). Nos termos do art. 4º da Lei Antitruste, "o CADE é entidade judicante com jurisdição em todo o território nacional, que se constitui em autarquia federal, vinculada ao Ministério da Justiça, com sede e foro no Distrito Federal, e competências previstas nesta Lei". Há, portanto, um "Tribunal Administrativo" em sua composição. O art. 9º da Lei Antitruste estabelece as seguintes atribuições ao Tribunal Administrativo do CADE, entre outras:

> II - decidir sobre a existência de infração à ordem econômica e aplicar as penalidades previstas em lei; [...]
>
> X - apreciar processos administrativos de atos de concentração econômica, na forma desta Lei, fixando, quando entender conveniente e oportuno, acordos em controle de atos de concentração;

O CADE é, pois, uma das ferramentas criadas com o propósito de manter o equilíbrio do sistema econômico. Isto porque a livre-iniciativa e a concorrência normalmente acabam por causar desigualdade (deficiências ou falhas de mercado) em qualquer sistema econômico de

---

[3]   Art. 1º da Lei Federal nº 12.529/2011.

sociedades complexas.[4] Trata-se de manter uma busca constante pelo ideal de concorrência perfeita, lembrando que o que se busca é um mero ideal (a rigor inalcançável).[5] O CADE é, portanto, órgão autárquico federal de natureza técnica específica (controle da regularidade concorrencial), voltado a regular a economia de mercado em geral e intersetorial. Importante notar que, embora tenha sido criado antes da generalidade das demais agências reguladoras (originalmente por meio da Lei Federal nº 4.137/1962, posteriormente revogada/substituída pela Lei Federal nº 8.884/1994 e, atualmente, pela Lei Federal nº 12.529/2011), ele próprio não escapa da definição de agência reguladora.[6]

3 Agências reguladoras e suas atribuições legais

As agências reguladoras também são autarquias federais de natureza técnica específica, porém regulam determinados setores da economia (estruturas do sistema financeiro, das telecomunicações, de transportes, etc.).[7] Embora "autônomas", as agências não formam poder institucional à parte, porque tal não é previsto na Constituição da República, cabendo à legislação infraconstitucional dispor sobre o regime de cada uma delas, de suas atribuições, etc. De modo geral, essas entidades possuem atribuições regulamentares (para editar normas específicas, aproximando-se da função legislativa) e decisórias (para solucionar casos concretos, assemelhando-se à função judiciária).[8]

As agências atuam não apenas para garantir a ordem econômica em seus respectivos setores econômicos, mas especialmente para regular, do ponto de vista técnico e com certa discricionariedade, as atividades consideradas essenciais ao desenvolvimento nacional que

---

[4] NESTER, 2006. p. 27.

[5] *Ibidem*, p. 71. Nas palavras de Alexandre Wagner Nester, "a concorrência perfeita consiste na estrutura de mercado em que a lei da oferta e da procura opera livremente, tendo como consequência o predomínio do equilíbrio" (*Ibidem*, p. 34).

[6] Até mesmo o CADE, ao lado de outras entidades mais antigas, pode ser classificado como agência reguladora, embora tenha suas peculiaridades – que a rigor não lhe retiram a condição de órgão regulador, uma vez que inexiste homogeneidade no regime jurídico das agências reguladoras (JUSTEN FILHO, 2018. p. 606).

[7] De acordo com Marçal Justen Filho, "agência reguladora independente é uma autarquia especial, sujeita a regime jurídico que assegura a autonomia em face da Administração direta e que é investida de competência para a regulação setorial" (*Idem*).

[8] *Ibidem*, p. 607-608. Joaquim Benedito Barbosa Gomes explicou as semelhanças das atribuições das agências às funções legislativa e judiciária no âmbito de suas especialidades técnicas (Agências reguladoras, *In*: CLÈVE; BARROSO, 2011. p. 601-607).

envolvem a infraestrutura do País.[9] Para os fins do presente artigo, serão abordados alguns aspectos dos casos das agências reguladoras do sistema financeiro, das telecomunicações e, especialmente, dos transportes aquaviários.

O Banco Central do Brasil – BACEN, por exemplo, é a agência responsável por regular o setor financeiro e tem suas atribuições estabelecidas pelos arts. 10 e 11 da Lei Federal nº 4.595/1964, entre as quais: "exercer a fiscalização das instituições financeiras e aplicar as penalidades previstas" e "conceder autorização às instituições financeiras, a fim de que possam: [...] ser transformadas, fundidas, incorporadas ou encampadas".[10] O setor de telecomunicações é regulado pela Agência Nacional de Telecomunicações – ANATEL, nos termos do art. 19 da Lei Federal nº 9.472/1997, competindo-lhe, entre outras funções, "expedir normas sobre prestação de serviços de telecomunicações no regime privado", "expedir normas e padrões a serem cumpridos pelas prestadoras de serviços de telecomunicações quanto aos equipamentos que utilizarem" e "deliberar na esfera administrativa quanto à interpretação da legislação de telecomunicações e sobre os casos omissos".[11] Já o setor de transportes aquaviários é regulado pela Agência Nacional de Transportes Aquaviários – ANTAQ, com base na Lei Federal nº 10.233/2001, competindo-lhe, nos termos do art. 27: "promover estudos específicos de demanda de transporte aquaviário e de atividades portuárias", "elaborar e editar normas e regulamentos relativos à prestação de serviços de transporte e à exploração da infraestrutura aquaviária e portuária, garantindo isonomia no seu acesso e uso, assegurando os direitos dos usuários e fomentando a competição entre os operadores" e "estabelecer normas e padrões a serem observados pelas administrações portuárias, concessionários, arrendatários, autorizatários e operadores portuários".[12]

Há inúmeras outras agências reguladoras que poderiam ser citadas no presente ensaio, mas por uma questão de brevidade serão abordadas apenas algumas delas – as referidas acima. Esses exemplos servirão para a análise adiante, que pode ser igualmente válida a casos envolvendo as demais agências não abordadas aqui.

---

[9] JUSTEN FILHO, 2018. p. 611.
[10] Art. 10, incisos IX e X, da Lei Federal nº 4.595/1964.
[11] Art. 19, incisos X, XII e XVI, da Lei Federal nº 9.472/1997.
[12] Art. 27, incisos I, IV e XIV, da Lei Federal nº 10.233/2001.

4 Atribuições regulatórias da União

Na verdade, tanto a defesa da ordem econômica quanto a regulação setorial são atribuições (constitucionais) do Estado, partilhadas entre diversos entes estatais. Marçal Justen Filho explica que "numa federação, a titularidade da competência de poder de polícia é partilhada entre os diversos entes estatais. Isso significa a existência de critérios de discriminação de competência de poder de polícia, que se orientam segundo as regras gerais da atividade administrativa".[13] Sendo assim, os fundamentos constitucionais da regulação, adiante descritos, amparam a criação desses diversos entes estatais (entre eles o CADE e as demais agências reguladoras).

4.1 Defesa da ordem econômica e regulação setorial

De um lado, o art. 173, §4º, da Constituição da República, dispõe que "a lei reprimirá o abuso do poder econômico que vise à dominação dos mercados, à eliminação da concorrência e ao aumento arbitrário dos lucros". De outro lado, o art. 174 do texto constitucional estabelece que, "como agente normativo e regulador da atividade econômica, o Estado exercerá, na forma da lei, as funções de fiscalização, incentivo e planejamento, sendo este determinante para o setor público e indicativo para o setor privado". Desses dispositivos constitucionais extrai-se fundamento tanto para a atribuição antitruste do CADE, de repressão do abuso de poder econômico, quanto para as demais agências reguladoras, de regulação e fiscalização setoriais. Inexiste qualquer preferência ou hierarquização dessas atribuições, cabendo à legislação infraconstitucional defini-las e regulamentá-las. Optou-se, pois, pela criação de entidades federais independentes, para atuação simultânea e às vezes até mesmo concorrente em certas matérias econômicas (é o caso da atuação do CADE em paralelo com as demais agências reguladoras).

4.2 Atribuições conciliáveis e não excludentes

No constitucionalismo atual, não se pode mais tratar a regulação das atividades empresariais como intervenção excepcional do Estado na atividade econômica privada. A regulação é, pois, desempenho

---

[13] JUSTEN FILHO, 2018. p. 509.

regular de um dever estatal.[14] Isto vale tanto para o CADE quanto para as demais agências reguladoras. Todavia, a legitimidade dessa intervenção está condicionada a "criterioso respeito aos objetivos e princípios fundamentais fixados na Constituição".[15] Nesse sentido, é necessário conciliar princípios tais quais o da livre-iniciativa e da valorização do trabalho humano, entre outros.[16] Trata-se aqui da questão relacionada à conciliação entre diferentes regulações (diferentes entidades reguladoras), às vezes amparadas em princípios distintos.

Relativamente à garantia da ordem econômica, "para atingir o escopo de promover a concorrência, influenciando a atuação dos agentes econômicos, o Estado Regulador tem-se valido de diversos mecanismos, além da mera aplicação do Direito Antitruste".[17] Por certo, as normas (constitucionais) relacionadas à regulação estatal não visam à criação de normas conflitantes e inconciliáveis, conquanto nas situações concretas o aplicador do Direito possa se deparar com conflitos de entendimentos sobre determinada prática econômica entre agências reguladoras diversas (entre CADE e outras agências reguladoras). Se cada uma dessas entidades atuar estritamente dentro de suas atribuições legais (respeitando essa conciliação legal de princípios constitucionais estabelecida pelo legislador), não deve haver quaisquer conflitos dessa ordem.

5 Conflito entre CADE e agências reguladoras: análise de casos

5.1 O problema

Diante da pluralidade de agências reguladoras atuantes no sistema jurídico brasileiro, por vezes a função antitruste do CADE acaba conflitando com certas atribuições das demais agências (tais quais as de controle de preços e de definição de serviços específicos). Nas palavras de Marçal Justen Filho, "no Brasil, a implantação de um Estado Regulador teve início a partir de meados da década de 1990. Muitas disputas vêm se verificando ao longo desse período, especialmente em virtude da ausência de uma disciplina normativa mais sistematizada".[18] Falta rigor

---

[14] COMPARATO, 2011. p. 431.

[15] *Idem.*

[16] *Ibidem*, p. 431-432.

[17] NESTER, 2006. p. 74.

[18] JUSTEN FILHO, 2018. p. 589.

na delimitação dos poderes das agências e na compatibilização desses poderes aos princípios constitucionais.[19] A pretexto de exercer sua função antitruste, o CADE eventualmente invade a esfera de atribuição das agências setoriais criando conceitos específicos ou modificando-os, a despeito das normas editadas pelas agências acerca desses conceitos. De outro lado, o CADE também contraria decisões concretas das demais agências, entendendo determinadas práticas econômicas como irregulares quando as agências já definiram a sua regularidade no âmbito de seus setores econômicos específicos, com base nas peculiaridades de cada setor econômico.

5.2 Casos diversos

Casos como esses já foram submetidos ao Poder Judiciário,[20] tendo este decidido exatamente que cabe às agências reguladoras específicas de cada setor definir conceitos e práticas setoriais específicos, cabendo ao próprio Judiciário respeitar essas definições técnicas no exercício da função jurisdicional. As decisões a seguir, tomadas pelo Superior Tribunal de Justiça – STJ e relacionadas às atribuições legais da ANATEL, ilustram essa situação:

> [...] Firmou-se em ambas as Turmas que compõem a Primeira Seção do STJ o entendimento de que: a) a delimitação da chamada 'área local', para fins de configuração do serviço de telefonia e cobrança da tarifa respectiva, leva em conta aspectos predominantemente técnicos, não necessariamente vinculados à divisão político-geográfica do município; b) previamente estipulados, esses critérios têm o efeito de propiciar aos eventuais interessados na prestação do serviço a análise da relação custo-benefício que determinará as bases do contrato de concessão; e c) não cabe ao Judiciário adentrar o mérito das normas e procedimentos regulatórios que inspiraram a configuração das 'áreas locais'.[21]

---

[19] GOMES, *In*: CLÈVE; BARROSO, 2011. p. 594.

[20] De acordo com Eduardo Domingos Bottallo, "no Brasil, a ascendência do Judiciário sobre as decisões proferidas pelo CADE é absoluta e incontestável; ela decorre de princípio situado entre os assecuratórios dos direitos e garantias individuais, vale dizer, princípio básico e fundamental do nosso sistema constitucional". (2011. p. 343). Embora o Judiciário tenda a aplicar o princípio da deferência quando se trata de decisões de mérito das agências reguladoras (mérito dos atos administrativos), ele atua para reprimir ilegalidades tais quais a usurpação de atribuições legais das agências.

[21] STJ, REsp 1.009.902/SC, relator Ministro Herman Benjamin, 2ª Turma, j. 8.9.2009, Dje. 11.9.2009.

[...] a feitura da equação tarifária é atribuição administrativa da agência. Só poderia o Poder Judiciário interferir em casos excepcionais, de gritante abuso ou desrespeito aos procedimentos formais de criação dessas figuras. Carece o Poder Judiciário de mecanismos suficientemente apurados de confronto paritário às soluções identificadas pelos experts da Agência Reguladora.[22]

Além desses casos envolvendo a ANATEL e sistemas de telefonia, pode-se citar também o caso envolvendo atribuições legais do BACEN, em que o STJ julgou questão envolvendo o CADE, relativa ao "Controle estatal pelo BACEN ou pelo CADE – Conflito de atribuições – Leis 4.594/64 e 8.884/94". Nesse caso, o STJ entendeu, com suporte em parecer da Advocacia-Geral da União – AGU, que caberia exclusivamente ao BACEN tratar dos atos de concentração, aquisição ou fusão de instituições financeiras, pois, "em havendo conflito de atribuições, soluciona-se pelo princípio da especialidade". Além disso, o Tribunal afirmou que "o Sistema Financeiro Nacional não pode subordinar-se a dois organismos regulatórios".[23]

Nesse último caso, embora posteriormente tenha sido celebrado acordo entre as partes, o Judiciário chegou a decidir em sede de recurso especial justamente que o CADE não poderia "disputar" com o BACEN a atribuição específica de regulação setorial do sistema financeiro. Entendeu-se, pois, caber exclusivamente à agência reguladora do setor definir a questão técnica.

5.3 Caso concreto envolvendo a ANTAQ

No âmbito da infraestrutura de transporte marítimo, mais precisamente na regulação dos portos organizados, o CADE vem entendendo reiteradamente pela impossibilidade de cobrança de preços como remuneração pelo serviço de segregação e entrega de contêineres aos "portos secos" (concorrentes dos "portos molhados").[24]

---

[22] STJ, REsp 872.584/RS, relator Min. Humberto Martins, 2ª Turma, j. 20.11.2007, DJ. 29.11.2007.

[23] STJ, REsp 1.094.218/DF, relatora Ministra ELIANA CALMON, 1ª Seção, j. 25.8.2010, Dje. 12.4.2011.

[24] Trata-se de serviço prestado e cobrado pelo "porto molhado" (terminal com acesso ao mar) do "porto seco" (terminal sem acesso ao mar, destinado principalmente à armazenagem de cargas). Quando o "porto seco" é contratado pelo proprietário da carga desembarcada no "porto molhado" para armazená-la, solicita a sua retirada em regime diferenciado, que dá causa à cobrança em questão. É importante ter em conta que o "porto molhado" também presta o serviço de armazenagem.

Segundo sustentam as decisões do CADE, referida cobrança atenta contra a ordem econômica e caracteriza abuso de poder econômico e dano concorrencial, especialmente porque o serviço em questão já está incluído em uma cesta de serviços denominada *terminal handling charge*, que abrange toda a movimentação dos contêineres dentro do terminal de desembarque.[25]

No entanto, sobre o assunto, a ANTAQ bem definiu que "os serviços de recebimento ou de entrega de cargas [...] não fazem parte dos serviços remunerados pela Box Rate, nem daqueles cujas despesas são ressarcidas por meio do THC, salvo previsão contratual em sentido diverso",[26] bem como que a *terminal handling charge* é o "preço cobrado pelo serviço de movimentação de cargas [...] entre o costado da embarcação e sua colocação na pilha do terminal portuário, no caso da importação".[27] Essas definições encontram amparo no fato de que a sistemática pela qual a carga é separada e destinada aos "portos secos", nesses casos, demanda atividades adicionais do "porto molhado", e não só alterar a operação e o fluxo normais das cargas. A despeito dessas definições da ANTAQ, o CADE manteve seu entendimento no sentido de que a cobrança pelo serviço de segregação e entrega de contêineres é irregular.[28]

Nesse cenário, o CADE ignorou e reescreveu definições técnicas da ANTAQ acerca de especificidades do setor portuário, a fim de concluir pela existência de dano concorrencial e de abuso do poder econômico. Ao ignorar ou pretender reescrever normas ou decisões das agências (que também envolvem normas e situações específicas de direito público, sob a regência de contratos administrativos),[29] o CADE

---

[25] Confira-se, por exemplo, o que se decidiu nos Processos do CADE nº 08012.003824/2002-84 e nº 08012.001518/2006-37.

[26] Art. 9º da Resolução ANTAQ nº 2.389/2012.

[27] Art. 2º, inciso VII, da Resolução ANTAQ nº 2.389/2012.

[28] Nos termos do voto condutor do Processo CADE nº 08012.003824/2002-84, entendeu-se que "devem ser afastadas conclusões reconhecedoras e legitimadoras da existência, desde a vigência da norma, dos serviços de movimentação e entrega de contêineres, como se, nesse mister, tivesse efetiva substituição da concorrência pela regulação" (voto do relator Conselheiro Gilvandro Vasconcelos Coelho de Araujo, exarado no dia 4.2.2016). Já no Processo CADE nº 08012.001518/2006-37, o voto condutor indicou que "a cobrança de THC2 [serviço de segregação e entrega, no caso] é ilícita à luz do direito concorrencial, não devendo pairar qualquer dúvida sobre o entendimento, até hoje consolidado, deste Tribunal sobre a matéria" (voto do relator Conselheiro Paulo Burnier da Silveira, exarado no dia 28.06.2016).

[29] Os contratos administrativos devem ser respeitados pelo Poder Público, sob pena de desequilíbrio da equação econômico-financeira da contratação e necessidade de indenizar o particular contratado (ver arts. 10 e 11 da Lei Federal nº 8.987/1995 – Lei de Concessões), entre outros efeitos negativos.

pode ele próprio agravar ou ocasionar situações de desequilíbrio. Não por outro motivo, na linha do que foi abordado no tópico anterior, o Poder Judiciário já se pronunciou sobre a irregularidade da conduta do CADE em face das definições da ANTAQ acerca da *terminal handling charge*.[30] Mas no âmbito do próprio CADE já se entendeu dessa forma, em julgamento de caso envolvendo exatamente a questão da *terminal handling charge*:[31]

> É evidente que a atividade judicante do CADE – que decorre de expressa determinação constitucional, quando determina que a lei reprimirá o abuso do poder econômico (art. 173, §4º da CR/88) – não pode ficar condicionada à existência ou não de regulação específica para determinada matéria. Certo é que ao CADE não é dado o poder de revisão dos dispositivos emanados pelo poder regulador, mormente quando tais dispositivos dizem respeito à regulação técnica e econômica de determinado setor. Não é o CADE um "revisor" de políticas públicas, porque, em agindo assim, estaria atentando contra os postulados básicos da legalidade e de toda a doutrina que informa a atividade dos órgãos reguladores. Entretanto, deparando-se com situações que possam configurar infração à ordem econômica, é dever das autoridades antitruste investigar e julgar tais condutas, nos estritos termos da Lei nº 8.884/94 [lei antiga do CADE], de resto em perfeita harmonia com o arcabouço jurídico-institucional vigente.

Naquela ocasião, embora o CADE tenha reprimido a cobrança ora em questão, no contexto do entendimento já transcrito isto apenas ocorreu porque não havia regulação setorial sobre o assunto (situação diferente da atual, em que há regulação específica da ANTAQ).

6 Princípios aplicáveis à limitação das atribuições do CADE

---

[30] O acórdão da Apelação Cível nº 2005.34.00.037482-6 decidiu que "não há que se falar [...] em violação à competência do CADE, nem mesmo em impossibilidade de anulação de sua decisão. Isso porque, na espécie, prevalece a competência da ANTAQ (sem eliminar a do CADE), com a regulamentação que lhe é inerente, que autoriza a incidência da THC2" (TRF-1, relator Desembargador Federal Souza Prudente, j. 21.10.2015). Já o acórdão da Apelação Cível nº 014995-56.2005.4.03.6100 decidiu que "o ato do CADE foi abusivo" ao considerar irregular a cobrança em questão (TRF-3, relatora Desembargadora Federal Marli Ferreira, j. 26.02.2015).

[31] Processo Administrativo CADE nº 08012.007443/99-17, trecho do voto-vista do Conselheiro Ricardo Villas Bôas Cueva, de 27.04.2005.

Quanto à tarefa de garantir que a função antitruste do CADE (voltada à repressão de dano concorrencial e à penalização dos responsáveis pelo dano) não extrapole as suas atribuições legais, alguns princípios constitucionais devem ser observados.

6.1 Aspectos do Direito Administrativo Sancionador

As atribuições do CADE, no âmbito do Direito Antitruste, têm caráter sancionador.[32] Assim, consoante explica Marçal Justen Filho, "as sanções administrativas apresentam configuração próxima às sanções de natureza penal, sujeitando-se a regime jurídico senão idêntico, ao menos semelhante", de modo que lhe são aplicáveis os princípios fundamentais do Direito Penal.[33] Isto significa que "o sancionamento tem de ser produzido segundo rigoroso processo administrativo, no qual se adotarão garantias de extrema relevância em prol do acusado",[34] tais como a presunção de inocência, legalidade, etc.

Nesse contexto, se já não se pode punir o particular pela prática de algo que não é expressamente permitido (de acordo com o princípio da legalidade – art. 5º, inciso II, da Constituição da República),[35] menos ainda será possível puni-lo pela prática de conduta expressamente permitida em norma de agência reguladora especializada (como no caso do exemplo exposto no item 5.3). Tampouco será possível punir o particular pelo dimensionamento de suas atividades econômicas com base nas definições técnicas da agência reguladora setorial, a pretexto de que isto configura violação da ordem econômica sob o ponto de vista do Direito Antitruste. A pretensão do CADE, no sentido de punir o particular por aplicar normas de outra agência reguladora que o CADE considera incorretas, atenta contra as garantias do administrado (acusado).

---

[32] Confira-se, a esse respeito, os arts. 9º, incisos II e III, e 36 e seguintes, todos da Lei Federal nº 12.529/2011.

[33] JUSTEN FILHO, 2018. p. 519.

[34] *Ibidem*, p. 525.

[35] Art. 5º, inciso II, da Constituição da República: "ninguém será obrigado a [...] deixar de fazer alguma coisa senão em virtude de lei". A expressão "lei" empregada pela Constituição abrange também os atos infralegais (MEDINA, 2012. p. 60).

6.2 Segurança jurídica

Na verdade, as atribuições de todas as agências reguladoras – inclusive as do CADE – são (por questões operacionais, de organização, especialização, entre outras),[36] em última análise, atribuições do próprio Estado, que as "transfere" a entidades autônomas por meio de leis específicas. Assim, do ponto de vista do administrado, os regulamentos e comandos de agências reguladoras diversas continuam sendo interpretados como regulamentos e comandos de um poder de polícia do Estado ou da Administração Pública como um todo,[37] sem qualquer ordem de preferência ou hierarquia formal – que de fato não existe, seja entre as agências ou entre agências e administração direta, uma vez que seus fundamentos (tanto legais quanto constitucionais) são equivalentes. Por isso, em atenção à segurança jurídica e à própria coerência do sistema normativo, é imprescindível que essas diversas entidades não se contradigam entre si e respeitem os campos de atuação umas das outras.[38]

Nesse sentido, Anderson Schreiber ensina que "mais que contra a simples coerência, atenta o *venire contra factum proprium* à confiança despertada na outra parte, ou em terceiros, de que o sentido objetivo daquele comportamento inicial seria mantido, e não contrariado".[39] Em relação à Administração Pública, Schreiber explica que a vedação ao comportamento contraditório reflete os princípios constitucionais da igualdade, da moralidade administrativa e da solidariedade social.[40] O STJ já coibiu condutas contraditórias por parte da Administração em inúmeras oportunidades. No REsp nº 1.629.888/PE, por exemplo, decidiu que "mostra-se desarrazoado por parte da Administração Pública após a edição do ato conferindo aos servidores o não comparecimento ao trabalho em razão do ponto facultativo, a reposição dos dias 20, 23 e 26 de junho de 2014, revelando-se em comportamento

---

[36] JUSTEN FILHO, 2018, 585-619. Outro motivo para a criação de agências autônomas, por exemplo, é a necessidade de "atenuar a utilização dos poderes normativos estatais para fins políticos imediatos" (JUSTEN FILHO, 2018. p. 599).

[37] Para Nina Beatriz Stocco Ranieri, da ideia de personalidade jurídica do Estado "derivam as diversas teorias acerca da responsabilidade do Estado, segundo as quais ele é responsável por atos correspondentes a cada uma das funções que exerce (administrativa, jurisdicional e legislativa). Todo esse arcabouço é corolário da afirmação do Estado como Estado de Direito e da ampliação dos direitos dos indivíduos perante o próprio Estado" (*In:* CUNHA FILHO; ISSA; SCHWIND, 2019. p. 75).

[38] GREGO-SANTOS, 2019. p. 485.

[39] SCHREIBER, 2005. p. 90, destaque do original.

[40] *Ibidem*, p. 102-103.

contraditório".[41] Afinal, conforme também decidiu a Corte Superior no REsp nº 658.130/SP, "a segurança jurídica é princípio basilar na salvaguarda da pacificidade e estabilidade das relações jurídicas, por isso que não é despiciendo que a segurança jurídica seja a base fundamental do Estado de Direito".[42]

Umas das funções da Lei de Introdução às Normas do Direito Brasileiro – LINDB (Lei Federal nº 4.657/1942, com as alterações da Lei Federal nº 13.655/2018) – "diz respeito ao dever de instauração da segurança jurídica por meio do aperfeiçoamento do desenho institucional da ordem normativa. Dever público normativamente atribuído [...] a todas as autoridades públicas que profiram decisões e manejem casos de Direito Público".[43] De acordo com Victor Carvalho Pinto, as alterações recentes da LINDB mostram-se relevantes para a solução de conflitos entre normas e entre subsistemas jurídicos.[44]

Além de ser vedado ao CADE deixar de acatar as normas técnicas específicas das demais agências como a ANTAQ, ao solucionar questões de Direito Antitruste envolvendo setores específicos, suas decisões "condenatórias" não podem declarar irregulares condutas pretéritas dos particulares baseadas em atos normativos da ANTAQ, o que também afronta contra a garantia da irretroatividade, que é instrumento da segurança jurídica: "nenhuma medida de poder de polícia pode gerar efeitos retroativos ou infringir os efeitos produzidos por atos válidos e eficazes praticados anteriormente".[45] E conforme ensina Jacintho Arruda Câmara, para que haja segurança jurídica, a irretroatividade deve se estender à interpretação dos atos normativos.[46]

6.3 Limites das atribuições do CADE

Não se nega validade às atribuições do CADE para garantir um ambiente de mercado competitivo. Afinal, tais atribuições são compatíveis com o que se expôs até aqui: são legitimadas pelos mesmos fundamentos legitimadores das atribuições de todas as demais agências reguladoras. Porém, conforme alerta Elival da Silva Ramos, há um

---

[41] STJ, REsp 1.629.888, relator Ministro Mauro Campbell Marques, 2ª T., j. 8.2.2018.

[42] STJ, REsp. 658.130/SP, relator Ministro Luiz Fux, 1ª T., j. 5.9.2006, DJU. 28.9.2006

[43] MOREIRA; PEREIRA, nov. 2018. p. 247.

[44] PINTO, 2019. p. 163-166.

[45] JUSTEN FILHO, 2018. p. 516.

[46] CÂMARA, nov. 2018. p. 116.

equilíbrio delicado entre a liberdade econômica e a atuação do Estado na ordem econômica.[47] Dessa maneira, a regulação estatal – que abrange tanto e regulação antitruste quanto as regulações setoriais específicas (como a do Direito Portuário) – deve ser aplicada de forma sistemática e coerente, a despeito da autonomia de cada entidade reguladora. Quer isto dizer que o CADE não pode ignorar ou reescrever critérios ou conceitos técnicos setoriais estabelecidos pelas demais agências reguladoras. Além de tal prática violar os princípios constitucionais abordados, falece ao CADE atribuição legal para tanto. Para Ana Frazão:

> verificando-se a existência de omissão ou de lacunas na regulação, o CADE poderá intervir para sancionar práticas contrárias à ordem econômica. O que não se admite é a revisão das políticas regulatórias pelo CADE, na medida em que a regulação e o Direito Antitruste devem incidir de maneira complementar.[48]

De fato, cabe ao CADE reconhecer práticas lesivas à ordem econômica, mas para isso não lhe é dado ignorar ou até mesmo contrariar conjunto normativo editado pelas demais agências reguladoras – que, aliás, possuem maiores condições técnicas para avaliar as situações operacionais específicas de cada setor da economia e, tal como os atos do próprio CADE, são presumidamente legais.[49]

A necessidade de o CADE acatar as orientações técnicas setoriais das demais agências reguladoras também pode ser extraída da própria lei que o instituiu. Conforme consta do art. 9º, §3º, da Lei Federal nº 12.529/2011, "as autoridades [...] e agências reguladoras são obrigados a prestar, sob pena de responsabilidade, toda a assistência e colaboração que lhes for solicitada pelo CADE, inclusive elaborando pareceres técnicos sobre as matérias de sua competência". Ao obrigar as demais agências a prestar assistência ao CADE "elaborando pareceres técnicos sobre as matérias de sua competência", a legislação reconhece a autoridade técnica específica dessas agências em relação ao CADE (como não poderia deixar de ser). Aliás, o próprio CADE já se manifestou no sentido de que não é revisor de políticas públicas.[50]

---

[47] RAMOS, *In:* CLÈVE; BARROSO, 2011. p. 353.

[48] FRAZÃO, 2017. p. 340.

[49] De acordo com o STJ: "Os atos administrativos gozam da presunção de legalidade [...]" (EDcl no MS 11.870/DF, relatora Ministra Eliana Calmon, 1ª S., Dje. 12.2.2007).

[50] Ver nota de rodapé nº 31.

O CADE deve, portanto, seguir o exemplo do próprio Judiciário, no sentido de balizar sua atuação pelas definições técnicas das agências reguladoras, aplicando o princípio da deferência, de modo a se abster de discutir o mérito de normas ou decisões técnicas dessas outras agências, da mesma forma que as outras agências têm o dever de comunicar o CADE caso constatem práticas passíveis de violação do Direito Antitruste (conforme art. 31 da Lei Federal nº 13.233/2001; e art. 7º, §2º, da Lei Federal nº 9.472/1997, por exemplo).

7 Conclusão

O Estado brasileiro detém atribuições regulatórias gerais, que são repartidas entre diversas entidades autônomas denominadas agências reguladoras. Essas atribuições regulatórias, voltadas à limitação das atividades privadas (com base no poder de polícia) com a finalidade de garantir os direitos fundamentais de maneira geral (manter a livre concorrência, por exemplo), também se submetem a limites fundados, igualmente, nos direitos fundamentais (livre-iniciativa, legalidade, etc.). Há que se realizar um exercício de ponderação para encontrar o equilíbrio entre as normas aplicáveis.

O CADE, entidade autônoma cuja função é a garantia da regularidade do mercado econômico e da livre concorrência, para exercer tal função, deve observar os limites de suas atribuições legais. Um desses limites, que em última análise também visa a garantia dos direitos fundamentais (ressalta-se), é exatamente a necessidade de respeitar as normas de outras agências reguladoras (ANTAQ, ANATEL, BACEN, etc.) incidentes sobre os respectivos setores econômicos regulados. O CADE não pode, a fim de condenar um particular por dano à concorrência, ignorar normas setoriais que autorizam a prática da atividade supostamente causadora desse dano, ou agir como se essas normas não pudessem balizar a sua "atividade judicante", sob pena de afronta à segurança jurídica e a outros direitos fundamentais.

Referências

BOTTALLO, Eduardo Domingos. Abuso do poder econômico. *In:* CLÈVE, Clèmerson Merlin; BARROSO, Luís Roberto (Coord.). *Doutrinas essenciais*: direito constitucional, v. VI. São Paulo: RT, 2011.

CÂMARA, Jacintho Arruda. Irretroatividade de nova orientação geral para anular deliberações administrativas. *Revista de Direito Administrativo*, edição especial: direito público na lei de introdução às normas de direito brasileiro – LINDB (Lei nº 13.655/2018), Rio de Janeiro, p. 113-134, nov. 2018.

COMPARATO, Fábio Konder. Regime constitucional do controle de preços no mercado. *In:* CLÈVE, Clèmerson Merlin; BARROSO, Luís Roberto (Coord.). *Doutrinas essenciais*: direito constitucional, v. VI. São Paulo: RT, 2011.

FRAZÃO, Ana. *Direito da concorrência*: pressupostos e perspectiva. São Paulo: Saraiva, 2017.

GOMES, Joaquim Benedito Barbosa. Agências reguladoras. *In:* CLÈVE, Clèmerson Merlin; BARROSO, Luís Roberto (Coord.). *Doutrinas essenciais*: direito constitucional, v. VI. São Paulo: RT, 2011.

GREGO-SANTOS, Bruno. Boa-fé da Administração Pública e segurança jurídica. *In:* CUNHA FILHO, Alexandre Jorge Carneiro da; ISSA, Rafael Hamze; SCHWIND, Rafael Wallbach (Coord.). *Lei de introdução às normas do direito brasileiro anotada*, v. 2. São Paulo: Quartier Latin, 2019.

JUSTEN FILHO, Marçal. *Curso de direito administrativo*. 13. ed. rev., atual. e ampl. São Paulo: RT, 2018.

MEDINA, José Miguel Garcia. *Constituição federal comentada*. São Paulo: RT, 2012.

MOREIRA, Egon Bockmann; PEREIRA, Paula Pessoa. O dever público de incrementar a segurança jurídica. *Revista de Direito Administrativo*, edição especial: direito público na lei de introdução às normas de direito brasileiro – LINDB (Lei nº 13.655/2018), Rio de Janeiro, p. 243-274, nov. 2018.

NESTER, Alexandre Wagner. *Regulação e concorrência* (compartilhamento de infraestruturas e redes). São Paulo: Dialética, 2006.

PINTO, Victor Carvalho. Revogação de leis em face da inflação legislativa e da fragmentação do ordenamento jurídico: o diálogo das fontes como técnica de harmonização de políticas públicas. *In:* CUNHA FILHO, Alexandre Jorge Carneiro da; ISSA, Rafael Hamze; SCHWIND, Rafael Wallbach (Coord.). *Lei de introdução às normas do direito brasileiro anotada*, v. 1. São Paulo: Quartier Latin, 2019.

RAMOS, Elival da Silva. O Estado na ordem econômica. *In:* CLÈVE, Clèmerson Merlin; BARROSO, Luís Roberto (Coord.). *Doutrinas essenciais*: direito constitucional, v. VI. São Paulo: RT, 2011.

RANIERI, Nina Beatriz Stocco. O Estado, a lei e seu processo. *In:* CUNHA FILHO, Alexandre Jorge Carneiro da; ISSA, Rafael Hamze; SCHWIND, Rafael Wallbach (Coord.). *Lei de introdução às normas do direito brasileiro anotada*, v. 1. São Paulo: Quartier Latin, 2019.

SCHREIBER, Anderson. *A proibição de comportamento contraditório*: tutela da confiança e *venire contra factum proprium*. Rio de Janeiro: Renovar, 2005.

Informação bibliográfica deste texto, conforme a NBR 6023:2018 da Associação Brasileira de Normas Técnicas (ABNT):

VANELLI, Victor Hugo Pavoni. Limites das atribuições sancionatórias do CADE frente às definições técnicas das agências reguladoras. *In:* JUSTEN FILHO, Marçal; SILVA, Marco Aurélio de Barcelos (Coord.). *Direito da Infraestrutura*: estudos de temas relevantes. Belo Horizonte: Fórum, 2019. p. 399-414. ISBN: 978-85-450-0672-5.

SOBRE OS AUTORES

Aline Lícia Klein
Mestre em Direito do Estado pela UFPR e Doutora em Direito do Estado pela USP. Advogada.

André Guskow Cardoso
Mestre em Direito do Estado pela UFPR. Advogado.

Caio Lucas Gabra
Advogado.

Camila Batista Rodrigues Costa
Especialista em Direito Administrativo pelo IDP. Advogada.

Carlos da Costa e Silva Filho
Procurador do Estado do Rio de Janeiro. Advogado.

Cesar Pereira
Mestre e Doutor em Direito do Estado pela PUC-SP. FCIArb. Advogado.

Daniel Siqueira Borda
Mestrando em Direito do Estado pela USP. Especialista em Direito Processual Civil pela PUC-PR. Advogado.

Felipe Henrique Braz
Professor de Arbitragem Internacional da Pós-Graduação em Direito Empresarial da ABDConst. Relator da força-tarefa de "Public Procurement" da ICC no Brasil. Advogado.

Fernão Justen de Oliveira
Mestre e Doutor em Direito pela UFPR. Advogado.

Guilherme A. Vezaro Eiras
Especialista em Direito Processual Civil pelo Instituto de Direito Romeu Felipe Bacellar. Advogado.

Guilherme Fredherico Dias Reisdorfer
Mestre e Doutorando em Direito do Estado pela USP. Advogado.

Juliane Erthal de Carvalho
Mestre em Direito do Estado pela USP. Advogada.

Lauro Celidonio Gomes dos Reis Neto
Advogado.

Lucas de Moura Rodrigues
Advogado.

Luísa Quintão
Mestranda em Direito pela PUC-SP. Advogada.

Marçal Justen Filho
Mestre e Doutor em Direito do Estado pela PUC-SP. Advogado, Árbitro e Parecerista.

Marçal Justen Neto
Mestre em Direito (LL.M) pela London School of Economics and Political Science. Especialista em Direito da Energia Elétrica pela Universidade Cândido Mendes. Advogado.

Marina Kukiela
Mestre em Direito Internacional Privado e Comércio Internacional pela Université Paris II. Advogada.

Mário Saadi
Mestre em Direito Administrativo pela PUC-SP e Doutor em Direito do Estado pela USP. Advogado e Árbitro.

Mayara Gasparoto Tonin
Mestre em Direito Comercial pela USP. Advogada.

Mônica Bandeira de Mello Lefèvre
Mestre em Direito do Estado pela Universidade de São Paulo. Advogada.

Paula Vieira Gonçalves de Souza
Professora na Especialização em Sustentabilidade do Ambiente Construído pela UFMG.

Rafael Ferreira Filippin
Mestre em Direito pela UFSC e Doutor em Meio Ambiente e Desenvolvimento pela UFPR. Especialista em Gestão e Direito empresarial pela FAE. Especialista em Gestão de Recursos Hídricos pela UFPR. Advogado.

SOBRE OS AUTORES | 417

Rafael Wallbach Schwind
Mestre e Doutor em Direito do Estado pela USP. Visiting scholar na Universidade de Nottingham, Inglaterra. Advogado e Árbitro.

Renata Beckert Isfer
Mestranda na área de Políticas Públicas e Desenvolvimento Econômico pela UniCEUB. Procuradora Federal. Secretária Adjunta de Petróleo, Gás Natural e Biocomubustíveis.

Renata R. Nunes de Carvalho
Especialista em Sustentabilidade do Ambiente Construído.

Ricardo de Paula Feijó
Mestrando em Direito do Estado pela UFPR. Advogado.

Rodrigo Goulart de Freitas Pombo
Mestrando em Direito do Estado pela USP. Advogado.

Thiago Fernandes Moreira
Mestre em Construction Law and Arbitration (LL.M.) pela Robert Gordon University Aberdeen Business School, Escócia. Advogado.

Tiago Beckert Isfer
Mestre em Direito Internacional Privado e do Comércio Internacional pela Université Paris II. Professor da UnB. Presidente da Comissão de Direito Administrativo da OAB/DF. Advogado.

Victor Hugo Pavoni Vanelli
Especialista em Direito Processual Civil. Advogado.

Esta obra foi composta em fonte Palatino Linotype, corpo 10
e impressa em papel Offset 75g (miolo) e Supremo 250g (capa)
pela Paulinelli Serviços Gráficos, em Belo Horizonte/MG.